Hermann Schreiber
Kanzlersturz

Hermann Schreiber

Kanzlersturz

Warum Willy Brandt
zurücktrat

Econ

Bildnachweis

Bild 1 © dpa – Fotoreport
Bild 2, 4 © Privatarchiv Pierre Boom
Bild 3 © Fotoagentur Sven Simon
Bild 5, 7, 8, 12, 13, 14, 15, 17 © J. H. Darchinger IFJ
Bild 6 © AP-Photo/stf/Kurt Strumpf
Bild 9, 10 © Robert Lebeck
Bild 11 © dpa – Bildarchiv
Bild 16 © Bundesbildstelle, Ulrich Wienke
Bild 18 © ullstein bild – dpa

Der Econ Verlag ist ein Unternehmen
der Ullstein Heyne List GmbH & Co. KG

1. Auflage 2003

ISBN 3-430-18054-6

© 2003 by Ullstein Heyne List GmbH & Co. KG, München
Alle Rechte vorbehalten
Dokumentation: Jutta Temme
Gesetzt aus der Sabon und Optima bei
Franzis print & media GmbH, München
Druck und Bindung: Clausen & Bosse, Leck
Printed in Germany

Er war ein Mann, nehmt alles nur in allem,
Ich werde nimmer seinesgleichen sehn.

William Shakespeare, Hamlet

Inhalt

Eine Empfehlung
von Dr. Jürgen Kellermeier,
NDR-Fernsehprogrammdirektor 9

Mehrere Wahrheiten
Statt eines Vorworts 13

Auftritt »Hansen«
Ein Spion macht SPD-Karriere 21

Kanzler der Herzen
Mehr Demokratie wagen? 47

In aller Freundschaft
Der Verräter, der keiner war 71

»Nur eines will ich noch ...«
Vom Aufbruch zum Absturz 83

Kommissar Zufall
Wie man einen Spion enttarnt 105

Operation Tango
Der Agent, die Leibwächter und das Privatleben 147

Am Klippenrand
»Wie schrecklich das schwankt
von Stunde zu Stunde« 187

»… aber diese Last muss ich loswerden«
Der Tag der Entscheidung 219

Satyrspiele
Verschwundene Papiere, verschwundene Namen 241

Dank 257
Literatur 259
Personenregister 267

Eine Empfehlung

Es gibt kaum ein Ereignis in der jüngeren deutschen Geschichte, das mehr Elemente eines großen Dramas in sich vereint als der Rücktritt von Bundeskanzler Willy Brandt im Mai 1974. Was immer das Drama braucht, hier kam es zusammen: der Held und sein Sturz, das Gute und das Böse, die Schurken und ihre Winkelzüge, die gutwilligen Helfer und Freunde, die letztlich ohnmächtig mit ansehen müssen, wie das Schicksal seinen Lauf nimmt und den großen Mann mit sich reißt.

Der große Mann der deutschen Sozialdemokratie, der Friedensnobelpreisträger, der charismatische Protagonist der deutschen Ost- und Friedenspolitik, der erst anderthalb Jahre zuvor die SPD zu dem bis heute größten Wahlsieg in ihrer Geschichte geführt hatte – er stürzt über eine kleine, nahezu unbedeutende Figur, den DDR-Agenten Guillaume. Brandt fällt schließlich einer Dynamik zum Opfer, die andere aus der Affäre entwickeln, allerdings auch der Arglosigkeit und der Realitätsferne, die einen Teil seiner Anziehungskraft ausmachten.

Was für ein Stoff, was für eine Geschichte – ganz unvergesslich und einzigartig besonders für jene, die sie als Journalisten in der Bundeshauptstadt Bonn wie Hermann Schreiber und ich aus relativer Nähe miterlebten. So war die Idee, entstanden im Gespräch zwischen dem NDR und der Filmproduzentin Regina Ziegler, daraus nach fast dreißig Jahren einen Fernsehfilm zu machen, eigentlich ziemlich nahe liegend. Und doch: Wäre die Form der Dokumentation nicht angemessener als die fiktionale? Immerhin geht es hier um politische und geschichtliche Realität. An dokumentarischen Darstellungen und Analysen ist kein Mangel. Sie alle können allerdings nicht verbergen, dass es während der letzten Wochen der Ära Brandt Situationen gab, die sich nicht eindeutig dokumentieren lassen, sondern im Bereich des Spekulativen liegen. Dazu gehören die Gespräche Brandts mit seiner Frau Rut am Tag des Rücktritts und die Rolle Herbert Wehners in jenen Wochen. Dazu gehört vor allem die geheimnisvolle Unterredung zwischen Brandt und Wehner in Münstereifel, an der kein anderer teilnahm und von der eigentlich nicht viel mehr gesichert bekannt ist als der Umstand, dass sie stattgefunden hat und dass sie offenkundig für Brandts Entscheidung von Bedeutung war.

Wo aber die Möglichkeiten der Dokumentation enden, beginnen die Chancen des Fiktionalen: Annäherung an das zu finden, was der Wahrheit wahrscheinlich entsprechen könnte. Das bedeutet nicht, dass der Autor des Drehbuchs hier beliebig erfinden dürfte. Seine Freiheit ist eingeschränkt durch die Grundlinien des »Wahr-Scheinlichen«, die sich aus den Informationen und Erkenntnissen entwickeln, die recherchiert werden können.

In diesem spannungsvollen Wechselspiel zwischen recherchierter Information und gestalterischer Kreativität des Drehbuchautors und Regisseurs Oliver Storz entstand im Auftrag von NDR und MDR der zweiteilige Fernsehfilm *Im Schatten der Macht* über den Sturz Willy Brandts. Mit seiner kenntnisreichen Beratung hat Hermann Schreiber einen wichtigen Anteil daran, dass ein Film entstehen konnte, der große Geschichte bewegend erzählt und mit dem Erzählen nicht aufhört, wo die Dokumentation verstummen muss. Hier wird mit den Mitteln des Spielfilms ein Drama ins Bild gesetzt, das den Kameras der Reporter weitgehend verborgen blieb und das sich dennoch so und wahrscheinlich nicht anders in der Wirklichkeit ereignet hat. Den Tatsachen der Dokumentation wird die Wahrheit des Dramas hinzugefügt.

Was sich hier vollzog, war ein Zusammenwirken, von dem im Ergebnis wohl beide profitiert haben, der Film des Filmemachers und das Buch des Reporters. Deswegen sei beides dem Leser und dem Zuschauer gleichermaßen empfohlen: Den Gesamtgewinn hat, wer beides nutzt, das Buch liest und den Film sieht, in welcher Reihenfolge auch immer.

Hamburg, im Sommer 2003

Dr. Jürgen Kellermeier
NDR-Fernsehprogrammdirektor

Mehrere Wahrheiten

Statt eines Vorworts

Aufzuschreiben, wie es wirklich war, als Willy Brandt im Mai 1974 vom Amt des Bundeskanzlers zurücktrat, ist schon frühzeitig mein Wunsch gewesen. Daran hat mich ein Brief vom 22. Oktober 1975 erinnert, den ich nun, bei Durchsicht meiner persönlichen Papiere zum Thema Brandt, wieder gefunden habe. Ich danke dem »verehrten Herrn Vorsitzenden« darin »für den angenehmen Abend, den Wibke Bruhns und ich neulich bei Ihnen verbringen durften«. Thema dieses Abends war der Vorschlag, »die Historie Ihres Rücktritts vom Kanzleramt mit journalistischen Mitteln aufzuarbeiten«. Brandt war offenbar nicht amüsiert. »Ich begreife Ihre Zurückhaltung«, schrieb ich, »aber ich habe Sie so verstanden, dass Sie – wenn ich den Mut zu einem solchen Unterfangen fände – nicht gänzlich abgeneigt wären, Fragen zu beantworten, wennschon nicht alle.«

Die »Historie« des Brandt-Rücktritts, wie wir sie damals kannten, ließ viele Fragen offen, war voller Widersprüche und Unterstellungen. Wibke Bruhns, die damalige *stern*-Reporterin, und ich als *Spiegel*-Reporter hatten das Drama aus der Nähe beobachtet, aus der Nähe zu Brandt, gerade in kritischen Situationen – während des Kanzlers Sommerurlaub 1973 in Norwegen zum Beispiel, als der noch nicht enttarnte Spion Guillaume Staatspapiere der höchsten Geheimhaltungsstufe einsehen konnte, oder am 1. Mai 1974 auf Helgoland, als den tief deprimierten Brandt nächtens die Versuchung anwandelte, Schluss zu machen. Solche Nähe ist nicht ungefährlich, sie kann den Chronisten, erst recht die Chronistin in Verlegenheit bringen. Oder warum sonst ist Wibke Bruhns damals ein Collier angehängt worden, das sie nie besessen hat und das zu einer Zeit im Hotelbett des Kanzlers gefunden wurde, als sie Brandt noch gar nicht begegnet war?

Man hätte also aus eigener Kenntnis manches korrigieren können an der »Historie« vom Kanzlerrücktritt. »Aufarbeiten« konnte ich sie nicht ohne Antworten der Beteiligten auf viele offene Fragen. Aber Brandt wollte damals nicht antworten. Es blieb bei dem »angenehmen Abend« in dem Haus Am Paulshof 15–17 in Bonn, das die Partei nach dem Abschied vom Kanzleramt für ihren Vorsitzenden besorgt hatte und in dem Brandt mit Frau Rut lebte, bis zur Trennung. Sechs Jahre später hat er dem Historiker Arnulf Baring dann Auskunft gegeben, hat ihn zum Beispiel an den Tagebuchaufzeichnungen partizipieren lassen, die unter dem Rubrum »Notizen zum Fall G.« 1994, nach Brandts Tod, von seiner Witwe Brigitte Seebacher-Brandt in der *Frankfurter Allgemeinen Zeitung (FAZ)* veröffentlicht worden sind. Als 1982 Arnulf Barings Buch *Machtwechsel* erschien – bis heute die beste Darstellung der Ära Brandt-Scheel und ihres Endes, die ich kenne –, hielt ich mein »Unterfangen« für überholt.

Zuvor allerdings war kurz die Idee aufgetaucht, man könnte, man sollte den Stoff dramatisieren, und zwar fürs Fernsehen. Hatte die »Affäre Guillaume«, die den Sturz des Kanzlers Brandt auslöste, nicht das Zeug zu einem veritablen Agenten-Thriller? Vielleicht – aber das war es nicht, was mich daran reizte. Ich habe diesen Günter Guillaume schon damals als einen Mann mit zwei Loyalitäten gesehen und beschrieben, dessen Bindung an sein »Opfer« Brandt längst enger – um nicht zu sagen herzlicher – war als die an seine Auftraggeber in der DDR. Nicht der kumpelhaft und ein bisschen beschränkt erscheinende Durchschnittstyp Guillaume interessierte mich, auch nicht der vermeintliche Meisterspion, sondern der Rollenkonflikt, in den er geraten war – und dessen Opfer er schließlich auch selbst wurde. Das Projekt Fernsehspiel wurde aufgegeben. Es vergingen 21 Jahre, bis ich einem solchen Projekt wieder begegnete.

Es war auch ein Wiedersehen mit einem alten Freund: Oliver Storz. Wir, beide Jahrgang 1929, hatten in den fünfziger Jahren unsere journalistische Sturm-und-Drang-Zeit gemeinsam in der Redaktion der *Stuttgarter Zeitung* erlebt, Storz im Feuilleton, ich als politischer Reporter. Dann ging Storz zur Bavaria nach München und begann seine Fernsehkarriere als Autor und Produzent, ich ging später zum *Spiegel* nach Hamburg. Viele Jahre hörten wir nur wenig voneinander; aber natürlich sah ich alle seine Fernsehspiele und fand sie fabelhaft. Als sein Film *Gegen Ende der Nacht* 1997 in Hamburg vorgestellt wurde, sprachen wir anlässlich eines Pressetermins beiläufig und mit altersbedingten Vorbehalten auch über Zukunftspläne. Und dann erschien Oliver im Herbst 1998 wieder in Hamburg, diesmal in Begleitung einer resoluten jungen Frau aus dem Hause der Regina Ziegler Filmproduktion, die ihn engagieren wollte, für die ARD einen Oliver-Storz-Film über Willy Brandt zu machen – einen Zweiteiler im Auftrag des NDR, einen Spielfilm. Und ich sollte sein Berater sein.

Wie also war es nun wirklich? »Es gibt nicht nur *eine* Wahrheit. Diese Einsicht, die ich selbst mit einiger Mühe habe lernen müssen ...« Das hat Willy Brandt gesagt, als er ein Jahr nach seinem Rücktritt die Sowjetunion besuchte. Die Regierungszeitung *Iswestija* druckte seine Rede ab; diesen Satz unter anderen ließ sie weg. Aber Brandt hat ihn gelegentlich wiederholt: »Also sage ich meinen jungen Freunden und anderen, die es hören wollen, es gibt mehrere Wahrheiten, nicht nur die eine, alles andere ausschließende Wahrheit. Deshalb glaube ich an die Vielfalt und also an den Zweifel.«

Wenn dies nicht längst auch meine Überzeugung gewesen wäre, dann hätte ich sie mir gewiss in den zwei Jahren erworben, in denen ich als Zuarbeiter des Drehbuchautors Oliver Storz versucht habe, so minutiös wie möglich zu rekonstruieren, wie es wirklich war, als Willy Brandt zurücktrat. Zweifelsfrei allein steht fest: Brandt ist als Kanzler zurückgetreten, und Guillaume war ein Spion. Aber schon die Frage, warum Brandt zurückgetreten sei und was Guillaume verraten habe, ist nicht eindeutig zu beantworten, fördert unterschiedliche Versionen zutage – Meinungen und auch Widersprüche. Man muss nur die Memoiren der Beteiligten lesen: Alle schildern das nämliche Ereignis, aber jeder erzählt eine andere Geschichte.

Vermutlich funktioniert das Erinnerungsvermögen der meisten Menschen selektiv, und vermutlich wird diese Selektion gesteuert vom Selbstverständnis, genauer: vom Wunschbild der eigenen Rolle im Leben – oder in der Geschichte. Ich habe mit allen unmittelbar an Brandts Rücktritt Beteiligten gesprochen, die noch am Leben sind, für mich erreichbar waren und mit mir reden wollten. Sie alle erinnern die damaligen Ereignisse und die Rollen, die sie darin gespielt haben, auf ihre eigene Weise – also jeweils anders. Das gilt für das ehemalige Staatsoberhaupt oder den ehemaligen Regierungschef genauso wie für den langjährigen Fahrer von Willy Brandt oder auch für einige meiner Berufskollegen, die damals wie ich selbst vor Ort beobachtet und berichtet haben. Sie alle erzählen ihre Geschichte, und sie sind subjektiv sicher, dass es so gewesen sei, wie sie erzählen. Jedenfalls sind sie ehrlich überrascht, wenn man ihnen Dokumente zeigt, die beweisen, dass es doch anders war; zuweilen ist das Korrektiv der endlich aufgefundene eigene Terminkalender.

»Das Schwierige an der Wahrheit ist«, hat der Schriftsteller Günter de Bruyn einmal gesagt, »dass es viele gibt, weil jeder die seine hat.« Jeder Streifenpolizist, der den Hergang eines erst wenige Minuten zurückliegenden Verkehrsunfalls aufzuklären hat, weiß, dass der Spruch, durch zweier Zeugen Mund werde stets die Wahrheit kund, blanker Unsinn ist. Die Addition oder die Konfrontation subjektiver Wahrheiten ergibt niemals »die Wahrheit«. Das ist eine Erfahrung, die auch der Parlamentarische Untersuchungsausschuss zum Fall G. hat machen müssen; nach einer Woche der Gegenüberstellungen war die »eine Wahrheit«, die der Ausschussvorsitzende hochgemut herbeizitiert hatte, weiter weg denn je.

Dazu kann ich – aus meiner Kompetenz als Jäger und Sammler im Bereich des Faktischen – eine Erkenntnis beisteuern, die ich damals als Augen- und Ohrenzeuge des Geschehens noch nicht hätte gelten lassen: dass man nämlich dieses Geschehen aus dem Abstand von fast drei Jahrzehnten nicht nur besser beurteilen, sondern auch besser erzählen kann als aus der Nähe des Miterlebens. Natürlich muss die Geschichte des Rücktritts von Willy Brandt nicht umgeschrieben werden. Aber man kann sie neu erzählen – genauer, vollständiger als bisher. Das versuche ich in diesem Buch.

Aufzuschreiben, wie es wirklich war, ist ein investigativer, ein journalistischer Impuls. Ich habe Aufzeichnungen und Dokumente zusammengetragen, die veröffentlicht oder in den Archiven zugänglich sind. Und ich habe getan, was Reporter – nichts anderes bin ich – in solchen Fällen tun: Ich bin zu den Menschen gegangen, die mehr wissen als ich, und habe sie befragt. Denen, die mir geantwortet oder ihre Aufzeichnungen zur Verfügung gestellt haben, bin ich sehr dankbar. Der Dramatiker kann die Wahrheit erfinden. Ich kann das nicht. Ich kann nur die handelnden oder beobachtenden Personen mit ihren oft sehr unterschiedlichen Erinnerungen nebeneinander zu Wort kommen lassen und dann dem Leser anheim geben, sich seine eigene Meinung zu bilden. Dabei kann ich ihm helfen, kann nach genauer Prüfung manche Erinnerungen zurechtrücken oder widerlegen, kann eine Dokumentation des Meinungsstandes vorlegen – eine Annäherung an die Wahrheit.

Willy Brandt war ein großer deutscher Politiker, ein überragender europäischer Sozialdemokrat, und wer ihn so in Erinnerung hat, muss sich durch die Geschichte seines Rücktritts nicht widerlegt fühlen. Brandts Zeit als Bundeskanzler war trotz Friedensnobelpreis, trotz Kniefall in Warschau nicht seine beste Zeit; die kam erst danach. Und der moralische Anspruch des Kanzlers Brandt und seiner sozialliberalen Regierung – oder besser: der moralische Anspruch der Sympathisanten an diese Regierung – war wohl immer zu hoch. Als Regierungschef hat Brandt, um den Zeitgeschichtler Hans-Peter Schwarz zu zitieren, »doch eher als eine Art faszinierender Zirkusdirektor fungiert, unter und neben dem die verschiedensten Kabinettskünstler ihre Nummern aufführten oder in den Sand setzten. Und 1974 war der Zirkus ziemlich pleite.«

Willy Brandts Demission war ein Malheur, keine Tragödie. Sie wurde verursacht von »Pannen und Betriebsstörungen mittleren Ranges«, so der Staatsrechtler Theodor Eschenburg, der den Fall G. in einer unabhängigen Expertenkommission untersucht hat, und sie »lag weit außerhalb des Erwartungshorizonts der öffentlichen Meinung und der Bevölkerung«. Das jedenfalls ist die Wahrheit.

Hermann Schreiber
Hamburg, im Sommer 2003

Auftritt »Hansen«

Ein Spion macht SPD-Karriere

Wenn Egon Franke ein besseres Gedächtnis gehabt hätte, dann wäre das alles nicht passiert. Eines schönen Tages im Jahr 1955 wollte ihn ein junger Mann aus jenem Teil Deutschlands sprechen, der im Westen noch vorwiegend Sowjetzone und nur ausnahmsweise DDR genannt wurde – ein Durchschnittstyp mit einem ausgefallenen Namen, Günter Guillaume. Aber den merkte Franke sich nicht. Er war damals schon ein wichtiger Mann in der Sozialdemokratie, Mitbegründer der neuen SPD und unter Kurt Schumacher auch im Parteivorstand, jetzt Bezirksvorsitzender von Hannover und Bundestagsabgeordneter, ein Politiker mit Zukunft.

Der junge Mann aus der DDR wiederum war auf »West-Arbeit«, wie seine Leute das damals nannten, »in nachrichtendienstlicher Anbindung für die DDR«. Man hatte ihn schon ein paar Mal losgeschickt, als Gewerkschafter in einer Delegation des kommunistischen FDGB zur Beobachtung eines Metallarbeiterstreiks in München zum Beispiel, dann als SED-Mitglied zu einem SPD-Bundesparteitag oder zur Buchmesse nach Frankfurt. Diesmal hatte er »einen konkreten nachrichtendienstlichen Auftrag«. Er sollte sondieren, ob Egon Franke »für eine Werbung in Betracht kam«, sprich: der DDR Informationen liefern würde. »Aber Herr Franke hat mich rausgeschmissen. Ich weiß nicht, ob ich ihm zu jung war oder ob er mit Kommunisten nicht reden wollte.«

Wohl eher Letzteres. 36 Jahre später, 1991 – als es die DDR nicht mehr gab – hat Günter Guillaume als Zeuge im Ermittlungsverfahren wegen Verdachts des Landesverrats gegen seinen ehemaligen Auftraggeber, den Geheimdienstchef der DDR, Markus Wolf, die Geschichte nicht ohne Sinn für deren Ironie erzählt: »Später, als ich in Bonn tätig war, hat sich Herr Franke an den Vorfall offensichtlich nicht erinnert. Sonst wäre meine geheimdienstliche Tätigkeit ja gleich zu Ende gewesen.«

Sie müssen sich ziemlich häufig begegnet sein zu Beginn der siebziger Jahre in Bonn: Guillaume, ständiger Begleiter Willy Brandts bei allen parteibezogenen Anlässen, die der Kanzler in seiner Eigenschaft als SPD-Vorsitzender wahrzunehmen hatte – und Egon Franke, Boss der so genannten »Kanalarbeiter-Gewerkschaft«, einer Hinterbänkler-Gruppierung vom rechten Flügel der SPD-Bundestagsfraktion, die sich im Bewusstsein ihrer parlamentarischen Bedeutung gern auch »Freunde geordneter Verhältnisse« nannte und damals in der Rheinlust, einer engen Bonner Eckkneipe, die längst dem Haus der Geschichte der Bundesrepublik gewichen ist, ihr Hauptquartier hatte. Sogar der Kanzler ließ sich dort (wennschon selten) sehen, setzte sich dann freilich nicht auf den immer für Franke reservierten Eckplatz. Brandt holte den »Kanalarbeiterchef« in sein Kabinett, veralberte ihn aber auch gern: »Canal Grande«.

Als der Minister für innerdeutsche Beziehungen Egon Franke nach der Enttarnung des Spions im Kanzleramt gefragt wurde, was er bei seinen Begegnungen mit diesem Guillaume denn für einen Eindruck gehabt habe, sagte er wahrheitsgemäß: »Keinen.«

Das war Günter Guillaumes womöglich wichtigste Eigenschaft: Er fiel nicht auf. Er war anwesend, hinterließ aber keinen Eindruck, an den man sich hätte erinnern mögen. Auffällig war eher, wenn er fehlte: weil dann manches nicht klappte, was er vorher in Ordnung gebracht hätte. Er funktionierte ebenso effektiv wie unbemerkt. Selbst Brandt, der sich seiner bediente, vergaß zuweilen, dass er da war – oder verdrängte es zumindest. Schwer war das nicht.

Günter Karl Heinz Guillaume: geboren am 1. Februar 1927 in Berlin, wo die Hugenottenfamilie dieses Namens seit langem ansässig war, Vater Musiker, Mutter Friseuse, Einzelkind. »Geruch der Armut, der Sorge und der Enge« – so seine Erinnerung an die Kindertage im Arme-Leute-Viertel Prenzlauer Berg. Was Hunger ist, wusste er beizeiten.

Der Vater Karl Ernst Guillaume war Pianist in einem großen Filmorchester der Ufa, das zur musikalischen Untermalung von Stummfilmen aufspielte. Der Tonfilm machte ihn arbeitslos. Vater Guillaume ging zum Stempeln aufs Arbeitsamt, wohin er den Sohn manchmal mitnahm, bekam Aushilfsarbeit auf dem Steueramt. 1934 trat er der NSDAP bei, und die besorgte ihm 1937 einen festen Job – in der Ordensregistratur des Gaupersonalamts Berlin. Bei Kriegsausbruch wurde er Soldat. Es gibt ein Urlaubsfoto aus dem Sommer 1940, mit Sohn, und ein Passfoto, das ihn als Fliegersoldaten zeigt. »Als er spät, 1948, aus britischer Kriegsgefangenschaft nach Hause kam und in der Wohnung einen anderen Mann vorfand, überwand er das nicht. Mit einem Sprung aus dem Fenster nahm er sich das Leben.« Vater Guillaume sprang aus der Wohnung im dritten Stock links in den Innenhof des Hauses Choriner Straße 81, Bezirk Prenzlauer Berg, sowjetischer Sektor.

Das ist Günter Guillaumes Schilderung in dem autobiographischen Buch *Die Aussage*, das er Mitte der achtziger Jahre in der DDR dem Journalisten Günter Karau zu Protokoll gegeben hat. Es gibt noch eine andere Version. Der zufolge hieß Vater Guillaume Otto mit Vornamen, war Mitarbeiter eines SS-Sturmbannführers und befreundet mit Hitlers Leibfotograf Heinrich Hoffmann. Den soll er 1942, als er im Berliner Gestapo-Hauptquartier in der Prinz-Albrecht-Straße zu tun hatte, gebeten haben, seinen damals fünfzehnjährigen Sohn Günter als Lehrling einzustellen.

Folgt man dieser Version, so hat Günter Guillaume bei Heinrich Hoffmann nicht nur fotografieren gelernt, sondern ist von ihm auch zu Auftritten Hitlers mitgenommen und schließlich zum Eintritt in die NSDAP veranlasst worden – an Führers 55. Geburtstag, dem 20. April 1944. Außerdem hat der clevere Lehrbub, wenn er im Labor arbeitete, gern mal einen Abzug mehr von Fotos gemacht, auf denen Nazi-Größen in idyllischen Situationen zu sehen waren. Als der Krieg zu Ende war, hat er diese Fotos dann der *Täglichen Rundschau*, dem Sprachrohr der sowjetischen Militäradministration, oder dem *Nacht-Express* angeboten – was ihn aber in Schwierigkeiten brachte, weil er zunächst nicht erklären konnte oder wollte, wie er an die Hoffmann-Fotos gekommen war.

Diese abenteuerliche Geschichte stammt aus dem Haus – und wahrscheinlich auch aus der Feder – eines Mannes, der nach dem Ende der DDR als so genannter Einflussagent enttarnt worden ist: Hans Frederik, Österreicher, Journalist, Verleger, Deckname »Fredy«. In Frederiks verlag politisches archiv gmbh sind zum Beispiel diskreditierende Pamphlete über Herbert Wehner, Franz Josef Strauß und Karl Schiller erschienen, und dort wurde 1974 auch diese Guillaume-Story veröffentlicht, wenige Monate nach dessen Verhaftung. »Fredy« ist für seine Geschichte jeden nachprüfbaren Beweis schuldig geblieben, und auch im Umfeld Heinrich Hoffmanns haben sich keine Belege dafür gefunden. Die Hitler-Hoffmann-Guillaume-Connection ist offenbar ein Fall von Desinformation.

In den neunziger Jahren haben die ehemaligen Stasi-Offiziere Günter Bohnsack und Herbert Brehmer mitgeteilt, dass Frederik für solche Bücher regelmäßig mit Manuskripten, Dokumenten und »enormen Summen« Geldes versorgt worden sei – vom Geheimdienst der DDR und angeblich vom sowjetischen KGB. Bohnsack und Brehmer galten als besonders begabte Offiziere der Hauptverwaltung Aufklärung (HVA) des Generalobersten Markus (»Mischa«) Wolf, der sich ganz gern in die Arbeit seiner – für Desinformation zuständigen – Abteilung X einmischte. Im Fall der *Aussage* seines weiland Top-Spions Guillaume ging er dabei sogar noch kurz vor der Pensionierung im Mai 1986 bis ins Detail; erhalten gebliebene Manuskripte beweisen das. Warum man den verhafteten Kundschafter bereits 1974 durch den Einflussagenten Frederik ins Nazi-Zwielicht rücken ließ, mag das Geheimnis der Stasi-Leute bleiben. Heinrich Hoffmann jedenfalls hatte seinen Standort in München, nicht in Berlin.

Dort aber wurde Günter Guillaume nach der Volksschule (Abgang aus der achten Klasse) Lehrling beim Atlantik Presseverlag, Lindenstraße 38, und besuchte jeden Donnerstag die Berufsschule für das grafische Gewerbe als Fotolaborant. Selber fotografieren durfte er nur aushilfsweise, mit einer geliehenen Kamera. Zusammen mit seinem Berufsschulfreund Hans-Dieter Sallein diente er sich bei Filmpremieren den dort anwesenden Schauspielern als »Agentur Künstlerfoto« an. Während eines Fototermins bei dem Schauspieler Walter Lieck im Jahr 1943 sahen die beiden, wie Liecks jüdische Frau von zwei Männern in Ledermänteln abgeholt wurde. Sie seien darüber empört gewesen, erinnert sich Sallein. Dennoch trat Günter Guillaume ein Jahr später der NSDAP bei. In seiner Autobiographie wird das nicht erwähnt, geschweige denn begründet. Nach der Wiedervereinigung hat er erzählt, dass er ungefragt von der Hitlerjugend zur NSDAP »überschrieben« worden sei – was in den letzten Kriegsjahren, besonders zu »Führers Geburtstag«, durchaus vorkam.

Der Fotograf Sallein wurde dann Kriegsberichterstatter. Der Laborant Guillaume kam in ein Wehrertüchtigungslager, wurde als Flakhelfer eingesetzt, machte drei Monate Arbeitsdienst und wurde am 6. Januar 1945 zur Wehrmacht (Heer) eingezogen. Kurz vor Kriegsende im Mai geriet er in britische Kriegsgefangenschaft, entkam ihr nach ein paar Wochen und malochte bei einem Bauern im Kreis Lauenburg. Aber schon bald war er wieder bei seiner Mutter im Sowjetsektor von Berlin und bekam dort gleich einen Job in dem Werbe- und Bilderdienst, den sein Freund Sallein inzwischen aufgemacht hatte und mit dem er 1947 erst nach Wittenau in den französischen Sektor umzog und im Herbst dann nach Schöneberg in den amerikanischen Sektor.

Die Freunde versuchten sich in Unterwasserfotografie, erregten damit auch ein gewisses Aufsehen, zum Beispiel bei einem für Lizenzierung zuständigen amerikanischen Offizier namens Peter van Eyck, und machten große Pläne – die Guillaume, wenn einmal Interviewer kamen, noch größer machte: Man werde »in der Nordsee einen Spielfilm drehen«, vielleicht auch im Atlantik oder in der Südsee, renommierte er im Sender RIAS. Dazu kam es natürlich nie. Aber die Foto-Freunde taten sich zwei Jahre später abermals zusammen: in der so genannten Berliner Weltbürgerbewegung, die dem »Internationalen Weltbürger Nr. 1« Garry Davis nacheiferte. Sallein hatte sich dem deutschen Weltbürger Nr. 1, einem gewissen Rudi Herzberger, als Nr. 2 angeschlossen. Und Günter Guillaume wurde die Nr. 3.

»Alles liegt ihm«, so der Journalist Manfred Geist über Günter Guillaume 1975 in der *Welt,* »was mit Menschenverführung zu tun hat, mit einem Schuss Show, mit einem Schuss Wichtigtuerei. Und immer braucht er einen Anführer, immer steht er im zweiten Glied.« Als Weltbürger Nr. 3 wird er im Januar 1949 zum ersten Mal im *Spiegel* zitiert: »Was glauben Sie, was Weltbürger für ein schwerer Beruf ist.«

Und immer wieder fotografierte Günter Guillaume: 1946 zum Beispiel 43 Sängerinnen und Sänger für den Jahreskalender der Deutschen Staatsoper 1947. Während dieser Kalender produziert wurde, fing er ein Verhältnis mit dem Mädchen an, das die Szenenbilder zeichnete, später dann auch mit ihrer Freundin. Er habe, behauptete er um diese Zeit, bereits 53 Freundinnen gehabt. Jedenfalls hatte er »Schlag bei Frauen«, so Sallein, und eine deutliche »Vorliebe für weiche Typen«.

Gern jobbte er als Bildreporter, unter anderem für die Fotofirma hai in Klein-Machnow, später dann für den Ostberliner Lehr- und Fachbuchverlag Volk und Wissen. Bei einer Reportage über den »Sonderbaustab Berlin« Ende 1950 soll er die dort als Stenotypistin beschäftigte Christel Boom kennen gelernt haben, so Manfred Geist. Er selbst behauptet, das sei Anfang der fünfziger Jahre »bei Zusammenkünften des Berliner Friedenskomitees« passiert, und Christel bestätigt das. Wie auch immer: Im Mai 1951 heirateten die beiden und bezogen im November eine Wohnung in Lehnitz bei Berlin.

Ein seltsames Paar. Die beiden hatten wenig gemeinsam, außer dass Christel auch Jahrgang 1927 und ein Einzelkind war. Sie stammte aus Allenstein in Ostpreußen, hatte aber einen holländischen Stiefvater, den erfolgreichen, auch nicht unvermögenden Kaufmann Tobias Boom. Christel besuchte fünf Jahre lang eine Oberschule für Jungen im sächsischen Leisnig und pflegte das Erscheinungsbild einer »höheren Tochter«. Günter Guillaumes Typ war sie wohl kaum. Am Abend seines 25. Geburtstags soll er, bereits verheiratet, eine Ex-Freundin an die S-Bahn gebracht und zu ihr gesagt haben: »Nu haste gesehen, was ich geheiratet habe. Hättst man lieber du mich genommen.«

Warum dann diese Ehe? Es gibt die – auch im Frederik-Buch erwähnte – Version, Christel sei schon vor Günter Guillaume in die Dienste der Stasi getreten, sei überhaupt die treibende Kraft hinter dessen Kundschafterkarriere gewesen. Sie selbst weist das zurück: »Mir lagen solche Dinge fern.« Es war wohl so, dass Günter Guillaume seine Frau, die seit 1954 als Hilfsredakteurin im Ostberliner Verlag Neues Leben arbeitete, Mitte der fünfziger Jahre für den Staatssicherheitsdienst der DDR angeworben und dann auch als Kundschafterin verpflichtet hat.

Womöglich ist die These von Christels Vorantritt eine Fehlinterpretation ihrer nicht zu bestreitenden Dominanz in dieser Ehe. Die ist dann jedenfalls vielen Frankfurter Sozialdemokraten aufgefallen – zum Beispiel Willi Wiedemann, damals Bezirksgeschäftsführer der SPD Hessen-Süd, der rückblickend meint, man könne den ganzen Fall G. »überhaupt nicht begreifen, wenn man nicht immer die entscheidende Rolle sieht, die seine Frau gespielt hat. Bei denen hatte die Frau die Hosen an.« Günter Guillaume bestreitet das auch gar nicht. »Bei Christel verlief alles dynamischer«, heißt es in seiner Autobiographie über die Frankfurter Jahre. »Ohne dafür einen bis ins Detail ausgearbeiteten Plan zu haben, übernahm sie bei unserer Karriere in der Partei die Pilotrolle.«

Gehabt hat sie nichts davon. Christel Guillaume ist in Wahrheit ein Opfer ihres Einsatzes an der »unsichtbaren Front« geworden, weil »ich von meinem Leben, das ich geführt habe, besiegt worden« bin, wie sie 1990 in einer Sendung des Deutschlandfunks eingestanden hat. »Es ist eine Tatsache, dass ich mich besiegt fühle, weil mir mein ganzes Leben irgendwo zwischen den Fingern zerronnen ist.« Die Orden, die in der DDR auf sie warteten, hat sie in den Schrank getan. Die Stasi-Dienstuniform – letzter Dienstrang: Oberstleutnant – hat sie nie getragen.

Und ihre Ehe war ein Desaster. »Die einzige Person, die mich selbstlos geliebt hat in meinem Leben, war meine Mutter, das weiß ich«, hat sie in jener Radiosendung gesagt. Dass ihr Mann nicht nur als Spion ein Romeo war, muss sie gewusst haben. Und ihr Sohn? Ein Vierteljahr nachdem die Guillaumes im Mai 1956 in den Westen eingeschleust worden waren, wurde Christel schwanger. Das war nicht geplant. »Weder stand es im Familien- noch im Einsatzplan«, gestand Günter Guillaume, aber er überließ Christel die Entscheidung. Und die wollte das Kind. Später hat sie dies mit ihrem Auftrag begründet. »Es klingt natürlich übel«, hat sie 1990 gesagt, »aber so ein Kind ... ist auch ein Legalisierungsmittel. Eine vollständige intakte Familie mit Kind ist noch unauffälliger als ein kinderloses Ehepaar.«

Pierre Guillaume, geboren am 8. April 1957 in Frankfurt/Main, hat erst dem Landesverratsprozess gegen seine Eltern vor dem Düsseldorfer Oberlandesgericht 1975 entnehmen können, dass er seine Existenz einer Art Geheimdienstkalkül verdankte. Mutter Christel ist sich »spätestens im Gefängnis« über ihre »Schuldgefühle meinem Sohn gegenüber« klar geworden, weil »ich ihm nicht die Mutter gewesen bin, auf die er eigentlich Anspruch gehabt hätte«. Das ist, gelinde gesagt, ein Understatement. Pierre Guillaume hat mit den Risiken und Nebenwirkungen seiner Herkunft viele Jahre schwer zu kämpfen gehabt. Den Namen Guillaume hat er abgelegt.

Auch Erna Boom, geborene Meerrettig, Christels liebevolle, eher unpolitische Mutter, war in die Strategie des Kundschafter-Einsatzes eingebaut – ob ihr das nun klar war oder nicht. Sie besaß durch die Ehe mit Mijnheer Boom einen holländischen Pass – und das hieß: Wenn sie in den Westen ging, dann galt das als Umsiedlung, nicht als Flucht. Sie musste nicht in ein Notaufnahmelager. Deshalb sollte sie ihren Kindern in die Bundesrepublik vorausreisen und dort Wohnung nehmen. »Sie war gewissermaßen der Spurengänger, dem wir folgten«, so Günter Guillaume. »Bei unserem Auftauchen im *goldenen Westen* sollten die Behörden an eine Familienzusammenführung glauben und an nichts weiter.« Auch die »Republikflüchtlinge« Günter und Christel Guillaume umgingen auf diese Weise das Notaufnahmelager und die dort unvermeidlichen Befragungen.

Der Plan funktionierte. Erna Boom beantragte und erhielt im März 1956, während einer vorbereitenden Reise nach Frankfurt mit ihrem Schwiegersohn, Aufenthaltserlaubnis in der Bundesrepublik. Mitte Mai 1956 kam sie samt Möbelwagen über die Zonengrenze und bezog eine bereits gemietete Dreizimmerwohnung in Frankfurt/Main, Finkenhofstraße 29. Günter und Christel Guillaume gingen am 13. Mai bei Hohenneuendorf nach Westberlin, bekamen wider Erwarten am selben Tag einen Flug nach

Frankfurt/Main und waren noch vor Erna Boom dort. Aber das fiel nicht auf.

Finanziert wurde diese »Familienzusammenführung« vom Ministerium für Staatssicherheit (MfS) mit 10 000 Mark (West), von welchem Betrag Guillaume 7200 Mark auf einem Westberliner Sperrkonto für Erna Boom »geparkt« hatte. Diese bekam das Geld, nachdem sie sich am 24. Mai in Frankfurt/Main polizeilich angemeldet und die erforderliche Devisen-Inländer-Bescheinigung erhalten hatte, und eröffnete damit unter ihrem Namen ein kleines Einzelhandelsgeschäft im Äppelwoi-Viertel Sachsenhausen, Dreieichstraße 16, Boom am Dom – eigentlich ein Zigarrenladen, den Guillaume aber gern »Kaffeeklappe« nannte, weil dort auch eine Probiertasse Kaffee verkauft werden durfte.

Nun fehlte noch die Aufenthaltserlaubnis für die Guillaumes. Mit der polizeilichen Anmeldung ließen sie sich Zeit bis zum 1. Juli. Zwei Tage später schrieb Erna Boom an das Notaufnahmelager Gießen, es sei ihr »sehnlichster Wunsch«, dass der beiliegende Antrag ihrer Kinder genehmigt werde. Es lag aber gar kein Antrag bei. Den schickte Günter Guillaume für sich und seine Frau erst zwei Monate später, am 13. September 1956, einen Formularantrag mit handschriftlichem Lebenslauf. Die beiden Papiere enthielten ein paar widersprüchliche oder unvollständige Zeitangaben und verschwiegen zum Beispiel die SED-Mitgliedschaft. Als Fluchtgrund wurde die Befürchtung angegeben, »der drüben nur noch scheinbaren bürgerlichen Existenz wegen Zugeständnisse dem so genannten gesellschaftlichen Leben dieses nationalbolschewistischen Staates gegenüber machen zu müssen«. Flucht als Prophylaxe? Die Aufenthaltserlaubnis wurde jedenfalls erteilt: am 3. Dezember 1956.

Zur Begründung für die verspätete Vorlage des Antrags schrieb Guillaume, seine Frau und er hätten sich ihrer »sowjetzonalen Identität« nicht »entblößen« können, bevor sie nicht im Besitz bundesrepublikanischer Personalausweise gewesen seien. Das war so verlogen wie es klang. Der Boom-Brief und die verzögerte Anmeldung waren eine Vorsichtsmaßnahme. Guillaume wollte offensichtlich testen, ob die westdeutsche Polizei und die Abwehr schon etwas über ihn wussten. Als sich zwei Monate lang niemand rührte, hielt er die Luft für rein.

Das war sie aber nicht. Guillaume war in der Bundesrepublik aktenkundig, lange bevor er eingeschleust wurde. Bei der »Organisation Gehlen«, dem von der amerikanischen Regierung gestützten Geheimdienst des ehemaligen Wehrmachtsgenerals Reinhard Gehlen – ab 1956 dann Bundesnachrichtendienst –, lagen seit März 1951 mehrere Karteinotierungen über Guillaume vor, die ihn in Verbindung mit der Gesellschaft für deutsch-sowjetische Freundschaft in Berlin brachten. In einer davon heißt es: »Guilome, Berlin, Schreibweise ungeklärt, vermittelt Sekretärinnen für das Sekretariat der Gesellschaft für deutsch-sowjetische Freundschaft.« Zumindest die Schreibweise konnte später geklärt werden. Unter dem 7. April 1954 wurde notiert: »Guillaume, Günter, Lehnitz, Florastraße 6: angestellt im Verlag Volk und Wissen, angeblich Journalist. Er wird nach Westdeutschland geschickt werden, um die verschiedenen Verlage und Druckereien zu besuchen« und diese »später kommunistisch und in östlichem Sinne zu beeinflussen«. Guillaumes »Westarbeit« war also bemerkt worden, freilich folgenlos – vielleicht weil Geheimdienste das, was sie wissen, gern geheim halten.

Für den Untersuchungsausschuss freiheitlicher Juristen (UfJ), in den fünfziger Jahren ein westlicher Aufklärungsvorposten des Kalten Krieges, gilt das allerdings nicht. Der UfJ gab seine Erkenntnisse bereitwillig bekannt – auch die folgenden drei Feststellungen, die im Fall G. später noch eine Rolle spielen sollten.

14. November 1955: »Mitarbeiter lenkt unsere Aufmerksamkeit auf einen Fotografen und Grafiker namens Günter Guillaume (SED). Dieser ist seit Jahren im Verlag Volk und Wissen beschäftigt.« Der häufig nicht zum Dienst erscheinende Mann genieße offenkundig den besonderen Schutz der SED-Parteileitung. Schließlich sei er auf einen Lehrgang geschickt worden, ohne dass etwas über die Art der Schulung habe bekannt werden dürfen. »Jeder Mitarbeiter weiß, dass Guillaume schon vom Verlag häufig nach Westberlin geschickt wurde, um dort Aufnahmen von Exmittierungen, Verhaftungen von Demonstranten, Anbringen von kommunistischen Losungen und so weiter zu machen.«

22. November 1955: »Unser Berichter vermutet, dass Guillaume nun ganz für ›Westarbeit‹ freigemacht worden ist. ... Vor vier Wochen sei er völlig aus seinem Beschäftigungsbetrieb ausgeschieden.« Und am 27. Juli 1956 legt der UfJ noch einmal nach: »Der Verlagsfotograf Günter Guillaume (auf dessen Tätigkeit bereits im vorigen Jahr hingewiesen worden sei) soll angeblich vor drei bis vier Wochen geflüchtet sein.«

Diese Meldungen gaben die freiheitlichen Juristen am 3. August 1956 der Abteilung I des Berliner Polizeipräsidiums weiter. Dort zeitigten sie mehrere Aktenvermerke unterschiedlicher Bearbeiter, die »weitere kriminalpolizeiliche Maßnahmen«, ja sogar die Einschaltung des Bundeskriminalamts empfahlen. Aber nichts dergleichen geschah, denn das Polizeipräsidium wollte vom UfJ erst mal Guillaumes genaue Adresse wissen. Die hatte man dort aber nicht. Und so wanderte der Vorgang mit Vermerk vom 13. Dezember in die Ablage des Berliner Polizeipräsidiums: Weitere Maßnahmen seien unter den gegebenen Umständen nicht möglich. Der Verfassungsschutz wurde nicht unterrichtet, offenbar auch nicht der Bundesnachrichtendienst. Ebenso wenig wurden die drei Notaufnahmelager Marienfelde, Gießen und Ülzen gebeten, beim Auftauchen eines gewissen Guillaume Meldung zu machen.

Dieser Bilderbuchfall bürokratischer Ignoranz sollte Schule machen im ferneren Verlauf des Falles G. Er war gewissermaßen der Beginn einer Agentenposse mit tragischem Ausgang.

Dass im Verlag Volk und Wissen, der Startrampe des Agenten Guillaume, eine so genannte Residentur des DDR-Geheimdiensts installiert war, das erfuhr die westdeutsche Abwehr erst 1961. Man muss davon ausgehen, dass Guillaume während seiner Zeit bei Volk und Wissen angeworben, trainiert und schließlich unter konspirativen Umständen zum »Kundschafter des Sozialismus« ausgebildet worden ist – ein Umstand, den er später stets zu verschleiern versucht hat. Im Frederik-Buch wird behauptet, Guillaume sei Anfang 1955 von Bruno Beater, dem späteren Stellvertreter des Stasi-Ministers Erich Mielke, und von Hans Fruck, dem späteren Stellvertreter von Markus Wolf, für den Geheimdienst verpflichtet und auf die Hochschule des Ministeriums für Staatssicherheit in Potsdam-Eiche geschickt worden, während er offiziell weiter für Volk und Wissen beziehungsweise »freiberuflich« tätig war. Guillaume selbst hat 1991 ausgesagt, er sei Anfang September 1955 »mit festen Gehaltsansprüchen« in den Dienst der HVA, die damals noch anders hieß, übernommen worden. Drei bis sechs Monate lang büffelte er Theorie und Praxis der konspirativen Arbeit, das volle Programm, vom Bedienen toter Briefkästen bis zum richtigen Verhalten bei eventueller Enttarnung.

Mit der Einschleusung in die Bundesrepublik im Mai 1956 wurde Günter Guillaume zum »Offizier im besonderen Einsatz« (OibE) der HVA des Ministeriums für Staatssicherheit (MfS). Auftrag: »Integration und Aufklärung der SPD«. Dienstrang: Hauptmann. Das war Routine. Jeder Kundschafter von einiger Bedeutung bekam einen Offiziersrang; der Sold ging zu Hause auf ein Sonderkonto. Die HVA war innerhalb der Stasi zuständig für Auslandsaufklärung und interessierte sich in der Bundesrepublik vor allem für Streitkräfte, Behörden und Parteien. Guillaumes erste Funktion war die eines Residenten; das heißt, er hatte eine »Quelle« zu führen – eine Auskunftsperson, die der SPD angehörte. Ihr Deckname war »Fritz«.

»Max« und »Moritz« gab's auch. Im internen Funkverkehr war »Max« der Bezirksvorsitzende der SPD Hessen-Süd, den Guillaume »abzuschöpfen« hatte, der Genosse Willi Birkelbach. Dessen Nachfolger Heinrich Hemsath wurde dann »Moritz«.

Es gab auch noch einen anderen »Max«. Dessen Identität und die von »Fritz« hat Guillaume auch als Zeuge im Prozess gegen Markus Wolf 1991 nicht enttarnen wollen: Sie seien beide tot; er wolle aber, um Missverständnissen vorzubeugen, ausdrücklich darauf hinweisen, dass es sich bei »Fritz« nicht um Fritz Erler handle – also um den Spitzenmann der SPD, der 1964 stellvertretender Parteivorsitzender und Fraktionsvorsitzender wurde.

Das ist insofern bemerkenswert, als Guillaume den Lesern seines autobiographischen Buches die Vermutung geradezu aufdrängt, dieser »Fritz« sei kein Geringerer als Fritz Erler: gebürtiger Berliner, könnte sein Vater sein, ein

»großes Tier in der SPD«, ein Programmatiker, der »auf hoher Ebene« wirkt, dann an einer »heimtückischen Krankheit« stirbt – Erler ist 1967 an Leukämie gestorben. Guillaume nennt diesen Mann einen Freund, verbirgt auch nicht seine Verehrung für ihn. »Max« wird so ähnlich beschrieben, jedenfalls was die Bedeutung in der SPD angeht, ist aber nicht so leicht zu identifizieren.

Vom *Spiegel* 1989 um einen Kommentar zu dieser Darstellung gebeten, hat der damalige Verfassungsschutzpräsident Gerhard Boeden die unübersehbaren Anspielungen Guillaumes auf Erler »perfide« genannt. Der Spion könne »nicht wirklich glauben, dass ihm ein ernst zu nehmender Zeitgenosse die Mär über die Agenten ›Fritz‹ und ›Max‹, die er angeleitet haben will, abnimmt«.

Eine Mär war es jedenfalls. Für »Max« hatten sich Wolf und seine Desinformanten nach einigem Hin und Her den Darmstädter SPD-Politiker Ludwig Metzger ausgeguckt. Der Rechtsanwalt Metzger, Jahrgang 1902, Genosse seit 1930, Bundestagsabgeordneter von 1953 bis 1969, Mitglied des Fraktions- und des Parteivorstands, zeitweilig auch hessischer Landesminister, war ein braver, aufrechter Mann, Synodaler der Evangelischen Kirche, dem niemand irgendwelche Geheimdienstkontakte zutraute. Eben drum wohl wurde er für das Guillaume-Buch als »Max« verschlüsselt. Die SPD sollte verunsichert werden.

Und »Fritz«? Guillaumes Boss Markus Wolf behauptet in seinen 1998 veröffentlichten Erinnerungen, es habe durchaus »Beziehungen« zu Fritz Erler gegeben, aber die »beschränkten sich auf die Ebene politischer Kontakte«, spielten sich also nicht auf der niedrigen Ebene nachrichtendienstlicher Ausspähung ab. Erlers »Analysen der Vorgänge innerhalb der Nato oder seine Hinweise auf die Pläne der ›Falken‹ in Washington brachten uns wichtige

Erkenntnisse«, behauptet Wolf – immer unterstellt, dass Erler wirklich bereit war, solche Analysen auch der DDR bekannt zu machen. Die Kontaktperson war jedenfalls nicht Guillaume, sondern laut Wolf ein in der DDR lebender »alter Freund« Erlers aus den Tagen des gemeinsamen Widerstands gegen das Nazi-Regime.

Die Frage nach der Identität von »Fritz« ist in den frühen sechziger Jahren auch in der SPD dringlich gestellt, aber nicht beantwortet worden – denn der Deckname kam (wie auch »Max«) häufig in den Funksprüchen vor, die zwischen den Kundschaftern und ihrer Zentrale in Ostberlin im so genannten A3-Verkehr gewechselt wurden. Die für Guillaume – Deckname im Funkverkehr: »Georg« – bestimmten Aufträge oder Anfragen wurden von der Funkzentrale des MfS zu festen Zeiten und unter bestimmten Kurzwellenfrequenzen in deutscher Sprache abgestrahlt und zwar in Fünferzahlengruppen, denen eine vierstellige Zahl als »Spruchkopf« vorangestellt war; wenn darin die Zahl 37 vorkam, war »Georg« gemeint. Zwischen 1956 und 1959 kamen bei Guillaume knapp hundert solcher Funksprüche an.

Natürlich wurden sie abgehört, allerdings nicht von der deutschen Abwehr, sondern von Fachleuten der britischen Besatzungsmacht, was offiziell aber niemand wissen durfte. Etwa 1960 gelang es der Abwehr dann, den relativ simplen Code, mit dem die Funksprüche damals verschlüsselt waren, zu knacken.

Das hatte Folgen, von denen noch die Rede sein wird. Für den Augenblick bedeutete die Entschlüsselung nicht viel. Man wusste jetzt nur: Da sitzt irgendwo ein Agent »Georg« und spioniert die SPD aus. Aber auch damit war Anfang 1959 Schluss. Denn erstens modernisierte die Stasi ihren gesamten Funkverkehr und zweitens wechselte

Günter Guillaume die Funktion. Das hatte mit seiner allmählich beginnenden SPD-Karriere zu tun. Spätestens als er hauptamtlicher Parteifunktionär wurde, konnte er nicht mehr Resident sein, also fremde Quellen führen. Er wurde selbst zur Quelle.

Es ist charakteristisch für Günter Guillaume, dass er diese Parteikarriere aus eigenem Antrieb und ohne Auftrag gemacht haben will. Gewiss, Christel und er hatten den Befehl, der SPD beizutreten, und führten ihn im September 1957 aus, Ortsverein Frankfurt-Nordend. Aber: »Dass ich in der Folgezeit innerhalb der SPD Karriere gemacht habe, beruhte ausschließlich auf meiner eigenen Initiative«, so der Zeuge Guillaume 1991. Dies lag sogar »außerhalb meines nachrichtendienstlichen Auftrags. Es machte mir Spaß, in leitende Parteifunktionen zu gelangen.« Und dass er es am Ende gar ins Kanzleramt geschafft hat, in eine Position, von der »ich vorher nie zu träumen gewagt« hatte – das war sein Triumph, seiner ganz allein. In *Die Aussage* bekräftigt er ausdrücklich die Meinung der *FAZ*, »dass der Aufstieg des Günter Guillaume auf der Karriereleiter vom MfS unmöglich geplant gewesen sein konnte«. Mit anderen Worten: Seine Karriere in der SPD ging die Auftraggeber in der DDR im Grunde gar nichts an.

In der Tat: Markus Wolf, Chef der für die Bundesrepublik zuständigen HVA, wo Günter unter dem Decknamen »Hansen« und Christel unter »Heinze« geführt wurden, hatte seine Kundschafter falsch eingeschätzt. Die Guillaumes waren »von uns beauftragt, Quellen innerhalb der SPD zu erschließen und zu ›führen‹«, aber Parteikarriere sollten sie nicht machen. Wolf hatte offenbar nicht damit gerechnet, dass die beiden sich »in der Parteihierarchie hochdienten, höher als uns recht sein konnte, denn im Rampenlicht wollten wir unsere Agenten, die wir für Führungsaufgaben vorgesehen hatten, nicht wissen«. Dass Guillaume schließlich sogar »den Weg ins Kanzleramt finden würde, damit hätten wir nie gerechnet«.

Günter Guillaume machte Karriere auf der Ochsentour. »Es war ein langer und beschwerlicher Marsch durch die Parteihierarchie«, erinnert er sich; denn die Rangeleien der Genossen »um politischen Einfluss waren, jedenfalls zu meiner Zeit, häufig Ausdruck erbitterter Existenzkämpfe«. Aber damit konnte er umgehen. Er war »der typische Aktentaschenträger«, so der damalige Bezirksgeschäftsführer Hessen-Süd, Willi Wiedemann: einsatzbereit, arbeitswillig, gut gelaunt, eine scheinbar problemfrei strukturierte Frohnatur, immer für einen Witz gut. Sein späterer Chef im Kanzleramt, Horst Ehmke, hat ihn unter Berufung auf »böse Zungen« einmal einen »echten Sozialdemokraten« genannt – »kleinkariert und beflissen«.

Bei Christel lief wirklich »alles dynamischer«. Dem gemeinsam in der Finkenhofstraße eröffneten Schreibbüro für Vervielfältigungen und Fotokopien, das die bürgerliche Existenz der Agenten im Westen begründete, stand sie nur so lange zur Verfügung, wie die Geburt ihres Sohnes und die Säuglingspflege sie an den eigenen Haushalt banden. Schon 1958 hatte sie Gesprächspartner und dann auch einen Job im Parteibüro des SPD-Bezirks Hessen-Süd. Zur Schlüsselfigur ihrer Karriere wurde Willi Birkelbach, Bundestagsabgeordneter, Mitglied des SPD-Vorstands und Vorsitzender der sozialistischen Fraktion des Europäischen Parlaments. Sie wurde seine Sekretärin, dann Büroleiterin, und Birkelbach nahm sie mit in seine neuen Jobs: 1964, als er Staatssekretär in der Hessischen Staatskanzlei wurde, und 1969, als man ihn zum Direktor des Landespersonalamts Hessen berief. Was auf Birkelbachs Schreibtisch kam, das sah auch Christel. Sie wurde zur »Quelle«.

Christel Guillaume war schon Birkelbachs Sekretärin, als Günter noch in einem Baubüro und in einem Verlag jobbte und dann, zunehmend frustriert, bei Boom am Dom hinterm Ladentisch stand, während sich Oma Erna des Haushalts und des Kleinkinds Pierre annahm. Die »Kaffeeklappe« hatte aber auch Vorteile; als Kunden getarnte Kuriere der HVA konnten dort Mikrofilme in leeren Streichholzschachteln oder Zigarrenhülsen ganz entspannt in Empfang nehmen.

Günter Guillaume war nett zu allen, und die meisten Genossen mochten ihn, besonders die vom rechten Flügel der SPD, als deren Sympathisant er sich zu erkennen gab. Das war Teil seines Auftrags, aber er erfüllte ihn mit so viel Verve, dass er im überwiegend linken Frankfurt bald als überzeugter Rechter eingestuft wurde. Für Christel galt dasselbe. Nachdem es ihr gelungen war, einen Sitz im Frankfurter Unterbezirksvorstand zu gewinnen, »saß sie uns dort oft als einzige Rechte gegenüber«, so der damalige Oberbürgermeister Rudi Arndt, ein Linker – »einzige Frau gegen 14 Linke«. Immerhin brachte Christel ihren Mann als freiberuflichen Fotoreporter bei der südhessischen Parteizeitung *Der Sozialdemokrat* unter. Und als solcher begegnete er im Wahlkampf 1961 zum ersten Mal dem Kanzlerkandidaten Willy Brandt.

Von 1961 an kam richtig Schwung in Günter Guillaumes selbst gemachten Aufstieg zum hauptamtlichen SPD-Funktionär. Das begann damit, dass er, der immer die »verzwickte Kleinarbeit auf der Ortsebene der SPD« machte, stellvertretender Ortsvereinsvorsitzender im Frankfurter Nordend wurde. Mitte 1963 war er in der Partei so etabliert, dass Erna Booms »Kaffeeklappe« als Grundlage seiner bürgerlichen Existenz ausgedient hatte. An der Frankfurter Basis wurde Guillaume unter der Bezeichnung »Julio« populär – eine Bezeichnung, die der südhessische Bezirksvorsitzende Heinrich Hemsath für ihn erfunden hatte, weil der den hugenottischen Namen nicht aussprechen konnte. Am 1. April 1964 wurde der rechte Guillaume vom linken SPD-Bezirk Hessen-Süd als Geschäftsführer für den Unterbezirk Frankfurt fest angestellt.

Das war gewissermaßen die Wende im weiteren Weg des Spions. Bei einem so genannten Führungstreffen Ende 1964 im Berliner Karolinenhof gab der Geheimdienstchef Markus Wolf eine neue Marschrichtung vor: Es sei damit zu rechnen, dass die SPD in Bonn bald Regierungsverantwortung übernehmen werde, also erscheine es geboten, beizeiten Kontakt zu ministrablen Sozialdemokraten zu suchen. Wolf sagt heute, das sei eine generelle, nicht speziell auf Guillaume gemünzte Direktive gewesen. Aber der agierte so, als habe der »Genosse General« ihm persönlich diesen Befehl gegeben – zumal sein Führungsoffizier ihn zugleich von den Aufgaben des Residenten befreite. Der Spion sah sich unter den Frankfurter Bundestagsabgeordneten nach einem geeigneten Kandidaten für die Förderung seiner Parteikarriere um. »Es kamen nur drei SPD-Abgeordnete in Betracht, und ich habe auf Herrn Leber gesetzt. Das war meine eigene Entscheidung, die mir von der Führungsstelle nicht vorgegeben war«, so der Zeuge Guillaume 1991.

Mischa Wolf sollte Recht behalten. Als die SPD in Bonn 1966 eine Große Koalition mit der CDU/CSU einging, zogen die Guillaumes um. Das Frankfurter Nordend, wo sie bislang wohnten, war der Wahlkreis eines Spitzenfunktionärs der Industriegewerkschaft Metall namens Hans Matthöfer und der war zwar ministrabel, konnte den rechten »Julio«

aber nicht ausstehen. Die Abneigung beruhte auf Gegenseitigkeit; Guillaume hielt Matthöfer nicht nur für einen Linken, er hatte ihn auch im Verdacht, während eines Studienaufenthalts in den USA vom amerikanischen Geheimdienst angeheuert worden zu sein. Also zog er in den Wahlkreis von Georg Leber, der gerade Verkehrsminister in Bonn geworden war, dem rechten Parteiflügel zugeordnet wurde und wohl wusste, »dass er auf einflussreiche Zutreiber aus der Frankfurter Parteiorganisation angewiesen war« (Guillaume). Als so einer durfte »Julio« gelten, und Leber war durchaus geneigt, ihn zu seinem Wahlkreissprecher zu machen. Das neue Domizil dort vermittelte natürlich die Partei: ein graues Vorkriegsreihenhaus, Ferdinand-Hofmann-Straße 16, Stadtteil Sindlingen.

Die beiden waren einander sympathisch, der Arbeitersohn aus dem Oberlahnkreis und der helle Junge vom Berliner Kiez. Der »eiserne Schorsch« Leber, ehemaliger Maurer und Landser, zehn Jahre lang mächtiger Boss der IG Bau, Steine, Erden, förderte die Vermögensbildung in Arbeitnehmerhand und vertrieb die Kommunisten aus seiner Gewerkschaft – ein knorriger Konservativer, der zeitweilig als möglicher SPD-Kandidat für das Amt des Bundespräsidenten galt, bevor er 1972 Willy Brandts Verteidigungsminister wurde. Günter Guillaume hegte »freundliches Verständnis« für diesen Mann und organisierte dessen Kampagne im Bundestagswahlkreis 140 – zunächst einmal gegen den Mitbewerber um das Direktmandat, den Jungsozialisten und Parade-Linken Karsten Voigt.

Die Wahl selbst wurde ein Bombenerfolg: Leber errang am 28. September 1969 im Wahlkreis 6263 Erststimmen mehr (68 393) als die Frankfurter SPD Zweitstimmen auf der hessischen Landesliste (62 130). Keine Frage, dass er seinem Manager einen Gefallen schuldete.

Privat war er ihm bereits gefällig gewesen. Er hatte den Guillaumes angeboten, Ferien an der Côte d'Azur zu machen, in St. Maxime, wo die IG Bau, Steine, Erden Ferienhäuser für verdiente Mitglieder erworben hatte – eines davon zu Lebers Verfügung. Guillaume verliebte sich heftig in die »zauberische Welt an der Mittelmeerküste«. St. Maxime sollte in seiner Vita noch häufiger vorkommen.

Wäre Leber Bundespräsident geworden, hätte er »Julio« sogar seinen Wahlkreis vermachen wollen, so hat er es ihm jedenfalls gesagt, und der Spion hätte Volksvertreter werden können. Das sei immer sein Traum gewesen, vertraute Guillaume 1977 in der Strafvollzugsanstalt Rheinbach/Eifel seinen Mithäftlingen an: als Abgeordneter in den Bundestag gewählt und dann in den Haushaltsausschuss entsandt zu werden, denn dort erfahre man »praktisch alles«, auch über »versteckte Zuwendungen an den Geheimdienst und an Rüstungsfirmen«.

Volksvertreter wurde er dann doch, aber in Frankfurt und immer gegen den Widerstand linker Genossen, die sein rechtes Gehabe ebenso wenig mochten wie die Tatsache, dass er im wehrpolitischen Arbeitskreis der südhessischen SPD und sogar in der Prüfungskammer für Wehrdienstverweigerer mitmachte. Einen gut bezahlten Job in der kommunalen Wirtschaft, der ihn von der aktiven Politik weglocken sollte, will er ausgeschlagen haben. Stattdessen ließ er sich vom Vorsitzenden der SPD-Fraktion im Frankfurter Rathaus, Gerhard Weck, am 1. Mai 1968 zu deren hauptamtlichem Geschäftsführer berufen. Und bei der Kommunalwahl des nämlichen Jahres wurde er – auf einem sicheren Listenplatz – dann selbst zum Stadtverordneten.

Endstation der selbst gewählten Parteikarriere? Natürlich nicht. »Als erreichbares Maximalziel schwebte mir damals vor«, so Guillaume 1991, »von Leber in dessen Ministerium nach Bonn mitgenommen zu werden.« Dass dieses Maximum dann noch übertroffen wurde, lag zum einen daran, dass die sozialliberale Regierung, die Willy Brandt im September 1969 bildete, in allen Ministerien großen Bedarf an verlässlichen Sozialdemokraten hatte, und zum anderen an Herbert Ehrenberg, einem Gefolgsmann Lebers. Der diplomierte Volkswirt und Dr. rer. pol. war im Hauptvorstand der IG Bau, Steine, Erden jahrelang eine Art Vordenker des gelernten Maurers Georg Leber gewesen, und als dieser 1966 Bundesverkehrsminister wurde, ging auch Ehrenberg bald nach Bonn ins Wirtschaftsministerium des sozialdemokratischen Star-Ökonomen Karl Schiller. Von dort wurde er nach dem Machtwechsel als Leiter der Abteilung Wirtschafts-, Finanz- und Sozialpolitik ins Bundeskanzleramt befördert.

Ehrenberg, ein bulliger Ostpreuße von unerschütterlichem Selbstbewusstsein, kannte Guillaume aus dem Frankfurter Nordend, wo auch er gewohnt hatte, und wusste genau, was »Julio« in der Frankfurter SPD alles hatte zustande bringen können. Es war nicht schwer, ihm diesen Mann ans Herz zu legen, schon gar nicht, wenn Schorsch Leber dies tat. Natürlich wollte Ehrenberg »den Günter« haben.

»Du kommst nach Bonn«, sagte Schorsch Leber eines Oktobertags 1969 zu seinem Freund und Helfer. »Ehrenberg erwartet dich im Kanzleramt.« Günter Guillaume blieb die Spucke weg. Lebers »Ankündigung, dass mich ein Posten im Bundeskanzleramt erwarte, traf mich völlig überraschend. Ich musste mich in aller Schnelle entscheiden, zu Konsultationen mit Berlin blieb keine Zeit.« Er entschied sich in aller Schnelle.

So machte sich der Spion auf den Weg in Willy Brandts Kanzleramt, und seine Auftraggeber wussten nichts davon.

Kanzler der Herzen

Mehr Demokratie wagen?

Kanzler zu werden, war für Willy Brandt stets wichtiger als Kanzler zu sein. Dass ein Mann seines Herkommens und seiner politischen Vergangenheit deutscher Bundeskanzler werden konnte, ein unehelich geborener, den Nazis durch die Emigration entkommener Sozialist – das war für ihn das Entscheidende. Er sah seinen Regierungsantritt als historische Zäsur und sich selbst als Symbolfigur des »anderen« Deutschland. Hätte er sonst in jenen Herbsttagen des Jahres 1969 sagen können, nun erst habe Hitler den Krieg endgültig verloren?

»Nicht der legitime Aggressionskatholik aus München wurde Bundeskanzler«, hat Heinrich Böll, auf Franz Josef Strauß zielend, Willy Brandts Amtsübernahme beschrieben, »sondern der illegitime Herbert Frahm aus Lübeck, der diesen von der bürgerlichen Gesellschaft mitgegebenen Urmakel, diese Idioten-Erbsünde auch noch verstärkte, indem er Sozialist und außerdem noch Emigrant wurde.«

Der Machtwechsel, wie vor allem die Sozialdemokraten das Ereignis gern nannten, war für Brandt und seine Gefolgschaft denn auch mehr als ein normaler Regierungswechsel. »Hier wurde«, so der Historiker Wolfgang Jäger, »eine Art innerer Neugründung dieses Staates in Aussicht gestellt.« Das in der Tat war gemeint mit dem

Postulat der Regierungserklärung, künftig »mehr Demokratie wagen« zu wollen; das steckte hinter dem hochfahrenden Satz: »Wir fangen erst richtig an« mit der Demokratie in Deutschland.

Die Mehrheitsverhältnisse jedenfalls rechtfertigten solches Pathos des Neubeginns mitnichten. Die CDU/CSU war bei der Bundestagswahl am 28. September trotz leichter Verluste mit 46,1 Prozent der Zweitstimmen stärkste Partei geblieben. Die SPD landete, nur knapp verbessert, bei 42,7 Prozent und die FDP, nahezu halbiert, bei 5,8 Prozent. Wäre die rechtsextreme NPD mit 4,3 Prozent nicht knapp an der Fünf-Prozent-Klausel gescheitert, dann hätte es realiter nur eine Möglichkeit der Regierungsbildung gegeben: die Fortsetzung der seit 1966 amtierenden Großen Koalition von CDU/CSU und SPD. So aber hatte deren Kanzler Kurt Georg Kiesinger durchaus Grund, sich als Sieger der Wahl und Chef einer künftigen Koalition mit der FDP zu sehen.

Die Bildung der sozialliberalen Koalition aus SPD und FDP war eine Art Handstreich, ein Coup, bei dem der Wagemut einiger weniger Politiker eine weit wichtigere Rolle spielte als das Wahlergebnis. Es war Brandts Coup. Als er in der Wahlnacht mit dem angriffslustigen Satz »SPD und FDP haben mehr als CDU und CSU« seinen Anspruch bekundete, die Regierung zu bilden, da tat er dies, ohne von seinen Stellvertretern an der Parteispitze dazu ermutigt worden zu sein, sogar ohne eine verbindliche Zusage seines künftigen Koalitionspartners. Denn Walter Scheel, der FDP-Vorsitzende, war so deprimiert über das katastrophale Abschneiden seiner Partei, die er in den Wochen zuvor nach Kräften auf ein Bündnis mit der SPD einzustimmen versucht hatte, dass er sich mit privaten Freunden zu Blinis, Kaviar und Sauerrahm nach Hause zurückgezogen hatte. Als Brandt ihm am Telefon sagte, was er gleich öffentlich erklären werde, zögerte Scheel, widersprach ihm aber nicht. »Ich habe die FDP wissen lassen, dass wir zu Gesprächen mit ihr bereit sind«, erklärte Brandt kurz vor Mitternacht. »Dies ist der jetzt fällige Schritt von unserer Seite.«

Willy Brandt, Außenminister und Vizekanzler in der Großen Koalition, war seit geraumer Zeit entschlossen, nicht länger gemeinsam mit dem von ihm herzlich verabscheuten Kiesinger zu regieren. »Ich kann mir keine Koalition vorstellen, bei der für einen Außenminister Brandt Platz ist«, ließ er Interviewer kurz vor der Wahl grimmig wissen. Das NSDAP-Mitglied Kiesinger und der Emigrant Brandt Seite an Seite das Land regierend – das hatte nach Brandts Überzeugung nicht funktioniert, nicht als symbolische Versöhnung der Deutschen mit sich selbst und schon gar nicht im persönlichen Verhältnis der Protagonisten. Dabei war die Große Koalition besser als ihr Ruf. Sie hat so manches auf den Weg gebracht, woran die sozialliberale Regierung angeknüpft hat – nicht zuletzt die neue Ostpolitik.

In seinen 1976 veröffentlichten *Begegnungen und Einsichten* hat Brandt eingeräumt, dass er die sozialliberale Regierung auch um den Preis ihres baldigen Scheiterns bilden wollte; dass er jedenfalls entschlossen war, »das Risiko einzugehen, selbst wenn die ›kleine‹ Koalition aus SPD und FDP nicht die ganze Legislaturperiode durchhalten würde«. Er sah das Zusammengehen von SPD und FDP eben als ein Bündnis von historischem Rang, als Beweis dafür, dass die Bundesrepublik ihre demokratische Bewährungsprobe bestanden habe.

Dass die Gemeinsamkeiten von SPD und FDP als Basis eines dauerhaften Regierungsbündnisses nicht ausreichten, erschien ihm damals wohl als zweitrangig. Entgangen sein kann es ihm nicht. Allenfalls in der Außenpolitik, besonders in der Ostpolitik gab es eine solche Basis. Innenpolitisch war das hastig entworfene, nie offiziell veröffentlichte Koalitionspapier eher unverbindlich – jedenfalls kein Konzept für einen »Kanzler der inneren Reformen«, eher für einen Kanzler der Aussöhnung mit dem Osten und des Gewaltverzichts.

In krassem Gegensatz zu den Fanfaren des Neustarts stand auch das Ergebnis der Bundeskanzlerwahl. Mit zwölf Stimmen Mehrheit war die sozialliberale Koalition im Bundestag angetreten. Bei der Wahl Brandts zum ersten sozialdemokratischen Kanzler seit vier Jahrzehnten fehlten davon bereits drei – die Stimmen der Freidemokraten Erich Mende, Siegfried Zoglmann und Heinz Starke, die später dann zur Union überliefen. Brandt bekam 251 Stimmen, nur zwei mehr, als er brauchte, um Kanzler zu werden. Vier Stimmen wurden wegen böser Anmerkungen auf den Stimmkarten für ungültig erklärt. »Armes Deutschland« stand auf einer, »Frahm nein« auf einer anderen. Der Verfall der parlamentarischen Mehrheit, der schließlich zum Versuch eines Kanzlersturzes führte, begann schon bei der Kanzlerwahl.

Die Differenz zwischen enthemmter Reformrhetorik auf der einen und realisierbaren Reformprogrammen auf der anderen Seite machte das Regieren in der sozialliberalen Koalition nicht leichter, weder inhaltlich noch personell. Brandt hatte das sozialdemokratische Personal der Großen Koalition weitgehend übernommen und den umtriebigen, erst im März 1969 zum Justizminister gekürten Freiburger Rechtsprofessor Horst Ehmke zum Chef des Kanzleramts mit Ministerrang gemacht. Abgesehen davon, dass Letzteres verfassungsrechtlich problematisch war, sorgte es von

Anfang an für Konflikte und Eifersüchteleien im Kabinett. »Brandts Hauptsorge nach den ersten Wochen des Regierens«, schreibt der Zeitgeschichtler Wolther von Kieseritzky im einleitenden Essay zur *Berliner Ausgabe* der Schriften Brandts, Band 7, »galt denn auch der Frage, wie aus den einzelnen Persönlichkeiten in der Regierung ›ein Team zu formen‹ sei. Dies sollte ihm bis zum Ende seiner Kanzlerschaft nicht gelingen.«

Kanzler zu sein, war für Willy Brandt kein Erfolgserlebnis. »Erfolg war«, sagte er zwei Jahre nach Amtsantritt, »Kanzler zu werden. Alles, was danach kommt, ist eine Frage nicht von Erfolg, sondern: ob man es kann oder nicht kann. Ich finde, ich kann es.« Als er mir das sagte, waren wichtige Leute im eigenen Lager schon ganz anderer Ansicht: der Verteidigungsminister Helmut Schmidt zum Beispiel, dem Brandt nicht energisch genug führte, oder der Vorsitzende der sozialdemokratischen Bundestagsfraktion Herbert Wehner, der in Brandt eigentlich immer nur den unvermeidlichen Kandidaten, nicht aber den geeigneten Kanzler gesehen hatte, und gewiss der »Genosse Generaldirektor« Alex Möller, der im Mai 1971 als Finanzminister zurückgetreten war, weil er sich bei seinem Bemühen, die gigantischen Geldforderungen seiner Ministerkollegen abzuwehren, vom Kanzler im Stich gelassen fühlte.

Noch konnte Brandt mit solchen Anfechtungen umgehen, ohne zu verzagen. Aber den »Wir-fangen-erst-richtig-an«-Satz aus seiner Regierungserklärung mochte er nicht wiederholen: »Man hat das damals eigentlich noch gemacht aus dem Wahlkampf heraus.« Gewiss würde auch Kennedy, meinte Brandt – und bezeichnete den Vergleich im selben Atemzug als übertrieben – nach der gescheiterten Invasion Kubas in der Schweinebucht nicht mehr von der »New Frontier« geredet haben.

Brandts »Schweinebucht« lag im Planquadrat der Ökonomie. Die war nicht sein Thema, geschweige denn sein politisches Agens. Vielmehr verdankte er ihr seine Desillusionierung, was die Regierungsgeschäfte anging. Ihretwegen hatte er schon im ersten Amtsjahr einmal gedroht, wenn das so weitergehe mit dem Gezerre um Konjunkturzuschlag und Steuererhöhungen, dann sollten die Herren Einzelkämpfer im Kabinett den Kram doch ohne ihn machen.

Zeit seines politischen Lebens hat Willy Brandt daran festgehalten, »dass glaubwürdige Autorität nicht autoritär sein darf«. Will sagen: »Es ist schwieriger, durch geduldige Überredung zu überzeugen, aber am Ende ist es wirkungsvoller.« Schwieriger war es bestimmt, wirkungsvoller keineswegs immer, jedenfalls nicht im Streit ums Geld. Aber Brandt konnte gar nicht anders. Er war eben nicht der sprichwörtliche starke Mann, der ständig Entschlusskraft zeigt. »Ich halte nichts von einer teutonischen Pseudo-Autorität, die durch den Schlag mit der Faust auf den Tisch demonstriert wird. Den Tisch beeindruckt der Faustschlag wenig. Wen sonst?«

Das klingt fast wie ein Kalauer, kommt dem Geheimnis des größten Erfolgs von Willy Brandt aber ziemlich nahe: nämlich dass er eine hoch geachtete, geradezu idolisierte Autorität auch und gerade für jene geworden ist, die mit Autoritäten nicht viel im Sinn hatten. Auf diese Weise konnte Brandt eine beachtliche Minderheit, die sich von der Politik abgewandt hatte, wieder mit ihr versöhnen. So konnte er Menschen mobilisieren, die einem Politiker sonst kaum zugehört hätten. »Willy Brandt fehlte Eindeutigkeit«, hat der Journalist Gunter Hofmann, der Brandt damals sehr genau beobachtete, in seinem brillanten *Porträt eines Aufklärers aus Deutschland* geschrieben. »Er hatte nicht einmal Lust, sie vorzugaukeln ... Sein politisches Angebot richtete sich nicht zuletzt an die, die mindestens bereit waren, Ambivalenzen zu akzeptieren ... Es waren also gerade die Ambivalenzen und Brüche, was unsereins an Brandt akzeptierte; das Ehrlichmachen, Ehrlichwerden einer Politik, die dem ›Führerprinzip‹ auf katastrophale Weise gehuldigt hatte.«

Brandts Koalitionspartner Walter Scheel, dessen Verhältnis zur Politik vergleichsweise nüchtern, um nicht zu sagen kaufmännisch war, hat ihm drei Wochen nach dem Rücktritt einen langen Brief geschrieben, in dem steht: »Sie wissen, dass ich immer die Meinung vertreten habe, dass nur eine außergewöhnliche Häufung von Zufällen einen Mann Ihrer Struktur an die Spitze einer Regierung bringen konnte.« Stünde nicht zweifelsfrei fest, dass der Brief eine Hommage an Willy Brandt war, dann könnte man diesen Satz für eine Unverschämtheit halten. Die Wahrheit war er allemal.

Willy Brandt ist ein Held geworden, eben weil er keiner war und weil er das auch nicht verbarg. Er »hat das Herz des Volkes gewollt, und er hat es erobert, weil er gelitten hat – vor allem an sich selbst«, so Gregor Schöllgen, einer der jüngeren Brandt-Biographen. Das heißt, seine Schwächen waren seine wahre Stärke. Heute, im Blick auf seinen Nachruhm, ist das eine weithin akzeptierte Erkenntnis. Damals, als Brandt Regierungschef wurde, mochte das in der politischen Gesellschaft kaum einer gelten lassen – außer vielleicht sein Intimus Egon Bahr und, wohl nicht ganz neidlos, Franz Josef Strauß: »In der Person Brandts schienen brennpunktartig alle ungestillten Wünsche, alle unerfüllten Sehnsüchte, alle psychischen Bedürfnisse zusammenzulaufen. Brandt wurde, ähnlich wie Kennedy, das Idol vieler Bürger, das Pilgerziel aller Beladenen und Belasteten.« Aber beim Regieren hat es ihm wenig geholfen, ein Kanzler der Herzen geworden zu sein.

Er war und er blieb auch als Regierungschef ein Mann par distance. Es war eine Distanz, die in Siegfried Lenz' liebenswürdiger Formulierung von Brandts »behutsamer Selbstergriffenheit« nur zum Teil ausgemessen wird. Politische Freunde empfanden sie – durchaus nicht ohne Argwohn – als »hoheitsvoll«, Feinde als hybride und die ehemaligen Kollegen von der schreibenden Zunft als enttäuschend. Der Erfüllung des Vorsatzes, mehr Demokratie zu wagen, war sie jedenfalls nicht förderlich.

Das operative Geschäft mussten andere besorgen – Horst Ehmke zum Beispiel, der nach Brandts Vorstellung »mit seiner zupackenden Art aus dem Kanzleramt eine moderne Behörde machen und sich um die Planung der Regierungsarbeit kümmern« sollte. Das tat der begnadete Selbstdarsteller dann auch mit der ihm eigenen ruhe- und oft rücksichtslosen Energie, aber letzlich ohne den erhofften Erfolg. Sein »Vorhabeninformationssystem« scheiterte nicht an den Computern, die er zukunftsweisend einsetzte, sondern zum einen an der mangelnden Koordination von Programm und Finanzierung und zum anderen am Selbstbewusstsein profilierter Minister, für die Ehmke ein Kollege war, »der fast alle Probleme löst, die er zuvor selbst geschaffen hat«.

Außerdem trafen die neuen Herren nach sechzehn Jahren christdemokratischer Herrschaft auf einen Regierungsapparat, dessen Beamtenschaft entweder Angehörige der Union waren oder Leute, die ihr nahe standen. Viel Sympathie für den sozialliberalen Neubeginn war da nicht zu erwarten, auch kaum Kooperation. »Der Ehmke geht jetzt mit der Maschinenpistole durchs Amt«, spotteten Bonner Journalisten damals. In Wahrheit konnte er allenfalls die politischen Beamten an der Spitze in den einstweiligen Ruhestand loswerden, nicht das übrige Personal. Im Kanzleramt versuchte er dem Problem durch Expansion beizukommen: Er vermehrte die Belegschaft von etwa 250 auf etwa 400 Beschäftigte. Nun waren also tüchtige und vor allem zuverlässige Sozialdemokraten gefragt.

So einer war Günter Guillaume, jedenfalls nach Meinung seiner Frankfurter Genossen Leber und Ehrenberg. Das ist der erste Grund dafür, dass der Spion wider eigenes Erwarten gleich in die Regierungszentrale vorrückte. Nicht Verkehrsminister Leber brauchte ihn dringend – der hatte sein Haus schon in der Großen Koalition wunschgemäß besetzen können –, sondern der neu ernannte Leiter der Abteilung III im Kanzleramt, Ehrenberg nämlich, wollte unbedingt einen Hilfsreferenten für die Verbindung zu Gewerkschaften und Arbeitgeberverbänden beziehungsweise Parteien engagieren, einen Kontaktmann und Beziehungsmakler wie Guillaume.

Am 11. November 1969 stellte er seinen Kandidaten dem neuen Chef des Kanzleramts Horst Ehmke vor. Das ging »ruck, zuck ohne große Förmlichkeiten vonstatten, ganz in dem Stil, der während der ersten Monate für die neue Regierung typisch war« – so Guillaumes Darstellung. Zu ihm habe Ehmke gesagt: »Wir müssen Schwung in den Laden bringen.« Und zu Ehrenberg: »Also in Ordnung! Wenn du den Mann haben willst, bitte! Aber fangt mit der Arbeit bald an!« Ob das nun genau so war oder nicht – Guillaume hatte nach dem Gespräch zwar keine verbindliche Zusage, aber das sichere Gefühl, er bekomme den Job. Zwei Tage später schickte ihm die zuständige Abteilung des Kanzleramts einen Personalbogen und einen Fragebogen für die Sicherheitsüberprüfung.

Markus Wolf in Ostberlin hatte zwiespältige Empfindungen, als ihn diese Nachricht erreichte. Einerseits war es der Traum jedes Spionagechefs, einen Mann in der gegnerischen Regierungszentrale zu platzieren; andererseits war im Falle einer Enttarnung das Risiko extrem hoch, die sich anbahnende Entspannungspolitik zu gefährden und deshalb Ärger mit Moskau zu bekommen. Wolfs späterer Nachfolger als Chef der HVA, Generaloberst Werner Großmann, erzählt, dass Wolf ihn 1969, als er noch Leiter der Abteilung I und in dieser Funktion zuständig für die Beobachtung des Kanzleramts war, unter strengster Geheimhaltung über »eine Spitzenquelle im Bundeskanzleramt« unterrichtet habe, »die gar nicht angestrebt worden war. Wieder eine der Unwägbarkeiten geheimdienstlicher Arbeit. Nun ist strengste Konspiration notwendig. Je weniger von diesem Vorgang Kenntnis haben, desto sicherer ist unser Mann im Zentrum der Macht ... Wir dürfen Günter Guillaume durch keine unserer Aktivitäten gefährden.«

Wolf selbst schildert das in seinen Memoiren so ähnlich: »Natürlich hatten wir nichts unversucht gelassen, um Spione in möglichst zentralen Regierungskreisen Bonns einzuschleusen, doch dass Guillaume, Deckname Hansen, den Weg ins Kanzleramt finden würde, damit hätten wir nie gerechnet, allein schon wegen der strengen Sicherheitsüberprüfungen, denen Übersiedler aus der DDR ausgesetzt waren, wenn sie in Bonn vorstellig wurden.« Das war wohl so. Doch Sorgen wegen der Sicherheitsüberprüfungen hätte Wolf sich nicht zu machen brauchen. Zwar haben diese gemäß den geltenden Richtlinien der Bundesregierung stattgefunden. Bewirkt haben sie aber nichts. Sie haben nicht verhindern können, dass der Spion vom Kanzleramt engagiert und später sogar einer der Referenten des Bundeskanzlers wurde.

Wie war das möglich? Der 1974 eingesetzte Untersuchungsausschuss des Deutschen Bundestags zur Beantwortung dieser Frage hat die Sicherheitsüberprüfungen in all ihren Details mithilfe der Akten und der beteiligten Beamten nachvollzogen. Was er dabei herausgefunden hat, füllt viele Seiten: Stoff für eine Satire über die Bürokratie im Allgemeinen und die der Geheimdienste im Besonderen. Erkenntnisse, die Guillaume verdächtig machten, vom DDR-Geheimdienst eingeschleust worden zu sein, waren durchaus vorhanden. Sie wurden nur nicht mitgeteilt oder nicht beachtet oder beides.

»Der Untersuchungsausschuss hat daher festgestellt«, heißt es im Ausschussbericht, der die Auffassung der Mehrheit, also der Regierungsparteien widerspiegelt, »dass bei der Einstellung des Günter Guillaume Hinweise nachrichtendienstlicher Stellen vorhanden waren, die seine Einstellung unter dem Gesichtspunkt des Geheimschutzes als bedenklich erscheinen ließen.« Die beim Bundesamt für Verfassungsschutz (BfV), beim Bundesnachrichtendienst (BND) und beim Untersuchungsausschuss freiheitlicher Juristen (UfJ) vorhandenen Hinweise wurden aber »aufgrund von organisatorischen und personellen Mängeln ... nicht ordnungsgemäß ausgewertet«.

In dem Teil des Ausschussberichts, der die Auffassung der Minderheit, also der Opposition, referiert, wird hinzugefügt: »Die Entscheidung, das Einstellungsverfahren gleichwohl nicht abzubrechen, ist ... nicht nur völlig unverständlich, sondern stellt sich als der entscheidende Fehler dar, der auch auf die nachfolgenden Sicherheitsermittlungen des Bundesamts für Verfassungsschutz nicht ohne Einfluss geblieben ist.« Die Opposition habe deshalb den Eindruck, »dass es dem Bundeskanzleramt in erster Linie um ein ›Attest‹ für die trotz vorliegender

Sicherheitsbedenken beabsichtigte Einstellung Guillaumes ging«.

Dieses »Attest« wurde erteilt – und es war falsch. Als der Chef der zuständigen Abteilung V des BfV, der Leitende Regierungsdirektor Johann-Gottlieb Hermenau, am 26. Januar 1970 dem Sicherheitsreferenten des Kanzleramts, Ministerialdirigent Franz Schlichter, schriftlich gab, dass sich »keine Anhaltspunkte für nachrichtendienstliche Betätigung Guillaumes und darüber hinaus keinerlei charakterliche Sicherheitsrisiken« ergeben hätten, da kannte der Verfassungsschutz weder die bereits zitierten Notierungen des BND über Guillaume noch die Beobachtungen des UfJ, die allesamt das Gegenteil nahe legten. Dass der Verlag Volk und Wissen nicht nur ein Schulbuchverlag war, sondern eine »legale Residentur«, die durchaus etwas mit Agentenschulung zu tun hatte, das war in der Abteilung IV des BfV mittlerweile zwar bekannt, wurde der Abteilung V aber nicht mitgeteilt, da – so der Ausschussbericht, Auffassung der Minderheit – »diese Erkenntnisse nicht unter dem Stichwort ›Volk und Wissen‹ in der Zentralkartei erfasst worden waren«.

Es waren solche »Pannen und Betriebsstörungen mittleren Ranges« (Theodor Eschenburg), die dazu führten, dass der Spion die Sicherheitsüberprüfung unbeanstandet passierte und des Umgangs mit geheimen Verschlusssachen für würdig befunden wurde. Es war »die routinierte Blindheit eines Karteiführers« (Ausschussbericht), die Behördenroutine überhaupt, verbunden mit der dort üblichen »großen Arbeitsbelastung«, die diese Überprüfung zur Farce werden ließen.

An den Vorschriften lag es nicht. Die wurden eingehalten – zum Beispiel, wie der Ausschussbericht erwähnt, im BfV: »Eine Pflicht zur Koordinierung mit der Abteilung IV bestand nach den Richtlinien jedoch nur dann, wenn die Abteilung V zu der Erkenntnis kam, dass das ihr vorliegende Material einen nachrichtendienstlichen Verdacht gegen Guillaume begründete. Dies war jedoch infolge der fehlenden Erkenntnisse über den Verlag Volk und Wissen und die Originalmeldung des UfJ nicht der Fall.« Da kann man dann wohl nichts machen.

Neben dem Bundestag prüfte auch eine unabhängige Kommission namens »Vorbeugender Geheimschutz«, der drei ehemalige Staatssekretäre und der Staatsrechtler Theodor Eschenburg angehörten, die »Sicherheitsfragen im Zusammenhang mit dem Fall Guillaume«. In ihrem Bericht vom November 1974 gibt es ein rund 350 Druckzeilen umfassendes Kapitel »Nicht verwertete Erkenntnisse« – verschollen im Dschungel der Geheimdienstbürokratie.

Aber es wurden auch Warnungen laut, zu deren Beachtung gar keine Bürokratie vonnöten gewesen wäre; der gesunde Menschenverstand hätte gereicht. So schrieb der damalige Chef des BND, Gerhard Wessel, in einem Telex vom 23. Dezember 1969 an das Kanzleramt über Guillaumes geplantes Engagement: »Verwendung im BK [Bundeskanzleramt] ist auf jeden Fall ›herausgehoben‹. Ich schlage Prüfung der Verwendung in einer anderen Behörde vor.« Und Egon Bahr, der dieses Fernschreiben als Staatssekretär im Kanzleramt und als Urlaubsvertreter Horst Ehmkes zu Gesicht bekam, notierte an dessen Adresse: »Selbst wenn Sie einen positiven Eindruck haben, bleibt ein gewisses Sicherheitsrisiko, gerade hier.«

Horst Ehmkes positiver Eindruck hielt sich allerdings in Grenzen. Jedenfalls beschloss er – »entsprechend Nr. 424 der Richtlinien vom 14. August 1960«, wie Ministerialdirigent Schlichter vorsichtshalber vermerkt hat –, Guillaume mit den vorliegenden – unvollständigen – Verdachtsmomenten zu konfrontieren. Dies geschah am 7. Januar 1970 im Beisein Schlichters und Ehrenbergs, und Ehmke ging scharf zur Sache. »Der Herr Minister hat Herrn Guillaume mit Fragen regelrecht berannt, ohne Schonung«, so Schlichter.

Guillaume kam ins Schwitzen. »Diese zwei Stunden gehören zu den schwierigsten meiner Laufbahn«, heißt es in seinem *Aussage*-Buch. Aber er entdeckte schnell die Lücken in Ehmkes Kenntnissen und reagierte entsprechend: »Von einer nachrichtendienstlichen Tätigkeit nach 1956 war nicht die Rede – offensichtlich gab es dazu keine ›Quellen‹. Deshalb bestritt ich forsch und mit allem Nachdruck, überhaupt jemals nachrichtendienstlich tätig gewesen zu sein.«

Außerdem hatte Guillaume das Gefühl, Ehmke bluffe zuweilen. Einmal habe dieser ihm die Gegenüberstellung mit einer bislang nicht identifizierten Quelle angedroht und, als Guillaume nur stumm die Achseln zuckte, zu Ehrenberg gesagt: »Leider – der Mann ist tot, gestorben also auch für uns.« Das aber »war es, was mir das Recht gab, kühn zu sein«, kommentiert Guillaume. Mag sein, dass dieses dramatische Detail seinem Ghostwriter Günter Karau eingefallen ist. Tatsächlich aber endete das Verhör wie das Hornberger Schießen.

Es veranlasste Ehmke lediglich dazu, dem Verfassungsschutz weitere Fragen zur Klärung vorzulegen – was dann zu jenem falschen »Attest« des BfV führte. Und er fragte schriftlich bei Georg Leber an, ob der für die Vertrauenswürdigkeit Guillaumes bürgen könne. Leber konnte: »Das, was ich an ihm immer besonders geschätzt habe, sind seine Zuverlässigkeit und sein verantwortungsbewusstes Geradestehen für die freiheitliche Lebensart und die Demokratie. Er hat mir in vielen schwierigen Situationen seine uneingeschränkte Vertrauenswürdigkeit bewiesen.« Wodurch er die bewiesen hat, sagt Leber nicht.

Und so wurde der Spion im Kanzleramt angestellt, besoldet nach der Vergütungsgruppe IIa BAT mit etwa 3000 Mark Gehalt monatlich – gegen den ausdrücklichen Widerspruch des Personalrats. Dessen Vorsitzender, Ministerialrat Dr. Klaus Seemann, CDU, hatte – die Vorschriften zitierend – eingewandt, der Kandidat sei für die Einstellung im Kanzleramt nicht qualifiziert, schon gar nicht für die Besoldung nach IIa BAT, die eine abgeschlossene wissenschaftliche Hochschulausbildung voraussetze. Guillaume hatte noch nicht einmal eine abgeschlossene Berufsausbildung. Ehmke engagierte ihn trotzdem – was Seemann im Untersuchungsausschuss zu der Bemerkung veranlasste, hier sei nicht ein Mann für einen Posten gesucht worden, sondern ein Posten für einen Mann.

Dafür, dass er nicht qualifiziert war, stieg dieser Mann erstaunlich schnell in höhere Positionen auf. Am 28. Januar 1970 war Guillaume im Kanzleramt als Hilfsreferent angetreten, bereits am 8. Juli wurde er in die neu geschaffene so genannte Verbindungsstelle zu Parteien, Kirchen und Verbänden versetzt, die dem Amtschef Ehmke direkt unterstellt war. Am 19. August wurden in dieser Verbindungsstelle die Zuständigkeiten neu geregelt. Der bisherige Leiter, Oberregierungsrat Horst Winkel, durfte nur noch den Kontakt zum Presseamt halten. Guillaume hingegen wurde Referent für die Verbindung zu Parteien und Verbänden, Vergütungsgruppe Ib BAT (etwa 3300 Mark). Annähernd zeitgleich bat das Kanzleramt den Verfassungsschutz – ordnungsgemäß – um Überprüfung Guillaumes für den Geheimhaltungsgrad »Streng geheim«. Die – ordnungsgemäße? – Überprüfung ergab keine Einwände.

In der Regierungszentrale gründete Genosse Guillaume

derweil eine SPD-Betriebsgruppe und propagierte einen Zusammenschluss aller Bediensteten, die, wie er selbst, der Gewerkschaft Öffentliche Dienste, Transport und Verkehr (ÖTV) angehörten. Natürlich wurde er Vorsitzender. Ende Februar 1970 begleitete er als der zuständige Verbindungsmann Brandt zur Deutschen Angestellten-Gewerkschaft (DAG) nach Hamburg. Bei dieser Gelegenheit hat er angeblich angeregt, der Kanzler solle bei seiner bevorstehenden Reise nach Erfurt doch das Konzentrationslager Buchenwald besuchen. Brandt soll den Vorschlag wohlwollend zur Kenntnis genommen haben. Er ahnte wohl nicht, dass er in Buchenwald von der Nationalen Volksarmee mit militärischen Ehren empfangen werden sollte – was er sich für die Ankunft in Erfurt verbeten hatte.

Dann geschah etwas, das Guillaume nicht hatte vorschlagen, geschweige denn planen können: Beim SPD-Parteitag in Saarbrücken im Mai 1970, auf dem der Vorsitzende Brandt erstmals als Kanzler auftrat, musste ein kleines Kanzlerbüro eingerichtet werden, das die reibungslose Fortführung der Regierungsgeschäfte während des Parteitags ermöglichte. Zuständig dafür war der amtierende Parteireferent des Kanzlers. Klaus Sönksen, ein weltoffener, kommunikativer Typ, hatte schon dem Berliner Regierenden Bürgermeister Brandt gedient, und der hatte ihn dann mit nach Bonn genommen – erst ins Außenministerium und dann ins Kanzleramt. Nun aber war Sönksen auf dem Absprung, er wollte in den diplomatischen Dienst. Den Genossen Guillaume hatte er bei Wahlkampfauftritten Brandts in Frankfurt als fixen Organisator kennen gelernt, und als er ihn nun im Kanzleramt wieder traf, überließ er ihm den Job beim Parteitag in Saarbrücken. Offenbar hatte niemand im Amt Bedenken.

Das heißt, der Spion übernahm die Organisation des kleinen Kanzlerbüros, mit dessen Hilfe während des Parteitags regiert wurde. Und dort, in der Saarbrücker Dependance des Kanzleramts, freundete er sich auch mit den als Postbedienstete eingesetzten BND-Beamten an, die den teilweise verschlüsselten Fernschreibverkehr mit der Bonner Regierungszentrale besorgten. Er sollte ihnen im Sommer 1973 in Norwegen wieder begegnen.

Seit Anfang Februar 1971 wohnten Günter und Christel Guillaume samt Sohn Pierre in einer Bonner Dienstwohnung, Bad Godesberg, Ubierstraße 107, erster Stock rechts, Miete 340 Mark. Denn auch Christel war, den Genossen sei Dank, nach Bonn versetzt worden: zum Bevollmächtigten des Landes Hessen beim Bund, dessen Veranstaltungen im Gästehaus der hessischen Landesvertretung sie alsbald betreute. Zu solchen Anlässen erschien häufig »ganz Bonn«. Die Spione waren angekommen in der gegnerischen Festung.

Vermutlich wäre Guillaume gern Klaus Sönksens Nachfolger als Parteireferent des Bundeskanzlers geworden. Glaubt man seiner *Aussage,* dann hätte er sogar Chancen gehabt. Sönksen hingegen, heute ein Diplomat im Ruhestand, bestreitet energisch, Guillaume diesen Job angetragen zu haben; er habe ihn für völlig unfähig gehalten, diese Aufgabe zu erfüllen. Außerdem hatte der damalige Bundesgeschäftsführer der SPD, Hans-Jürgen Wischnewski, den mit Guillaume eine intensive wechselseitige »Abneigung auf den ersten Blick« verband, bereits einen anderen Kandidaten präsentiert: den Parteifunktionär Peter Reuschenbach aus Essen.

Was damals wohl niemand ahnte, war der Umstand, dass Reuschenbach diesen Job nicht lange würde machen können – weil das erste Kabinett Brandt die Legislaturperiode nicht durchstand und weil Reuschenbach zugleich die Chance bekam, selbst in die aktive Politik zu gehen, nämlich Bundestagsabgeordneter zu werden. Der Anlass dazu war die vorgezogene Bundestagswahl im November 1972.

Man darf über den bürokratischen Defiziten der Sicherheitsüberprüfung nicht vergessen, dass Guillaume in ein Unternehmen eintrat, das wachsende Probleme hatte. Oder um noch einmal Hans-Peter Schwarz' respektlosen Vergleich zu bemühen: Der Zirkus steuerte auf eine Pleite zu. Die Artisten in der Kuppel wurden immer ratloser, und das Publikum begann wegzubleiben. Die Direktion hatte reichlich Sorgen.

Im innenpolitischen Streit um die so genannten Ostverträge, also auch um die Anerkennung der Nachkriegsgrenzen, bröckelte die Basis der Koalition weiter ab – unter dem Druck der andersgläubigen Presse und, so muss man befürchten, auch der Macht des Materiellen. Je weiter die neue Ostpolitik vorankam, desto knapper wurde die parlamentarische Basis, derer sie bedurfte. Ende Februar 1972 verließen die SPD-Abgeordneten Herbert Hupka und Franz Seume ihre Partei, im April folgten ihnen die Liberalen Knut Freiherr von Kühlmann-Stumm und Gerhard Kienbaum. Die Koalition hatte, mit 248 verbleibenden Stimmen, keine Mehrheit mehr im Bundestag. In allen Landtagswahlen seit der sozialliberalen Regierungsbildung 1969 gewann die Opposition Stimmen; streckenweise, wie in Baden-Württemberg im April 1972, waren die Gewinne überwältigend; noch am Wahltag erklärte dort der Landwirt Wilhelm Helms aus Bissenhausen, Post Heiligenloh, seinen Austritt aus der FDP. Und am Tag nach dieser Wahl fasste der CDU-Vorsitzende Dr. Rainer Barzel den

Entschluss, Kanzler Willy Brandt durch das erste konstruktive Misstrauensvotum in der Geschichte der Bundesrepublik zu stürzen.

Barzel scheiterte mit 247 Stimmen. Dies hatte, um es mit Wolther von Kieseritzkys Worten zu sagen, »allerdings nur wenig mit der freien Gewissensentscheidung der Volksvertreter oder ihrer politischen Einsicht zu tun. Der Vorgang war vielmehr ein Beispiel für den Verfall der politischen Sitten und für unrechtmäßiges Verhalten auf beiden Seiten.« Drei Leute aus dem eigenen Lager hatten Barzel nicht gewählt. Einer könnte Wilhelm Helms gewesen sein, der später erklärte, er habe sich von der flammenden Dolchstoßrede des FDP-Vorsitzenden Walter Scheel umstimmen lassen: »Machen Sie unser Land und sich selber nicht unglücklich, indem Sie ... eine Regierung etablieren wollen, deren Fundament sich auf politische Überläufer stützen müsste und deren Geburtsstunde vom Makel des Wortbruchs gekennzeichnet wäre.« Die beiden anderen Stimmen waren wohl gekauft, da Kühlmann-Stumm und Kienbaum versicherten, für Barzel gestimmt zu haben.

Völlig aufgeklärt ist der Skandal bis heute nicht. Sicher ist, dass der damalige Fraktionsgeschäftsführer Karl Wienand mit Billigung seines Chefs Herbert Wehner massiv eingewirkt hat auf den CDU-Abgeordneten Julius Steiner, der von ihm 50 000 Mark für ein Votum gegen Barzel bekommen haben will. Ein Betrag in gleicher Höhe soll zur selben Zeit aus einer Geheimschatulle Horst Ehmkes entnommen worden sein, allerdings nicht für diesen Zweck. Im Jahr 1993 enthüllte Markus Wolf, er habe damals aus der Kasse des von ihm geführten DDR-Geheimdiensts 50 000 Mark zur Verfügung gestellt, »um Steiner zur Stimmabgabe gegen das Misstrauensvotum zu bewegen«. Etliche Jahre später vertraute ein Ex-Stasi-Offizier, laut *Spiegel,* einem Ermittler an, auch die zweite Stimme sei »vom MfS organisiert worden«, und zwar durch Mittelsmänner von dem hoch verschuldeten CSU-Mann Leo Wagner. Der war jahrelang Parlamentarischer Geschäftsführer der Unionsfraktion, verließ 1976 den Bundestag und wurde 1980 vom Bonner Landgericht wegen Betrugs zu einer Haftstrafe auf Bewährung verurteilt.

Genug des grausamen Spiels? Mitnichten. Es hält sich hartnäckig das Gerücht, die Wirklichkeit sei noch viel komplizierter gewesen. »Angeblich stimmten fünf CDU-Leute für Brandt und drei SPD-Leute für Barzel«, hat vor kurzem Hans Leyendecker in der *Süddeutschen Zeitung* geschrieben, ein investigativer Journalist, der schon so manchen Skandal enthüllt hat; er habe dafür Indizien, aber keine Beweise. Kaum zu beweisen sein dürften die drei SPD-Stimmen für Barzel, denn die SPD-Fraktion ist der geheimen Abstimmung, wie ihr Vorsitzender Wehner angeraten hatte, damals geschlossen fern geblieben – ausgenommen nur der als wacklig geltende Münchner Abgeordnete Günther Müller, der aber behauptete, für Brandt gestimmt zu haben, und zuvor außerdem mit dem sicheren Wahlkreis Nürnberg-Süd »versorgt« worden war.

So viel immerhin ist sicher: Einerseits gab die Stasi Geld, um den Kanzler Brandt im Amt zu halten, andererseits ließ sie ihn bespitzeln. Der »Kundschafter des Friedens« hätte diese bizarre Logik gewiss konsequent gefunden, wenn er davon gewusst hätte. Der »Kanzler des Friedens« wiederum äußerte sich öffentlich am liebsten gar nicht zu der »Steinerei«. Wer seinerzeit versucht hat, im Dialog mit ihm herauszufinden, was der Mann, den seine Fans doch für den Versöhner von Macht und Moral hielten, über den Verdacht des Stimmenkaufs dachte, der hat ungefähr folgende Überlegung zu hören bekommen: Wenn da überhaupt etwas passiert sei, was niemand beweisen könne, dann werde wohl die Geschichte eines Tages lehren, dass es gut gewesen sei für Deutschland, den unrechtmäßigen Sturz dieser rechtmäßigen Regierung verhindert zu haben.

Aber Barzels manipulierte Niederlage gab der Regierung die Mehrheit nicht zurück. Im Bundestag stand es nun 248 zu 248. Das Parlament war praktisch gelähmt, und aus diesem Patt konnten nur vorgezogene Neuwahlen herausführen. Den Weg dahin durch seinen Rücktritt freizumachen, war Brandt aber nicht bereit – vor allem weil er der Ratifizierung der Ostverträge, die im Prinzip auch viele Christdemokraten wollten, den Vorrang vor Neuwahlen gab. Das alles bedurfte in der herrschenden Pattsituation einer Abrede mit der Opposition, und die kam – mühsam genug – auch zustande. »Hinter dem öffentlichen Getöse über den Weg zu Neuwahlen stellte sich eine Art stillschweigenden Übereinkommens her«, so der Historiker Wolfgang Jäger. Am 20. September 1971 stellte Brandt die Vertrauensfrage – in der Gewissheit, dass er die erforderliche Mehrheit verfehlen werde, da die Regierungsmitglieder sich an der Abstimmung nicht beteiligten. Zwei Tage später löste der Bundespräsident nach Rücksprache mit Oppositionsführer Barzel den Bundestag auf.

Willy Brandt war entschlossen, die Neuwahlen am 19. November 1972 zu einem Plebiszit über seine Person und seine Politik zu machen. Das gelang ihm weit besser, als selbst seine Freunde erwartet hatten. Der Wahlkampf war der härteste, auch der emotionalste seit 1957. Viele Menschen hatten das durchaus legale konstruktive Misstrauensvotum als illegitimen Anschlag auf den Kanzler erlebt. Brandts Ostpolitik, die in der Bevölkerung auf breite Zustimmung stieß, wurde zum zentralen Thema. Der Wahlkampf wurde bis zur Schmerzgrenze polarisiert und personalisiert. Jede Stimme wurde gebraucht. »Willy wählen!«, hieß die Parole.

Das war Günter Guillaumes große Chance. Denn dass er Wahlkampfauftritte managen konnte, das hatte er in Frankfurt hinlänglich bewiesen, und Peter Reuschenbach wusste das ebenso gut wie sein Vorgänger Sönksen. Deshalb empfahl er, als er sich im September 1972 beurlauben ließ, um das Essener Bundestagsmandat zu erkämpfen, das man ihm angeboten hatte, den Genossen Guillaume für seine Nachfolge als Parteireferent (und Wahlreisen-Marschall) des Bundeskanzlers.

So wurde Günter Guillaume im Oktober 1972 zunächst vorläufig und nach Brandts triumphalem Wahlsieg am 1. Dezember 1972 endgültig in das Kanzlerbüro übernommen, Vergütungsgruppe Ia BAT (etwa 4300 Mark), ungefähr das Gehalt eines Regierungsdirektors. Eine weitere Sicherheitsüberprüfung aus Anlass der Übernahme ins Kanzlerbüro fand nicht statt. Auf »Streng geheim« war der Spion ja schon überprüft.

Konsequenzen hatte seine Beförderung für den Kontakt zur HVA. Seit Guillaume im Kanzleramt saß, konnte er es nicht mehr riskieren, zur Berichterstattung und Entgegennahme neuer Instruktionen via Westberlin und Grenzübergang Bornholmer Straße bei den Führungsoffizieren in Ostberlin oder gar bei Führungstreffen mit Markus Wolf im Karolinenhof zu erscheinen. Während seiner letzten Ostberlin-Reise in der zweiten Hälfte 1969 – Paul Laufer, ein väterlicher Freund aus der alten Thälmann-KPD, war kurz zuvor gestorben – wurde Guillaume bei einem Besuch an Laufers Grab in Friedrichsfelde von einer Frau, die er nicht mehr identifizieren konnte, mit »Guten Tag, Günter« angesprochen. So etwas sollte nicht noch einmal passieren. Die »Spitzenquelle« durfte nicht gefährdet werden.

Von der DDR-Spionage wurde folglich ein Kurier-Ehepaar eigens für die Verbindung zu den Guillaumes eingeschleust, das den bisherigen Instrukteur und Kontaktmann »Heinz« ablöste: »Arno« und »Nora«. Guillaume behauptet, er habe diese Decknamen selbst ausgesucht, und er liefert in der *Aussage* eine sehr persönliche, geradezu herzliche Beschreibung der beiden »Postboten«. Dass es sich um »Franz und Sieglinde Tondera« handelte, will er damals nicht gewusst haben. Der Verfassungsschützer Gerhard Boeden hat ihm 1993 widersprochen: »Ich finde es nicht sonderlich einfallsreich, dass Guillaume seine nachrichtendienstlichen Betreuer ›Arno‹ und ›Nora‹ nennt – herausgenommen aus dem Namen, der ihm gut bekannt war, nämlich ›Tondera‹.«

Franz Tondera, ein attraktiver Bartträger, war 1968 nach München zugezogen, Sieglinde Fichte kam 1969 nach Ulm. Dort schlossen sie im Februar 1970 die Ehe – obwohl sie, wie Guillaume schreibt, in der DDR bereits geheiratet hatten. Der Kundschafter macht daraus eine ziemlich schnulzige Romanze. Was er verschweigt, ist, dass beide Kuriere aus Furcht vor Entdeckung im April 1972 in die DDR zurückbeordert wurden und ihren Kurierdienst nur noch grenzüberschreitend versehen konnten. Auch das wurde der HVA schließlich zu riskant. Also übersiedelte Sieglinde Tondera, angeblich von Stuttgart kommend, am 24. April 1974 wieder nach Westberlin – zu spät. An diesem Tag wurde Günter Guillaume in Bonn verhaftet. Aber wir greifen vor.

Irgendwann 1971, als der Spion sich gerade im zweiten Stock des Palais Schaumburg genau über dem Amtsraum des Kanzlers eingerichtet hatte, wurde er über die reguläre Amtsleitung aus Frankfurt angerufen, von einem illegalen Residenten, den er »Eugen« nennt. Natürlich war er erschrocken, nicht nur über den unvorsichtigen Anruf, sondern auch über »Eugens« Begehr: Dieser sagte, er habe Order, ein im Frankfurter Stadtwald vergrabenes Funkgerät wieder auszugraben, könne aber die Stelle nicht finden, an der Guillaume es 1964 oder 1965 verbuddelt hatte, als er vom Residenten zur »Quelle« avanciert war.

Es blieb dem Kanzleramtsreferenten Guillaume nichts anderes übrig, als unter einem Vorwand nach Frankfurt zu fahren und »Eugen« bei der Suche zu helfen. Aber die kleine Waldstraße von Frankfurt nach Darmstadt, an der er das Funkgerät vergraben hatte, gab es nicht mehr. Sie war mit einer mehrspurigen Schnellstraße durch den Stadtwald überbaut worden. Das Funkgerät war zubetoniert. Vermutlich hätte »Eugen« das auch allein herausfinden können. Aber er traute sich nicht, seinem Führungsoffizier bei der HVA zu melden, das Gerät sei nicht mehr zu beschaffen, ohne dass sein Vorgänger dies ausdrücklich bestätigte. Guillaume war wütend. Diese HVA-Bürokraten fingen an, ihm auf die Nerven zu gehen. Er eilte zurück nach Bonn, zu »seinem« Bundeskanzler.

In aller Freundschaft

Der Verräter, der keiner war

Günter Guillaume hat Willy Brandt verehrt und bespitzelt. Natürlich ist das ein Widerspruch, aber nicht für Günter Guillaume. Er ist nicht der einzige Spion, der den Verrat rationalisiert hat als humanitäre oder als politische Notwendigkeit. »Brandt nahm für sich in Anspruch, *Kanzler des Friedens* zu sein«, heißt es in der *Aussage,* »ich erfüllte meine Mission als *Kundschafter des Friedens.*« Und so »trafen sich die Parabeln unserer Lebensbahnen in diesem Punkt«. Guillaume ein Verräter? Was für ein Missverständnis! Er war Brandts Bundesgenosse: »Indem ich meiner Mission treu blieb, auch noch in der dunkelsten Stunde, war es einfach unmöglich, zum Verräter an seinem Anspruch zu werden.«

Ja, er hat Partei genommen für den Kanzler Brandt und seine Politik. Er hat sie, zu Recht übrigens, für »die Grundlage einer gesamteuropäischen Friedensregelung« gehalten und damit für eine Möglichkeit, »im Verhältnis der beiden deutschen Staaten zu einem vernünftigen Einvernehmen zu kommen«. Viel später erst, 1990, in einem Gespräch mit der *Berliner Morgenpost,* hat der Spion a. D. sich als »Kämpfer für den Frieden« auf den SED-Dissidenten Robert Havemann berufen, mit dem er schon 1950 gegen die Wiederbewaffnung Deutschlands gekämpft habe. »Ich bin kein vielfach in der Wolle gefärbter Marxist ... Wenn Sie so wollen, hat mich das Vorbild von Havemann zu dem Kundschafter werden lassen, der ich dann geworden bin ... Meine Arbeit ist missbraucht worden für einen deformierten Sozialismus.« Nur: 1950 war Havemann noch kein Dissident, sondern ein begeisterter Anhänger Stalins.

Guillaume hat gejubelt, als Brandt den Friedensnobelpreis bekam, und er hat um diesen Kanzler gebangt beim Versuch der Opposition, ihn zu stürzen. Das freilich hält er denn doch für erklärungsbedürftig. »Angesichts des ureigentlichen Charakters meiner Mission in Bonn hätte ich mich auf die Position eines kühlen Beobachters und Zuschauers zurückziehen können. Aber so einfach war meine politische Seelenlage nicht. Es gab schon ein gewisses Maß an Identifikation ... Wenn man mir daraus den Vorwurf der Janusköpfigkeit machen wollte, könnte ich darauf nicht viel erwidern.«

Günter Guillaume war zweifach loyal. Er hatte zwei Chefs und er bemühte sich nach Kräften, es beiden recht zu machen. »Es gibt zwei Männer, denen ich ehrlich zu dienen versucht habe, Willy Brandt und Markus Wolf«, hat er im Prozess gegen den Letztgenannten gesagt. In Bonn gab es damals Beobachter – ich zähle dazu –, die nach des Spions Enttarnung die Meinung vertraten, Guillaumes Loyalität zu Brandt sei längst größer gewesen als die zu seinen Auftraggebern, er habe sich aber nicht entsprechend verhalten, also überlaufen können, ohne »seinen« Kanzler politisch schwer zu beschädigen. An Guillaumes bedingungsloser Treue zum SPD-Parteichef Willy Brandt zweifelte damals in Bonn eigentlich niemand.

Die treffendste Beschreibung aus jenen Tagen stammt von der *stern*-Reporterin Wibke Bruhns, die Guillaume seit der »Willy-wählen!«-Initiative 1972 kannte: »Er ist ein

Mensch mit zwei Identitäten, die eine so stimmig wie offenbar die andere. Nichts spricht dafür, dass er ohne seinen Auftrag anders bei uns gelebt, dass dieser Mann aus seiner Haut heraus gekonnt hätte, die eben keine Maske war. Er wohnte mit seiner etwas zu lauten, scharfzüngigen Frau in einer farblosen Wohnung, wohinein wie in alle solche Wohnungen irgendwann einmal Blattpflanzen geschenkt wurden. Nun stehen sie herum; niemand mag sie, aber niemand wirft sie weg.«

Die Tatsache, dass der Mann bieder, meist auch liebenswürdig und hilfsbereit war, beschreibt diese Seite seines Wesens allerdings nicht vollständig. Er hatte ein ganz starkes und offenbar unerfülltes Bedürfnis nach Zuwendung, nach Freundschaft, um nicht zu sagen nach Wärme – ein Bedürfnis, das man nicht heucheln, das man allenfalls verstandesmäßig vom Problemkreis des Spionageprofis separieren kann. Niemand mochte sich vorstellen, dass die manchmal fast peinliche Ergebenheit für Brandt ohne jede menschliche Substanz war. Es gab genug kritische Freunde und Genossen, die in Guillaumes Gegenwart nicht mehr ernsthaft über die Probleme des Kanzlers diskutierten, weil der Referent das einfach nicht zuließ. Er hatte für alles, was Brandt tat, eine Erklärung und, wenn nötig, eine Entschuldigung. Wenn er aber mit Genossen zusammen war, deren Treue zu Willy ihm sicher erschien, dann konnte er stundenlang und mit nie erlahmendem Engagement über die Probleme der Partei und der Reformpolitik diskutieren – vor allem darüber, wie man dem Kanzler helfen könne, diese Probleme zu lösen. Immer sammelte er Zustimmung für Brandt. »Den Alten bei Laune halten«, war sein kategorischer Imperativ.

Seine Autobiographie – wer auch immer daran mitgeschrieben und wer auch immer das Buch dann zensiert hat

– ist auf weite Strecken ein Dokument der Verehrung für »den Alten«. Es gibt darin viele zutreffende Charakterisierungen Brandts, viele geradezu liebevolle Beobachtungen. Zum Beispiel hat Guillaume (vermutlich nur er) gemerkt, wie tief es Brandt getroffen hat, dass bei der Rückkehr von jener Israel-Reise 1973, während der er wegen einer missglückten Hubschrauberlandung auf dem Felsen von Massada in akuter Lebensgefahr war, niemand ein Wort der Freude darüber verloren hat, dass er das Unglück unbeschadet überstanden hatte. »Er wartete auf eine kleine Geste der Anteilnahme, auf ein winziges Anzeichen dafür, dass man in der Heimat um sein Schicksal gebangt hatte. Aber das Signal blieb aus.« Auch zu Hause, registriert Guillaume, gab es keinen freudigen Empfang. »Die Mitglieder der Familie schienen mit eigenen Angelegenheiten stark beschäftigt.«

Deutet das auf Defizite, die er selbst hatte? Guillaume hat nie verschwiegen, dass sein Familienleben ein Problem war, allein schon wegen der Erziehung des Sohnes. Pierre war im Westen geboren und aufgewachsen, hatte keine Ahnung von der Mission der Eltern, durfte auch nichts davon merken und die üblichen Probleme eines Halbwüchsigen hatte er obendrein. War das Ehepaar Guillaume dem gewachsen? Wer die beiden damals zusammen erlebt hat, mag sich gefragt haben, wie sie es wohl miteinander ausgehalten haben.

Wibke Bruhns schildert Günter Guillaume, auch aus persönlicher Kenntnis, als einen Mann in der Midlife-Crisis. »Günter Guillaume hatte Träume. Sie handelten von Sonne, weiten Stränden, freier Zeit, von dem anderen Leben, das jeder Mann Mitte vierzig verpasst hat. Sie handelten vom Neubeginn, den keiner schafft, auch dieser Mann nicht, und wäre die eine Hälfte des Günter Guillaume der ganze Mensch gewesen. Denn der ist, was man wohl einen

Biedermann nennt, spielte ihn nicht, brauchte sich nicht anzupassen. Achtzehn Jahre lang konnte Guillaume er selbst sein, ein Kleinbürger, der lebt, weil er dient.« Zwei Herren dient.

Er liebte Marschmusik, hörte im Auto aber immer Klassik, die ihm Pierre von Rundfunkkonzerten auf Audiokassetten überspielt hatte. In Gesellschaft aß er gern und mit Genuss, was man ihm durchaus ansah, und trinken konnte er eine ganze Menge, ohne Wirkung zu zeigen. Auch nach einer Flasche Wein oder ein paar Whiskys schien er noch völlig nüchtern zu sein. Pernod war in seinem Büro immer vorrätig, auch ein Schnaps namens Zinn 40. Einmal, im Sommer 1972, ist er erwischt und »wegen fahrlässiger Trunkenheit am Steuer« zu 2000 Mark Geldstrafe und viermonatigem Führerscheinentzug verknackt worden.

Eine graphologische Beurteilung seiner Handschrift bescheinigte ihm – anonym natürlich – »starke Empfänglichkeit, Gespür und Witterungsvermögen, müheloses Erfassen von Situationen und die Fähigkeit, sich um- und einzustellen«. So viel war offenkundig. Aufschlussreicher war die Feststellung, der »Persönlichkeitskern« des Probanden sei »aufgeweicht, in der Tiefe nicht zu fassen. ... Kein kühles Kalkül, kein aktiv durchtriebenes Vorgehen, aber Lenkbarkeit durch einen stärkeren Willen«. Der freilich wäre dann eher in Ostberlin anzusiedeln gewesen als im Bonner Kanzleramt.

Willy Brandt, der verehrte Chef, interessierte sich nicht sonderlich für Günter Guillaume. Er war ihm eher unangenehm: ein »beschränkter Parteifunktionär«, wie er oft sagte. Die vielen Fotos, die Guillaume in unmittelbarer Nähe des Kanzlers zeigen, vermitteln eine optische Täuschung. Es gab keine Nähe zwischen den beiden, auch dann nicht, wenn die unermüdlich angebotenen Dienste des Referenten in Anspruch genommen wurden, und das wurden sie in der Tat – vor allem *after hours*. Dann fand der Kanzler wohl auch Guillaumes Affinität zu Scherzen aller Art und seinen durchaus vorhandenen Berliner Innenstadtcharme ganz entspannend. Aber dass Brandt einen Mann, der ihm eigentlich gleichgültig war, bis in seine Intimsphäre vordringen ließ, das gehört zu den vielen Unbegreiflichkeiten dieser Affäre.

Brandt war durchaus imstande, sich eines Menschen zu bedienen, der ihm gleichgültig war – vorausgesetzt, die Sache oder die Erledigung der Dienstgeschäfte oder auch die Bequemlichkeit gebot es. Das galt keineswegs nur für Guillaume. Ihn rauszuwerfen oder zumindest versetzen zu lassen, hätte – auch wenn Brandt gelegentlich diese Absicht äußerte – des Kanzlers Bereitschaft, sich zu engagieren, überfordert. Er nahm den Mann in Anspruch, wann immer ihm das in den Kram passte – und verdrängte im Übrigen seine Gegenwart.

»Sein Diensteifer und seine Geschicklichkeit in organisatorischen Dingen hatten ihn für seine Aufgabe empfohlen«, so Brandts eigene Erklärung. »Er war, in technischer Hinsicht, ein guter ›Adjutant‹. Wegen einer von mir oft als peinlich empfundenen Enge seiner geistigen Interessen war er für mich kein politischer Gesprächspartner, aber das war ja auch nicht seine Funktion.« Brandt hatte einfach nichts davon, mit diesem beschränkten Typen zu reden – sonst hätte er es getan. Das intellektuelle Gefälle zwischen Guillaume und dem Vorgänger Reuschenbach hat ihn geschmerzt. Aber er hat nichts gegen diesen Schmerz unternommen.

Er hat auch nicht Nein gesagt, als Guillaume im Kanzlerbüro schließlich eine »eigene Arbeitseinheit« bildete und dem Leiter dieses Büros, Ministerialdirigent Dr. Reinhard Wilke, direkt unterstellt wurde. Wilke, früher persönlicher Referent des Justizministers Ehmke und von diesem im Frühjahr 1970 ins Kanzleramt geholt, konnte den Parteireferenten noch weniger leiden als Brandt und machte daraus auch keinen Hehl. Dass Guillaume in den Aktenfluss, der die Regierungsarbeit betraf, nicht unmittelbar einbezogen war, hatte damit freilich nichts zu tun. Wilke, selbst überzeugter Sozialdemokrat und seinem Kanzler in durchaus nicht unkritischer Solidarität verbunden, mochte Guillaumes servile Engstirnigkeit nicht und erst recht nicht dessen Manier, sich bei jeder Gelegenheit aufzuführen wie der Privatsekretär des Bundeskanzlers. Dass er den gemeinsamen Chef bespitzele, hätte Wilke ihm nie zugetraut. Erst nach Guillaumes Enttarnung hat er eine Liste der Kanzlertermine vom September 1972 bis April 1974 zusammengestellt, bei denen der Spion mit hoher Wahrscheinlichkeit dabei war – darunter Klausurtagungen, Informationsreisen, aber auch Urlaubsreisen und Fototermine mit der Familie. Bei 66 dieser Termine war Guillaume sehr wahrscheinlich dabei, bei einem weiteren Dutzend möglicherweise.

Der Spion selbst hat sich durchaus als Gesprächspartner des Kanzlers verstanden – am Rande dieser Veranstaltungen, auf gemeinsamen Spaziergängen oder wenn er den Chef mit dessen Eskorte morgens zu Hause abholte. Später dann hat er Brandts Feststellung, er habe mit diesem Guillaume nicht reden können, sozusagen wegrationalisiert. »Ich selbst spürte übrigens nie das Bedürfnis, mich Willy Brandt als Gesprächspartner für die so genannten Spinnstunden aufzudrängen ... Wie ich bald merkte, wusste Brandt Zurückhaltung durchaus zu schätzen. Er brauchte nicht nur die geistreichen Plauderer und Witzereißer.«

Wohl fiel dem Urlaubsbegleiter Guillaume 1973 in Norwegen, zumindest rückblickend, die »übergroße Schweigsamkeit« des Kanzlers auf: »Der Mann konnte stundenlang durch den Wald laufen, ohne ein Wort zu sagen.« Aber er hat das nicht auf sich bezogen – weder als Warnsignal noch als Distanzierung.

Die Erkenntnis, dass Willy Brandt ihn für beschränkt und für lästig hielt, hätte Günter Guillaume damals wohl nicht ertragen. Sein emotionales Gleichgewicht war bereits ziemlich angeschlagen. Da war die problematische Ehe, die Sorge um den westlich erzogenen Sohn, der irgendwann die Wahrheit über seine Eltern erfahren musste; da war die drohende Bilanzkrise des Mittvierzigers, der plötzlich nicht mehr so genau wusste, woher er eigentlich kommt und wo das alles noch hingehen soll. Er fing Affären an, natürlich auch mit einigen Vorzimmerdamen im Kanzleramt.

Während der siebeneinhalb Jahre, die der wegen Landesverrats verurteilte Spion in der Haftanstalt Rheinbach in der Eifel absaß, soll er Mithäftlingen einmal gesagt haben, die westdeutschen Agentenjäger seien blutige Anfänger, weil sie nie eine Agentin auf ihn angesetzt hätten, »obwohl die doch wussten, dass ich eine Schwäche für Frauen habe«. Dort in Rheinbach hat der zum Oberst des MfS beförderte Guillaume den Knastkollegen, laut *stern*, manchmal Saufereien mit selbst gebranntem Schnaps organisiert und dabei auch selbst tüchtig zugelangt. Bei einer solchen Gelegenheit ist er gefragt worden, ob er nicht lieber der Freund von Willy Brandt geworden und geblieben wäre als ein DDR-Agent. Guillaumes Antwort: »Nein, nein ... aber in irgendeiner Ecke bin ich für meine Person ganz froh, dass alles so gekommen ist.«

Der Freund von Willy Brandt wäre er keinesfalls geworden. Und als DDR-Agent war er auch nicht der Meisterspion, zu dem die Propaganda in beiden deutschen Staaten, vor allem natürlich in der DDR, ihn gemacht hat. Darin sind sich jene Fachleute einig, die Arbeitsweise und Leistungsfähigkeit der Westspionage der DDR-Geheimdienste heute analysieren. Sie können das auch beweisen, seit es möglich ist, das elektronische Gedächtnis der HVA in der Stasi nutzbar zu machen. Gewiss ist es Offizieren der HVA gelungen, in der Wendezeit ihr Archiv weitgehend zu vernichten, aber die EDV-Dateien haben sie dabei wohl übersehen. Vorhanden ist ein großer Datenbestand der Auswertung, die Agentenmeldungen bewertet und an einen begrenzten Kreis von Empfängern in der SED-Parteispitze weitergeleitet hat. Mithilfe dieser so genannten SIRA-Dateien (»System, Information, Recherche der Aufklärung«) lässt sich feststellen, aus welchen Quellen die Informationen stammen und wie schnell sie an die Parteispitze weitergegeben worden sind. Und da sieht der Informant Guillaume nicht wie ein Held aus.

»Wenn man ihn daran misst, welche Informationen er der Stasi tatsächlich übergeben hat«, so Helmut Müller-Enbergs, wissenschaftlicher Referent bei der Bundesbeauftragten für die Unterlagen des Staatssicherheitsdiensts der ehemaligen DDR, besser bekannt als Gauck-Behörde, dann »war Guillaume nur Mittelmaß«. Unter seinem Decknamen Hansen gingen zwischen Juli 1969 und April 1974 bei der Auswertung der HVA nur 24 Berichte und Dokumente ein, im Schnitt fünf pro Jahr. Da waren andere Agenten wesentlich fleißiger – und wohl auch besser. Von Hansens 24 Berichten sind neunzehn bewertet worden, davon hatten vierzehn einen »mittleren Wert« (III), nur fünf wurden als »wertvoll« (II) benotet. Die sehr seltene Note I

(»sehr wertvoll«) kommt bei der Beurteilung der Berichte des Meisterspions überhaupt nicht vor.

Der Nachrichtentechniker Stephan Konopatzky, Sachgebietsleiter im Archiv der Gauck-Behörde, teilt diese relativ niedrige Einschätzung: Die Datenbank weise »Hansen« zwar als eine Quelle aus, »die einige Spitzeninformationen beschafft hat; für die HVA war das jedoch nichts Besonderes. Trotz hervorragender Platzierung als einer der Kanzlerreferenten vermochte ›Hansen‹ nur wenige wertvolle Informationen zu bringen.« Zumindest die Stichwörter auf den SIRA-Datenblättern bestätigen einen solchen Eindruck: Gewerkschaftsthemen, Parteiquerelen, nur etwa ein Viertel befasst sich mit der eigentlichen Regierungspolitik; ein Stichwort wie »Vorbereitungen möglicher Verhandlungen zwischen der BRD und der DDR«, Bericht eingegangen am 2. März 1970, ist eher die Ausnahme als die Regel.

Einige der – von der Auswertung der HVA formulierten – Berichte, zu denen Guillaume beigetragen hat, sind im vollen Wortlaut erhalten. Die Lektüre bestätigt, was Geheimdienstskeptiker wie Brandt über solche Berichte immer gesagt haben: Es sind Informationen und Spekulationen, die man auch in den Zeitungen hätte lesen können, in denen diese Themen damals ständig abgehandelt worden sind. In einer HVA-Information vom 23. März 1974 zum Beispiel heißt es unter Berufung auf einen gut informierten SPD-Funktionär, Brandt glaube, dass »die Misere, in der sich gegenwärtig Regierung und SPD befinden, mit durch sein eigenes Verhalten verschuldet sei, wofür er niemanden verantwortlich machen könne. Nach Einschätzung des genannten SPD-Funktionärs sei Brandt mit sich selbst sehr unzufrieden; seine ganze Mentalität laufe nicht auf starke Führung hinaus.« Das könnte von Guillaume stammen, denn Brandt hat damals in seinem engeren Umfeld öfter gesagt, er mache Fehler. Aber in den Zeitungen stand das noch viel drastischer.

Nirgends finden sich Hinweise auf Brandts Privatleben oder gar auf seine Intimsphäre. Die wären, sollte Guillaume solche kompromittierenden Informationen wirklich geliefert haben, auch nicht in den SIRA-Dateien gelandet, weil sie als so genannte operative Informationen anderswo innerhalb der HVA ausgewertet und aufgehoben wurden.

Günter Guillaume hat nie die Chance gehabt, Willy Brandt zu erklären, dass er ihn gar nicht verraten habe, aber er hat immer gehofft, er bekomme die Gelegenheit dazu. Nach der Wende hätte es fast ein Zusammentreffen gegeben. Der private Fernsehsender RTL plus hatte für eine Wahl-Sondersendung am 18. März 1990 im Ostberliner Palast der Republik sowohl Guillaume als auch Brandt – inzwischen Ehrenvorsitzender beider deutscher sozialdemokratischen Parteien – eingeladen. Brandt ließ den Termin aus seinem Programm streichen, wollte nur ein Interview für alle Fernsehsender geben. Nach einem Treffen mit Guillaume gefragt, sagte er: »Im Allgemeinen treffe ich mich nicht mit Zuchthäuslern.« Revanchiert hat Guillaume sich nicht. Allenfalls hat er westlichen Gesprächspartnern nach der Wende gesagt, der Sturz Brandts habe doch auch eine gute Seite: »Mittelbar habe ich dafür gesorgt, dass die Bundesrepublik Deutschland für viele Jahre den besten Kanzler der Nachkriegszeit bekommen hat – Helmut Schmidt.«

Fünf Monate vor seinem Tod hat Günter Guillaume in einem Interview mit Guido Knopp und Nina Steinhauser für die ZDF-Serie *Top-Spione* gesagt, was er wohl lieber Brandt selbst gesagt hätte: »Ich habe in dieser misslichen

Situation (nach Brandts Rücktritt, den er nicht verstanden und seinen Vernehmern gegenüber »außerordentlich bedauert« hat) alles Mögliche versucht, was Willy Brandt schützen sollte.« Frage: Sie haben nicht alles gesagt, was Sie wussten? Guillaume: Ja. Frage: Auch was das Privatleben des Kanzlers betraf? Guillaume: Auch das. Frage: Soll das etwa heißen, dass Sie bis zuletzt dem Kanzler treu gewesen sind? Guillaume: Ich wäre es gern gewesen. Ich habe mich bemüht, aber ich konnte ja nichts für seinen Schutz tun, außer zu schweigen.«

Geschwiegen hat er bis zuletzt. Manchmal hat er geschrieben, nicht an Brandt zwar, aber an Kollegen aus der alten Kanzler-Crew, auch dann noch, als er längst wieder auf freiem Fuß war. Es sind Briefe darunter, die auf eine fast schon rührende Weise deutlich machen, wo dieser Günter Guillaume sich zu Hause gefühlt hat. Zum Beispiel hat er dem Kriminalhauptkommissar a. D. Karl Willeck geschrieben, einem der ehemaligen Leibwächter des Kanzlers: »Vielleicht erinnerst du dich nicht nur an meinen plötzlichen und unfreiwilligen Abgang aus dem BK-Team Ende April 1974, sondern auch an die zahlreichen gemeinsamen Termine, die davor, dank unserer Kooperation, stets gut bis ausgezeichnet abliefen.« Und dann gratuliert der Meisterspion dem Kollegen zum Geburtstag. »Lieber Karl Willeck«, so beginnt der Brief, »heute ist Annemarie Renger 73 Jahre jung, Georg Leber feiert seinen 72., und meine DDR, auf die ich viele Jahre an ihrem Gründungstag heimlich ein Glas leerte, die gibt es nicht mehr.« Datum: 7. Oktober 1992, der 23. Jahrestag der DDR-Gründung.

Am Tag darauf starb Willy Brandt.

»Nur eines will ich noch ...«
Vom Aufbruch zum Absturz

Der triumphale Wahlsieg des 19. November 1972 war der Anfang vom Ende der Regierung Brandt. Er war jener Scheitelpunkt, hinter dem es nur noch abwärts geht – eine physikalische Zwangsläufigkeit, aber auch eine politische? Die Regierung, meint Brandts Biograph Peter Merseburger, hätte sich durchaus »auf einem Hochplateau nahe dem Gipfel« halten können; aber dazu hätte es eines Mannes bedurft, der nicht die Zügel schleifen ließ »und andere damit geradezu zwang, sie aufzunehmen«. Genau das aber tat Brandt.

Die ebenso einfache wie oberflächliche These, dass er schlicht keine Lust mehr hatte, ist gewiss nicht die ganze Wahrheit, noch nicht mal Brandts subjektive Wahrheit. Natürlich hat er den Wahlsieg als Volksabstimmung für sich und seine Ostpolitik empfunden, und der Urtrieb aller Mächtigen, an der Macht bleiben zu wollen, war ihm keineswegs abhanden gekommen. Aber falsch ist jene These auch nicht. Die tiefe Erschöpfung, die ihn damals heimsuchte, war nicht nur physisch bedingt. »Vielleicht spürte er auch, dass er die wichtigsten Aufgaben der Kanzlerschaft erfüllt habe«, mutmaßt sein Freund und Redenschreiber Klaus Harpprecht. »Mehr als eine oder zwei große Ideen vermag keiner der Mächtigen unserer Tage, gleichviel wie lang er auf dem Kommandostand steht, in die Wirklichkeit hinüberzuzwingen: Der Rest ist Verwaltung.«

Kaum sechzig Jahre – und schon alles für die Unsterblichkeit getan! Der Ausgleich mit dem Osten, die erstaunliche Verwandlung vom verunglimpften Emigranten zur nationalen Vaterfigur, der Friedensnobelpreis, der größte Wahlsieg in der Geschichte der deutschen Sozialdemokratie – was konnte da noch kommen, das einen Mann vergleichbar faszinieren, das vergleichbare Energien in ihm zu mobilisieren vermochte? Schon ein paar Tage nach dem Wahlsieg im November 1972 machte sich Brandts Überdruss an den Schwierigkeiten des politischen Geschäfts im eigenen Lager bemerkbar, »der nicht mehr von ihm weichen sollte, solange er Bundeskanzler ist«, wie sein persönlicher Referent und Bürochef Reinhard Wilke aus nächster Nähe beobachtet hat.

Sicher ist, dass Brandt am Ende seiner körperlichen Kräfte war. Er musste gleich nach den Wahlen in die Bonner Universitätsklinik und dort seine völlig überanstrengten Stimmbänder »in Ordnung bringen lassen«, wie er das beschönigend nannte. In Wahrheit fürchtete er, Kehlkopfkrebs zu haben. Die zu entfernende Geschwulst erwies sich dann zwar als gutartig. Aber einen Aufschub der Operation bis nach der Regierungsbildung hätte Professor Walter Becker, der behandelnde Arzt, seinem Patienten, auch wenn der darum gebeten hätte, wohl nicht gestatten können. Brandt bat nicht darum. »Er freut sich fast masochistisch auf die Vollnarkose«, erinnert sich Egon Bahr; »bei dem Ärger um die Neubildung der Regierung verständlich, einmal nichts hören, sehen und denken zu können.« Eine trügerische Hoffnung.

Während der Operation hört Willy Brandt, trotz Narkose, plötzlich die Ärzte über sich reden, versteht auch, wovon sie sprechen: Atemlähmung. Er begreift, dass er in Gefahr ist zu ersticken, will sich wehren, will um Luft ringen, kann aber nicht. Die Kunst der Ärzte und ein Gerät, das ihn von fern an einen Blasebalg erinnert, als er es anderntags in seinem Krankenzimmer entdeckt, retten ihn.

Es war nicht das erste Mal, dass Willy Brandt an die Grenze zwischen Leben und Tod geriet, dass er das Gefühl hatte, dies könnte das Ende sein. An dieser Grenze kannte er sich aus, besser als mancher andere Zivilist von fast sechzig Jahren. Er ist häufiger am Ufer des Styx gestanden als am Rubikon. Und er hat dort zurückgelassen, was er »eine landläufige Art von Ambition« genannt hat, seit er im Oktober 1966 während einer beängstigenden Herz-Magen-Störung, medizinisch Roemheldsches Syndrom genannt, zum ersten Mal »dem Tod ins Auge gesehen« hat. Seither war er bereit und willens, »unbefangener sich dem zu stellen, was man dann noch nach einer solchen Zäsur machen kann«.

Das sei nicht vergessen: Willy Brandt hat schon geraume Zeit vor der gesundheitlichen Krise am Jahresende 1972 nichts mehr erzwingen, nichts mehr mit Gewalt durchsetzen wollen. Und er hat schon lange vor dem Herzinfarkt, der ihn 1975 nach seinem Rücktritt traf, Lebenszeit als ein Geschenk begreifen gelernt, mit dem es pfleglich umzugehen galt. Das unter anderem hat ihm Grenzen gesetzt.

Nach der Stimmbandoperation am 25. November 1972 jedenfalls war er »nicht mehr der Gleiche wie zuvor«, hat Reinhard Wilke bemerkt. »Der Eingriff hatte längerfristige Wirkungen«, was vor allem mit dem strikten Rauchverbot zu tun hatte, auf dem Professor Becker nun bestand und das einem Mann, der seit seinem zweiten Lebensjahrzehnt hemmungslos geraucht hatte, ungeheuer zusetzte. Brandt klagte seinen Ärzten, er sei reizbarer als sonst, könne sich schwer konzentrieren. Aber alle Versuche, die Entzugserscheinungen medikamentös zu bekämpfen, änderten daran so wenig wie die Kaugummis, auf denen Brandt nun wild herumkaute. Hingegen bewirkten die Medikamente, dass er nicht mehr viel Alkohol vertrug – auf den völlig zu verzichten ihm aber nicht in den Sinn kam.

Die gravierendste Folge dieser »Halsgeschichte«, noch so eine seiner verharmlosenden Bezeichnungen, aber war, dass das zweite Kabinett Brandt praktisch ohne ihn gebildet wurde und in wesentlichen Punkten entgegen seinen, des Wahlsiegers, Wünschen. Die Verhandlungen führten Herbert Wehner und vor allem Helmut Schmidt mit den glänzend vorbereiteten Freidemokraten Walter Scheel und Hans-Dietrich Genscher. Brandt durfte tagelang nicht sprechen, nur flüstern. Anfangs fand er das sogar angenehm, weil er keine Lust auf die unvermeidlichen Auseinandersetzungen hatte. »Die müssen alles schriftlich machen. Ist doch gut, was?«, sagte er zu Horst Ehmke, der das überhaupt nicht gut fand und zu Brandts Überraschung unwirsch reagierte.

Seine eigenen Vorstellungen zur Regierungsbildung fixierte der Kanzler jedenfalls schriftlich – in einem mehrseitigen Papier, das aber eher eine Menge Denkanstöße als knappe, präzise Anweisungen enthielt. Die Adressaten lasen es ohnehin nicht. Wehner »vergaß« das Papier samt der Kopie für Helmut Schmidt in einer seiner unheimlich unergründlichen Aktentaschen. Und Brandt fragte nicht nach, als die Verhandlungen offenkundig anders liefen. Erst am 7. Dezember 1972, als Brandt bereits wieder an den Koalitionsgesprächen teilnahm, förderte Wehner das Papier zutage – und gab sich reuig.

Die Unterhändler der Koalition präsentierten ihrem Kanzler ein Kabinett, in dem wichtige Ressorts anders verteilt und anders besetzt waren, besonders zugunsten der FDP, als Brandt aufgeschrieben hatte. Helmut Schmidt setzte durch, dass der Genosse Horst Ehmke nicht mehr Chef des Kanzleramts wurde und der Genosse Conrad Ahlers nicht mehr Chef des Bundespresseamts. Was immer man gegen den einen wie den anderen einwenden mochte – die Neigung, den Mund zu voll zu nehmen, oder, wie Conny Ahlers, keinen Trouble zu scheuen –, sie waren Brandt ergeben, ihre Loyalität zum Kanzler stand außer Zweifel.

Brandt hätte das alles nicht hinnehmen müssen. Er hätte die unter dem Vorbehalt seiner Zustimmung getroffenen Abreden ignorieren können. Er tat es nicht. Er beklagte sich, aber er griff nicht durch. Als Wilke ihn einmal auf die Möglichkeit des Widerstands hinwies, fuhr Brandt seinen Bürochef – ganz untypisch – an: »Da kann ich doch nicht mehr raus!« Und als Horst Ehmke ihn fragte, warum er, der Kanzler, Wehner nicht zur Rede gestellt habe, gab Brandt zur Antwort: »Weil er ein Lübecker ist.«

Es kennzeichnet keineswegs nur seinen miserablen Zustand, sondern auch seine Vorstellung von politischem Anstand, dass er in dieser Situation eher daran dachte, alles hinzuwerfen, als daran, seine Unterhändler bloßzustellen – obwohl er sich von ihnen hintergangen fühlte. Vor dem Koalitionsgespräch am 5. Dezember, dem ersten, an dem er wieder teilnehmen konnte, sagte er zu SPD-Bundesgeschäftsführer Holger Börner und zu seinem Bürochef Wilke, er werde möglicherweise mitteilen, dass er als Kanzler nicht mehr zur Verfügung stehe. Das tat er dann zwar nicht, aber als einer der Teilnehmer von Empfindlichkeiten sprach, die man berücksichtigen müsse, warf Brandt mit bitterem Sarkasmus ein, wenn schon von Empfindlichkeiten die Rede sei, dann wolle er doch darauf hinweisen, »dass mir zugemutet worden ist, einen Kanzleramtschef, mit dem ich offenbar die Wahlen verloren habe, nicht wieder zu nehmen, und auf einen bestimmten Chef des Presseamts zu verzichten«. Als dann Rüdiger von Wechmar, ein FDP-Mann, zum Pressechef gekürt werden sollte, murrte die SPD; aber der Kanzler ließ es geschehen.

Man darf nicht übersehen – besonders wenn man findet, Brandt hätte wegen der Affäre Guillaume nicht zurücktreten müssen –, dass die Drohung, alles hinzuwerfen, eine Art Leitmotiv dieses Kanzlers in seinen letzten anderthalb Regierungsjahren gewesen ist. Die Grundtonart war immer dieselbe: Ich muss das ja nicht machen, ich muss ja nicht Kanzler sein ... Da erinnerte Brandt, apropos Leitmotiv, schon fast an Richard Wagners Wotan, der im zweiten Akt der *Walküre* seiner Lieblingstochter Brünnhilde anvertraut: »Nur eines will ich noch: das Ende, das Ende!« – und der dann doch tut, was er kann, dieses Ende abzuwenden.

Als Brandt am 14. Dezember 1972 abermals zum Bundeskanzler gewählt wurde, war er äußerst schlechter Laune. Er weigerte sich sogar, zur Vereidigung den protokollarisch üblichen Cutaway anzuziehen, tat es fünf Minuten vor der Abfahrt dann doch – und griff prompt daneben: Zur dunkel gestreiften Hose trug er einen Frack.

Die Reihe seiner Rücktrittsdrohungen begann bereits vor der Kanzlerwahl, am 10. Dezember 1972, in Parteivorstand und Parteirat: »Es wäre besser, ich würde nicht Bundeskanzler, als dass ich unter falschen Voraussetzungen gewählt würde.« Sie setzte sich fort im Vorfeld des Hannoveraner Parteitags der SPD im März 1973, wo eine Auseinandersetzung mit den ins Utopische angewachsenen Vorstellungen der Parteilinken bevorstand: »Ich könnte die Verantwortung nicht tragen für etwas, was im Widerspruch stünde zu dem, wofür ich mit anderen die breite Zustimmung der Wähler gefunden habe.« Als auch diese Wähler dann abzuwandern begannen, sagte Brandt im Parteivorstand: »Ich habe die Partei zu dem großen Sieg geführt. Jetzt wird das bedroht. Da fangen die Alten an uns wegzulaufen; da fangen die Jungen an uns wegzulaufen ... Da muss man sich überlegen, wie lange man noch zur Verfügung steht.« Und als sich im Februar 1974 der Öffentliche Dienst über eine – allerdings höchst riskante, taktisch falsche – Empfehlung des Bundeskanzlers zur Lösung des akuten Tarifkonflikts hinwegsetzte, als der in jeder Hinsicht übergewichtige Gewerkschaftsboss und Genosse Heinz Kluncker die vom Kanzler genannte Schmerzgrenze durchbrach, da fand die – diesmal gewiss nicht erfundene – Grundstimmung Brandts ihren Weg sogar in die Schlagzeile der *Bild*-Zeitung: »Am liebsten würde ich hinschmeißen.«

Jahre später erst hat Brandt vor laufender Kamera gesagt, er sei damals »kaputt« gewesen, physisch vor allem, aber auch psychisch. In seinem Terminkalender jener Monate stehen immer wieder Ärztenamen: Professor Becker von der Bonner Universitätsklinik und der Internist Professor Schaede, dann auch noch der Zahnarzt Dr. Amerling und, zuweilen sogar täglich, ein Dr. Varro, Homöopath, den Peter Merseburger als »modischen Medizinmann« und Klaus Harpprecht als »Sektierer« beschreibt, der »besessen ist von seinem Glauben an die ›Elementarmedizin‹, die vor allem mit der Elektronik des Körpers zu tun habe«; deshalb wohl behandelte er auch Fußballmannschaften, zum Beispiel Schalke 04. Dr. Varro verabreichte dem Kanzler Ozonspritzen und verschrieb ihm Medikamente. »Professor Schaede wäre davon nicht begeistert«, mutmaßte Reinhard Wilke. Aber als er während einer depressiven Phase seines

Chefs im Februar 1973 den Professor Schaede zu rufen empfahl, sagte Brandt: »Ach, der versteht doch nichts davon. Das ist eine psychische Sache.« Und eine politische.

In der Außenpolitik gab es zu Beginn des zweiten Kabinetts Brandt durchaus noch Ereignisse, bei denen der Regierungschef auch emotional auf seine Kosten kam: der Besuch des Sowjet-Potentaten Leonid Breschnew im Mai in Bonn und Brandts Besuch in Israel bei Golda Meir im Juni zum Beispiel, Reisen zu Tito gen Ost und zu Nixon gen West. Da lebte der Kanzler auf. Aber innenpolitisch wollte so gut wie nichts mehr gelingen in diesen anderthalb Jahren zwischen Brandts Triumph und Brandts Abgang. In *Begegnungen und Einsichten* hat er »Unzulänglichkeiten meiner selbst, meiner Partei und meiner Regierung« dafür verantwortlich gemacht, in dieser Reihenfolge. Auch »die Bereitschaft zu Reformen schien deutlich nachzulassen«. Ohne Zweifel hatte die sozialliberale Koalition viele Erwartungen enttäuscht. Ob sie die Legislaturperiode überstanden hätte ohne die Affäre Guillaume, war damals – und ist bis heute – eine Streitfrage.

Widrige Winde erhoben sich; die hatte die Regierung zwar nicht entfacht, konnte sie aber auch nicht abwettern. Im Sommer 1973 lähmte ein Bummelstreik der Fluglotsen monatelang den Luftverkehr. Im Herbst löste der Nahost-Krieg eine Ölkrise aus, und die Regierung reagierte ohne Not mit vier »autofreien Sonntagen«. Die Arbeitslosigkeit nahm zu, die Inflation begann zu galoppieren – und Klunckers Gewerkschaft ÖTV strafte den zur Mäßigung mahnenden Regierungschef mit Verachtung. Überall in der westdeutschen Gesellschaft kroch die Angst aus den Ritzen, es werde bald noch schlechter gehen und die Regierung werde das nicht verhindern können.

»Der Bundeskanzler«, vertraute Reinhard Wilke im

März 1973 seinem Tagebuch an, »befindet sich jetzt seit Monaten in einer Stimmung, die von Unzufriedenheit mit sich und anderen geprägt ist. Für sich selbst nimmt er in Anspruch, nicht in Form zu sein, Bahr ist zusammengebrochen, Grabert verbringt die Wochenenden ausgedehnt in Berlin, der Pressesprecher ist für den Kanzler an Wochenenden nicht präsent.« In der Tat: Egon Bahr hatte seine ostpolitischen Parforceritte mit einem Kreislaufkollaps bezahlt, dem eine längere Auszeit folgte; und dass der gelernte Bauingenieur Horst Grabert, mit dem Brandt früher in Berlin ganz gut ausgekommen war, als Chef des Kanzleramts den zupackenden Horst Ehmke würde ersetzen können, erwies sich bald als ein folgenschwerer Irrtum.

Manchmal ging Willy Brandt einfach weg – aus dem Kabinett, wenn seine Minister sich wieder mal stritten wie die Kesselflicker; aus der morgendlichen »Lage«, wenn es dort nur Langeweile gab; oder er verließ seinen Amtssitz, das Palais Schaumburg. Am 5. Dezember 1973, knapp zwei Wochen vor seinem sechzigsten Geburtstag, erschien er gegen 16 Uhr im Mantel und offenbar in höchster Erregung im Zimmer von Wilke, gab jedem der dort Anwesenden zu deren Verblüffung die Hand und sagte: »Ich gehe jetzt nach Hause, fühle mich nicht wohl. Alle Termine absagen ...« Wilke wusste (und schrieb in sein Tagebuch): »Er hat wieder einmal die Flucht ergriffen.« Ausgerechnet Günter Guillaume, der Brandt nach Hause begleitete, erzählte später, der Kanzler habe ihm gesagt, er könne »dieses scheiß Haus« nicht mehr sehen und wolle sich dort vor Januar auch nicht mehr blicken lassen.

Offiziell hatte der Bundeskanzler in solchen Fällen eine fiebrige Erkältung. In Wahrheit hatte er Depressionen, war tagelang nicht ansprechbar, verließ womöglich das Bett nicht. Er hat nicht darüber gesprochen, was in solchen

Tagen und Nächten in ihm vorging, hat auch die wenigen Menschen, die ihm relativ nahe kamen, rätseln lassen über seine widerstreitenden Gefühle, hat nichts preisgegeben vom Kampf des Stolzes über das Erreichte mit der Verzweiflung über das Unerreichbare.

Willy Brandt hat auch in der Dienstvilla auf dem Bonner Venusberg, Kiefernweg 12, gewissermaßen allein gelebt – in einem separaten kleinen Apartment am anderen Ende des Flurs, an dem die Schlafräume seiner Frau und seines damals elfjährigen Sohnes Matthias lagen. Er hatte die ehemalige Einliegerwohnung des Hausmeisters Kurt Weber für sich herrichten lassen: Mansardenräume mit kleinen Dachfenstern, die überwiegend schrägen Wände holzverkleidet, der Fußboden dunkelbraun ausgelegt, im Arbeitszimmer eingebaute Bücherregale und ein aus alten Schiffskisten gezimmerter Schreibtisch – eine gemütliche Höhle, wohlwollend betrachtet, mit eigenem Ausgang zum Hof. Klaus Harpprecht, der einmal hier war, fand den Raum »freundlich«, sah »viele schöne alte Stiche«.

Ob er wohl auch Brandts Schlafkammer gesehen hat? Die war vom Arbeitszimmer abgezweigt, etwa neun Quadratmeter, Einbauschränke und auch hier dunkelbrauner Fußboden, ein einziges Dachfensterchen nach draußen. In diese Kammer soll der Kanzler der Bundesrepublik Deutschland sich mit seinen Depressionen verkrochen haben, manchmal tagelang? Es war wohl so. Glauben kann man es nur, wenn man weiß, dass der halbwüchsige Herbert Frahm damals in Lübeck bei seinem Großvater, zu dem er Papa sagte, in einer sechs Quadratmeter großen Dachkammer hauste, dort viel las und das Alleinsein lernte.

Mit der Einsamkeit habe er sich ganz gut eingerichtet, hat Brandt einmal gesagt. Aber ohne Zustimmung, ohne das

Gefühl der Zugehörigkeit, auch ohne die – manchmal etwas forcierte – Geselligkeit von Gleichgesinnten mochte er nicht leben. Wer so dicht an ihm dran war wie Reinhard Wilke, hat immer wieder mitbekommen, wie Brandt in Gesellschaft von Menschen, denen er zugetan war, den Zustand der Vereinzelung zu durchbrechen versuchte, oft genug physisch angeschlagen, damals vor allem wegen der reduzierten Alkoholtoleranz, aber geistig hellwach: »Eigentlich kann er nur in diesem Zustand Mensch sein und die Mauer, die ihn von anderen trennt, überwinden.«

Ein einsamer Mann, ein Mann ohne Freunde? »Er hat viele Freunde«, schrieb Wibke Bruhns über den sechzigjährigen Kanzler im *stern*. »Ob er einen Freund hat, ist nicht bekannt.« Das hat ihn gekränkt – obwohl er fast genau den gleichen Satz seinem Ghostwriter Leo Lania in dem 1960 erschienenen Buch *Mein Weg nach Berlin* hat durchgehen lassen: »Ich hatte viele Freunde, aber im Grunde keinen, der mir wirklich nahe war.« Brandt hat sich in seinen Freunden oft genug getäuscht; Menschenkenntnis gehörte nicht zu seinen starken Seiten. Dass Freundschaft in der Politik keine verlässliche Größe ist, hat er immer wieder erfahren. Auch die bittern Enttäuschungen, die ihn in jenen anderthalb Jahren zwischen Wahlsieg und Rücktritt getroffen haben, verbinden sich mit den Namen »politischer Freunde«.

Walter Scheel hat ihn enttäuscht – nicht so sehr weil er Bundespräsident werden wollte, »sondern weil er sich in eigener Sache weniger als Freund denn als der harte und smarte Geschäftsmann präsentiert hat, der er ist«, schrieb Rudolf Augstein im *Spiegel*. Brandt mochte Scheel, er hatte eine Menge übrig für dessen unverhohlen hedonistischen Lebensstil, vielleicht bewunderte er insgeheim sogar dessen offenkundige Willenskraft. Jedenfalls glaubte er, mit dem Koalitionspartner, den er 1969 samt der dezimierten FDP an die Regierung gebracht hatte, auch persönlich befreundet zu sein. Und deshalb verletzte ihn, wie »eiskalt, eisenhart« (Brandt) der vermeintliche Freund die Präsidentschaft ansteuerte, obwohl es eine ungeschriebene Übereinkunft gab, dass das Amt wieder mit einem Sozialdemokraten zu besetzen sei, sollte Gustav Heinemann nicht noch einmal antreten. Auch Heinemanns Verzicht übrigens war für Brandt eine persönliche Enttäuschung.

Es ist wahr, dass Scheel stets gesagt hat, entweder Brandt oder er sollte Bundespräsident werden und dass er Brandt den Vortritt lasse. Aber wahr ist auch, dass die Chance, der amtierende Bundeskanzler und SPD-Vorsitzende werde auf diese Offerte eingehen, nahe null war und dass Scheel dies klar gewesen sein musste. Im Herbst 1973 hat Brandt nach eigenem Bekunden die »verrückte Idee«, Bundespräsident zu werden, einmal kurz erwogen – und wenn er damals gewusst hätte, was der Amtswechsel ihm ersparen würde, wäre ihm die Idee wohl weniger verrückt vorgekommen. Dass Herbert Wehner ihm vorsichtig zuriet, dürfte ihn eher abgeschreckt haben. Aber entscheidend war, »dass ich mich mit meinen sechzig Jahren nicht für alt und im Vorsitz meiner Partei nicht für abkömmlich genug« hielt.

Entscheidend war freilich auch, dass Brandt dem Kalkül und der Entschlossenheit, mit denen Walter Scheel sein Ziel verfolgte, nichts Gleichgewichtiges entgegenzusetzen hatte. Er ließ es geschehen, dass Scheel Bundespräsident wurde und dass ihm Genscher nicht nur in den Vorsitz der FDP, sondern auch ins Außenministerium nachfolgte, in ein Amt also, das Brandt mit einem Sozialdemokraten seines Vertrauens, etwa Egon Bahr, hatte besetzen wollen. Hans-Dietrich Genscher kann sich erinnern, dass Scheel bereits 1969, nachdem er seine Partei auf die Wahl Gustav Heinemanns zum Bundespräsidenten eingeschworen hatte, in vertrautem Kreise gesagt habe, der nächste Bundespräsident werde er selbst sein – da führe kein Weg dran vorbei. So viel Selbstgewissheit hat Willy Brandt nie besessen.

Ende September 1973 erreichte ihn in den USA – er hatte vor den Vereinten Nationen gesprochen – die Kunde, dass sein Stellvertreter im Parteivorsitz, Herbert Wehner, den Kanzler während der Reise einer Bundestagsdelegation in die Sowjetunion verbal demontiert habe: Die »Nummer eins« sei »entrückt« und »abgeschlafft« und »badet gern lau – so in einem Schaumbad«, während seine Regierung, die er, Wehner, nicht wirklich für eine Regierung halte, dabei sei, die Ostverträge und besonders das Berlin-Abkommen durch ständiges »Draufsatteln« irreparabel zu beschädigen. Ein Skandal! Was wollte Wehner damit erreichen? Den Sturz des Kanzlers? Brandt musste es so sehen. Und er wollte es Wehner nicht durchgehen lassen – tat dies aber dann doch.

Das ist nicht so unbegreiflich, wie es häufig dargestellt wird. Zum einen hätte die SPD einen Showdown der beiden Parteiführer, also den Zwang, sich entweder für Brandt oder für Wehner entscheiden zu müssen, nur mit schweren Beschädigungen überstanden. Und zum anderen ist durchaus nicht sicher, dass Wehner den Kanzler in der Sowjetunion wirklich demontieren wollte. Erwiesen ist, dass er sich außerhalb des offiziellen Reiseprogramms mit seinem ehemaligen Genossen in der Komintern, Boris Ponomarjow, dem damaligen Leiter der internationalen Abteilung im Zentralkomitee der KPdSU, zu Gesprächen getroffen hat. Alles Weitere hängt davon ab, welcher Quelle man glauben will.

Folgt man der Darstellung, die Egon Bahr über einen so genannten *back channel* von seinem sowjetischen »Spielkameraden« Wjatscheslaw Keworkow erreicht hat, dann hat Wehner zu Ponomarjow gesagt, Brandt sei als Politiker am Ende, habe in der Partei keinerlei Ansehen mehr, trinke viel und sei ein rechter Schürzenjäger – eine Ansicht, die in der DDR von SED-Generalsekretär Erich Honecker geteilt werde, zu dem er, Wehner, geheime Kontakte unterhalte. Dieser Wehner, so die Meinung der sowjetischen Quelle, sei ein Verräter. – Glaubt man hingegen einem Geheimdokument, das nach der Wiedervereinigung im Parteiarchiv der ehemaligen SED gefunden wurde, dann hat Ponomarjow das Gespräch mit Wehner 1973 ganz anders dargestellt: Wehner »hob hervor, dass die Autorität Brandts äußerst groß sei und es jetzt im politischen Geschehen der BRD niemanden gebe, der besser sein könnte als er. Jedoch fehlt es in der SPD selbst an der erforderlichen Einheit.« Genau das haben auch Wehner selbst und sein mitreisender Adlatus Eugen Selbmann notiert: Die Russen sollten sich an Brandt halten, auch wenn der manchmal Schwierigkeiten mache; es sei keiner da, der für sie besser wäre.

Was Wehner in der Sowjetunion öffentlich, also vor allem zu deutschen Korrespondenten, gesagt hat, das hat er – sofern es die Vertragspolitik der Regierung Brandt betrifft – auch in Bonn schon gesagt; oder es ist – sofern es die Person des Kanzlers betrifft – im Rückblick vergröbert und vergrößert worden. Ich bin damals in der Sowjetunion dabei gewesen und habe die Aufzeichnungen, die ich unterwegs gemacht habe, aufgehoben. Darin heißt es zum Beispiel, Wehner habe »bis zum Eintreffen in Bonn stets den Eindruck erweckt, dass er den Bruch nicht suche, allenfalls riskiere«. Den berühmt gewordenen Spruch über den

Herrn, der gern lau bade, hat er übrigens erst auf dem Rückflug nach Bonn getan, unter sechs Augen und eher mild gestimmt.

Wehners erste Attacke am Abend des 25. September in der Residenz des deutschen Botschafters Ulrich Sahm in Moskau war ein langer, nur von wenigen Fragen unterbrochener Monolog, in dem er seine Einwände gegen die Verschleppung der Ostpolitik und seine Kritik an der Großmannssucht der Regierung ablud. Sein Tonfall war immer gedämpft und eher auf Depression als auf Explosion gestimmt. Wenn er doch einmal zu explodieren drohte, griff Greta, damals noch seine Stieftochter, während sie auf der Rückseite von Sahms Einladungskarte einen Brief an ihre Mutter schrieb, einmal kurz neben sich und drückte ihn sanft in die Polster der Couch zurück, auf der beide saßen.

Einen ähnlichen Monolog hielt Wehner dann in einem Hotel in Kiew, schwankend zwischen Verbitterung und Verachtung und obendrein in Hörweite des mitreisenden Oppositionspolitikers Richard von Weizsäcker. Einen »manchmal verzweifelten Einzelkämpfer« nannte Wehner sich hier, der nichts daran ändern könne, dass in Bonn »alles verkommt«, und der zusehen müsse, wie unter der konfliktscheuen Nummer eins »alles wegzubrechen droht«. Am Abend darauf, in der Bar im zehnten Stock des Hotels Leningrad im heutigen St. Petersburg, hielt Wehner – es war der 52. Geburtstag des FDP-Fraktionsvorsitzenden Mischnick – bis fast um zwei Uhr aus und wäre wohl noch länger geblieben, wenn Greta, die schon aufs Zimmer gegangen war, nicht zurückgekommen wäre, um ihn energisch abzuholen. Es waren hier aber nicht die Journalisten, die ihn aufbleiben ließen, sondern die kräftig zechenden Touristen aus der DDR, die von den westdeutschen Politikern Autogramme haben wollten. Wehner, wennschon brummend, gab sie ihnen.

Herbert Wehner und Willy Brandt waren Parteifreunde in des Wortes schrecklichster Bedeutung. Aber man würde dem sehr komplexen, sehr wechselvollen Verhältnis der beiden, von dem noch die Rede sein muss, man würde auch Wehners »wütender Inbrunst« (Klaus Harpprecht) nicht annähernd gerecht, wollte man sie vor allem an seiner Moskauer Kanzlerschelte festmachen. Gravierender als das Skandalon selbst war am Ende die Reaktion darauf – oder besser: deren Abwesenheit. Am 5. Oktober billigte der Parteivorstand, nachdem er die Kontroverse diskutiert hatte, gegen Brandts Willen mit elf gegen zehn Stimmen eine Resolution, die Wehners Meinung in der Sache deckte. Der Kanzler hatte den Showdown um der Einheit der Partei willen vermieden – und doch die Hälfte seiner Gefolgschaft im Vorstand verloren.

Nach Herbert Wehner war Helmut Schmidt der zweite Mann aus dem Triumvirat an der Spitze der SPD, der die Führungskraft des Vorsitzenden öffentlich in Frage stellte: in einer *Brennpunkt*-Sendung der ARD am 6. März 1974, die der »Talfahrt der SPD« gewidmet war, also den Niederlagen bei Kommunalwahlen in Rheinland-Pfalz, Schleswig-Holstein, Nordhessen und vor allem bei der Wahl im Stadtstaat Hamburg, wo die SPD mit einem Verlust von annähernd zehn Prozent ihrer Anhänger eine besonders schlimme Schlappe hatte einstecken müssen. Die Demoskopen ermittelten, dass die SPD bei diesen Wahlen erhebliche Teile der Mittelschichten und sogar viele Stimmen von Arbeitern an die CDU und viele Stammwähler an die Nichtwähler verloren habe.

Im Grunde ging es auch bei Schmidts Attacke um Brandts Konfliktscheu, um seinen Integrationskurs gegenüber jenen jungen Linken, denen nach dem großen Wahlsieg von 1972 die Demokratisierung der Gesellschaft nicht schnell genug vorankam und die mit ihrem akademischen Hochmut und ihrem pseudomarxistischen Verbalradikalismus viele sozialdemokratische Arbeitnehmer verwirrten und verschreckten. Diese Leute energisch zu disziplinieren wäre nach Schmidts Meinung die vornehmste Führungsaufgabe des Parteivorsitzenden gewesen. Viele Arbeiter, so Schmidt, liefen der SPD weg, weil »sie sich geärgert haben über den Eindruck, den sie gewinnen mussten, dass dieses eine Partei ist, die die Interessen junger Akademiker wichtiger nimmt als die Interessen ihrer Arbeitnehmer«. Der Hannoveraner Parteitag, auf dem Brandt den Integrator gab, habe den Medien und damit dem Publikum eine Partei gezeigt, »die mit sich selber im Clinch liegt, statt mit ihren Konkurrenten«, die »bei weitem zu großzügig gewesen« sei mit den linken Systemveränderern und »ganz schwerwiegende systematische Fehler« gemacht habe.

Wollte Schmidt putschen? Sicherlich nicht – obwohl die Rezepte für eine dringend gebotene Regierungsumbildung, die er dem Kanzler via Fernsehen ausstellte, diesen Eindruck erwecken mochten. Schmidt dachte damals eher ans Aussteigen, an einen lukrativen Posten in der freien Wirtschaft, den er leicht hätte bekommen können. Aber Peter Merseburger hat gewiss Recht, wenn er schreibt, »dass Schmidt, der im Gegensatz zu Brandt mit Apparaten umzugehen verstand, für die lose Art des Brandtschen Regierens am Ende nur noch Verachtung übrig hatte«. Und damit war er nicht allein. Wenn dem sozialliberalen Bündnis die Wähler wegliefen, dann lag dies eben auch daran, dass die Leute Brandt zwar nach wie vor sympathisch fanden, dass aber ein Drittel der befragten Bundesbürger ihn im April

1974 für »regierungsmüde« hielt. Und dass sie damit so Unrecht nicht hatten.

Nicht nur einmal hat sich der Kanzler Brandt den Ausbrüchen der Unzufriedenheit und den Streitereien Helmut Schmidts durch die Flucht vom Kabinettstisch entzogen, hat sie fassungslos hingenommen – »Das sind doch erwachsene Menschen!« – oder mit der Überfunktion der Schilddrüse erklärt, an der Schmidt damals immer noch litt. Nach Schmidts TV-Auftritt setzte Brandt sich im Parteivorstand mindestens verbal zur Wehr: »Ich bin erschüttert, dass in den eigenen Reihen nach dem starken Kanzler gerufen wird und zugleich im Abseits Fakten geschaffen werden, die es ihm unmöglich machen, ein starker Kanzler zu sein.« Aber diese Erschütterung brachte allenfalls ihn selbst ins Wanken.

Willy Brandt reagierte auf solche Widrigkeiten, besonders auf die Kräche im Kabinett, die ihn anwiderten, nun immer häufiger mit Rückzug. Seine Abneigung, die Politik der Regierung in der großen Kabinettsrunde zu diskutieren, nahm noch zu; er redete lieber separat mit den Regierungsmitgliedern, denen er vertraute, vor allem mit Egon Bahr. Je ärger Männer wie Schmidt und Wehner ihn nervten, je dramatischer die Kabinettsdisziplin aus dem Leim ging, desto wichtiger wurde für Brandt ein kleiner Kreis von Vertrauten, den es in dieser eigenartigen Besetzung und mit dieser kaum definierbaren Funktion bei keinem anderen Kanzler der Bundesrepublik gegeben hat.

Ursprünglich war Teamgeist durchaus ein stilbildendes Element der Regierung Brandt: die manchmal nüchterne, manchmal funktionslustige Gemeinschaft der Happy Few, die den Laden schon schmeißen werden. Nur kam dieser Teamgeist bald in Konflikt mit den Erfordernissen einer ordentlichen Administration – und mit Geld umgehen konnten manche Teamkameraden leider auch nicht. Kritik wurde laut, zum Beispiel im *Spiegel*. Dort monierte der Chefredakteur Günter Gaus, dass ein kleiner Kreis enger Kanzlermitarbeiter weit über seine Kompetenzen hinaus Einfluss nehme; genau dies werde »derzeit im Palais Schaumburg über jedes bekömmliche Maß hinaus institutionalisiert«. Kaum zwei Jahre später gehörte Gaus selbst zu diesem Küchenkabinett. Brandt persönlich hatte ihn nach der Wahl 1972 ins Amt geholt, obwohl er sich über Gaus' Formulierung vom Februar 1971, Brandt sei nur ein »Teilkanzler«, der die inneren Reformen vernachlässige, schwer geärgert hatte.

Wenn sich diese Kanzlerrunde freitagmittags im Bungalow hinter dem Palais Schaumburg zum Arbeitsessen traf, dann saßen – außer Amtschef Grabert und dem persönlichen Referenten Wilke, der immerhin freier Mitarbeiter des WDR gewesen war – nur ehemalige Journalisten am Tisch: Willy Brandt, Egon Bahr, Klaus Harpprecht, Günter Gaus. Brandts spöttische Bemerkung, man habe hier (statt der Regierung durch das Volk für das Volk) ein *government by journalists for journalists,* gehörte – so sah es jedenfalls Gaus – zum ironischen Naturell, »aber auch zur fast schon gewohnheitsmäßigen Kostümierung des schwerblütigen, manchmal schwermütigen Mannes, der scheinbar die Dinge leicht nahm ... Er verschaffte sich Distanz zu Abläufen und Strukturen der Regierungsgeschäfte, indem er sie manchmal ins Unernste rückte.«

Den Regierungsgeschäften hat das nicht geholfen. Brandts *government by journalists for journalists* schuf im Kanzleramt eine Atmosphäre animierter Redseligkeit und förderte ein Politikverständnis, das primär auf Formulierungen beruhte. Kritische Kommentatoren schrieben damals, zum Beispiel Herbert Kremp in der *Welt,* nun sei

»der Staat buchstäblich unter die Feuilletonisten geraten«. Der Kanzler selbst nannte sein Küchenkabinett zuweilen einen »verrückten Haufen«. Einen Mann wie Wehner aber überkam die Wut angesichts eines solchen Vereins. Er habe noch nie eine Regierung gesehen, sagte er in einer seiner montäglichen »Morgenandachten« für der SPD angehörende oder nahe stehende Journalisten, die so desolat sei wie diese. »Eine Mannschaft? Ein Scheißhaufen!«

Es ist wohl wahr, dass Brandt einen Homme de Lettres wie Harpprecht auch deshalb um sich haben wollte, weil der ihm keine konkreten Entscheidungen abverlangte, aber jederzeit in der Lage war, intelligentes politisches Feuilleton zu liefern. Gaus sah in ihm einen »klassischen Höfling«. Harpprecht wiederum hielt Gaus für einen unerträglichen Besserwisser und fand es »beklemmend, wie sich bei ihm Naivität, Geltungsdrang, Sachinteresse und eine unkontrollierte Eitelkeit mischen«. Eitel waren in dieser merkwürdigen Runde ohnehin alle. Und wie alle Höflinge waren sie Rivalen im Kampf um die größtmögliche Nähe zu »Willy dem Milden«, wie »die Höflinge Ahlers und Ehmke« ihn sarkastisch titulierten, nachdem sie auf Schmidts Betreiben vom Hofe ihres Fürsten verbannt worden waren.

Lakaien gab es am Hofe »Willy des Milden« freilich auch, einen zumindest. Der hieß Günter Guillaume und war seinem Herrn zutiefst ergeben. Als der angeschlagene Brandt mit Frau und Sohn Matthias Weihnachten und Silvester 1973 ausnahmsweise einmal nicht auf den Kanaren oder in Florida, sondern im Bayerischen Wald im Hotel Sonnenhof in Grafenau verbringen wollte, hatte Guillaume vor, ihn zum Zug zu bringen, konnte aber nicht, weil er an einer fiebrigen Halsentzündung erkrankt war. Stattdessen schrieb er einen Brief, Anrede: Lieber Willy Brandt! »Ich glaube«, so formulierte der Spion, »dass Sie noch ein Jahrzehnt an diesem Platz arbeiten werden – ausgestattet mit dem Vertrauen der Schwachen, die an die Kraft ihrer Wählerstimmen glauben und diese millionenfach an Ihren Namen binden. Sie, Chef, sind noch immer zugleich Gegenwart und Zukunft.«

Kommissar Zufall

Wie man einen Spion enttarnt

Niemand im Kanzleramt hat Günter Guillaume zugetraut, ein Spion zu sein, am wenigsten der Kanzler selbst. Und in den Ämtern der Abwehr wäre der Agent ums Haar die Karteileiche geblieben, die er sechzehn Jahre lang war. Wäre Brandt dann nicht zurückgetreten? Hätte er seinen Parteireferenten, der ihm ja zunehmend lästig wurde, irgendwann versetzen lassen, möglichst weit weg vom Kanzleramt? Wäre also alles anders gekommen? Wer weiß.

Als Innenminister Genscher nach Guillaumes Verhaftung die Staatsschützer pflichtgemäß für ihre Aufklärungsarbeit in dieser Sache belobigte, nannte er keine Namen – und das war auch gut so. Denn sonst hätte er vor allem den nennen müssen, der den Fall wirklich gelöst hat: Kommissar Zufall. Am amüsantesten hat übrigens Guillaume selbst diese Kriminalkomödie beschrieben, in seiner *Aussage* – wobei offen bleiben muss, ob der ein bisschen zu angestrengte Sarkasmus, mit dem er die folgende Szene beschreibt, nicht eher von seinem Ghostwriter Günter Karau oder gar von seinen Zensoren im Stasi-Ministerium stammt. Wie dem auch sei – etwas Komisches hatte der Fall schon.

Es saß also am 27. Februar 1973 der Oberamtsrat Heinrich Schoregge an seinem Schreibtisch im Referat IV/B2 des Kölner Bundesamts für Verfassungsschutz (BfV), vielleicht war er auch in der Kantine, und wunderte sich darüber, dass er bei der Bearbeitung von Spionageverdachtsfällen – das war seine Aufgabe – nun schon zum dritten Mal auf den Namen Guillaume gestoßen war, obwohl es sonst keinen erkennbaren Zusammenhang dieser drei Fälle gab. Da betrat »zum üblichen Kaffeeplausch« Kommissar Zufall den Raum – in Gestalt des Oberregierungsrats Helmut Bergmann, ebenfalls bei der Spionageabwehr tätig, in Abteilung IV/A1, zuständig für »objektbezogene Auswertung«. »Überm Dampf der Kaffeetasse«, so glaubt jedenfalls Guillaume, »sagt Schoregge, noch in seinen Gedanken verloren: ›Ich glaube, ich habe da einen krummen Hund.‹«

Tatsächlich löst der Name Guillaume in Bergmanns Gedächtnis einen Da-war-doch-mal-was-Effekt aus. Er erinnert sich an jenen G. oder Georg, der Ende der fünfziger Jahre aufgrund entschlüsselter DDR-Funksprüche als Agent in der SPD vermutet, aber bis dato nicht gefunden worden war. Könnte das Guillaume sein? Jedenfalls kommen die beiden Beamten bei ihrem »Fachgespräch«, so nennt der Guillaume-Untersuchungsausschuss des Bundestags den Kaffeeplausch, »auf den ebenso einfachen wie großartigen Gedanken«, endlich die Fährte des 1956 eingeschleusten Agenten »Georg« aufgenommen zu haben. Sie nennen der Geheimschutz-Abteilung V ihres Amtes den Namen Guillaume, bekommen daraufhin die Akte über dessen Sicherheitsüberprüfung, beschaffen sich außerdem die 1960 entschlüsselten DDR-Funksprüche und stellen Vergleiche an – mit Erfolg: Die Glückwünsche zum Beispiel, die »Georg« 1956 per Funk empfangen hatte, stimmten überein mit Guillaumes Geburtstag, dem 1. Februar.

Das war nun kein Zufall, eher eine Panne. Natürlich wusste man in der Ostberliner Zentrale, dass die Funksprüche aus den fünfziger Jahren geknackt worden waren. Aber man glaubte nicht, dass sie Rückschlüsse auf die Identität der Empfänger zuließen – ein Irrtum, wie Markus Wolf später zugegeben hat: »Was wir außerdem zu berücksichtigen vergaßen, waren die Geburtstags- und Neujahrsglückwünsche, die unser Dienst an seine Mitarbeiter zu schicken pflegte.« Solche Menscheleien sind in der Geheimdienstbranche eben riskant.

Kein Zufall war gewiss auch der Umstand, dass Guillaume gleich dreimal in Spionagefällen namhaft wurde, auch wenn der Zusammenhang dieser Fälle mit seinem eigenen Auftrag nicht augenfällig, womöglich auch gar nicht gegeben war. Während der Ermittlungen gegen das spionageverdächtige Ehepaar Siberg war Guillaume im Oktober 1965 als Zeuge vernommen worden, weil er, damals noch Geschäftsführer des Unterbezirks Frankfurt, Frau Siberg zu einem Sekretärinnenjob bei der Frankfurter SPD verholfen hatte. Eine ähnliche Hilfestellung gab er 1971, da war er schon im Kanzleramt, im Fall des Fotografen und angeblichen Duzfreunds Gersdorf, dem er einen Job im Bundespresseamt verschaffen wollte – sehr zum Verdruss jenes für den Kontakt zum Presseamt zuständigen Oberregierungsrats Horst Winkel, den Guillaume im Kanzleramt ohnehin kräftig gemobbt hat. In diesem Fall wurde er nicht als Zeuge vernommen, aber dienstlich vor weiterem Umgang mit Gersdorf gewarnt.

Deutlich verdächtiger war das Auftauchen des Namens Guillaume im Fall des 1972 unter schwer wiegendem Spionageverdacht verhafteten hohen Gewerkschaftsfunktionärs Wilhelm Gronau. Denn am 22. September 1972 war auch Gronaus Kurier, ein Mann namens Kuhnert, festgenommen worden und hatte ein Papier bei sich, auf dem, neben vielen anderen Notizen, Guillaume – offenbar als eine mögliche Kontaktperson – notiert war.

Am 12. Februar 1973 wurde dieser Guillaume, der von der Sicherungsgruppe des Bundeskriminalamts inzwischen als Partei- und Gewerkschaftsreferent des Bundeskanzlers identifiziert worden war, im Ermittlungsverfahren gegen Gronau und Kuhnert vernommen. Er gab an, von dem beim DGB für Fragen des DDR-Gewerkschaftsbunds zuständigen Gronau Informationen über den FDGB eingeholt zu haben; das habe zu seinen Aufgaben als Referent des Kanzlers gehört. Vermutlich habe Gronau seinen Namen dann nach Ostberlin gemeldet, und Kuhnert habe gegen ihn (Guillaume) gerichtete Aufträge bekommen.

Unmittelbare Konsequenzen hatte diese Zeugenaussage nicht, außer dass Guillaume vom Verfassungsschutz über Gronau »belehrt« wurde. Aber geheuer war Guillaume die Sache auch nicht: »Da hatten wir ihn nun, den einen fatalen Fall zuviel, der sich als dritter Faden in das Stolperseil drehte.« Ein Stolperseil jedenfalls wurde gespannt.

Das Ergebnis jenes Fachgesprächs zwischen Schoregge und Bergmann war, in den Worten des Untersuchungsausschusses (Auffassung der Minderheit), »die Übernahme des neuen Überprüfungsvorganges Guillaume durch den Sachbearbeiter der objektbezogenen Auswertung mit Zustimmung des vorgesetzten Gruppenleiters«. Soll heißen: Die Staatsschützer taten nun das, was schon bei den so genannten Sicherheitsüberprüfungen Guillaumes vor dessen Einstellung im Kanzleramt hätte geschehen müssen und auch geschehen können, aber nicht geschah – sie führten alle seit langem über Guillaume vorliegenden Erkenntnisse zusammen. Besagter Gruppenleiter, der Leitende Regierungsdirektor Hans Watschounek, forderte nun auch die Notaufnahmeakte Guillaumes aus dem Lager Gießen an und beauftragte den Sachbearbeiter, also Bergmann, eine ausführliche Expertise zu erstellen. Diese umfasste dreißig Punkte und bot als eine der möglichen Konsequenzen der gewonnenen Erkenntnisse auch schon den »unmittelbaren Zugriff« auf den Verdächtigen an, empfahl aber eher »vorsichtige Observation«. Zunächst freilich ging der Fall Guillaume den vorgeschriebenen Gang durch die Instanzen der Bürokratie. Und der dauerte zweieinhalb Monate.

Am 17. Mai 1973 schließlich legte der Gruppenleiter Watschounek das Bergmann-Papier, ergänzt durch seine eigene Analyse, insgesamt neunzehn Seiten, der nächsthöheren Instanz, dem Abteilungsleiter Spionageabwehr, vor. Dieser wiederum, der Leitende Regierungsdirektor Albrecht Rausch, reichte den Vorgang weiter an den Vizepräsidenten des Verfassungsschutzamts, Hans Bardenhewer, wo das Papier am 23. Mai ankam. Bardenhewer empfahl »mündliche Erörterung« und informierte bereits am folgenden Tag den Präsidenten des BfV, Dr. Günther Nollau. Der wiederum versammelte am 28. Mai die leitenden Beamten Bardenhewer, Rausch und Watschounek zur Beratung.

Über eines waren die Herren sich schnell einig: Der Kanzlerreferent Günter Guillaume und seine Frau Christel waren dringend verdächtig, mit nachrichtendienstlichen Aufträgen in die Bundesrepublik eingeschleust worden zu sein, hier zumindest einige Jahre Spionage betrieben zu haben und womöglich noch zu betreiben. Nollau sprach von »schwerwiegenden Verdachtsgründen«. Bardenhewer später im Untersuchungsausschuss: »Ich würde sogar sagen, mit an Sicherheit grenzender Wahrscheinlichkeit stand damals schon fest, dass es sich hier um einen Agenten handeln würde.« Der Leiter der Spionageabwehr

Rausch ging sogar noch einen Schritt weiter: »Zu unserer Überzeugung war vollkommen klar: Guillaume ist der Agent, der gesuchte Agent.«

Klar war allerdings auch, dass der »harte Kern« des schwer wiegenden Verdachts, die entschlüsselten Funksprüche nämlich, »ihrer nachrichtendienstlichen Natur wegen nicht zur Vorlage bei Gericht geeignet waren« – so steht es im Ausschussbericht. Das heißt, die vorliegenden Erkenntnisse reichten für die Einleitung eines Verfahrens durch den Generalbundesanwalt nicht aus. Man brauchte gerichtsverwertbare Beweise für den Verdacht gegen Guillaume. Und die sollten durch eine Observation des Verdächtigen, mindestens aber seiner Ehefrau, beigebracht werden. Man musste darauf hoffen, dass die Guillaumes Fehler machen, sich irgendwie erwischen lassen würden – bei konspirativen Treffs zum Beispiel.

Die am 28. Mai versammelten Verfassungsschützer warfen schließlich die Frage auf, ob der politisch zuständige Innenminister über den Kasus informiert werden solle oder nicht. Die Fachleute von der Spionageabwehr waren strikt dagegen, und zwar nach dem in ihrer Branche besonders beliebten *Need-to-know*-Prinzip: Jeder mit einer Sache Befasste soll nur das wissen, was er für die ordnungsmäßige Erledigung seiner Aufgabe wissen muss. Aber der Präsident entschied anders. »Ein Spion im Bundeskanzleramt war ein Fall von politischer Tragweite«, so Günther Nollau in seinen Erinnerungen *Das Amt*. »Ich war verpflichtet, den Bundesinnenminister zu unterrichten.«

Verpflichtet war er nicht – jedenfalls dann nicht, wenn es nur um die Observierung Guillaumes gegangen wäre. Die hätte der Chef des Verfassungsschutzamts ohne Genehmigung des Innenministers anordnen können, wenn er sie für notwendig hielt – und Nollau hat das natürlich gewusst. Vor dem parlamentarischen Untersuchungsausschuss hat er später gesagt, er hätte es in diesem Fall aber für »taktlos und nicht angezeigt« gehalten, ohne das Plazet des Ministers zu handeln. Also habe er Genschers Genehmigung zur Observierung haben wollen und habe seinen Vortrag sofort beendet, als er sie zu haben glaubte: »Wenn ich erreichen will, dass ein Minister eine bestimmte Entscheidung trifft – das war in dem Fall die, die ich haben wollte, nämlich den Beginn unserer Operation zu genehmigen –, so werde ich ihn nicht noch eine halbe Stunde länger mit irgendwelchen Bagatellen aufhalten, sondern mache Schluss, sobald ich merke, dass er darauf eingeht.«

Man mag das eine Schutzbehauptung nennen. In Wahrheit ging es Nollau um die »politische Tragweite« des Falles und deren Konsequenzen für ihn selbst. Die Verantwortung, einen mutmaßlichen Spion im Bundeskanzleramt sitzen und observieren zu lassen, wollte er nicht allein übernehmen. Die sollte Genscher mit ihm teilen. Schließlich wusste Nollau sehr wohl, dass die Affäre ihn den Job kosten konnte. Das wusste er auch dann noch, als Guillaume schließlich verhaftet wurde. Am 24. April 1974 notiert Nollau in sein Tagebuch: »Wenn Guillaume nicht überführt werden kann, dann ist meine Position gefährdet.«

Gewiss hat der ziemlich verkorkste Kontakt zwischen Genscher und Nollau auch etwas mit dem weit verbreiteten wechselseitigen Misstrauen zwischen der Politik und den Geheimdiensten überhaupt zu tun – wie sich im weiteren Verlauf der Affäre noch zeigen sollte. Ein Geheimdienstmann will so lange wie möglich ungestört und ohne politische Weisung operieren, antwortet deshalb auf Nachfragen gern hinhaltend und mit manchmal grundlosen Versprechungen. Ein Politiker wie Genscher wiederum fasst solche Leute am liebsten mit der Feuerzange an, nicht unbedingt aus Abneigung, eher aus Vorsicht. Nollau war ihm obendrein unsympathisch. Er hielt ihn für einen geschwätzigen Wichtigtuer mit spürbarem Bedeutungsdefizit, für einen »Terrier« – wie ein Mann aus seiner engeren Umgebung formulierte –, der hinter Stöckchen herrennt und sie im Erfolgsfall schweifwedelnd abliefert.

Außerdem wusste Genscher genau, dass Nollau eine Art vorgeschobener Beobachter für Herbert Wehner im Beritt der Geheimdienste war. Der vom Kommunismus abgefallene Wehner, der viele Jahre seines Lebens in konspirative Milieus eingebunden war, hatte keinerlei Berührungsängste gegenüber den Diensten, eher im Gegenteil. Seiner nachhaltigen Protektion verdankte Günther Nollau den Posten des BfV-Präsidenten.

Nollau hätte diesen Posten so wenig bekommen dürfen wie Guillaume den seinen, wenn die Bundesregierung ihre eigenen, 1971 erlassenen Richtlinien für die Sicherheitsüberprüfung von Bundesbediensteten wirklich ernst genommen hätte. Danach kann nicht mit einer »sicherheitsempfindlichen Tätigkeit« betraut werden, wer »im kommunistischen Machtbereich« nahe Angehörige oder andere Beziehungen dorthin hat. Die hatte Nollau. Seine weit über achtzig Jahre alte Mutter lebte bis zu ihrem Tod 1974 in der DDR. Nollau – ein Sicherheitsrisiko? Jedenfalls war er alles andere als der Prototyp eines Geheimdienstmannes – eher »der Typ eines leicht zur Skurrilität neigenden Gelehrten«, wie die *FAZ* fand. Der passionierte Bergsteiger liebte akademische Gespräche, Theorie und Praxis des Kommunismus war eines seiner Lieblingsthemen, sein Buch *Die Internationale* zählte zu den Standardwerken über die konspirativen Praktiken von Komintern und Kominform.

Unmittelbar nach jener Besprechung am 28. Mai bat Nollau beim Innenminister telefonisch und dringend um einen Gesprächstermin. Genscher war nicht im Amt. Sein Bürochef, Ministerialrat Dr. Klaus Kinkel, der spätere Außenminister, stellte einen telefonischen Kontakt mit Genscher in dessen Wohnung her, aber am Telefon wollte Nollau nicht reden. Genscher bestellte ihn für den nächsten Morgen, 10.30 Uhr, in sein Büro. Das Gespräch der beiden, an dem Klaus Kinkel teilnahm, ist vor allem deshalb bemerkenswert, weil sein Inhalt völlig im Unklaren geblieben ist – und wohl auch bleiben wird. Nollau und Genscher widersprechen sich sogar in ihren Memoiren noch derart krass, dass man wahrscheinlich nie erfahren wird, was genau der Geheimdienstchef dem Innenminister über den Verdacht gegen Guillaume mitgeteilt hat und was nicht. Was aber der Innenminister nicht erfahren hat, das hat erst mal auch der Kanzler nicht erfahren.

Die entscheidende Frage, nämlich ob Nollau dem Minister die Auffassung der Abwehrspezialisten seines Amtes vermittelt habe, dass Guillaume ein Agent und als solcher noch tätig sei, hat der BfV-Präsident vor dem parlamentarischen Untersuchungsausschuss so beantwortet: »Nicht mit diesen Worten, aber mit dieser Meinung.« Der Minister habe das wohl auch erkannt, denn er sei ja gleich zum Kanzler gelaufen. Genscher hingegen will nichts dergleichen erkannt haben. Es sei ihm nicht übermittelt worden, hat er ausgesagt, dass die Beamten des BfV subjektiv der Überzeugung waren, Guillaume sei als Agent tätig. Er sei davon am Ende des Gesprächs mit Nollau auch nicht überzeugt gewesen. Ihm erschienen die mitgeteilten Verdachtsmomente nicht begründet genug.

Welche dies waren, bleibt ebenfalls unklar. Genscher und Kinkel haben übereinstimmend ausgesagt, Nollau habe lediglich die entschlüsselten Funksprüche und den Umstand erwähnt, dass in Guillaumes Lebenslauf eine unerklärte Lücke von fünf Monaten vor seinem Übertritt klaffe. Nollau hat das bestritten, hat dem Ausschuss aber auch nicht sagen können, welche anderen Verdachtsmomente er genannt habe. Der wesentliche Inhalt der Sicherheitsakte Guillaumes ist Genscher jedenfalls nicht vorgetragen worden, das hat Nollau eingeräumt, also auch nicht die Erkenntnisse, die beim Bundesnachrichtendienst und beim UfJ seit langem über Guillaume vorlagen.

Klaus Kinkel verfasste über Nollaus Vortrag und dessen etwa einstündige Erörterung einen Aktenvermerk, Datum 29. Mai 1973, den Nollau nicht zu sehen bekam und der ihn (deshalb?) offenbar ärgerte. Jedenfalls sagte er bei seiner letzten Vernehmung vor dem Untersuchungsausschuss am 5. Dezember 1974, er wisse zuverlässig, dass der streng geheime Vermerk erst im Jahr 1974 aus dem Auswärtigen Amt, in das Genscher samt Kinkel inzwischen eingerückt waren, ins Innenministerium gelangt und dort als geheimes Schriftstück registriert worden sei. Sollte wohl heißen: Kinkel habe den Vermerk manipuliert. Den Beweis für diese Unterstellung blieb Nollau schuldig.

Er selbst hat die Wirkung seines Vortrags auf Genscher in seinen Memoiren so beschrieben: »Nachdem ich geendet hatte, sprang der Minister erregt auf. Wie er selbst später sagte, war er ›elektrisiert‹. ›Das muss der Kanzler wissen‹, erklärte er.« So mag es gewesen sein. Allerdings waren es nicht die vorgetragenen Vermutungen, die Genscher »elektrisierten«; die hat er – zum Beispiel am 10. Mai 1974 im *Bericht aus Bonn* – nur als »sehr vagen Verdacht« beschrieben, hat diesen Verdacht noch zwanzig Jahre später im Prozess gegen Markus Wolf nicht als schwer wiegend bezeichnet. Was Genscher »elektrisierte«, war Guillaumes Nähe zum Kanzler. Dieser Nähe wegen habe man jeden, auch einen nur geringen Spionageverdacht sehr ernst nehmen müssen.

Nollau war zunächst strikt dagegen, den Kanzler in den Verdacht gegen seinen Referenten einzuweihen, und die Fachleute von der Abwehr sahen das zweifellos genauso. Aber Genscher machte dem BfV-Chef kategorisch klar, dass eine solche Auslegung des *Need-to-know*-Prinzips in diesem politisch hochbrisanten Fall an Arglist grenzen würde. Außerdem müsse Brandt wissen, dass zwangsläufig auch er selbst betroffen sei, wenn Guillaume beschattet werde. Nollau räumte das schließlich ein, natürlich in der Erwartung, der Minister werde ihn zum Vortrag beim Kanzler mitnehmen. Aber Genscher dachte gar nicht daran.

»Das fand ich nicht richtig«, schrieb Nollau am 11. September 1975 im *stern*, »denn ich hätte den Kanzler genauer unterrichten können.« Hätte er es denn getan? Nollau war verletzt in seinem Geltungsbedürfnis. Jedenfalls gab er sich im weiteren Verlauf der Ereignisse alle Mühe, den schwarzen Peter der unzureichenden Information über den Spionageverdacht gegen Guillaume an Genscher weiterzureichen. Der habe ein »Doppelspiel« getrieben. Will sagen: Genscher sei ein Intrigant.

Am 4. Oktober 1974 notiert Nollau in seinem Tagebuch, das die Illustrierte *Quick* 1987 veröffentlicht hat: »Beamte der Sicherungsgruppe erzählen mir, wie damals Innenminister Genscher Kanzler Brandt über den gegen Guillaume bestehenden Verdacht unterrichtete.« Das ist interessant, denn es hat sich nachweislich um ein Vier-Augen-Gespräch gehandelt. Will Nollau damit sagen, er wisse ohnehin alles von den Leibwächtern, und denen bleibe nichts, aber auch gar nichts verborgen? »Genscher habe Brandt gefragt: ›Haben Sie in Ihrer Umgebung einen Mann mit französischem Namen?‹ – So fragte er, obwohl er die genauen Personalien hatte.« Und nun versteht er, Nollau, auch Genschers »Doppelspiel«: »Mir gegenüber zeigte er sich betroffen. ... Dem Kanzler gegenüber bagatellisierte er dagegen den Verdacht. Erwies dieser sich später als unbegründet, so hatte er die Sache von vornherein richtig beurteilt, stand also dem Kanzler gegenüber gut da. Würde Guillaume dagegen überführt, so konnte er behaupten, ich hätte ihn unzureichend unterrichtet.«

Dieser Tagebucheintrag verrät wohl mehr über die Denkweise des Günther Nollau als über den tatsächlichen Hergang. Genscher und Kinkel haben übereinstimmend bekundet, sie hätten Guillaume bis zu dem Gespräch am 29. Mai nicht einmal dem Namen nach gekannt, geschweige denn gewusst, dass er ein Mitarbeiter des Kanzlers sei; das hätten sie erst von Nollau erfahren. Der wiederum will zu diesem Zeitpunkt noch nicht gewusst, also auch nicht mitgeteilt haben, dass Guillaume als Parteireferent ins Büro des Bundeskanzlers vorgerückt war. Ob das nun stimmt oder nicht – sehr genau können die »genauen Personalien«, die Nollau angeblich übermittelt hat, nicht gewesen sein. Denn als wenige Tage später die Beschattung von Christel Guillaume begann, reisten zwei Beamte der Observierungsgruppe des BfV nach Frankfurt. Man hatte amtlicherseits noch nicht zur Kenntnis genommen, dass auch Christel seit Monaten in Bonn wohnte.

Besonders viel, vor allem viel Zutreffendes, kann Willy Brandt unter diesen Umständen über den Verdacht gegen seinen Parteireferenten gar nicht erfahren haben. Genscher sprach ihn noch am 29. Mai, vor einem Mittagessen der Koalitionsrunde und danach unter vier Augen in des Kanzlers Arbeitszimmer, auf den Fall an; ein zweites kurzes Gespräch gab es tags darauf. Brandt beschrieb Guillaumes

Funktion als Parteireferent und Organisator von Informations- und Wahlkampfreisen des Kanzlers – was Genscher zu dem voreiligen (obendrein falschen) Schluss verleitete: »Dann kommt er ja an Regierungssachen nicht heran« – und ließ sich dann die entschlüsselten Funksprüche beschreiben. An die Fünfmonatslücke in Guillaumes Lebenslauf, die Genscher erwähnt haben will, konnte Brandt sich vor dem Ausschuss nicht erinnern. Am Ende des Gesprächs, so Genscher, habe der Kanzler alles das gewusst, was auch er wusste – also entschieden zu wenig.

Wenn Genscher auf den Spionageverdacht »elektrisiert« reagiert hatte, dann war Brandt bloß ungläubig erstaunt – mit der Betonung auf ungläubig. Er habe die Nachricht von den entschlüsselten Funksprüchen nicht auf die leichte Schulter genommen, sagte er dem Untersuchungsausschuss, habe den Verdacht aber trotzdem für »eher unwahrscheinlich« gehalten. Brandt erinnerte sich, dass Horst Ehmke ihm schon 1970/71 vor der Einstellung Guillaumes im Kanzleramt von Verdachtsfällen berichtet hatte, die bei den Sicherheitsüberprüfungen dann aber alle ausgeräumt worden seien. Auch erinnerte er sich daran, dass ihm während seiner Zeit als Regierender Bürgermeister von Berlin jeden Monat solche Verdachtsfälle gemeldet wurden, die sich dann meistens als unbegründet erwiesen. Außerdem und vor allem – aber das sagte Brandt nicht – konnte er sich diesen Guillaume, den er für einen beschränkten Parteifunktionär hielt, beim besten Willen nicht als gerissenen Spion vorstellen.

Günther Nollau, der Protegé Wehners, war ihm so wenig geheuer wie die ganze Geheimnistuerei der Dienste. Übrigens hatte er bereits 1948 – als er, aus dem Exil zurückgekehrt, von Kurt Schumacher nach Westberlin geschickt worden war, um ein Sekretariat des SPD-Parteivorstands zu leiten, das unter anderem Kontakt zu ehemaligen Sozialdemokraten in der Sowjetzone halten sollte – den Mann kennen gelernt. Günther Nollau, Rechtsanwalt in Dresden, hatte ihn damals in seinem Haus am Halensee besucht. Nollau war zu jenem Zeitpunkt noch Mitglied der Ost-CDU, stand aber in dem Ruf, sich in der Sowjetzone auch für Sozialdemokraten einzusetzen, die bei der Zwangsvereinigung von KPD und SPD nicht mitgemacht hatten. Brandt hat die Begegnung nie bestritten, wohl aber Nollaus Behauptung, er habe diesen zu dem Besuch eigens auffordern lassen. Nollau wiederum hat später gegenüber dem *Spiegel* behauptet: »Ich wusste gar nicht, wer Brandt war. Aber ich fuhr hin, obgleich ich riskierte, nach Sibirien verschickt zu werden.« Man kann sich gut vorstellen, dass Brandt diesem Nollau gegenüber misstrauisch war und es auch geblieben ist – nur leider nicht misstrauisch genug.

Es ist und bleibt schwer begreiflich, dass der Kanzler die von Genscher referierte Empfehlung Nollaus und der Abwehrfachleute, man möge Guillaume an seinem Platz lassen und nichts am Umgang mit ihm ändern, weil er sonst vielleicht gewarnt und die Aufklärung des Verdachts erschwert werde, sofort und widerspruchslos akzeptiert hat. Hätte er nicht erkennen müssen, dass ein Kanzler sich keinesfalls zum Agent provocateur des eigenen Geheimdiensts machen lassen durfte? »Fahrlässig, leichtfertig und unverantwortlich« nennt Biograph Peter Merseburger die Reaktion des Kanzleramts auf Nollaus Empfehlung. »Wer politisch dachte, hätte der Logik der Fachleute in diesem Falle niemals folgen dürfen.«

Brandt aber folgte ihr, und dafür gibt es nur eine rationale Erklärung: Er hat die Geschichte mit dem Spionageverdacht nicht geglaubt, weil er sie nicht glauben wollte.

Seine Fähigkeit zur Wahrnehmung war erheblich beeinträchtigt, litt unter einem massiven Defizit – nennen wir es das Palmström-Syndrom: dass nicht sein kann, was nicht sein darf; dass es Dinge gibt im Leben, auch im politischen Leben, mit denen man nur umgehen kann, indem man sie verdrängt, nicht zur Kenntnis nimmt – oder die Flucht davor ergreift. Fliehen konnte Brandt vor dem Kasus Guillaume nicht, also blieb ihm fürs Erste nur, den Ereignissen ihren Lauf zu lassen und den ganzen Geheimdienst-Hokuspokus so schnell und so gründlich wie möglich zu vergessen.

Dass Genscher die Empfehlungen Nollaus unwidersprochen weitergegeben hat, ist schon leichter zu erklären. Eine Intrige war es jedenfalls nicht. Wohl war dem Parteipolitiker Genscher zuzutrauen, die FDP eines Tages wieder in eine Koalition mit der Union zu führen, was er neun Jahre später ja auch getan hat, aber damals, im Mai 1973, konnte er – bei aller persönlichen Sympathie für Helmut Kohl – den Koalitionswechsel noch nicht ernsthaft anstreben. Er wollte Willy Brandt, den er besser leiden konnte als dieser ihn, kein Bein stellen. Genscher hatte ganz einfach »Schiss«, wie sein Vertrauter, der Schwabe Kinkel, gesagt hat – »Schiss« davor, der Spionageverdacht, an den auch er eigentlich nicht glaubte, könnte einen politischen Skandal auslösen und seine genau vorgezeichnete Karriere in der sozialliberalen Regierung gefährden. Jedenfalls wollte er die Verantwortung für die Aufklärung des Verdachts so lang wie möglich bei Nollau lassen. Also musste er dessen Rat folgen.

Natürlich hat Genscher erwogen, ob nicht das Staatsinteresse gebiete, den Verdächtigen wenigstens aus der Umgebung des Kanzlers zu entfernen, also zu versetzen. Aber wie und wo hätten die Abwehrleute dann ihre Beweise suchen sollen? Und was, wenn Guillaume Lunte gerochen hätte und abgehauen wäre? Davor hatte Genscher am meisten Angst, wie er dem Untersuchungsausschuss in schöner Offenheit zugegeben hat: »Dann wäre die Frage gestellt worden: Warum hat man ihn denn nicht beobachtet? Die Antwort wäre dann gewesen: Die Spionageabwehr wollte ihn beobachten, aber Kanzler und Innenminister haben das verhindert. ... Ich möchte mir und jedem meiner potenziellen Nachfolger ersparen, je in einer Lage zu sein, vor einem Untersuchungsausschuss diese Frage beantworten zu müssen.«

Dafür hatte Nollau durchaus Verständnis. Überhaupt hat Genscher wohl unterschätzt, dass es der BfV-Präsident noch ein bisschen besser beherrschte, den Kopf aus der Schlinge zu ziehen, als er selbst. »Wenn die Herren, die für die Sicherheit des Bundeskanzleramts zu sorgen hatten, der Meinung gewesen wären, es geht nicht, wären sie frei gewesen, anders zu entscheiden«, hat er im Untersuchungsausschuss gesagt. Und in seinen Memoiren schreibt Nollau dreist, er sei damals davon ausgegangen, dass Guillaume keinen Zugang zu Staatsgeheimnissen habe. »Sollte das jemand besser gewusst haben, so hätte er meinen Rat nicht anzunehmen brauchen.«

Willy Brandt hat erst mit erheblicher Verzögerung bemerkt, welcher Zumutung er da sein Plazet gegeben hatte. »Ein Zeichen von Leichtgläubigkeit« sei das gewesen, so zitiert er in seinen *Erinnerungen* einen »französischen Beobachter« und fügt – wieder ohne Namen zu nennen – salvatorisch hinzu: »Den viel weiter reichenden Verdacht, gerichtet gegen die Leitung des Verfassungsschutzes, ich sei in eine Falle gelockt worden, habe ich mir nicht zu Eigen gemacht.« Jedenfalls fragte er in jenem Gespräch mit Genscher am 29. Mai ganz arglos, was er denn nun machen solle: Guillaume sei dazu eingeteilt, ihn als einziger Referent und Verbindungsmann zum Kanzleramt in den Sommerurlaub nach Norwegen zu begleiten.

Auch das war streng genommen nicht in Ordnung, bestenfalls eine Notlösung. Sie war eine Reaktion darauf, dass der Leiter des Kanzlerbüros, also Reinhard Wilke, der sonst immer mit Brandt in Urlaub gefahren war, in diesem Jahr mit seiner Familie woanders Urlaub machen wollte und dass deshalb sein Stellvertreter, der Vortragende Legationsrat Dr. Wolf-Dietrich Schilling, den Brandt aus dem Auswärtigen Amt mitgebracht hatte, im Kanzlerbüro als Stallwache Dienst tun musste. Blieb nur der auf Inlandsreisen durchaus bewährte Parteireferent Guillaume. Brandt hatte achselzuckend zugestimmt und fragte nun Genscher, ob auch an Guillaumes Mitreise nichts geändert werden solle.

Spätestens an dieser Stelle werden die Widersprüche in den Aussagen der Beteiligten zur Groteske. Genscher will – wie nicht anders zu erwarten – die Frage nicht sofort beantwortet, sondern Rückfrage bei Nollau angekündigt haben. Die habe am nächsten Tag, also am 30. Mai, während eines Telefonats stattgefunden, in dem Nollau sich dezidiert dafür ausgesprochen habe, Guillaume nach Norwegen mitzunehmen. Dies habe er, Genscher, noch am selben Tag dem Kanzler quasi zwischen Tür und Angel mitgeteilt. Brandt hat die Mitteilung bestätigt, allerdings bezweifelt, dass er sie zwischen Tür und Angel erhalten habe.

Der gekränkte Nollau hingegen hat den Hergang anders beschrieben: »Entgegen unserer Verabredung ließ Genscher nichts mehr von sich hören.« Also habe er, Nollau, am 30. Mai telefonisch nachgefasst. »Ach ja«, habe Genscher gesagt, »ich wollte Sie schon anrufen, der Kanzler ist einverstanden.« Von der Einteilung Guillaumes als Urlaubsbegleiter sei dabei aber nicht die Rede gewesen.

Davon will Nollau erst am 6. Juli bei einem anderen Zusammentreffen mit dem Innenminister erfahren haben, gewissermaßen en passant: »Übrigens, ›die‹ wollen den Spion mit nach Norwegen nehmen«, habe Genscher gesagt. »Ich zuckte die Achseln. Mein Amt hatte mit der persönlichen Sicherheit des Kanzlers nichts zu tun. Dafür war die Sicherungsgruppe des Bundeskriminalamts verantwortlich« – und für den Fernschreibverkehr mit dem Kanzleramt »in technischer Hinsicht der Bundesnachrichtendienst«.

Erstaunlich: Die Spionageabwehr erklärte sich für nicht zuständig. Laut Untersuchungsbericht hat Nollau dem Ausschuss mitgeteilt, er habe erst zwischen dem 6. und dem 10. Juli von Genscher erfahren, dass Guillaume mit in Norwegen sei, also erst nach Urlaubsantritt des Kanzlers am 2. Juli; dennoch zitiert er den Innenminister mit dem Satz: »Übrigens, ›die‹ wollen den Spion mit nach Norwegen nehmen.« Erst zu jenem Zeitpunkt will er zusammen mit seinem Regierungsdirektor Watschounek überlegt haben, ob das BfV in Norwegen observieren solle oder nicht. Man sei übereinstimmend zu dem Schluss gekommen, dies nicht zu tun – »weil es höchst unwahrscheinlich sei, dass in dieser einsamen Gegend ein Treffen des Guillaume mit einem Mitarbeiter des DDR-Dienstes stattfinde«. Watschounek hat unter dem Datum des 11. Juli darüber eine lapidare Aktennotiz gemacht: »P. (Präsident) teilt mit, dass Guillaume mit in Norwegen sei.«

Man mag das, was jetzt passierte, den eigentlichen Skandal der Spionageaffäre Guillaume nennen. Es passierte nämlich nichts. Die Observation des Verdächtigen, derentwegen der Bundeskanzler sich zum Lockvogel der Abwehr hatte machen lassen, fand entweder gar nicht statt oder blieb geraume Zeit auf dem Niveau ihrer Anfänge – als zwei Beamte des BfV Frau Guillaume noch in Frankfurt wähnten und dort beschatten wollten, während an diesem 31. Mai vor der Bad Godesberger Wohnung des Ehepaares, Ubierstraße 107, ein einziger Kölner Oberamtmann patrouillierte; weiteres Personal war nicht verfügbar, denn viele Beamte bummelten an dem um Vatertag und Freitag verlängerten Wochenende Überstunden ab.

Bloß parteipolitische Voreingenommenheit war es bestimmt nicht, was den Untersuchungsausschuss (Auffassung der Minderheit) zu dem Schluss kommen ließ: »Die Art, in der Präsident Dr. Nollau den Spionagefall Guillaume behandelt hat, stellt eine schwere Verletzung der ihm obliegenden Pflichten dar. In seinen Zeugenaussagen ist es ihm lediglich darum gegangen, von seinem eigenen Fehlverhalten abzulenken.«

Dabei war Nollau in diesem Fall durchaus tätig. Er bemühte sich zum Beispiel, Herbert Wehner zu erreichen und über den Verdachtsfall Guillaume zu informieren – »pflichtgemäß«, wie er im *stern* geschrieben hat; gewohnheitsgemäß wäre wohl der treffendere Ausdruck gewesen. Nollau redete nach eigenem Bekunden oft mit seinem Mentor. »Pflichtgemäß« war das allenfalls insofern, als Wehner vom Bundesvorstand der SPD dem Verfassungsschutz als Gesprächspartner für die Themen benannt worden war, die Sicherheitsinteressen der Partei berührten.

Gleich nach dem Telefonat mit Genscher am 30. Mai, also »nachdem ich gehört hatte, der Bundeskanzler sei informiert«, suchte Nollau nach Wehner – vergebens. »Auf meinen Telefonanruf in seiner Wohnung antwortete niemand. Am 31. Mai, einem Feiertag, rief ich dort wieder an. Wieder nahm niemand den Hörer ab. Ich vermutete, Wehner sei in Berlin.« Warum er das vermutete, hat Nollau in seinen Memoiren verschwiegen. Immerhin rief er den Leiter des Berliner Landesamts für Verfassungsschutz an und bat ihn, Wehner ausfindig zu machen. Auch das gelang nicht.

Es konnte gar nicht gelingen, denn Herbert Wehner war in der DDR, unterwegs zu deren Staats- und Parteichef Erich Honecker. Am Abend des 29. Mai hatte er sich von Stieftochter Greta Burmester nach Kirchheim bei Bad Hersfeld chauffieren lassen und dort in der Autobahnraststätte übernachtet. Am nächsten Tag überschritt er bei Eisenach die »Staatsgrenze West« der DDR und wurde, Westberlin umfahrend, nach Niederschönhausen ins Gästehaus der DDR-Regierung gebracht. Dort kam er am Abend mit Abgeordneten der DDR-Volkskammer-Parteien zusammen – notabene: nicht nur mit Angehörigen der SED; darauf legte er Wert. Am 31. Mai um 10 Uhr traf er dann Honecker in Schloss Hubertusstock am Werbellinsee in der Schorfheide.

Verwunderlich ist es nicht, dass dieses außergewöhnliche Zusammentreffen damals in den Verdacht geriet, ein Komplott zu sein – schon wegen des auffälligen zeitlichen Zusammenhangs. Verdächtigungen aller Art waren im ostpolitisch aufgerauten Bonner Klima an der Tagesordnung. Gekämpft wurde mit harten Bandagen. Der so genannte Grundlagenvertrag zwischen der Bundesrepublik und der DDR stand auf der Kippe, denn am 23. Mai hatte die bayerische Staatsregierung beim Verfassungsgericht eine Normenkontrollklage gegen diesen Vertrag angestrengt; obendrein wollte das bayerische CSU-Kabinett dem Bundespräsidenten per Einstweiliger Verfügung die Unterzeichnung des Ratifizierungsgesetzes zum Grundlagenvertrag verbieten lassen.

Vor allem die Opposition vertrat die Komplott-Theorie: Der Ex-Kommunist Wehner sei bei Nacht und Nebel überstürzt zu seinem alten Genossen Honecker gefahren, um den Fall Guillaume geräuschlos aus der Welt zu schaffen, bevor der Spion enttarnt werde. Aber auch Willy Brandt hat, mindestens zeitweise, für möglich gehalten, Wehner habe mit Honecker konspiriert. »Ich möchte mal gern wissen, mit wem der Kerl da drüben schon alles geredet hat«, soll er im vertrauten Kreise einmal gesagt haben. Dabei war »der Kerl«, nach eigenem Bekunden, noch nie in der DDR gewesen. Die Reise machte ihm, dem Renegaten, eher Angst.

Theoretisch konnte Wehner, als er am 29. Mai zu Honecker aufbrach, über die Verdachte gegen Guillaume durchaus Bescheid wissen – denn sein Vertrauensmann und ständiger Informant Nollau kannte die Erkenntnisse der Abwehr ja schon seit dem 23. Mai und hätte sie Wehner auch umgehend berichten können. Zwar hat er (vor dem Untersuchungsausschuss) vehement bestritten, das getan zu haben. Andererseits gefiel ihm offenbar die konspirative Vorstellung, Wehner habe »Honecker die Enttarnung Guillaumes gesteckt und damit Landesverrat begangen. Die Legende ist schön«, schrieb er im *stern*, »aber falsch. Ich weiß ganz genau, dass ich Wehner erst am 4. Juni, meinem Geburtstag, informiert habe. So steht es auch in meinem Tagebuch« – was immer das beweisen mag.

Jedenfalls war Wehners Reise in die DDR kein konspirativer Alleingang. Die Einladung dazu war schon Monate zuvor – natürlich nicht öffentlich, sondern über vertrauliche Kontakte – übermittelt und Ende April erneuert worden. Der Kanzler wusste davon, ebenso Helmut Schmidt und sogar der Koalitionspartner Walter Scheel; offenbar hatte keiner der Genannten grundsätzliche Einwände. Außerdem bestand Herbert Wehner darauf, sich von dem FDP-Fraktionsvorsitzenden Wolfgang Mischnick, den er sehr schätzte und der – wie er selbst (und Nollau)

– aus Dresden stammte, zu Honecker begleiten zu lassen. Mischnick hatte ohnehin vor, seine kranke Mutter in Dresden zu besuchen; also bemühte man sich, die Reisetermine der beiden westdeutschen Politiker in die DDR zu koordinieren. Schon deshalb kann von einer überstürzten Abreise Wehners wohl kaum die Rede sein.

Allerdings war Mischnick nicht die ganze Zeit dabei. Er traf erst am Nachmittag des 31. Mai aus Dresden in der Schorfheide ein – zu einem »Fototermin«, wie manche Chronisten damals sarkastisch anmerkten. Der redliche Mischnick hat das nicht als Zurücksetzung oder gar als Trick empfunden, denn auch er hat während eines Spaziergangs mit Honecker unter vier Augen sprechen können. Er hatte ferner nicht den Eindruck, dass Wehner ihm auf der gemeinsamen Rückfahrt im Auto etwas Substanzielles über das Honecker-Gespräch vorenthalten habe.

In Willy Brandts *Erinnerungen* kann man nachlesen, Wehner habe ihn von der Absicht des Besuchs bei Honecker »erst kurz zuvor« unterrichtet. Nach Arnulf Barings (im *Machtwechsel* mitgeteilten) Erkenntnissen war das »am Tag vor der Abfahrt«, also am 28. Mai. Da war Brandt über den Verdacht gegen Guillaume noch nicht informiert. Wehner erklärte dem Kanzler, er könne die Reise noch verhindern, wenn er aus »Regierungsgründen«, aus innenpolitischen oder aus innerparteilichen Gründen »Jetzt nicht!« sage. Brandt sagte nichts dergleichen. In den *Erinnerungen* erweckt er eher den Eindruck, die Reise als eine Art Nostalgietrip verstanden zu haben: Dass »die beiden sich aus der Zeit kannten, in der in Honeckers saarländischer Heimat für und gegen den Anschluss an das Dritte Reich gestritten wurde, wusste ich. So sah ich zu größerer Unruhe keinen Grund.«

Richtig an dieser nicht besonders freundlichen Lesart ist

wohl, dass die Begegnung in der Schorfheide der Beginn einer sonderbaren Freundschaft war, die sich in den folgenden Jahren, auch nach dem Abgang beider Männer aus der aktiven Politik, noch vertiefte. Honecker kannte Wehner nicht nur aus der Zeit des gemeinsamen Widerstands gegen die Nazis im Saarland, er bewunderte ihn seither auch; und Wehners Beziehung zu Honecker war, wie Markus Wolf bestätigt, keineswegs nur taktischer, sondern vor allem sentimentaler Natur. Anfang der siebziger Jahre entwickelte sich »eine intensive Brieffreundschaft« zwischen den beiden, mit der Anrede »Mein lieber Freund« und »herzlichen Grüßen« am Ende; als Briefträger fungierte der DDR-Anwalt Wolfgang Vogel. Es war Honecker, so sagt jedenfalls Markus Wolf, der Wehners Wunsch, auch in jenem Teil Deutschlands, aus dem er stammte, nicht länger als Renegat und Verräter gebrandmarkt zu sein, schließlich erfüllte – mit einer Ehrenerklärung vor dem Politbüro des ZK der SED im Januar 1974.

Noch einen Herzenswunsch erfüllte Honecker dem Freund: Er sorgte dafür, dass die einige Zeit zuvor von der DDR gestoppte Ausreise so genannter Problemfälle in die Bundesrepublik wieder in Gang kam. Das heißt, die von Wehner mit Wolfgang Vogel klandestin ausgehandelte Praxis des Häftlingsfreikaufs und – in geringerem Umfang – der Familienzusammenführung gegen Geld konnte fortgesetzt werden. Das war ein Sieg über die von Bahr und Brandt verfolgte Linie, solche Fälle in Zukunft mit der DDR nur noch vertraglich – und ohne wirtschaftliche Gegenleistung – zu regeln. Erfreut war man weder in Bonn noch in Ostberlin über das, was Wehner erreicht hatte. Dieser musste sich im Vorstand der SPD, dem er »einen eigenartig angestrengten Bericht« (Brandt) gab, herbe Kritik an seinem Ausflug in die Schorfheide gefallen lassen, wozu

Brandt geflissentlich schwieg; und auch im SED-Zentralkomitee, dem Honecker erst am 29. Mai mitteilte, dass Wehner im Anmarsch sei, rief zum Beispiel Karl Mewis, ein alter Wehner-Feind aus den Tagen des skandinavischen Exils, ärgerlich »Hört, hört!«.

Auch dem schriftlichen Bericht, den Wehner am 1. Juni für einige seiner Vertrauten aufsetzte, war, so meint jedenfalls Arnulf Baring, beim besten Willen nicht zu entnehmen, worüber im Einzelnen geredet worden ist. Sollte bei dem Tête-à-tête am Werbellinsee tatsächlich über Guillaume gesprochen worden sein, so zweifelhaft das ist, dann blieb es jedenfalls folgenlos. Honecker hat – nach Guillaumes Enttarnung – darauf bestanden, von dem Spion im Kanzleramt überhaupt nichts gewusst zu haben – was Brandt ihm nie geglaubt hat. Markus Wolf aber konnte sich, ebenso wie seine Leute in der HVA, nicht vorstellen, »dass eine Sicherheitsbehörde die Nerven besitzen könnte, einen Spion an so sensibler Stelle seelenruhig zu belassen«. Als Guillaume bis an die Seite Brandts vorgerückt war, »da waren dann unsere Hemmungen gefallen, weil wir sagten: ›Der ist jetzt sicher. Der ist nun so oft überprüft worden, da kann nichts mehr schief gehen.‹«

Dass Brandts Parteireferent nicht aus dem Kanzleramt entfernt worden war, konnte also nur heißen, dass niemand ihn verdächtigte, ein Spion zu sein – eine These, die Guillaume selbst seiner »Zentrale« immer wieder nahe legte. Die Order, nichts zu riskieren und alle Aktivitäten einzustellen, sobald er selbst observiert zu werden glaube, hatte Guillaume schon erhalten. Aber erstens wollte er sie nicht befolgen. Und zweitens wurde er wirklich nicht observiert.

Die Annahme des Kanzlers und seines Bürochefs, Guillaume werde irgendwie auch bei seinen dienstlichen Verrichtungen beobachtet, war falsch. »Ich bin«, hat Brandt den untersuchenden Parlamentariern gesagt, »wie es selbstverständlich war, davon ausgegangen, dass die mit solchen Dingen befassten Stellen das tun würden, was sie zu tun hatten, und dass sie das Risiko, das damit verbunden war, den Mann in meiner Nähe zu lassen, so minimal wie möglich halten würden.« Er konnte sich zwar nicht vorstellen, wie die Abwehrleute das machen wollten, aber er ist auch während des Norwegen-Urlaubs mit Guillaume »ehrlich gesagt der Meinung gewesen, es sei irgendetwas im Gange und es würde dies berücksichtigt bei seinem Aufenthalt und bei seinem Verkehr mit den Dienststellen«. Brandts Bürochef Wilke wiederum hatte später im Guillaume-Prozess vor dem Düsseldorfer Oberlandesgericht einen Lacherfolg mit der Bemerkung, er habe sich, als er nichts von einer Observation im Kanzleramt merkte, gedacht: »Die machen das aber sehr gut!«

Umgekehrt verließen sich »die mit solchen Dingen befassten Stellen«, also die Abwehr beim BfV, offenbar fest darauf, dass »bei den Sicherheitsvorkehrungen gegen Guillaume im Bundeskanzleramt das Notwendige getan würde« – so steht es im Bericht der Eschenburg-Kommission »Vorbeugender Geheimschutz«, die parallel zu den Parlamentariern ermittelt hat. Nun gab es im Kanzleramt ja einen für Geheimschutz zuständigen Beamten, nämlich den Ministerialdirigenten Franz Schlichter. Aber der wusste von nichts. Brandt hatte ihn nicht über den Verdacht gegen Guillaume informiert.

Niemand hätte den Kanzler daran hindern können, Schlichter einzuweihen – und erst recht seinen Freund und Vertrauten Egon Bahr, der Guillaume nicht traute. Dass

Brandt das nicht getan hat, ist schwer zu verstehen; dass es ein Fehler war, ist ihm zu spät klar geworden. Brandt hat nur zwei Leute über Genschers Mitteilungen ins Bild gesetzt: den Bürochef Wilke und den Amtschef Grabert, weil er für möglich hielt, »dass sich ja vielleicht Stellen, die mit der Bearbeitung dieses Falles zu tun haben würden, an einen der beiden Herren oder an beide einmal gewendet haben würden«. Beide hat Brandt zu strengem Stillschweigen verpflichtet. Guillaume sollte ja nichts merken.

Dass und warum es gar nichts zu merken gab, hat der Sonderermittler Theodor Eschenburg auf den Punkt gebracht: »Jeder verließ sich auf den anderen; keiner unternahm das Erforderliche. Man könnte geradezu von einem unsichtbaren negativen Kompetenzkonflikt reden.« Das ist sehr wohlwollend formuliert. Im normalen Geschäftsleben würde man wohl eher von Missmanagement sprechen und die dafür Verantwortlichen feuern.

Hätte man wirklich nichts tun können, den Verdächtigen zumindest in Norwegen, wo er alles zu sehen bekam, was für den Kanzler bestimmt war, von Staatsgeheimnissen fern zu halten? Nollaus zutreffende Vermutung, Guillaume werde »in dieser einsamen Gegend« keine konspirativen Treffs haben, ging an diesem Problem völlig vorbei. »Zumindest hätte unauffällig verhindert werden können«, so die Meinung der Minderheit im parlamentarischen Untersuchungsausschuss, »dass Guillaume Einblick in den Fernschreibverkehr des Bundeskanzlers bekam. Nach dem *Need-to-know*-Prinzip hätten die vom BND abgeordneten Telex-Operateure angewiesen werden können, den Kurierdienst zusätzlich zur Ver- und Entschlüsselung des Fernschreibverkehrs des Bundeskanzlers zu übernehmen.«

Brandt hat dem Ausschuss gesagt, eine solche Veränderung des üblichen Ablaufs hätte den Verdächtigen wohl misstrauisch gemacht. Mag sein. Aber dass Brandt diesen Gedanken schon in Norwegen hatte, ist äußerst unwahrscheinlich.

In diesem Punkt beurteilt Guillaume – in seiner 1986 erschienenen *Aussage* – die Situation wohl richtiger: »Als der Reisetag da war, hatte der Kanzler – davon bin ich auch heute noch fest überzeugt – die Einblasungen des Geheimdiensts ... längst verdrängt.« Der Spion mochte gern glauben, dass er vor allem deshalb Urlaubsbegleiter geworden sei, weil er sich auf den von ihm organisierten Inlandsreisen Brandts immer »um einen Zeitplan bemüht hatte, der es gestattete, zwischen angespannte Arbeitsperioden anregende und unterhaltsame Erholungsstunden zu schieben. Brandt lag ein solcher Arbeits- und Lebensstil.« Immerhin durften auch während des Kanzlerurlaubs die Regierungsgeschäfte nicht liegen bleiben – und er, Guillaume, würde beides auszubalancieren wissen. Das war Wichtigtuerei. Aber: »Willy Brandt ignorierte die Gefahr, die ihm drohte, und ich kannte nicht die Gefahr, die mir drohte.« Das war richtig. Und so wurde dieser Norwegen-Urlaub »unvergesslich in vielerlei Hinsicht«.

Die – durchaus komfortable – »Hütte«, die Rut Brandt gehört, ein Holzhaus, liegt in Vangsåsen nahe Hamar, Postanschrift 2314 Vang på Hedmark, auf einem großen Hanggrundstück am Waldesrand. Ein Stück hangabwärts gab es damals noch ein Holzhaus, das Guillaume als »geräumigen Bungalow« beschreibt und in dem er mit Frau Christel und Sohn Pierre sowie der Haushälterin unterkam. Die Familie war mit dem eigenen Auto angereist, einem gelbgrünen Citroën GS, und kassierte dafür nach ihrer Rückkehr 1070 Mark Spesen. Die Fernschreibzentrale, also der »Meldekopf« des Kanzleramts, samt den BND-Technikern und den Beamten der Sicherungsgruppe, die den Kanzler auch im Urlaub zu begleiten hatten, war in der Jugendherberge Ormseter untergebracht, etwa 200 Meter hangaufwärts vom Feriensitz der Brandts.

Hier also hatte der Spion seine »Sternstunde«. Zumindest sah er das damals so. Er bekam alles in die Hand, was für den Kanzler bestimmt war und von diesem bearbeitet wurde, auch streng geheime Vorgänge, sogar solche mit der höchsten Nato-Geheimhaltungsstufe »Cosmic«. Niemand hinderte ihn daran, auch Brandt nicht.

In Bonn gingen die geheimen Staatspapiere in der Regel über den Schreibtisch des – in den Verdacht nicht eingeweihten – amtierenden Leiters des Kanzlerbüros Wolf-Dietrich Schilling an den Fernschreiber und wurden verschlüsselt in die Jugendherberge Ormseter getickert. Dort wurden sie von den – ebenfalls nicht eingeweihten – BND-Beamten Baumbach und Köppl entschlüsselt und dann in zwei Exemplaren an Guillaume ausgehändigt, ab »VS-Geheim« gegen eine Unterschrift ins Quittungsbuch. »Die Kopie behielt ich für meine eigene Registratur zurück, die in einem Wäschefach unseres Kleiderschranks untergebracht war«, so Guillaume. »Das Original gab ich an den Kanzler weiter.« Wenn der die Papiere bearbeitet hatte, legte er sie an eine Ecke seines Schreibtisches, von wo Guillaume sie wieder abholte. Wurden Weisungen oder Antworten des Kanzlers nach Bonn abgesetzt, bekam Guillaume davon eine Kopie für seine Kleiderschrankregistratur. Das war die Routineprozedur.

Einmal als Günter Guillaume in die Stadt gefahren war, weigerte sich der BND-Mann Baumbach, eine Bonner Sendung auch an Frau Christel auszuhändigen – vermutlich weil er korrekt sein wollte, nicht weil er Verdacht geschöpft hätte. Dennoch löste der Zwischenfall bei den Agenten Nervosität aus, die sich erst wieder legte, nachdem Guillaume die verweigerten Papiere durchgesehen und als völlig harmlos erkannt hatte.

Der amtierende Kanzlerbüroleiter Schilling erschien auch persönlich in Brandts Ferienquartier – einmal in Begleitung von Außenminister Scheel, der nach Washington weiterflog –, aber nicht weil er Geheimsachen zu übermitteln hatte, die er dem Ticker nicht anvertrauen mochte, sondern weil er fällige Entscheidungen mit dem Kanzler direkt erörtern wollte. Normalerweise hätte auch das über den begleitenden Referenten abgewickelt werden können – nur nicht über Guillaume, denn dem traute Schilling die korrekte Übermittlung der auszutauschenden Inhalte einfach nicht zu. Natürlich versuchte der Agent, bei den Gesprächen Schillings mit dem Kanzler dabei zu sein, was Brandt freilich ablehnte. Die geheimen Papiere aber legte er weiterhin für Guillaume an die Schreibtischkante.

Kaum zu glauben, dass Brandt, der den Spionageverdacht doch kannte, dies alles geschehen ließ; dass er erst in den Tagen vor seinem Rücktritt allmählich begriff, er selbst hätte den Kontakt des Agenten mit Geheimsachen verhindern müssen. Er hat das aber nicht getan. Hat er es wirklich nur deshalb nicht getan, weil er – wie vielleicht auch Horst Grabert in Bonn – der Meinung war, »es sei irgendetwas im Gange«, den Agenten unter Kontrolle zu halten? Irgendetwas, wovon er nicht das Geringste merkte?

Erst 1989, in seinen *Erinnerungen*, hat Willy Brandt ahnen lassen, warum er damals derart sorglos mit den Geheimpapieren umging: Er hielt die ganze Geheimnistuerei für maßlos übertrieben. In Norwegen, schreibt er,

»scheint es sich um vier vertrauliche und zwölf geheime Fernschreiben gehandelt zu haben«, in denen Gespräche des Außenministers und des Verteidigungsministers in Washington referiert wurden und über die auch die Zeitungen berichteten. »Die Phantasie trieb Blüten, als von einem höchst vertraulichen Brief die Rede war, den mir Präsident Nixon geschickt hatte. Ich durfte damals nicht sagen, was ich heute sage: Ich hielt die Angelegenheit nur vom Prinzip her für ernst, ansonsten aber für nicht gravierend.« Gern hätte Brandt damals darauf hingewiesen, dass der Inhalt der Geheimpapiere »schon bald Gegenstand öffentlicher Erörterungen« wurde; doch das hätte so ausgesehen, »als wolle ich die Leckage bagatellisieren«.

Vor allem aber: Brandt hielt Guillaume nun mal nicht für fähig, so etwas Raffiniertes wie Spionage zu treiben. Und weil der Mann ihn langweilte, gelegentlich sogar nervte, nahm er ihn gar nicht richtig wahr, jedenfalls nicht als Person. Der Referent hatte eine bestimmte Funktion, die erfüllt werden musste, und er erfüllte sie mit dem gebührenden Eifer. Über Guillaume habe sich der Kanzler in Norwegen offenbar mehrfach geärgert, notierte Reinhard Wilke nach Urlaubsende in sein Tagebuch: »Er sei kein Gesprächspartner gewesen, da er überhaupt keine Ideen und kein Fingerspitzengefühl habe, eben ein ›Parteisekretär‹ sei.«

Nach der Enttarnung des Spions hat Brandt wiederholt und allen Ernstes behauptet, er habe sich zunächst gar nicht mehr daran erinnert, dass Guillaume in Norwegen dabei gewesen sei. Das kann man – selbst als Schutzbehauptung – nur gelten lassen, wenn man Willy Brandts Eigenart bedenkt, Menschen, mit denen er nichts anfangen konnte, aus seiner Wahrnehmung einfach auszublenden – selbst wenn diese Menschen ihm nützlich waren und sehr ergeben. Wohl gefühlt hat er sich dabei vermutlich nicht; aber seinen Gefühlen hat er ohnehin nie viel Aufmerksamkeit eingeräumt. Er *wollte* sich nicht mehr an Guillaume erinnern – aus welchen Gründen auch immer.

Dass die Brandts und die Guillaumes den Sommerurlaub 1973 in Norwegen gemeinsam verbracht hätten, ist jedenfalls eine Legende. Nur der damals elfjährige Matthias Brandt und der ein paar Jahre ältere Pierre Guillaume waren relativ oft zusammen. Matthias übernachtete zuweilen bei Pierre, wie Jungs in diesem Alter das eben tun, und dabei fiel ihm schon mal auf, dass dort noch spät am Abend jemand auf einer Schreibmaschine klapperte. Auch bestaunte er Guillaumes Fotoausrüstung und das tolle Radio, das der im Auto hatte. Im Übrigen aber ist ihm Guillaume als ein »spießiger Fünfziger-Jahre-Typ« im Gedächtnis geblieben, »Badelatschen, Shorts und Unterhemd«, der zuweilen versuchte, die »lustige Person« zu geben: »Das war ja manchmal wie in einem Heinz-Ehrhardt-Film«, so Matthias Brandt heute.

Einmal allerdings hätte der Spion den jüngsten Sohn des Kanzlers und sich selbst beinahe umgebracht. Matthias war zu Guillaume ins Auto gestiegen, weil der in der Stadt etwas zu besorgen hatte, und das versprach Abwechslung vom Ferieneinerlei auf der »Hütte«. Der Autofahrer Guillaume galt allgemein als Sicherheitsrisiko, und auch diesmal überholte er wieder wie ein Lebensmüder. Noch heute sieht Matthias manchmal die Autos direkt auf sich zurasen, sieht neben sich wieder den im Schock erstarrten Guillaume. Aber irgendwie schaffte der es, dem Zusammenstoß zu entgehen.

Im Übrigen hielten die Brandts den Referenten und dessen Familie nach Möglichkeit auf Distanz. Ich kann das bezeugen. Per Telex war ich zu einem Urlaubsgespräch mit dem Kanzler am 27. Juli auf die »Hütte« geladen worden, Absender »fm buka hamar«, Unterschrift »guenter guillaume«, und am Abend jenes Tages gab die *stern*-Kollegin Wibke Bruhns, für die Rut Brandt im nahe gelegenen Sjusjøen ein Urlaubsquartier besorgt hatte, dort ein Grillfest für die Kanzlerfamilie. Dazu hatte sie auch die Guillaumes gebeten. Aber schon beim allgemeinen Aufbruch in Vangsåsen – der Kanzler ließ sich zum Ärger der bereitstehenden Sicherheitsleute von mir in meinem Leihwagen nach Sjusjøen chauffieren – war an Willy Brandts Miene abzulesen, dass er den Abend lieber ohne die Guillaumes verbracht hätte – und das galt, wie auf der Party bald zu merken war, auch für Rut Brandt.

Nein, dieser Norwegen-Urlaub war nicht Guillaumes »Sternstunde«. Er war sein Verhängnis. Die Kenntnis und der als sicher geltende Verrat jener Geheimpapiere waren der entscheidende Grund für die Verurteilung wegen gemeinschaftlichen Landesverrats, die am 15. Dezember 1975 vom Oberlandesgericht Düsseldorf gegen das Ehepaar Günter und Christel Guillaume ausgesprochen wurde. Günter wurde zu dreizehn Jahren Freiheitsstrafe verurteilt, Christel zu acht Jahren. Ein schneller Austausch gegen im Ostblock inhaftierte West-Spione, den viele Beobachter erwartet hatten, fand in diesem Fall nicht statt. Christel Guillaume wurde erst im März 1981 freigelassen, Günter Guillaume im Oktober 1981. Er kehrte als schwer kranker Mann in die DDR zurück. Die Ehe wurde noch im selben Jahr geschieden.

Die so genannten Norwegen-Dokumente spielten als Beweismittel vor Gericht eine entscheidende Rolle, weil die Beweislage zum Verratsumfang dürftig war. Sie waren gewissermaßen das einzig Vorzeigbare. Für Guillaume selbst war das, was er als unauffälliger Begleiter Brandts zu hören bekam, meist viel ergiebiger als die Papiere im Aktenkoffer, den er dem Kanzler nachtrug. Aber was er als Zuhörer erfahren und auf welche Weise er es verraten hat, ist nicht beweiskräftig ermittelt worden. Letzteres gilt übrigens auch für die Norwegen-Dokumente: Es ist bis heute umstritten, ob diese Papiere bei den Geheimdiensten in Ostberlin und in Moskau jemals angekommen sind. Aber das ist eine andere Geschichte, die später erzählt werden soll.

Inhaltlich ging es in diesen Briefen und Berichten um strategische Differenzen zwischen den Amerikanern und ihren europäischen Bündnispartnern, besonders Frankreich – Differenzen, wie es sie zuvor schon und auch danach wieder gegeben hat, nur eben aus anderen Anlässen. Der damalige Anlass war eher kurzlebig und interessiert aus heutiger Sicht höchstens noch ein paar Historiker. Alles spricht dafür, dass Brandts Einschätzung in den *Erinnerungen,* er habe den möglichen Verrat dieser Vorgänge nur im Prinzip für ernst, in der Sache aber für nicht gravierend gehalten, völlig angemessen war. Das Oberlandesgericht Düsseldorf hingegen hat damals auf über zwanzig Seiten seiner Urteilsbegründung mit Unterstützung von Gutachtern den Nachweis zu führen versucht, dass hier »das Bild zerstrittener und in grundsätzlichen Fragen uneiniger Bündnispartner, deren gegenseitiges Vertrauen bis auf ein Minimum geschwunden war«, erkennbar werde. Dies aber habe »zur Abwendung der Gefahr eines schweren Nachteils für die äußere Sicherheit der Bundesrepublik vor der Sowjetunion geheim gehalten werden« müssen.

Nun, die Zeiten haben sich geändert und mit ihnen die Rechtsprechung. Am 15. Mai 1995 entschied der Zweite

Senat des Bundesverfassungsgerichts mit fünf gegen drei Stimmen, dass Personen, die ihren Lebensmittelpunkt in der ehemaligen DDR hatten und Spionage zu Lasten der Bundesrepublik oder eines mit ihr verbündeten Staates betrieben haben, seit der deutschen Vereinigung nicht mehr wegen Landesverrats oder geheimdienstlicher Agententätigkeit verfolgt werden dürfen. Das »Verfolgungshindernis wurde aus dem rechtsstaatlichen Grundsatz der Verhältnismäßigkeit der vom Staat eingesetzten Mittel hergeleitet. Die deutsche Wiedervereinigung habe eine singuläre staats- und strafrechtliche Situation« zur Folge gehabt, »die ohne Vorbild ist und sich so nicht wiederholen kann«.

Bald nach jenem Norwegen-Urlaub 1973 entdeckte Christel Guillaume, dass sie observiert wurde, und sagte es ihrem Mann. Erst wollte Günter das nicht glauben, denn »er fühlte sich so sicher«. Dann versuchte er, das verschärfte Interesse an Christel damit zu erklären, dass sie sich gerade um einen Job im Verteidigungsministerium bewarb. Schließlich setzte er sich in ihren Opel Kadett, um eventuelle Verfolger hervorzulocken, und notierte die Autokennzeichen von sechs Personenwagen, in denen Observanten saßen – alle richtig, wie sich später im Prozess gegen die Guillaumes herausstellte. Nach seiner eigenen Darstellung in der *Aussage* ist Guillaume von seiner immer nervöser werdenden »Zentrale« zu jenem Zeitpunkt mindestens vier Mal angewiesen worden, alle Aktivitäten ruhen zu lassen und vor allem unverzüglich den Rückzug vorzubereiten für den Fall, dass auch er beschattet werde. Aber es gelang ihm immer wieder, den verschiedenen Kontaktpersonen einzureden, dass er ja noch nicht Objekt der Observation sei. Nur Herbert Wehner, der ihn bisher meistens übersehen habe, nehme seit Norwegen plötzlich Notiz von ihm, suche sogar das Gespräch. Da wäre es doch ganz falsch, einen Agenten wie ihn von der Seite des Regierungschefs wegzuholen: »Spitzenposition bedeutet Spitzenrisiko!«

Man muss für möglich halten, dass Günter Guillaume nicht zurückwollte in seine DDR – nicht mit dieser Frau, an die ihn nur noch der Auftrag, längst nicht mehr die Neigung band; nicht um den Preis, seinem im Westen aufgewachsenen Sohn die Errungenschaften des Arbeiter- und Bauernstaats als überlegen verkaufen und das Doppelleben der Eltern als besonders ehrenhaft erklären zu müssen. Und er wollte nicht weg von Willy Brandt – obwohl er an dessen Seite nach menschlichem Ermessen keine Zukunft haben konnte. »Über das politische Schicksal des Bundeskanzlers machte ich mir damals schon keine Illusionen mehr«, schreibt er, bezogen auf den Herbst 1973 und den offenkundigen Niedergang des zweiten Kabinetts Brandt. Aber selbst wenn der Kanzler sich wieder gefangen, selbst wenn er 1976 noch einmal die Wahlen gewonnen hätte – mit einem übergelaufenen Spion hätte er bestimmt nichts mehr zu tun haben wollen. Dem Agenten blieb im Grunde nur der Rückzug, den er nicht antreten wollte.

Im Oktober 1973 drängelte er sich gegen den Widerstand seines Dienstvorgesetzten Wilke in die Mannschaft, die den Kanzler zu einem Kurzurlaub nach Südfrankreich begleitete; Guillaume musste dafür seinen Resturlaub verwenden und durfte seine Spesen nicht mit dem Kanzleramt, sondern musste sie mit der Partei abrechnen. Aber er logierte in La Croix-Valmer mit den Sicherheitsbeamten im selben Haus, zechte auch kräftig mit ihnen. Dabei soll ihm einmal ein Notizbuch entglitten sein, und als einer der BKA-Leute es ihm wieder in die Tasche stecken wollte, sei er aufgeschreckt: »Ihr Schweine kriegt mich doch nicht.« Offenbar fand keiner der Anwesenden dies besonders auffällig. Brandt erfuhr erst viel später davon.

Die Observanten vom Verfassungsschutz wussten gar nicht, dass Guillaume an der Côte d'Azur dabei war. Sie hätten ihn sonst bei einem konspirativen Treff mit einem als Tourist auftretenden Agentenführer aus der »Zentrale« beobachten können, im Picasso-Museum von Vallauris. Dort »bot der *hohe Mann* mir ohne Umschweife an, uns sofort abzuziehen, solange der Rückweg noch offen war«. Aber Guillaume lehnte ab. Es gelang ihm, den Abgesandten zu überzeugen, dass dies nicht nötig und auch nicht ratsam sei. Die Begründung, die er dafür in der *Aussage* gibt, ist bezeichnend: Auf der »Bonner Bühne würde uns, da die Ursachen zutage treten mussten, ein politischer Skandal nachhallen, dessen Folgen nicht absehbar waren« – Folgen vor allem für Willy Brandt. Dessen Regierung sollte aber nicht gefährdet werden.

Hans-Dietrich Genscher hätte da gewiss applaudiert. Dem Innenminister, der die Causa Guillaume längst nicht so gut verdrängen konnte wie Brandt, war die offenkundige Erfolglosigkeit seiner Abwehrleute längst unheimlich. Ende Januar 1974 ließ er Nollau kommen, der die bisherigen Ergebnisse der Observation selbst »höchst bescheiden« nannte, und machte ihm klar, dass dem Kanzler die Ungewissheit nicht länger zuzumuten sei. Entweder der Fall sei in vier Wochen reif für eine Strafverfolgung oder die Ermittlungen müssten eingestellt werden. Das Ergebnis dieses Ultimatums war ein zusammenfassender Bericht der Spionageabwehr, der die Beweisnot zwar nicht beseitigte, aber immerhin die Möglichkeit eröffnete, den Fall endlich loszuwerden.

Am 1. März war Nollau mit diesem Bericht und dem Vorschlag bei Genscher, das vorhandene Material an den Generalbundesanwalt abzugeben und diesen entscheiden zu lassen, ob es ausreiche, ein Gerichtsverfahren einzuleiten. Dies wolle er auch dem Bundeskanzler vortragen. Genscher stimmte zu. Am Abend desselben Tages, um 21 Uhr, waren beide beim Kanzler. Nollau trug vor, wiederholte seinen Vorschlag und fügte hinzu – so erinnert sich jedenfalls Brandt –, in »zwei bis drei Wochen werde die Verhaftung erfolgen«.

Brandt gab abermals sein Plazet – was sonst hätte er tun sollen? Überzeugt war er nicht. Er wollte immer noch nicht glauben, dass Guillaume zur Spionage fähig sei. Als die von Nollau genannten drei Wochen verstrichen waren und niemand Guillaume verhaftet hatte, sagte der Kanzler bei einem Spaziergang im Park des Palais Schaumburg zu seinem Büroleiter, vielleicht sei an der Geschichte eben doch nichts dran – »vielleicht« im Sinne von »hoffentlich«. Reinhard Wilke schrieb in sein Tagebuch: »Wie zwei Männer im dunklen Wald, die ihre Zuflucht zum Pfeifen nehmen, meinten wir, man habe wohl keine Beweise gefunden; denn andernfalls wäre schon seine Verhaftung erfolgt. Ich habe Willy Brandt noch in dieser Meinung bestärkt; denn ich wollte der ungeheuren Möglichkeit, ein Spion habe uns seit Jahren genarrt, nicht ins Auge sehen.«

In der Tat hätte die Bundesanwaltschaft auf der Basis der Unterlagen, die am 7. März von Nollaus Abwehrleuten übergeben worden waren, einen Haftbefehl beantragen können. Man habe sich der Meinung angeschlossen, dass es sich mit an Sicherheit grenzender Wahrscheinlichkeit um einen Spion handle, so Nollau, aber bewiesen war das eben nicht: »Die Mitarbeiter des Generalbundesanwalts, in deren Händen die Beweismittelsammlung jetzt lag, suchten daher das Material durch polizeiliche Ermittlungen anzureichern« – nun also auch mithilfe des Bundeskriminalamts.

Dabei dürfte ihnen aufgefallen sein, dass Guillaume vier Wochen später, am 8. und 9. April 1974, als des Kanzlers Reisemarschall wieder eine jener Informationsreisen organisierte, die Brandt vor Landtagswahlen – diesmal in Niedersachsen – anzutreten pflegte. Der Kanzler reiste in einem Salonwagen, den einst der Reichsmarschall Hermann Göring hatte bauen lassen (heute steht er im Bonner Haus der Geschichte der Bundesrepublik Deutschland), den aber auch die meisten deutschen Bundeskanzler, von Adenauer bis Schmidt, gern genutzt haben. Guillaume hatte darin ein Schlafabteil, das von dem des Bundeskanzlers nur durch ein beiderseits begehbares Bad getrennt war. Außerdem gab es, analog dem »Meldekopf« in Norwegen, einen Funkwagen für den Kontakt zum Kanzleramt, einen Wagen für die Sicherheitsleute und Zugbegleiter, einen Schlafwagen für die mitreisenden Journalisten (darunter auch ich) und einen Speisewagen, in dem – besonders spätabends – die ganze Reisegesellschaft zu lockeren Gesprächen zusammentraf. Oft war auch der Kanzler dabei, wenn er nicht im Salonwagen Interviews gab oder ein Hintergrundgespräch führte – auf dieser Reise zum Beispiel mit einer blonden und auch sonst nicht gerade unauffälligen Journalistin vom schwedischen Fernsehen, die eine Sendung über Brandt vorbereiten wollte und die Guillaume ihm »zugeführt« hatte, wie das später hieß.

Generalbundesanwalt war damals noch Ludwig Martin; sein Nachfolger Siegfried Buback, der drei Jahre später von Terroristen der Roten Armee Fraktion ermordet wurde, übernahm das Amt am 1. Mai 1974. Die Hauptlast der

Anklagevertretung im Fall Guillaume trug ohnehin Bundesanwalt Ernst Träger. Er wurde später einer der wichtigsten Mitarbeiter von Buback und hätte dessen Nachfolger werden können, aber das wollte er nicht. Die konservative *FAZ* lobte seine »unauffällige Hartnäckigkeit und unprätentiöse Menschlichkeit«. Im Oktober 1977 wurde er zum Richter des Bundesverfassungsgerichts gewählt und gehörte zwölf Jahre dem Zweiten Senat an. Als jener Beschluss vom 15. Mai 1995 erging, der ehemalige DDR-Agenten außer Verfolgung setzte, war Träger nicht mehr im Amt. Sein Nachfolger Klaus Winter war einer der drei Richter, die den Beschluss kritisierten. Träger hätte das gewiss auch getan.

Anfang April erfuhr die Spionageabwehr des BfV, dass Guillaume über Ostern nach Südfrankreich fahren wolle – »ganz offiziell mit Urlaubsgesuch«, wie Bürochef Wilke notierte, der darüber verärgert war, dass Guillaumes Mitarbeiter, ein Oberamtsrat Wambach, zur selben Zeit nach Sardinien wollte, und der dessen Urlaub fast gestrichen hätte. Guillaume aber konnte fahren.
An der Côte d'Azur, das glaubten die Verfassungsschützer zu wissen, wurden viele DDR-Agenten mit ihren Führungsleuten zusammengebracht und bei Bedarf moralisch aufgerüstet. Bei einem solchen Treffen wollte man Guillaume endlich erwischen. Mit dem Einverständnis des Generalbundesanwalts und mit massiver Unterstützung der französischen Spionageabwehr sollte der Agent daher auf dieser Reise lückenlos observiert werden.
In der Morgendämmerung des 11. April, am Donnerstag vor Ostern, fuhr Guillaume los, im Auto seiner Frau, dem silbergrauen Opel Kadett, aber allein. »Aus familiären Gründen hatten sich Christel und ihre Mutter Erna Boom entschlossen, den etwas strapaziösen Ausflug nach

Südfrankreich nicht mitzumachen«, heißt es in der *Aussage*. Soll wohl heißen: Zu diesem Zeitpunkt war an einen gemeinsamen Urlaub der Eheleute gar nicht mehr zu denken. Günter Guillaume wollte allein sein. Vielleicht wollte er sogar fliehen. Er wusste es wohl selbst nicht. Ein paar Tage zuvor, beim letzten Treff mit seinem Betreuer »Arno«, hatte er sich aus einer Werbung für Muscheids ländliche Gaststätte einen Spruch des Balladendichters Hölty abgeschrieben: »Oh, wunderschön ist Gottes Erde / und wert, darauf vergnügt zu sein; / drum will ich, bis ich Asche werde, / mich dieser schönen Erde freun.«

Bereits in Bonn, auf der Brücke zur Autobahn, »war ich mir schon ziemlich sicher, dass schlagartig eine Observation großen Stils eingesetzt hatte«. Eigentlich hätte er die Reise abbrechen und sofort seinen Rückzug in die Wege leiten müssen. Aber er fuhr weiter. In Frankreich ließ ihn »das riesige Aufgebot an Observanten« zu der Überzeugung kommen, dass »an eine bloße Routineüberwachung nicht mehr zu denken« war. Aber er fuhr weiter. »Je näher ich der Küste kam, umso ruhiger wurde ich.« Nach den Verfolgern sah er sich gar nicht mehr um, betrachtete stattdessen die sinkende Sonne und das Land, »das ungerührt war in seiner Milde und Freundlichkeit. Mich überkam eine große Ruhe und ein großer Ernst. War es das letzte Mal in meinem Leben, dass ich auf dieser hinreißend schönen Trasse fahren würde?«

Guillaume nahm in Sainte-Maxime Quartier, in einem Ferienzentrum namens Résidence de France, das ihm die Chefin von Les Tourelles vermittelt hatte, jenes Feriendorfs der IG Bau, Steine, Erden, das er durch seinen Mentor Georg Leber kennen gelernt hatte. Die französischen Observanten blieben auf Distanz, und Guillaume vermied jeden konspirativen Umgang. Nur einmal, so behauptet er

Adjutant, Reisemarschall – Chef Brandt, Referent Guillaume vor dem Kanzler-Sonderzug, April 1974

Mikrofilme in Brasil-Zigarren – Die »Kaffeeklappe« der Schwiegermutter des Agenten in Frankfurt, 1957

»Bei ihr lief alles dynamischer.« – Agentin Christel Guillaume, unterwegs zum Oberlandesgericht Düsseldorf, August 1975

Gratulation zum zweiten Mann – Christel und Günter Guillaume mit »Oma« Erna Boom und Sohn Pierre, 1960

Scharfer Beobachter – Chefleibwächter Kriminalhauptkommissar Ulrich Bauhaus, Redner Brandt, 1972

Groteske Widersprüche – Der Präsident des Verfassungsschutzamtes Günther Nollau und sein Dienstherr Innenminister Hans-Dietrich Genscher

»Government for journalists« – Staatssekretär Günter Gaus, Chef Brandt

»Government by journalists« – Sonderminister Egon Bahr, Freund Brandt

Der Speisewagen als Intimsphäre? – Brandt mit Journalisten beiderlei Geschlechts im Kanzler-Sonderzug

Stets zu Diensten – Guillaume mit Rut Brandt und dem Chef in Norwegen 1973

Verehrt und bespitzelt – Das Ehepaar Brandt im Sommerurlaub, dahinter der Agent Guillaume, Norwegen 1973

„Das lässt sich doch auf einer Backe absitzen!" – *Außenminister und Vizekanzler Walter Scheel mit dem Regierungschef*

Parteifreunde in des Wortes schrecklichster Bedeutung – SPD-Vorsitzender Brandt, Widersacher Herbert Wehner

»Unzufrieden mit sich selbst und anderen.« – Willy Brandt und sein persönlicher Referent Reinhard Wilke

Der Nachfolger – Kanzler Helmut Schmidt und sein Amtsvorgänger, sechs Monate nach Brandts Rücktritt

Schluss machen? – Kanzler Brandt auf Helgoland am 1. Mai 1974

»Es ist vorbei« – Der Bundespräsident hat Brandts Rücktritt angenommen, Bonn, 7. Mai 1974

*Blumen von Wehner – Willy Brandt nach dem Rücktritt vor der SPD-Fraktion,
7. Mai 1974*

jedenfalls in der *Aussage,* »schlüpfte ich auf kleinen unübersichtlichen Straßen aus dem Netz. Die Stunde der letzten Entscheidung war da: Flucht oder Auslieferung?« Die Stunde verstrich. Guillaume fuhr zurück ins Netz nach Sainte-Maxime, beschickte unterwegs in St. Tropez nur einen »toten Briefkasten« mit der Warnung, keinen Kontakt zu ihm zu suchen. Was wollte er wirklich? Nur sich »dieser schönen Erde freun«?

Ich bin in jenem April 1974 Zeuge eines Anrufs von Guillaume aus Sainte-Maxime bei einer gemeinsamen Bekannten geworden, der diese völlig verblüfft hat. Der Mann habe geredet wie ein Aussteiger, wie einer, dem alles über den Kopf wächst, sein Job und seine Familie, und der am liebsten da bleiben würde, wo er gerade ist – nur eben nicht allein. Ein Hilferuf? Die Ankündigung eines geplanten Rückzugs? Eines Rückzugs wohin?

Wenige Tage später setzte sich Günter Guillaume ins Auto und fuhr »in einem Ritt« nach Bonn zurück. Auch jetzt hätte er noch fliehen können, denn »die Ablösung durch die Herren vom Bonner Staatsschutz« versagte in Fontainebleau, und bis zur belgischen Grenze fuhr er ohne Verfolger durch die Nacht. Aber er fuhr weiter. »Mein Entschluss stand prinzipiell fest. Ich musste durch, und es würde einfacher sein im Vorwärtsgang.«

Das ist schwer zu entschlüsseln. In den Jahren nach der Wende hat Guillaume Besuchern aus der Bundesrepublik den Eindruck vermittelt, er hätte gar nicht abhauen können, selbst wenn er gewollt hätte. Einen Befehl zum Rückzug habe es auch nicht gegeben; er habe im Gegenteil den Auftrag gehabt, nichts zu unternehmen und die nächste Order abzuwarten. Sollte man bei der HVA zu dem Schluss gekommen sein, es sei weniger gefährlich für die Regierung Brandt, wenn man Guillaume vor Ort lasse und weiterhin hoffe, er werde nicht erwischt, als wenn man ihn abzöge und dadurch den unvermeidlichen Skandal auslöse? Oder war man einfach unschlüssig?

Auch Christel Guillaume wusste von keiner eindeutigen Order ihrer Auftraggeber. Sie wusste noch nicht einmal, dass ihr Mann massiv observiert wurde, denn bei ihr hatte er aus Sainte-Maxime kein einziges Mal angerufen. Die Rückkehr nach Bonn sei wohl »sein eigener Entschluss« gewesen, sagt sie, und sie glaubt auch, dass er Frau, Schwiegermutter und Sohn, diesen vor allem, »nicht Knall auf Fall hat sitzen lassen wollen«. Aber darüber geredet haben die beiden nicht mehr.

Den Ausschlag hätten »Erwägungen moralischer Art« gegeben, hat Guillaume in der *Aussage* mitgeteilt – was immer Moral in einem solchen Fall bedeuten mag. Aber dann kommt ein Satz, den Willy Brandt ein paar Tage später, als ihm die Unausweichbarkeit seines Rücktritts bewusst wurde, fast genauso gesagt hat: »Ich wollte eigentlich noch nicht abtreten von der Bonner Bühne, aber wenn es denn sein musste, dann nicht so schmählich ...« Markus Wolf hat diesen Satz ungnädig kommentiert: »Verständlich, aber falsch«. Autor Guillaume parierte – zähneknirschend? – und ergänzte seinen Text so: Er habe sich da wohl »Sentimentalität geleistet, die wir uns nicht leisten können«. Aber »hatte ich nicht auch Recht, indem ich an das mir subjektiv Gemäße dachte?«

Operation Tango

Der Agent, die Leibwächter und das Privatleben

Als Günter Guillaume nach Bonn zurückfuhr, war die Falle schon zugeschnappt. Wissen konnte er das nicht. Geahnt hat er es wohl. Nach Markus Wolfs Informationen ging er gar nicht direkt nach Hause, sondern kehrte erst bei einer seiner Bonner Freundinnen ein. Sei's drum. Als er schließlich in der Ubierstraße 107 ankam, »weckte ich Christel nicht«, sondern saß »mit einem Topf Bier spätabends in der Küche und überlegte: ›Du hast in Frankreich keinerlei verdächtige Aktivitäten entfaltet, also können sie auch keine beobachtet haben. ... Folglich werden sie die Observation in Bonn fortsetzen. Du kannst also erst einmal schlafen gehen.‹«

Das war ein Fehlschluss. Die Observation galt mit Guillaumes Rückkehr aus Frankreich als beendet. Im BKA dachte man schon seit dem 26. März über einen Zugriff nach. An diesem Tag versammelten sich – auf Veranlassung des Generalbundesanwalts, der den Fall am 7. März übernommen hatte – die Experten der Abteilung Staatsschutz im Bundeskriminalamt, angeführt vom Gruppenleiter Landesverrat, dem Kriminaldirektor Günther Scheicher, einem Spezialisten in Sachen Innere Sicherheit und Spionageabwehr. Die Staatsschützer trafen sich mit dem zuständigen Abteilungsleiter vom Verfassungsschutz, dem

Abwehrmann Hans Watschounek, und dem Bundesanwalt Ernst Träger, der von Generalbundesanwalt Martin mit der Führung des Falles beauftragt war. Als Watschounek mitteilte, dass Guillaume demnächst nach Südfrankreich in Urlaub fahre und dass eine flächendeckende Observation mit Genschers Genehmigung und in Kooperation mit den französischen Sicherheitskräften bereits veranlasst sei, beschloss man, das Ergebnis dieser Observation der Verfassungsschützer noch abzuwarten.

Träger hätte einen sofortigen Zugriff vorgezogen. Er war schon seit er vom Verfassungsschützer Nollau – mit einiger Verzögerung – die Guillaume zugeordneten Funksprüche aus den Jahren 1956 bis 1959 zur Prüfung bekommen hatte, der Meinung: »Wir müssen zugreifen, dann werden wir sehen, was rauskommt.« Aber nun gab er der hoffnungsvollen Erwartung des BKA nach, dem Agenten bei der Observation in Südfrankreich auf die Schliche zu kommen.

Das Bundeskriminalamt hätte nur dann sofort zugegriffen, wenn Guillaume sich nicht Richtung Frankreich, sondern Richtung DDR bewegt hätte. Dann hätte man versuchen müssen, ihn zur Not mit regulären Polizeikräften aufzuhalten – wegen »Gefahr im Verzug« sogar ohne Haftbefehl. Denn einen solchen hatte der Generalbundesanwalt noch nicht beantragen mögen; die Beweislage ließ das nicht zu. Das BKA hatte lediglich den Auftrag, Guillaumes Wohnung zu durchsuchen und das Ehepaar zur Vernehmung vorzuführen.

Die Leitung dieser Aktion übertrug Kriminaldirektor Scheicher dem Kriminalhauptkommissar Nikolaus Federau. Dieser, geboren in Ostpreußen als 16. Kind eines wohlhabenden Gutsbesitzers, begann seine Karriere nach dem Krieg als Streifenpolizist in Kiel und diente sich dann mit zweijähriger Spezialausbildung zum Kriminalbeamten hoch. 1960 kam er zur Sicherungsgruppe Bonn des BKA, konzentrierte sich auf das Thema Spionageabwehr, wurde in die Ermittlungsabteilung versetzt und war zum Beispiel mit von der Partie, als 1962 in Hamburg die Redaktionsräume des Nachrichtenmagazins *Der Spiegel* auf den Kopf gestellt wurden.

In einer Lagebesprechung am 11. April 1974, dem Gründonnerstag, an dem der Verdächtige frühmorgens gen Frankreich abgefahren war, bereitete Federau den Guillaume-Einsatz vor. Man ging von fünf Beschuldigten aus – die Familie Guillaume und ein befreundetes Ehepaar, plus eventuell drei weiteren, mit denen die Guillaumes Umgang gehabt hatten, an maximal sechs Durchsuchungsorten. Rund fünfzig Beamte wurden bereitgestellt, ein Codename wurde festgelegt: Operation Tango. Für den Fall, dass Guillaume unmittelbar nach Ostern zur Rückreise aufbrechen sollte, wurde die Einsatzbesprechung auf Ostermontag, 15. April, angesetzt. Da er aber länger blieb, verschob sich die Besprechung auf Dienstag, 23. April. Zugriff: 24. April, in aller Frühe. Diese Operation Tango war also beschlossene Sache und hatte nur insofern mit Guillaumes Verhalten an der Riviera zu tun, als er sich nicht in flagranti erwischen ließ. Am 22. April erfuhr Innenminister Genscher von dem bevorstehenden Zugriff, und auch Verfassungsschützer Nollau wusste: »Am 24. April sollte Guillaume vernommen und seine Wohnung durchsucht werden.« Aber Nollau verließ Bonn. »Ich hatte an jenem Tag in Brüssel zu tun.« Erst als er abends wieder zu Hause war, erkundigte er sich bei dem für die Sicherungsgruppe zuständigen BKA-Abteilungsleiter Karl Schütz, wie es denn gelaufen sei. Bestens, meldete Schütz, der Spion habe auch schon gestanden. Hatte er das wirklich? Und was?

Wie häufig bei solch dramatischen Ereignissen erinnern sich die Beteiligten ganz unterschiedlich. Guillaume will, als es um 6.32 Uhr an der Haustür klingelte, nur schnell einen Bademantel über den Schlafanzug gezogen haben und, als er sich dann einer »Amtshandlung« konfrontiert sah, von einem »Gefühl der eigenen Lächerlichkeit« angefallen worden sein, sich »schutz- und wehrlos preisgegeben« gefühlt haben. »Ich öffnete, sah eine Gruppe von Männern und eine Frau mit äußerlich unbewegten, aber innerlich erregten Gesichtern und wusste, was die Glocke geschlagen hat.« Er sei rückwärts in den Flur gedrängt und umringt worden, heißt es in der *Aussage*, habe sich »gestellt und bedroht« gefühlt. »Ich sagte: ›Ich bitte Sie‹, rief es mehr, als dass ich es einfach sagte: ›Ich bin Bürger der DDR und ihr Offizier – respektieren Sie das!‹« Der Autor Guillaume (oder sein Federführer Günter Karau) macht sich ziemlich viel Mühe, diesen Satz – den ein gelernter Agent, geschweige denn ein Meisterspion, nie hätte sagen dürfen – zu erklären als »ein völlig spontanes Wort, niemals zurechtgelegt für diesen Fall, herausgeschossen wie eine Stichflamme aus einer Explosion …«

Der Einsatzleiter Nikolaus Federau hat die Operation Tango so dramatisch nicht in Erinnerung. Er sei mit dem Kriminaloberkommissar Horst Schernich und noch vier oder fünf Mann angerückt, ohne Bundesanwalt, auch an eine Frau im Einsatzkommando erinnert er sich nicht. »Ich hatte nicht mal eine Pistole dabei.« Schließlich hatte er ja nur einen Durchsuchungsbefehl. Die vier Personen in der Wohnung – das Ehepaar Guillaume, Sohn Pierre und Christels Mutter Erna Boom – mussten sofort »separiert« werden. Das sei Vorschrift bei solchen Aktionen – »die sollen sich ja nicht irgendwie verständigen oder noch was verstecken können«. Christel habe geschwiegen oder »sich über uns lustig gemacht«, Günter Guillaume aber sei sehr nervös gewesen und habe »viel zu viel« geredet.

Federau »separierte« den Verdächtigen zunächst in der Küche, weil Guillaume einen Schluck kalten Tee trinken wollte. Als er das Glas nahm, zitterte seine Hand so stark, dass Federau dachte: Na, Freundchen, haben wir dich! »Immer wieder ritt Guillaume auf seiner Eigenschaft als Offizier der Nationalen Volksarmee herum.« Federau würde »auch heute noch auf meinen Eid nehmen«, wie er mir im Mai 2002 sagte, dass der Agent sich als Offizier der NVA bezeichnet habe. So ist der Satz damals auch kolportiert worden: Guillaume habe gebeten, seine Offiziersehre zu respektieren. In Nollaus Memoiren steht sogar, der Spion habe verlangt, nach der Haager Landkriegsordnung behandelt zu werden.

Alles Unsinn, behauptet Guillaume. »Da ich kein Offizier der Nationalen Volksarmee war, konnte ich nie auf den Gedanken kommen, mich als solcher auszugeben«, steht in der *Aussage*. Die Verhörprotokolle vom 24. April 1974 widerlegen das. Guillaume hat beides gesagt: dass er Offizier der NVA sei »und dies auch heute noch bin«, und dass er Offizier des MfS sei: »Da gibt es eine Identität.« So war es in der Tat. Aber so genau wollte Guillaume das gar nicht gewusst haben. Er sei immer ein Mann des »Außendiensts« gewesen, also ein OibE, ein Offizier im besonderen Einsatz. Mit den »inneren Strukturen unseres Ministeriums«, nämlich des Stasi-Ministeriums, und dessen Rangordnungen will er während der ganzen Zeit nie in Berührung gekommen sein. »Ich wusste nicht einmal von der Existenz einer ›Hauptverwaltung Aufklärung‹.« Bei seinen Kontakten sei immer nur von der »Zentrale« die Rede gewesen.

Wenn das wirklich so gewesen sein sollte – warum hat

er dann jenen Satz gesagt, der einem Geständnis gleichkam und den ihm seine Auftraggeber in der DDR nie verzeihen konnten? Guillaumes *Aussage* dazu: »Zuerst war da der Junge. Er hatte die Tür zu seinem Zimmer einen Spalt breit geöffnet. Ich sah nur seine großen verschlafenen Augen. ... Was ich dann sagte, sagte ich auch zu ihm.« Der siebzehnjährige Pierre konnte das damals nicht verstehen, so viel war seinem Vater klar. »Aber es war doch eine Botschaft, und er hatte Stoff zum Nachdenken.«

Diese Formulierung – sie stammt aus dem Jahr 1986 – lässt nicht erkennen, was Guillaume damals von der schweren, manchmal qualvollen Suche seines Sohnes nach einer neuen, eigenen Identität gewusst hat. Der Bruch zwischen Vater und Sohn, den Günter Guillaume gewiss immer gefürchtet hat, kam ein Jahr später. Da stellte Pierre, der seit 1975 mit der Großmutter in der DDR lebte und die Stasi-Betreuung dort nie wirklich loswurde, zum Jahreswechsel 1987/88 einen Ausreiseantrag – und das obwohl er inzwischen die Tochter eines HVA-Offiziers geheiratet und mit ihr einen Sohn hatte. Er wollte wieder in die Bundesrepublik, auch aus Protest gegen den Vater, den er – in der Paraderolle des herumgereichten Meisterspions – nun als »knallharten Stalinisten« sah. Vor allem aber: »Ich wollte auf keinen Fall, dass mein Sohn in diesem System zur Schule geht.«

Im April 1974 aber war der damals Siebzehnjährige wohl nur ratlos, konfrontiert mit einem Konflikt, den er, der eher links orientierte Godesberger Oberschüler, der »bei den Jusos mitgemacht« hat, unmöglich bewältigen konnte. Dieser Gedanke hat seinen Vater »bis zur Schlaflosigkeit in der Untersuchungshaft bewegt«, so die *Aussage*. Wenige Monate nach seiner Verhaftung, nämlich am 7. Oktober 1974, hat mir Günter Guillaume aus dem

Untersuchungsgefängnis in Köln-Ossendorf einen Brief geschrieben. Darin steht unter anderem: »Dankbar wäre ich, wenn der Halbsatz von der Offiziersehre, den ich nie ausgesprochen habe, von Ihren Kollegen begraben würde. Der eigentliche Adressat für meine Identitätsangabe war an dem bewussten Morgen übrigens Pierre. Der Junge sollte mit diesem Vater weiterleben können. Vielleicht verstehen Sie das.«

Zu verstehen war dieser Wunsch durchaus. Aber er hat nicht geholfen. Pierre Guillaume hat die Botschaft seines Vaters überhaupt nicht gehört – Christel übrigens auch nicht; die hörte sie von Federau. Erst am Nachmittag, so hat Pierre später erzählt, habe ein forscher junger BKA-Beamter, nämlich Schernich, ihn über den Tatverdacht gegen seine Eltern informiert. Fassungslosigkeit war die Reaktion und Unglaube. Der Vater, dieser rechte Sozialdemokrat und Antikommunist, ein DDR-Agent? So richtig geglaubt hat Pierre dies erst, als Mitarbeiter der Ständigen Vertretung der DDR in Bonn sich um ihn zu kümmern begannen.

»Ich weiß durch Gespräche mit meinen Eltern«, sagte Pierre in einem 2002 veröffentlichten Interview, »dass sie dieses Leben im Westen wirklich gelebt haben und dass diese Existenz, also das Alltagsleben und die Arbeit, nicht nur manchmal wichtiger oder echter wurde als die Arbeit für die HVA. Es gab wohl auch Phasen, in denen die Spionage geruht hat. Sie sind Bundesbürger geworden, zum Teil wirklich auch Sozialdemokraten, und haben auch in Gesprächen untereinander sozusagen die eigene Spionagetätigkeit völlig ausgeblendet.«

Mag sein. Aber Guillaumes »Identitätsangabe« am 24. April 1974 ermöglichte den Kriminalbeamten, ihn dem Ermittlungsrichter des Bundesgerichtshofs vorzuführen, noch am selben Tag einen Haftbefehl »aufgrund seiner eigenen Angaben« zu erwirken und am 25. April auch Christel Guillaume zu verhaften. »Wie ich bei meiner Vernehmung durch Beamte der Sicherungsgruppe bereits zum Ausdruck gebracht habe«, gab Guillaume zu Protokoll, »bin ich Offizier des Ministeriums für Staatssicherheit (MfS) in Ostberlin. In dieser Eigenschaft bin ich im Jahre 1956 in die Bundesrepublik eingereist.« Über seinen Dienstrang – er war damals Major – wollte er sich nicht äußern, ebenso wenig über Einzelheiten seiner Tätigkeit für das MfS. Aber: »Ich habe alles gemacht, was für meine Tätigkeit erforderlich war. Einzelheiten gebe ich nicht an.«

Das war das Geständnis – und das war auch schon fast alles. Die Durchsuchung der Wohnung in der Ubierstraße 107, erster Stock rechts, hatte nichts wirklich Beweiskräftiges erbracht: einen für Dokumentenaufnahmen präparierten, aber noch unbenutzten Super-8-Schmalfilm zum Beispiel. Und die Zugriffe an den übrigen Durchsuchungsorten waren Fehlschläge. Das in Godesberg vorläufig festgenommene Ehepaar Förster – der frankophile Horst Förster arbeitete wie Christel in der Hessischen Landesvertretung und gab ihr manchmal Französischunterricht – musste ebenso wieder auf freien Fuß gesetzt werden wie ein Westberliner Zahnarztehepaar, mit dem die Guillaumes im holländischen Hotel Zuiderbad einmal Urlaub gemacht hatten. Jedenfalls bildeten sie nicht den Agentenring, von dem der Innenminister zwei Tage später im Bundestag sprach.

Immerhin: Der Parteireferent des Bundeskanzlers hatte gestanden, ein DDR-Spion zu sein. Brandt erfuhr es nicht sofort, er war auf dem Rückflug von einer Staatsreise: »Ich kam mittags mit dem Regierungsflugzeug aus Kairo, hatte mit Sadat beraten, in den Tagen zuvor mit Boumedienne in Algier.« Der Kanzler war in bemerkenswert guter Verfassung. Egon Bahr, der ihn begleitet hatte – auch Brandts Sohn Lars war mit dabei –, hatte den Eindruck, das Ende der einjährigen Schwächeperiode sei nun gekommen: »Dass Brandt Spannkraft und Spaß am Regieren wiedergefunden hatte, erwies sich spätestens auf dem Rückflug von Ägypten. Er wollte die Regierung umbilden, wir bastelten die neue Kabinettsliste und skizzierten die Linien der Regierungserklärung unter dem Arbeitstitel ›Neuer Schwung für Europa‹. Es war wie in alten Zeiten.«

Auf dem militärischen Teil des Köln-Bonner Flughafens erwarteten Innenminister Genscher und Kanzleramtschef Grabert das Regierungsflugzeug. Brandt: »Schon auf Abstand war ihnen anzusehen, dass sie mir etwas Besonderes zu sagen hatten.« Bahr: »Als wir landeten, amüsierten wir uns über das große Aufgebot zum Empfang; denn so bedeutend sei die Reise gar nicht gewesen. Als wir ausstiegen, ging Genscher auf den Kanzler zu, und Horst Grabert nahm mich beiseite: ›Heute Früh haben wir Guillaume verhaftet. Er hat schon gestanden.‹«

Brandts gelassene Reaktion verblüffte Genscher: »Er zeigte den Gleichmut, den ich oft in schwierigen Situationen bei ihm beobachtet und auch bewundert habe. Rückschlüsse darauf, wie sehr ihn etwas bewegte, konnte man bei Willy Brandt nur schwer ziehen.« So war es auch diesmal. Brandts scheinbare Gelassenheit aber war eine Art Flucht. Und seine Aufbruchsstimmung war dahin.

In den *Erinnerungen* schildert er seine Empfindungen so: »Die Nachricht war ein Hammer, wenn auch nicht einer, der mich hätte betäuben können.« Gewiss, er kannte den Verdacht seit einem Jahr, und »ich hatte die Mutmaßung nicht ernst genommen und meine Menschenkenntnis –

nicht zum ersten Mal – überfordert gesehen«. Nun aber hätte er reagieren müssen – und tat es nicht. »Die Vernunft hätte geboten, dass ich mich nach meiner Rückkehr aus Nordafrika auf den akuten Spionagefall konzentrierte, alle Fakten auf den Tisch bringen ließe, alle nicht zwingenden Termine absagte. Stattdessen ging alles seinen gewohnten Gang.«

Keine Krisensitzung, keine Terminänderung, nur ein kurzer Austausch mit den Vertrauten: »Gleich nach Ankunft im Amt Gespräch mit Grabert und Bahr«, der ja nicht über den Verdacht informiert war, aber, wie der Kanzler erst jetzt erfuhr, frühzeitig Bedenken geltend gemacht hatte. Brandt musste sich bittere Vorwürfe anhören: Da Bahr nicht informiert war, sei er immer in Gefahr gewesen, den Spion Einzelheiten über die Ost-Verhandlungen erfahren zu lassen.

Aber sonst ging eben alles seinen gewohnten Gang: »Am Tag der Rückkehr Fahrt ins Adenauer-Haus, um Kiesinger zum siebzigsten Geburtstag zu gratulieren«, dem ungeliebten Amtsvorgänger. Hier erfuhr Brandt, dass die CDU Richard von Weizsäcker als Kandidaten für das Amt des Bundespräsidenten nominieren wolle; Walter Scheel würde also einen ernst zu nehmenden Gegenkandidaten bekommen. Ferner: 14.30 Uhr Fraktion, 17 Uhr Börner. Im Bungalow Koalitionsrunde »über das, was jetzt zur Reform des Bodenrechts möglich ist« – nämlich zu wenig; de facto ein Begräbnis zweiter Klasse für eine Reform, die der SPD sehr wichtig war. Danach, etwa 21 Uhr, »Gespräch im Amt mit Wehner«. Zum Thema Guillaume scheint Wehner sich ausgeschwiegen zu haben: »Von ihm kein Hinweis auf besondere Meinungen oder Intentionen. Abends beginnen Meldungen zu laufen« – über den Spion im Kanzleramt.

Sah Brandt denn nicht voraus, was für Konsequenzen diese Meldungen haben würden? Erst mal empfand er »erheblichen Zorn« über die politische Instinktlosigkeit der Verhandlungspartner in der DDR, die er nun wieder den »SED-Staat« nannte. »Was sind das für Leute«, schrieb er in *Über den Tag hinaus,* »die das ehrliche Bemühen um den Abbau von Spannungen – auch und gerade zwischen den beiden deutschen Staaten – auf diese Weise honorieren! Wäre es in der gegenwärtigen Großwetterlage wahrscheinlich, dass sich Breschnew und Nixon der Spitzelei im Vorzimmerbereich bedienen?« Offenbar war Brandt der Meinung, er bleibe von solchen Praktiken ausgenommen. Aber war er denn nicht gewarnt worden? »Gewiss muss ich mich fragen, ob ich leichtgläubig gewesen sei. Ein solcher Eindruck wird sich vermutlich festsetzen.« Das immerhin ahnte er.

Am nächsten Tag Routinetermine, lustlos. Morgens flog Brandt zur Eröffnung der Hannover-Messe. Um 13.30 Uhr tagte in Bonn die SPD-Fraktion, »vor der ich mich nicht äußere«, obwohl sie auf die Nachricht von Guillaumes Verhaftung mit tiefer Niedergeschlagenheit reagierte. Brandt fuhr auch nicht zurück ins Amt, sondern arbeitete in seinem Bundeshaus-Büro an einem Beitrag zur Parlamentsdebatte über die Reform des Paragrafen 218 am folgenden Tag.

Offenbar noch kein Gedanke an Rücktritt. »Ich habe die Sache von Anfang an nicht ernst (genug) genommen und unterbewerte (unterbewusst?) jetzt ihre Auswirkungen«, heißt es in den bald nach dem Rücktritt entstandenen *Notizen.* »Dafür, dass ich das Ausmaß des Eingetroffenen jedenfalls vor mir herschob, spricht auch, dass ich im Laufe des Freitagvormittag im Bundestag eine längere Rede zur Reform des Par[agrafen] 218 hielt (der ich in der Nacht zuvor den letzten Schliff gegeben hatte).« Eine sehr differenzierte Rede übrigens. Brandt war ursprünglich gegen die von seiner Partei favorisierte Fristenlösung und stimmte ihr auch nur *contre cœur* zu – vielleicht weil es ihn gar nicht gegeben hätte, wenn seine neunzehnjährige ledige Mutter damals hätte abtreiben lassen.

Auch dass »ich mich während der ›Aktuellen Stunde‹ ohne Vorbereitung äußere, spricht nicht dafür, dass ich mich unter gefährlichem Druck gefühlt hätte« – das schreibt er volle fünfzehn Jahre später in den *Erinnerungen*. Und »dass ich zu einem wichtigen Punkt eine unrichtige Auskunft gebe, die auch nicht gleich korrigiert wird, zeigt nicht nur, wie einen das Gedächtnis im Stich lassen, sondern auch, wie peinlich sich eine unzulängliche bürokratische Begleitung auswirken kann.« Das ist wohl wahr. Nur stimmt es nicht, dass Brandt völlig unvorbereitet gewesen sei. Er hat alle entscheidenden Punkte seiner Erklärung in dieser »Aktuellen Stunde« vorher selbst von Hand aufgeschrieben, etwas ungeordnet und mit Kringeln und Pfeilen verbunden wie viele seiner Notizen. Man kann diese Notizen im siebten Band der *Berliner Ausgabe* seiner Schriften im Faksimile nachlesen, allerdings nicht die Stelle, an der er die Feststellung, der Agent sei nicht mit Geheimsachen befasst gewesen, mit den Worten »von mir« ergänzt.

Aber auch fünfzehn Jahre nach dem Ereignis hat Brandt die – wirklich unglaubliche – Behauptung wiederholt, er habe Guillaumes Anwesenheit in Norwegen einfach vergessen: »Und, subjektiv korrekt, doch in der Wirkung fatal, da mir Guillaumes Anwesenheit an meinem Urlaubsort im zurückliegenden Sommer völlig entfallen ist: Der Agent sei von mir nicht mit Geheimsachen befasst worden, dies habe nicht zu seinen Aufgaben gehört.«

Das sei »noch nicht geklärt«, rief der CSU-Landesgruppenchef Richard Stücklen an dieser Stelle dazwischen. Die parlamentarische Opposition wusste wohl schon in der »Aktuellen Stunde« besser Bescheid als der Kanzler und zeigte sich auch in den folgenden Tagen erstaunlich gut über die Affäre Guillaume informiert. Dass die Opposition im Kölner Verfassungsschutzamt und vor allem beim Bundesnachrichtendienst in Pullach Sympathisanten sitzen hatte, die Franz Josef Strauß lieber mochten als Willy Brandt, war weder neu noch besonders verwunderlich. Da würden alte Rechnungen beglichen, meinte damals ein Vertrauter des Kanzlers: Rache für Horst Ehmkes Versuche, bei der Regierungsübernahme 1969 die CSU-Zellen in den Diensten zu »knacken«.

Brandt begann zu schwanken. Die geplante Regierungsumbildung, jedenfalls die von ihm favorisierte »kleine Lösung«, wollte er nicht aufgeben. Sie war am Nachmittag dieses 26. April Thema eines Treffens mit den SPD-Ministern im Kanzlerbungalow. Aber auch hier drängte sich der Fall Guillaume nach vorne. Ehmke referierte die Umstände der Einstellung Guillaumes und hob dabei die Empfehlungen von Leber und Ehrenberg hervor. Danach sprach Brandt allein mit Helmut Schmidt, der das Revirement nicht mitmachen, sondern in den Fraktionsvorsitz zurück oder ganz aus der Regierung ausscheiden wollte. Über die Spionageaffäre sagte Brandt »mehr instinktiv – wir werden es hier vielleicht mit einem ›Naturereignis‹ zu tun bekommen«. Kommentar dazu in den *Erinnerungen:* »Also scheine ich schon nicht mehr sicher gewesen zu sein, ob die Turbulenz heil zu überstehen sei.« Auch seine Gesundheit ließ ihn jetzt im Stich. Eine Magen- und Darmverstimmung, die er sich am Nil eingefangen hatte, und zwei heftig schmerzende Backenzähne zwangen ihn zur Bettruhe.

Bereits in den ersten Tagen der Vernehmung des verhafteten Agenten äußerte dieser – außerhalb des Protokolls – den verblüffenden Wunsch, mit dem Kanzler sprechen zu wollen. Man muss für möglich halten, dass Guillaume deutlicher erkannte als Brandt, was für ein skandalträchtiges Problem die Einschaltung des »Adjutanten« beim Vermitteln privater Kontakte des Kanzlers war. »Wenn es stimmt«, schrieb Rudolf Augstein damals Brandt ins Stammbuch, »dass er auch dann noch ein ›Privatleben‹ hatte, als Guillaume ihm schon als verdächtig gemeldet war, … und wenn es weiter stimmt, dass Teile dieses Privatlebens sich unter den Augen des verdächtigten Referenten abgespielt haben, dann war ihm nicht zu helfen«, dem Kanzler nämlich. Guillaume wollte ihm aber helfen, er wollte ihm wahrscheinlich sagen: Keine Sorge, Chef, von mir erfährt niemand was – wirklich niemand; auch den Genossen in der DDR habe ich's nicht gemeldet.

Den ihn vernehmenden Kriminalbeamten Federau und Schernich hat er nichts darüber gesagt. Auf den Hauptkommissar Nikolaus Federau, den er als missmutigen und galligen Menschen beschrieben hat, wirkte er wie ein »Volksschüler«, dem es vor allem darauf ankam klarzumachen, dass er nicht so ein mieser kleiner Schnüffler, sondern ein politischer Intimus des Kanzlers sei. Vor allem außerhalb des Protokolls habe der Agent sich »um Kopf und Kragen geredet«, so Federau, aber eben nur was seine vermeintliche Bedeutung als Adlatus des Friedenskanzlers anging. Das Protokoll führte Oberkommissar Schernich, den Guillaume schon in Frankfurt als einen der Leibwächter Georg Lebers kennen gelernt hatte und dem er nun übel nahm, dass er sich abends gelegentlich um Pierre bemühte.

Zu diesem Zeitpunkt hegte Guillaume noch die Hoffnung auf einen schnellen, diskret arrangierten Austausch mit West-Agenten und er will in den Vernehmungen deshalb »eine gewisse Bereitwilligkeit des Antwortens« angedeutet haben. Als seine Bitte, den Kanzler zu sprechen, ignoriert wurde, schickte er am 1. Mai aus dem Untersuchungsgefängnis einen Brief an den SPD-Genossen Friedhelm Merz, der in der »Schreibstube« des Bundeskanzleramts tätig war: »Ich würde gern mit Euch und dem Chef Willy Brandt über alles diskutieren, denn ich bin nicht mehr und nicht weniger als Euer politischer Gegner.« Außerdem habe er auf der letzten Niedersachsen-Reise 250 Mark Spesen verauslagt, die er nun seinem Sohn Pierre auszuhändigen bitte. »Helft dem Jungen!«

Nicht verheimlicht hat Guillaume nur seine eigenen Affären, denn die traten ohnehin schon bald zutage (manchmal wussten die Christdemokraten und die mit ihnen paktierende Presse so etwas schneller als die amtlichen Ermittler): besonders jene Beziehung zu der damals 27-jährigen Marieluise M., der Sekretärin des Staatssekretärs Gaus, die davor im Sekretariat des Ost-Unterhändlers Egon Bahr tätig war, und zu der noch deutlich jüngeren Blondine Ellen K., mit der Guillaume schon während seiner Zeit als Bonner Junggeselle angebandelt hatte und die dann ins Vorzimmer seines Förderers Herbert Ehrenberg kam (und alsbald heiratete).

Die Damen waren geständig, jedenfalls was die amourösen Beziehungen zu Guillaume betraf, beharrten aber darauf, mit ihm nicht über Dienstliches gesprochen zu haben. Viel mehr als einen Verdacht gaben diese Verhältnisse nicht her. Man musste mehr erfahren. Man erfuhr auch mehr. Aber nicht über den Agenten und seine Amouren, sondern über den Bundeskanzler.

Am Tag der Verhaftung Guillaumes und auch noch einen oder zwei Tage später war der für das Verfahren verantwortliche Bundesanwalt Ernst Träger bei der Sicherungsgruppe des BKA in Bad Godesberg. Am Abend des 25. April, einem Donnerstag, sah er noch Licht im Büro des Abteilungsleiters Karl Schütz und ging hinein. Schütz saß über ein Papier gebeugt und murmelte etwas wie: »Ein Sumpf, ein Sumpf!« Viel deutlicher wurde er dem Bundesanwalt Träger gegenüber nicht, machte nur vage Andeutungen über des Kanzlers Leibwächter und dessen Privatleben. Aber er sagte, der Chef des Bundeskriminalamts, Dr. Horst Herold, müsse von der Sache wissen, denn so etwas müsse aufgeklärt werden.

Was auf dem Papier stand, das Schütz vor sich hatte, bleibt ungewiss. So gut wie sicher ist, dass um die fragliche Zeit der Kriminalrat Gernot Mager bei der Sicherungsgruppe angerufen und sich nach Details des Falles Guillaume erkundigt hat. Mager hatte seine Oberen, den Personenschützer Wolfgang Steinke zum Beispiel, früher schon einmal auf lockere Sitten im so genannten Kanzlerkommando hingewiesen und angeblich sogar die Versetzung des Kommandoführers Ulrich Bauhaus empfohlen. Gernot Mager war Referatsleiter in der Sicherungsgruppe – es gab dort drei Referate: Bundespräsident, Bundeskanzler, Rest der Regierung –, war bei Kanzlerreisen häufig als Vorauskommando unterwegs, hatte also mit Bauhaus direkt zu tun. Dessen Lebensweise war ihm offenbar ein Dorn im Auge. Mager soll es gewesen sein, der angebliche Bauhaus-Sprüche wie »Willy, du musst jetzt ins Bett« kolportierte und erzählte, dass Bauhaus auf Reisen gelegentlich von »Schnepfen« rede, für deren Bezahlung »der Referent«, also Guillaume, zuständig sei.

Dieser Mager nun meldete sich telefonisch von einem

Lehrgang an der Bundessprachenschule bei den Kollegen in Godesberg und fragte, ob es denn stimmen könne, was er eben in den Nachrichten gehört oder in der Zeitung gelesen habe: dass der Kanzler seit längerer Zeit von dem Verdacht gegen Guillaume gewusst habe. Das sei doch nicht zu fassen, sagte er, als man ihm dies bestätigte, denn Guillaume habe dem Kanzler noch vor vierzehn Tagen, auf der Niedersachsen-Reise, Mädchen »zugeführt«.

So wurde an jenem 26. April, an dem Willy Brandt dem Bundestag morgens »subjektiv korrekt, doch in der Wirkung fatal« die Unwahrheit gesagt hatte, eine zweite dramatische Handlungsebene sichtbar, deren Dramatik aber kaum einer erkannte. Bundesanwalt Träger, der auch von Kriminaldirektor Scheicher zu erfahren versuchte, was denn eigentlich los sei im Kanzlerkommando, aber wieder nur vage Antworten bekam, hielt das Ganze zunächst für ein internes Problem der Dienstaufsicht des BKA.

Um 15 Uhr wurde BKA-Chef Herold in Wiesbaden vom damaligen Leiter der Sicherungsgruppe Bonn, Dr. Hans Wilhelm Fritsch, angerufen und um Aussagegenehmigung für Brandts Chefbewacher, Kriminalhauptkommissar Ulrich Bauhaus, gebeten. Die Genehmigung solle sich auch auf den Komplex »Amouren« erstrecken, denn Bauhaus kenne Guillaume und die »Intimverhältnisse« ganz genau. Herold ließ die Genehmigung sofort ausstellen. Er bezog die Intimverhältnisse auf Guillaumes Umgang mit den Vorzimmerdamen. Aber das war wohl ein Missverständnis.

Dass es auch darum ging, was Guillaume über Brandts Intimverhältnisse wissen könne, das will Herold erst ein paar Tage später erkannt haben, nachdem er selbst einige Beamte aus dem Kanzler-Begleitkommando angehört hatte. Am 1. Mai rief er in dieser Angelegenheit Fritsch an und warf ihm vor, verschwiegen zu haben, dass es auch um Brandts Privatleben ging. Fritsch räumte ein, dies nicht ausdrücklich erläutert zu haben. Aber dass es Amouren des Kanzlers gebe, das habe »doch jeder gewusst«.

Nun sind Horst Herold und Hans Wilhelm Fritsch ohne jeden Zweifel ehrenwerte Männer, und wer sie beide, wie ich, kennen gelernt hat, wird sie nicht leichthin verdächtigen, eine politische Intrige zum Schaden des Kanzlers angezettelt zu haben. Herold, der die »Rasterfahndung« erfunden, also die elektronische Datenverarbeitung in den Dienst der Verbrechensbekämpfung gestellt hat, ist Sozialdemokrat und hat Willy Brandt damals verehrt. Und Fritsch, Mitglied der FDP, hätte wohl kaum Polizeipräsident in Wuppertal und in Bonn werden wollen (und ist es dann auch geworden), wenn er darauf aus gewesen wäre, der sozialliberalen Koalition das Leben sauer zu machen.

Außerdem stimmte es ja, dass Willy Brandts *womanizing* kein Geheimnis war. Vielleicht war es nicht »jedem« bekannt, doch ein großer Teil des Bonner Pressekorps wusste seit langem davon, schrieb aber nicht darüber. Im Oktober 1973 kursierten dann Gerüchte, dass »Schmutzjournalisten an einer Story über Frauenaffären des BK arbeiten«, wie Brandts Bürochef Reinhard Wilke vermerkte. Und Klaus Harpprecht notierte im März 1974 nach einem Gespräch mit der Korrespondentin Stéphane Roussel vom *France Soir,* es würden »offensichtlich auch Zettel oder Flugblätter mit Weibergeschichten von WB herumgereicht«. Brandt selbst tat wenig, das zu verhindern. Er war in solchen Dingen fast so leichtsinnig wie weiland John F. Kennedy im Umgang mit seinen *liaisons dangereuses.*

In der Godesberger Sicherungsgruppe, die Fritsch unterstand, machten des Kanzlers Vorlieben für weiblichen Umgang hinter vorgehaltener Hand seit geraumer Zeit die Runde. Gewiss kannte Hans Wilhelm Fritsch solche

Geschichten und nahm an, Herold kenne sie auch. Immerhin hatte er ihn schon vor Monaten einmal angerufen und ihm die Frage gestellt: »Geht uns das Privatleben unserer Schützlinge etwas an?« Auch Verfassungsschutzchef Nollau behauptet in seinen Memoiren, dass Fritsch ihm 1973 diese Frage gestellt habe, was der gegenüber dem *Spiegel* freilich bestritten hat. Herold hingegen erinnert sich an Fritschs Frage, will damals aber nicht Lunte gerochen, sondern schlicht mit »Nein« geantwortet haben.

Dr. Wolfgang Steinke, später Herolds persönlicher Referent, war von 1968 bis 1970 in der Sicherungsgruppe für Personenschutz zuständig, und schon damals kam ihm zu Ohren, dass der für Brandt verantwortliche Kommandoführer, eben jener Ulrich Bauhaus, seinem Chef »Frauen zuführe«. Bauhaus hatte Willy Brandt schon bewacht, als dieser noch Außenminister war, hielt sich seither, nicht ohne Grund, für einen Vertrauten seines Schützlings und verbarg das auch nicht. Kollegen, denen er imponieren wollte, zeigte er zuweilen ein kleines, nach Städten gegliedertes Telefonbuch mit den Nummern von Frauen, darunter auch Journalistinnen, die Brandt, wenn er unterwegs war, manchmal gern anrufen ließ. Steinke, der dieses Büchlein zu sehen bekam, verbat Bauhaus die Herstellung solcher Kontakte, obwohl er dazu vom BKA-Chef (Herolds Vorgänger Paul Dickopf) nicht ermächtigt worden war und auch nicht annahm, dass Bauhaus sich an die Order halten werde.

Dieser Ulrich Bauhaus, der im Mai 1996 gestorben ist, war schon wegen seiner hünenhaften Gestalt ein guter Leibwächter und seinem Chef bedingungslos ergeben. Er liebte den Kanzler und wollte von ihm geliebt werden. Dass Brandt, bei aller gelegentlichen Kumpanei, zu einer solchen »Männerfreundschaft« nicht bereit, wohl auch gar nicht fähig war, dürfte Bauhaus ebenso wenig begriffen haben wie Günter Guillaume. Brandt ärgerte sich oft über die Omnipräsenz der Sicherheitsleute und beschwerte sich zuweilen bei Reinhard Wilke über diese »Nichtstuer« (zum Beispiel nach dem Norwegen-Urlaub) und deren Benehmen. Was Bauhaus als Kommandoführer der etwa zwanzigköpfigen Kanzler-Begleitmannschaft auf die Dauer zum Problem werden ließ, war vor allem seine Neigung, mit der Nähe zum Kanzler anzugeben – zum Beispiel bei feucht-fröhlichen Zusammenkünften mit Journalisten beiderlei Geschlechts – sowie seine in den Jahren der Gemeinsamkeit gewachsene Überzeugung, er könne sich alles erlauben, denn Brandt werde ihn auf jeden Fall decken. Es gab Streitereien im Begleitkommando, auch mal eine Prügelei, an der Bauhaus beteiligt war. Und Brandts Fahrer Hans Simon fiel damals auf, dass Bauhaus spätestens 1973 »stark abbaute«; er habe im Auto oft so hemmungslos geredet, dass Rut Brandt nach einer solchen Fahrt einmal gefragt habe, ob der Mann Alkoholiker sei.

Bauhaus also wurde in den folgenden Tagen zunächst von Regierungskriminaldirektoren des BKA, den Herren Schütz und Roemelt, dann auch von Günther Scheicher vernommen – was dafür spricht, dass es sich vor allem um eine »dienstrechtliche Anhörung« und nicht um Ermittlungen im Strafverfahren Guillaume handelte. Bei mindestens einer dieser Vernehmungen muss der Leibwächter sich – immer außerhalb des Protokolls – in Rage geredet haben, weil er wütend darüber war, dass Guillaume seit einiger Zeit in eine Tabuzone eindrang, die Bauhaus für sich reklamierte: die Herstellung von Kontakten zwischen dem Kanzler und den Frauen, die er zu sehen wünschte. Die BKA-Direktoren beschlossen, ihren Chef ins Bild zu setzen.

Am Samstagmorgen, 27. April, 11 Uhr, waren Schütz

und Roemelt ohnehin bei Herold in Wiesbaden zu einer Routinesitzung, vor deren Beginn Schütz darum bat, Herold allein zu sprechen; es gehe, seiner Meinung nach, um ein Staatsgeheimnis. Schütz referierte, was er von Mager und nun auch von Bauhaus gehört hatte. Mager solle sofort anreisen. Außerdem müsse der Generalbundesanwalt »über diesen Anfangsverdacht eines weiteren Verratsumfangs« (Herold) unterrichtet werden.

Nun sind auch die BKA-Herren so »elektrisiert« wie weiland Genscher. Die Situation erinnert an einen Fernsehkrimi, wenn die Ermittler plötzlich losbrausen und diese mobilen Blaulichter auf ihre zivilen Autos stellen, von deren Dächern sie dann auch in den schärfsten Kurven nicht mehr herunterfallen. Jedenfalls sind die Zutaten für einen richtigen Krimi nun komplett: Sex and Crime im Milieu der Mächtigen. Der Ablauf der Ereignisse gewinnt eine Eigenbeschleunigung, die anders kaum zu erklären wäre.

Montag, 29. April, BKA-Chef Herold ist um 7.45 Uhr bei der Sicherungsgruppe in Bad Godesberg. Er will Genscher berichten, ruft ihn an. Genscher ist auf einer Verwaltungsratssitzung des ZDF in Mainz, muss aber um 12.15 Uhr dort weg. Herold soll sofort per Hubschrauber nach Mainz kommen. Die Ankunft des einbestellten Gernot Mager verzögert sich, Herold trifft ihn erst auf dem Weg zum Hubschrauber, befragt ihn in aller Eile, ob es stimme, dass Guillaume dem Kanzler Frauen zugeführt habe. Mager bestätigt, er habe selbst mehrmals erlebt, wie Guillaume zur Nachtzeit an den Sicherheitsbeamten vorbei »Frauen in das Sonderzugabteil des Kanzlers geschleust und anschließend im Nebenabteil geruht habe« (Herold).

Der Hubschrauberflug dauert wegen Nebels etwas länger. Als Herold in Mainz landet, ist die ZDF-Verwaltungsratssitzung bereits beendet. Eher zufällig trifft er den Innenminister in einem Nebenzimmer noch an – in außerordentlich vertrautem Gespräch mit dem CDU-Vorsitzenden Helmut Kohl, der auch dem Verwaltungsrat des ZDF angehört. Wieder in großer Eile, denn Genscher muss um 14 Uhr auf Schloss Gymnich bei Bonn eine Innenministerkonferenz eröffnen, schildert Herold ihm, dass Guillaume sich offenbar »Kompromate« beschafft habe, also von kompromittierenden Situationen wisse, und schlägt vor, sofort den Generalbundesanwalt zu verständigen. Genscher sagt, nichts solle vertuscht werden, er übertrage es Herold, das Notwendige zu tun – und fliegt ab.

Wieder in Wiesbaden versucht Herold um 12.50 Uhr, den designierten Generalbundesanwalt Buback zu erreichen, vergebens. Kurz darauf ruft Genscher an. Er habe während des Fluges nachgedacht, die Sache sei schwerwiegend, es müsse unbedingt geklärt werden, ob es sich um Fakten oder bloß um Redereien handle. Genscher schlägt Herold vor, »die Vermutungen zu untermauern«, überlässt ihm aber die Entscheidung. Der BKA-Chef stimmt dem Vorschlag zu und verspricht einen Bericht bis 19 Uhr. Er bestellt Schütz und Scheicher, die Mager noch weiter befragt haben, für 15 Uhr nach Wiesbaden, dann Mager selbst. Dieser gibt ihm eine »detaillierte und mit Namen und Zeitpunkten belegte Darstellung von zahlreichen Fällen«, die Herold in einem Aktenvermerk festhält. Um 19.15 Uhr berichten Herold und Schütz dem Innenminister auf Schloss Gymnich über Magers Aussagen.

Bei dieser Gelegenheit wird »abgewogen, ob weitere Beamte angehört werden sollten« – so Herolds Erinnerung. Genscher sei der Meinung gewesen, man solle noch den Sicherheitsbeamten Karl Willeck anhören, den Mager in seinen Erzählungen offenbar als den Mann bezeichnet hat, der morgens in einem Hotelbett des Kanzlers ein Collier gefunden habe. Willeck wird noch am selben Abend von Günther Scheicher nach Godesberg einberufen und angehört. Er schildert »zahlreiche Fälle, in denen Beamte des Begleitkommandos dem Kanzler Frauen zugeführt hatten«, so Herold. In keinem dieser Fälle aber ist ein direkter Zusammenhang mit Guillaume herzustellen, schon gar nicht im »Collier-Fall«.

Kriminalhauptkommissar Karl Willeck, Oberschlesier, Polizist »von der Pike auf«, hat mir im April 2002 versichert, er selbst habe dem Kanzler nie »Frauen zugeführt«. Er ist überzeugt davon, sauber geblieben zu sein – im Unterschied zu dem Kommandoführer Bauhaus zum Beispiel, der ja eben kein gelernter Polizist gewesen sei, sondern aus dem Passkontrolldienst komme, aber gleich in die SPD eingetreten sei. Willeck, der Stellvertreter von Bauhaus, hat aber nicht verhindern können, dass die hohen Chefs – er nennt sie »die Sirs« oder, wenn sie promoviert sind, »Herr Doktor« – einen rechtschaffenen kleinen Mann wie ihn zuweilen instrumentalisierten. Im »Collier-Fall« zum Beispiel. Der ereignete sich im Herbst 1969; Guillaume war noch gar nicht im Kanzleramt. Schauplatz: Hotel Interconti Hannover. Willeck räumt des Kanzlers Zimmer auf, findet im Bett das Collier. Als er dem Kanzler davon erzählt, nennt der ihm völlig gelassen einen Namen, vielleicht auch eine Zimmernummer – eine Stewardess, meint Willeck. Er habe dem von Brandt genannten jungen Mädchen das Geschmeide zurückgebracht – mit ein paar ermahnenden, von der Sorge um die Sicherheit des Kanzlers diktierten Worten.

Genscher erfährt von der Willeck-Aussage am nächsten Morgen in Wiesbaden, als er um 10.45 Uhr zur Präsentation des INPOL-Systems eintrifft – einer von Herold eingeführten Computer-Innovation, die es seit 1972 ermöglicht, Informationen in Sekundenschnelle aus der BKA-Zentrale an die Ermittler weiterzugeben. Am Rande dieser Veranstaltung schlägt Herold dem Innenminister vor, nur jene bisher bekannt gewordenen »Fälle« dem Generalbundesanwalt zu melden, die sich auf Guillaume beziehen, denn nur sie seien strafrechtlich von Bedeutung. Willecks Aussage hat dazu nichts beigetragen.

Auch deshalb wohl entschließt man sich, weitere Sicherheitsbeamte zu befragen. Wie und auf wessen Initiative dieser Entschluss zustande kommt, ist bis heute umstritten. Sicher ist nur, dass etwa vier weitere Beamte aus dem Kanzler-Begleitkommando von BKA-Direktoren »informatorisch angehört« worden sind, ohne Protokoll, die Herren machten sich allenfalls Notizen. Und so begann, ausgelöst durch ein paar außerprotokollarische Bemerkungen, jener Teil der Ermittlungen, den Willy Brandt als Ausforschung seiner Privatsphäre empfunden hat; der ihn hat argwöhnen lassen, es gehe den Staatsschützern mehr um den Kanzler als um den Spion.

An diesem Wochenende des 27./28. April lag er zu Hause krank im Bett. »Banalitäten des eigenen Wohlbefindens schieben sich störend ins Bild«, so beschrieb er selbst die Situation. Gespräche mit politischen Freunden führte er trotzdem und arbeitete im Rahmen des Möglichen weiter, auch am geplanten Revirement.

Frühmorgens am Montag ging er zum Zahnarzt. Zwei Backenzähne wurden gezogen, rechts oben, ganz hinten. Brandt erschien dennoch »mit dicker Backe« bei der morgendlichen »Lage« im Kanzleramt, was er nicht allzu oft tat. Der Fall Guillaume dominierte die Diskussion. Im Amt waren inzwischen nicht nur die Umstände der Einstellung

Guillaumes noch mal durchdekliniert, sondern mithilfe der Registratur auch einige der Geheimsachen ermittelt worden, die dieser in Norwegen vom Ticker genommen und gelesen hatte. Brandt wurde langsam aber sicher klar, von wie vielen falschen Annahmen er ausgegangen war und wo er sich anders hätte verhalten müssen. »Ich Rindvieh«, notierte er unter dem Datum des 29. April, »hätte mich auf den Rat eines anderen Rindviehs nie einlassen dürfen!« Das andere Rindvieh war wohl Genscher, auch wenn der Rat von Nollau kam; der aber durfte den Innenminister damals nicht zum Kanzler begleiten. Offenbar wuchsen Brandts Zweifel, dass er sein Verhalten überhaupt werde verständlich machen können.

Grundlos war sein Zorn auf das »andere Rindvieh« gewiss nicht. Genscher agierte in diesen Tagen offenbar am Rande einer Panik. Seine Angst, der Fall Guillaume könne ihm kurz vor dem fest vereinbarten Aufstieg aus dem Innenministerium ins Amt des Außenministers und Vizekanzlers doch noch die Karriere verhageln, muss gewaltig gewesen sein. Als der mit erheblich besseren Nerven ausgestattete Verfassungsschutz-Chef Nollau sich bei ihm zu Beginn jener Woche in eine – seit längerem geplante – Kur verabschiedete, versuchte Genscher, die Verantwortung für die Spionageaffäre von seinem Zuständigkeitsbereich weg und auf das Kanzleramt zu lenken. Wie *Der Spiegel* unwidersprochen berichtet hat, ließ Genscher »in seinem Ministerium eine Vier-Punkte-Erklärung mit dem maschinengeschriebenen Kopf ›Bundesamt für Verfassungsschutz‹, aber ohne Unterschrift verfassen und ohne Wissen des Kanzlers ... ausstreuen«. Knackpunkt: Der damalige Kanzleramtschef Ehmke habe Guillaume eingestellt, obwohl sein Amt, zumindest mündlich, über die Verdachtsmomente gegen diesen unterrichtet worden sei. Außerdem sei das Kanzleramt für Guillaumes Sicherheitsüberprüfung zuständig gewesen, das BfV habe nur »Amtshilfe« geleistet. Man könnte das eine Denunziation nennen, hätte Genscher nicht wenig später vor der FDP-Fraktion behauptet, die Vier-Punkte-Erklärung sei mit Kanzleramtschef Grabert »abgestimmt« gewesen.

Der bereits in die Kur aufgebrochene Nollau wurde, kurz bevor er Bad Tölz erreichte, von Genscher per Autotelefon angerufen und nach Köln zurückbeordert – aber nicht deswegen, sondern weil seine Kur in einigen Blättern nun als maskierter Hinauswurf interpretiert wurde. Nach Rückkehr ins Amt ließ Nollau ein Dementi los, das die Vier-Punkte-Erklärung stark abschwächte. Deren Echo in der oppositionsfreundlichen Presse war dennoch beträchtlich. Besonders *Bild* nahm Ehmke ins Visier.

Am frühen Abend des 29. April rief Brandt Horst Ehmke in Stuttgart an und bat ihn, trotz lokaler Wahlkampfverpflichtungen sofort zu ihm nach Bonn zu kommen. Brandts *Notizen* zufolge traf Ehmke etwa um 22.30 Uhr am Kiefernweg ein. Kanzleramtschef Grabert war entweder schon dort oder kam später dazu; da erinnern die Beteiligten sich unterschiedlich. Wie auch immer: In dieser Nacht war zum ersten Mal ernsthaft von Rücktritt die Rede.

Rückblickend hat Brandt in einem langen Gespräch mit mir im Mai 1978 diesen Abend als entscheidend zumindest für die Erkenntnis dargestellt, er werde nicht ungeschoren bleiben: »Ich habe Ehmke kommen lassen. Grabert war zunächst bei mir, als mein damals formal engster Mitarbeiter im Kanzleramt. Ehmke ist am späteren Abend gekommen, und ich bin mit ihm den Fall G. durchgegangen. In diesem freundschaftlichen Gespräch bin ich zu dem Ergebnis gekommen: Die Verantwortung wird formal bei mir hängen bleiben – und es gibt keine oder kaum eine

Möglichkeit, dies durch Rücktritte anderer zu heilen. Ich habe ja dann allerdings auch niemanden getroffen, der dazu bereit gewesen wäre.«

Das entspricht der Schilderung, die Brandt erheblich früher in den *Notizen* aufgeschrieben hat: »Ich überrasche meinen (meine) Gesprächspartner damit, dass ich unter Zurückweisung jeden Widerspruchs sage, a) ich hätte meine eigene Verantwortung für die Einstellung G., insbesondere in meinem engeren Bereich zu übernehmen« – obwohl der damals zuständige Ehmke vom Verfassungsschutz grünes Licht bekommen hatte – und »b) ich fühle mich insbesondere verantwortlich dafür, dass G. ab Frühsommer '73 in seiner Funktion belassen wurde« – in seiner Funktion als Reisemarschall zum Beispiel, der nächtens im Salonwagen sein Abteil neben dem des Kanzlers hatte.

»Es lief auf ihn zu«, so Arnulf Baring im *Machtwechsel* über Brandts Empfindungen an diesem Abend. »Seine dunklen Vorahnungen nahmen allmählich Gestalt an: die eigene. Und warum? Weil der couragierte Ehmke, der sonst keinen Konflikt scheute und nicht leicht aufgab, Brandt in dieser Unterredung voraussagte, er werde da niemals heil durchkommen.« Ehmke artikulierte, was Brandt im Laufe des Tages schon begriffen hatte: Niemand werde ihm so viel Naivität abnehmen, keiner werde seinen großzügigen Umgang mit geheimen Staatspapieren verständlich oder gar entschuldbar finden. Dem beschwichtigenden Grabert fuhr Ehmke barsch über den Mund. »Ich hätte ihn auf den Mond schießen können.« Aber Ehmke ließ es nicht beim Schimpfen, er offerierte dem Kanzler auch Konsequenzen. »Ich bot ihm meinen Rücktritt an. Davon hielt er nichts, ebenso wenig wie später Wehner, da die Versäumnisse bei der Einstellung im Wesentlichen beim Verfassungsschutzamt gelegen hatten …«

Ohne Zweifel hat Brandt auch an den eigenen Rücktritt gedacht, hat den Gedanken aber abgewiesen. Ehmke bestätigt das in seinen Memoiren *Mittendrin:* »Brandt dachte zum ersten Mal an Rücktritt. Für diesen Fall müsse Helmut Schmidt übernehmen. Noch wolle er aber kämpfen.« Brandt selbst notiert: »Ehmke stellte zur Diskussion, ob nicht ein Rücktritt gegenüber der zu erwartenden Erosion vorzuziehen sei. Grabert widersprach lebhaft und plädierte für ein ›muddle-through‹; in einigen Tagen werde man klarer sehen. Ich war zu diesem Zeitpunkt noch entschieden gegen Rücktritt. Hatte allerdings Herbert Wehner am Nachmittag gefragt, ob er meine, dass ich durchkommen werde (ohne eine Antwort darauf zu bekommen).« Nein – so wollte er nicht abgehen, nicht wegen eines Agenten, dessen Adjutantendienste er gedankenlos in Anspruch genommen hatte. So schmählich nicht.

»Bemerkenswert: von der sog.[enannten] ›Privatsphäre‹ war in diesen Erörterungen und Überlegungen noch nirgends die Rede«, so Brandt am Ende seiner *Notizen* über die Nacht vom 29. auf den 30. April. Doch, es war die Rede davon, im Bundeskriminalamt zum Beispiel; nur wusste der Kanzler das noch nicht.

Am 30. April, um 9 Uhr, Kabinettssitzung, Brandts letzte. Er äußerte sich zu dem Spionagefall nun problembewusst, aber unbestimmt, was die Folgen angeht. Deutlicher wurde er beim Koalitionsgespräch um 13.15 Uhr, einem Routinetermin, gegenüber Schmidt, Wehner, Scheel, Genscher und Mischnick: dass er sich wegen seiner eigenen Verantwortung zu prüfen habe, vor allem was Guillaumes »unveränderte Weiterverwendung ab Frühsommer '73« angehe. Dies hatte gewiss auch damit zu tun, dass dem Kabinett und den Koalitionären nun mitgeteilt werden musste, welche geheimen Papiere in Norwegen durch die Hände des Spions gegangen waren. Es musste entschieden werden, »in welcher Form welche Alliierten, besonders die Amerikaner, zu unterrichten sein würden« (Brandt) – in jedem Fall eine Peinlichkeit.

Am frühen Nachmittag dann erste Anzeichen für die drohende Verknüpfung von Intimsphäre und Spionageaffäre. Gerhard Jahn, der Justizminister, erschien allein bei Brandt, sehr besorgt: Er habe aus der Bundesanwaltschaft gehört, Guillaume könne dem Kanzler »Mädchen zugeführt« haben. Gehört hatte Jahn das bereits am Donnerstag von Bundesanwalt Träger, der ihn am späten Abend angerufen und dabei gesagt hatte: »Da braut sich was zusammen, es kommt was auf uns zu«, der aber ausdrücklich hinzugefügt hatte, das laufe »im Verantwortungsbereich von Genscher«, sei also wohl ein Problem des BKA und nicht der Strafverfolgung des Agenten.

Der Kanzler reagierte ungewöhnlich heftig, allerdings ohne den Justizminister anzuweisen, er möge »diesen Unfug« schleunigst stoppen: »Ich sage Gerhard Jahn, dies sei lächerlich«, und er könne dem betreffenden Bundesanwalt ausrichten, Brandt lasse sich wegen dieser Vermutungen keine zusätzlichen grauen Haare wachsen. So leichtfertig diese Antwort war, so groß war Brandts Empörung über das Interesse an seiner Intimsphäre – und so tief saß sie. Immer wieder, auch noch lange nach seinem Rücktritt hat er befreundeten Gesprächspartnern gesagt, er sei zu der Überzeugung gekommen, dass die Vernehmungspraxis damals »illegal« gewesen sei; Bauhaus hätte nicht von Angehörigen seiner eigenen Behörde und schon gar nicht ohne Rechtsbeistand vernommen werden dürfen. In einem 1988 geschriebenen Artikel für den *Spiegel* spricht Brandt von den »arg neben der Sache liegenden Reaktionen kränkelnder Staatsschutzhirne bei der Enttarnung des ›Kanzlerspions‹ im April '74«. In seinen 1989 erschienenen *Erinnerungen* geht er noch einen Schritt weiter: »Ich zweifle nicht daran, dass bei einigen der Beteiligten politisch und persönlich bedingte Böswilligkeit hineingespielt hat.« Und er fragt sich, ob man nun wohl gelernt habe, »wie leicht ein Verfassungsorgan fast komplottartig auszuhebeln war, wenn Sicherheitsintriganten mit dem Blick durchs Schlüsselloch spielten und hysterische Reaktionen auslösten«.

Das sind massive Vorwürfe. Aber niemand hat es unternommen, gegen die »kränkelnden Staatsschutzhirne« und die »Sicherheitsintriganten« eine Klage anzustrengen, auch Brandt nicht. Allerdings hat Generalbundesanwalt Ludwig Martin schon wenige Monate nach seinem Ausscheiden aus dem Amt in einem Artikel für die *FAZ* vom 24. September 1974 *sine ira et studio* festgestellt, dass der Innenminister seine Befugnisse überschritten habe, als er anordnete beziehungsweise anregte, Brandts Bodyguards anzuhören. Der Innenminister, so Martin, sei zwar Disziplinarvorgesetzter der Sicherungsgruppe und könne in dieser Eigenschaft Weisungen erteilen. »Er ist aber nicht ›Herr‹ eines vom Generalbundesanwalt geführten strafrechtlichen Ermittlungsverfahrens, das ein Justizverfahren ist, und muss sich deshalb jeder sachbezogenen Einflussnahme auf ein solches Verfahren und die darin eingesetzten Polizeibeamten enthalten.«

Hans-Dietrich Genscher hat sich in seinen 1995 erschienenen Memoiren aus der Verantwortung für die Befragungen der Sicherheitsbeamten in einer Manier verabschiedet, die später gern »Genscherismus« genannt worden ist: Erst lobt er Buback und Herold als Garanten sachbezogener Ermittlungen, fährt dann aber fort: »Das änderte nichts daran, dass die Befragungen nach meiner Überzeugung unangemessen und für die Ermittlungszwecke nicht erforderlich waren. Was der Anlass der Befragungen wirklich war, ist mir infolge des Wechsels zum Amt des Auswärtigen nicht bekannt geworden.«

Als Herold diese Memoiren las, war er begreiflicherweise »sehr getroffen«. Brieflich erinnerte er Genscher daran, dass er auf dessen Weisung gehandelt habe. Der schrieb zurück, er habe Herold doch über die Maßen gelobt; die Einschränkungen bezögen sich gar nicht auf ihn. Herold verzichtete auf eine Auseinandersetzung, weil er Genscher immer noch dankbar war für die Chance, das Bundeskriminalamt zu einer Zentrale der modernen Verbrechensbekämpfung umzukrempeln. Eine Hand wäscht die andere.

Hatten die Befragungen der Sicherheitsbeamten also gar nichts mit dem Justizverfahren zu tun? Guillaumes Geständnis, Bürger der DDR und ihr Offizier zu sein, hatte ausgereicht, um beim Ermittlungsrichter einen Haftbefehl zu erwirken. Dem vorrangigen Ziel der Bundesanwaltschaft, den Agenten als Landesverräter nach § 94 des Strafgesetzbuches anklagen zu können, war man zu diesem Zeitpunkt aber noch nicht näher gekommen. Zum Beweis des Landesverrats nämlich bedarf es nicht nur der formalen Zugehörigkeit zur Agentenzentrale einer fremden Macht; der Verdächtige muss auch Kenntnis von Staatsgeheimnissen und diese nachweislich weitergegeben haben. Den Vorwurf der nachrichtendienstlichen Tätigkeit, § 99 StGB, dachte die Bundesanwaltschaft beweisen zu können. In puncto Landesverrat hingegen war sie in Schwierigkeiten. Nollaus Observanten hatten keinen einzigen im Sinne der DDR erfolgreichen Agententreff schlüssig nachweisen können.

Die Angaben der Sicherheitsbeamten sollten dabei helfen herauszufinden, welche Verabredungen und Gespräche des Kanzlers der Agent bei welchen Gelegenheiten mitbekommen hatte. Mithilfe ihrer Aussagen stellten die Ermittler einen detaillierten Zeitplan aller Kanzlerbewegungen zusammen, bei denen Guillaume den Kanzler begleitet hatte. In dieses Stundenbuch trugen sie drei Kategorien von Besuchern und Gesprächspartnern ein – in Kategorie drei die Journalisten und vor allem die Journalistinnen, deren Aufenthalt in den Separees des Kanzlers die Fantasie der Bewacher besonders beflügelt hatte. Für die Anklage Guillaumes wegen Landesverrats aber waren solche Phantasien nicht relevant. In den Akten der Bundesanwaltschaft kommen sie nicht vor.

Am Dienstag, dem 30. April, um 14 Uhr, brachte Herold die bei den Anhörungen gewonnenen Erkenntnisse zu Papier. Er fertigte den Bericht PR 1/74. Dieser, von Genscher bei der INPOL-Veranstaltung erbetene Bericht beschränkte sich »auf strafrechtlich relevante Fälle und legt erneut die Notwendigkeit dar, den GBA zu unterrichten«. Herold zitierte wiederholt Aussagen Magers, zum Beispiel: Dieser habe erklärt, »es sei ein offenes Geheimnis im Begleitkommando wie auch unter den begleitenden Mitarbeitern des SPD-Parteivorstandes, dass G. dem Kanzler ›Frauen zugeführt‹ habe. Davon wüssten acht bis zehn Personen. ... Im Begleitkommando werde offen davon gesprochen, dass G. solchen Aufgaben häufig nachkomme.«

Der Bericht ging sofort per Kurier an Innenminister Genscher. Der reagierte auf seine unnachahmliche Weise. Er ließ um 22.30 Uhr seinen Bürochef Klaus Kinkel bei Herold anrufen und ausrichten, er habe den Brief bekommen, Herold möge »seine Pflicht tun«. Der verstand dies als Auftrag, den Generalbundesanwalt zu verständigen, rief dort um 22.45 Uhr an und verabredete sich mit ihm für den folgenden Morgen. Es war Siegfried Bubacks erster Arbeitstag im Amt des GBA.

Brandt war um 15.45 Uhr zu einer Kundgebung nach Saarbrücken gestartet – »etwas angeschlagen«, wie er notierte. Dies bezog sich auf seine physische Verfassung, aber auch auf seine Stimmung. Unterwegs begann er sich Vorwürfe zu machen, dass er in dem Gespräch mit Justizminister Jahn »nicht mit der Faust auf den Tisch geschlagen« habe. Aber »ob es noch genutzt hätte?« Ein berechtigter Zweifel. Von Saarbrücken flog Brandt nach Hamburg, wo er am nächsten Vormittag auf der zentralen Kundgebung der Gewerkschaften zum 1. Mai die Festrede zu halten hatte.

Herolds Bericht PR 1/74 brachte Genscher nun erst recht in Bedrängnis, wie er in seinem Erinnerungsbuch einräumt. »Der Inhalt des Schreibens alarmierte mich. Herold unterrichtete mich über Vernehmungen von Angehörigen der Sicherungsgruppe des Bundeskriminalamts, die sich mit dem Privatleben des Bundeskanzlers befasst hatten. Sie sollten ermitteln, ob Guillaume, der Willy Brandt vor allem auf Urlaubsreisen begleitet hatte, kompromittierende Tatbestände erfahren haben könnte. Besonders alarmierte mich Herolds Mitteilung, er habe Nollau informiert.« Was sollte Genscher nun machen? Dass es nicht genügte, Herold ausrichten zu lassen, er möge seine Pflicht tun, war ihm wohl klar. Sollte, musste, durfte er das brisante Papier Brandt zeigen, an den es nicht gerichtet war? Genscher brauchte Rückendeckung.

Am Morgen des 1. Mai fuhr Genscher »zu Walter Scheel, der mich in seinem Haus auf dem Venusberg, Schleichstraße 6, empfing. Er nahm die Angelegenheit so ernst wie ich und bestärkte mich in meiner Absicht, den Brief sofort durch einen vertrauenswürdigen Boten an Willy Brandt weiterzuleiten, der sich gerade in Hamburg aufhielt.«

Walter Scheel, der keine Memoiren schreibt, hat mir im Oktober 2001 den Besuch Genschers bestätigt, aber darauf bestanden, dass er das Herold-Papier bei dieser Gelegenheit nicht selbst gelesen, sondern nur von Genscher habe referieren lassen und dann dessen Meinung zugestimmt habe, Brandt müsse das sofort zu sehen bekommen. Die »Angelegenheit« selbst hat Scheel nicht für besonders dramatisch gehalten. Genscher habe sich vor allem Sorgen darüber gemacht, dass Guillaume in der Nähe des Kanzlers belassen worden sei, und zwar mit seiner, Genschers, Zustimmung. Dies und nicht Bettgeschichten dürfte an jenem Morgen des 1. Mai das Hauptthema zwischen Genscher und Scheel gewesen sein.

Genschers Anruf aus Scheels Haus erreichte den Kanzler beim Frühstück im Hamburger Hotel Atlantic, in Anwesenheit von Reinhard Wilke. »Anruf von Genscher. Sein PR [persönlicher Referent] komme mit Hubschrauber und bringe mir ein Schriftstück, dessen Inhalt unverzüglich zu erwägen er mir rate. Wir vereinbaren, miteinander zu telefonieren«, notierte Brandt.

Während der Kanzler sich für die Maikundgebung vor dem Hamburger Gewerkschaftshaus am Carl-Legien-Platz rüstete, versammelten sich in Wiesbaden bei Herold im BKA um 10 Uhr der zuständige Bundesanwalt Träger, Abteilungspräsident Schütz und Kriminaldirektor Scheicher. Hätte Herold gewusst, dass sein an Genscher adressierter Bericht gerade an den Kanzler auf den Weg gebracht wurde, wäre er wohl noch deprimierter gewesen, als er ohnehin war. Die Erzählungen der Sicherheitsbeamten hatten ihn, einen Bewunderer Willy Brandts, geschockt. Scheicher erinnert sich, dass Herold mit den Händen vor dem Gesicht dagesessen und gemurmelt habe: »Für mich stürzt ein Denkmal ein.« Dann trug er anhand seines Berichts für Genscher den Sachverhalt vor.

Buback kam (es war, wie schon gesagt, sein erster Amtstag) etwas später. Träger holte ihn am Parkplatz ab und bereitete ihn unter vier Augen auf die Geschichten vor, die er gleich zu hören bekommen sollte. Das war angebracht, denn Buback hatte bis zu diesem Zeitpunkt von den Verdachten, die des Kanzlers Privatleben betrafen, nichts gewusst. Nachdem er die Situation mit Herold erörtert hatte, kam man überein, die Beamten des Begleitkommandos nun durch Kriminalbeamte des BKA vernehmen zu lassen. Als Ermittlungsführer wurde einvernehmlich Günther Scheicher bestimmt. Die Vernehmungsprotokolle sollten direkt an den Generalbundesanwalt gehen. Herold sagte, er wolle sie gar nicht sehen. Buback und Träger machten sich auf den Weg zu Justizminister Jahn nach Marburg, um dort das weitere Verfahren abzusprechen.

Brandts Rede zum 1. Mai war keine Glanzleistung, sie war defensiv und pathetisch zugleich. Sie klang über weite Strecken so, als wolle er sich vor allem selbst Mut machen: »Depressiv – das heißt: verzweifelt – wäre eine Gesellschaft, die sich aufgäbe. Wir denken nicht daran.« Tonfall und Formulierungen hatten etwas Beschwörendes. Brandt faltete beim Sprechen ständig die Hände und schlug damit aufs Rednerpult. Er redete, immer noch mit dicker Backe, 29 Minuten vom Balkon des Gewerkschaftshauses vor rund 20 000 Zuhörern und etwa 2000 linken Störern, die sich gegen Ende der Kundgebung verkrümelten.

Dann ging er mit Wilke »in ein mir zur Verfügung gestelltes Büro« im so genannten Besenbinderhof, dem Gewerkschaftshaus. Dort wartete bereits Genschers

Sonderkurier Klaus Kinkel. Brandt in den *Notizen:* »Ich nahm Kenntnis und ließ Wilke Kenntnis nehmen von dem Schriftstück, das der PR verschlossen brachte und verschlossen wieder mit nach Bonn zurücknahm.« Der Kanzler erfuhr erst später, dass der ihm hier zur Kenntnis gebrachte Brief des BKA-Präsidenten an den Innenminister von diesem angefordert worden war. Das nur an Genscher gerichtete Schreiben enthielt keinen solchen Hinweis.

Brandt merkte sich, wie er seinen *Notizen* anvertraut hat: aus den Befragungen der Sicherheitsbeamten »habe sich ergeben, dass ich mit einer namentlich erwähnten Journalistin ein Verhältnis habe bzw. mich wiederholt mit ihr während politischer Reisen getroffen hätte« – zum Beispiel in eben jenem Atlantic, in dem er auch jetzt wieder abgestiegen war, wo Guillaume es, zuletzt im Februar 1974, zu arrangieren gewusst habe, so stand es in Herolds Bericht, dass besagte Journalistin ein Zimmer der Kanzlersuite bewohnen und jederzeit zu ihm gelangen konnte. Auch merkte sich Brandt, »dass ich zuletzt bei meiner Niedersachsen-Reise Anfang April im Sonderzug den Besuch einer Schwedin gehabt hätte« und dass es »auch bei anderen Gelegenheiten bzw. an anderen Orten Frauengeschichten gegeben habe«, die ihm größtenteils »umgedeutet« vorkamen. Obendrein: »Wilke meinte sich zu erinnern, in dem Schriftstück sei die Möglichkeit der ›Erpressbarkeit‹ angedeutet worden.«

Die Lektüre muss auf Brandt gewirkt haben wie ein Schlag in die Magengrube. Auch noch in den *Erinnerungen* nennt er das Papier »ein Produkt blühender Phantasie. Erstens eine klebrige Mischung von Vorgängen, die teils beobachtet und teils unterstellt worden waren; zweitens ging es um eine liebe Freundin, mit der ich mich seit Jahren und ohne die Spur von Geheimniskrämerei getroffen und die alles andere als verdient hatte, sicherheitspolizeilich ›erfasst‹ zu werden.« Das ging doch nun eindeutig gegen ihn, den Kanzler, und nicht mehr gegen den Spion! »Man nahm sich mein Privatleben vor und ließ es zur Karikatur werden. Überforderte Sicherheitsleute, unter ihnen politische Widersacher und seltsame Tugendwächter, produzierten ein Machwerk, das sich verselbständigte und demgegenüber ich mich rat- und machtlos fühlte.«

Das ist, bedenkt man Brandts Biographie, nur allzu verständlich. Denn es ist ja nicht so, dass den Frauen in dieser Biographie eine überdurchschnittliche Bedeutung zukäme, dass Frauen die entscheidenden Wendepunkte seines Lebensweges markierten. »Es gab«, so der gereifte Brandt über den jungen Brandt, »kein starkes Gefühl, dem ich mich rückhaltlos ausliefern konnte.« Da war ab und zu mal ein Mädchen, gewiss, und es gibt fünf oder sechs Frauen, die in seiner Vita wirklich wichtig sind – drei davon Ehefrauen. Aber: »Wenn ich versuche, mich selbst zu durchleuchten«, hat Brandt der Interviewerin Oriana Fallaci gesagt, »komme ich zu dem Schluss, dass mein Leben mehr vom Lesen beeinflusst worden ist als von Menschen. Mit Ausnahme meiner Mutter [Martha Frahm] natürlich.« Diese nämlich hat weiland einen Sozialisten aus ihm gemacht, sie war schon mit achtzehn Jahren in der Gewerkschaftsjugend, und so wurde ihr Sohn da »hineingeboren. Verstehen Sie«, hat Brandt zu Oriana Fallaci gesagt, »das ist nicht mein Verdienst, sondern ihres.«

Alle Frauen, zu denen Brandt eine enge Beziehung hatte, waren auf irgendeine Weise mit der Sozialdemokratie verbunden. Sie wären ihm sonst wohl gar nicht über den Weg gelaufen. Durch den Kopf ging die Liebe bei ihm ohnehin, aber dort eben vorzugsweise durch »linke« Gehirnwindungen. Willy Brandt im Garn einer reaktionären

Salondame – das wäre selbst dann schwer vorstellbar gewesen, wenn seine hohe Reizempfänglichkeit durch die äußeren Vorzüge dieser Dame auf eine harte Probe gestellt worden wäre. Brandt näherte sich den Menschen, also auch den Frauen, über die Sache; und wenn es keine gemeinsame Sache gab, dann wurde nicht viel aus der Annäherung. Henry Kissingers Spruch, Macht sei das größte Aphrodisiakum, hätte der Kanzler Brandt nicht übernommen; der Spruch traf so simpel auf ihn nicht zu. Sein Image hatte eher eine seelsorgerische Qualität. Er weckte – und befriedigte zugleich – das Bedürfnis vieler Wählerinnen nach einer mitleidigen Macht und nach dem Versprechen von Geborgenheit in einer solidarischen Gemeinschaft. Umso härter musste es ihn treffen, dass nun ausgerechnet »Weibergeschichten« seine politische Existenz gefährden sollten.

Den versprochenen Rückruf bei Genscher aus jenem Gewerkschaftshausbüro brachte Brandt noch einigermaßen gelassen hinter sich. »Ich erwähnte kurz, dass es im Vermerk tatsächlich Richtiges neben Quatsch gebe, aber dass auch nicht andeutungsweise strafbare Handlungen vorlägen und auch keine Rede davon sein könne, G. habe über ein mich belastendes Wissen verfügt.« Aber das reichte dem ängstlichen Genscher nicht. Er riet dringend, doch wenigstens Buback anzurufen und diesem zu helfen, die Dinge »richtig einzuordnen«. Brandt lehnte ziemlich schroff ab: »Das fand ich denn doch zu viel und wies darauf hin, dass ich mich überhaupt nicht zu einem derartigen Schriftstück zu äußern gedächte.« Er werde erst mal den Justizminister anrufen. Was er auch gleich tat.

Jahn war zu Hause in Marburg und dort ohnehin schon mit dem Generalbundesanwalt verabredet. Brandt stellte ihm anheim, zusammen mit Buback am nächsten Montag zu ihm zu kommen, wenn es denn sein müsse auch schon Freitagnachmittag oder Samstagfrüh. Dies zeigte, nach Brandts eigener Einschätzung, »dass ich insgesamt nicht (schon nicht mehr) kämpferisch eingestellt war, denn sonst hätte ich sowohl den Innen- wie den Justizminister zu einem anderen Verhalten zu veranlassen gesucht«.

Oder er hätte gleich mit Buback geredet – was er wirklich hätte tun sollen, auch wenn der Rat von Genscher kam. Dann hätte er sehr wahrscheinlich erfahren, dass ihm wegen der so genannten Weibergeschichten keine Gefahr drohe, jedenfalls nicht von Guillaumes Strafverfolgern. Als nämlich Buback in Begleitung Trägers bei Justizminister Jahn in Marburg eintraf und den Kasus erörterte, wurden die Versammelten sich relativ schnell einig, das Strafverfahren mit diesen Dingen nicht zu belasten. Es gehe um das Verhalten des Beschuldigten Guillaume und um nichts anderes. Damit war grundsätzlich klar, dass Niederschriften des BKA über die Anhörung der Sicherheitsbeamten nicht in die Verfahrensakten gehörten. Sie sind dort auch nicht zu finden. Buback hat den Komplex »Frauenzuführungen« nicht in die Anklage gegen Guillaume aufgenommen. Im Prozess ist er folglich auch nicht erörtert worden.

Nach Brandts Telefonat mit Genscher meldete sich dieser bei Herold und bestätigte, dass er den bewussten Bericht bekommen habe. Herold erwiderte, Kinkel habe ihm ausgerichtet, er möge seine Pflicht tun; deshalb habe er am Morgen den Generalbundesanwalt unterrichtet. Ausgezeichnet, sagte Genscher, genau das sei auch die Meinung des Bundeskanzlers, dem er Herolds Brief weitergereicht habe. Nun möge Herold den Generalbundesanwalt doch noch mal anrufen und ihn bitten, sich alsbald einen Termin beim Kanzler geben zu lassen. »Sie sehen ja, dass ich Ihnen aus guten Gründen sagen ließ, Sie möchten Ihre

Pflicht tun und nach dem Gesetz verfahren«, sagte Genscher, so Herolds Erinnerung. »Ich glaube, wir haben das korrekt abgewickelt.« Willy Brandt sah das natürlich anders. »Warum verschweigen, dass mich die Hamburger Lektüre einigermaßen schockierte«, heißt es in den *Erinnerungen*. Anfang der achtziger Jahre sagte er zu Arnulf Baring, er glaube damals erkannt zu haben, dass alles für ihn schief ausgehen werde.

Nach der Mai-Kundgebung flog Brandt mit Wilke im Hubschrauber zu einer Wahlkundgebung nach Cuxhaven. Wilke hatte ein Vorausexemplar der aktuellen Ausgabe des *stern* aufgetrieben, das der Kanzler nun zu sehen bekam. Auf dem Titel die Zeile »Drei Jahre Spion bei Willy Brandt« und ein Hinweis auf das, was Guillaume »wirklich verraten hat«. Zum ersten Mal in diesen dramatischen Tagen sagte Brandt: »Das steh' ich nicht durch.« Und Wilke ertappte sich bei dem Gedanken: Wenn wir jetzt abstürzen würden, hätte alle Qual ein Ende.

Am Klippenrand

»Wie schrecklich das schwankt von Stunde zu Stunde«

Willy Brandts Reise nach Helgoland an jenem 1. Mai hatte noch Günter Guillaume geplant. Dass er sie nicht mehr organisierte, war zu spüren. Der Inselrundgang des Kanzlers war planwidrig hinausgezögert worden, sodass die günstig gestimmten Tagesgäste bereits abgereist waren und die Einheimischen vor den Fernsehern saßen und sich das zeitversetzt ausgestrahlte Fußball-Länderspiel Deutschland – Schweden anschauten. Nun schien hier einer Regie zu führen, der bloß kaputtes Kino kannte – High noon am Nachmittag und bei Nebel, ausgestorbene Straßen, die Geschäfte geschlossen, die meisten Kneipen verlassen, als wäre Polizeistunde.

Dabei war dies der erste Besuch des Bundeskanzlers auf der knapp einen Quadratkilometer großen Felseninsel in der Nordsee – keine Wahlreise, denn Helgoland gehört zum schleswig-holsteinischen Kreis Pinneberg, nicht zu Niedersachsen, sondern die Einlösung eines Versprechens, das er dem Parteifreund und Bürgervorsteher Peter H. Botter schon 1970 gegeben hatte. »Ja, ich gehöre zu den Deutschen, die eher auf Sansibar als auf Helgoland gewesen sind«, gestand Brandt nun einem Lokalblatt. »Aber der Tausch Sansibar gegen Helgoland (1890, in einem deutsch-britischen Vertrag, der koloniale Einflusssphären neu ordnete) hat sich ja gelohnt.« Ein Freundschaftsbesuch also, Sympathiewerbung. Und jetzt das. Der Kanzler und ein paar Getreue marschierten durch eine Art Geisterstadt. Die Besichtigung der Meerwasserentsalzungsanlage, wo wegen des Feiertags nur eine Sparbesetzung tätig war, wurde zur Zumutung. Der Gast schwieg steinern.

Schließlich ein paar Schritte entlang der Steilküste. Brandt mit Prinz-Heinrich-Mütze hoch auf dem roten Felsen. Nur kärgliches Geländer und Warntafeln, über die der Kanzler hinwegsah, markierten die Grenze zwischen Gipfel und Abgrund. Symbolik, so billig wie aus dem Schlussverkauf, drängte sich selbst solchen Begleitern auf, die nicht ahnten, was Brandt am Mittag dieses Tages zu lesen bekommen hatte, und nur einer oder zwei hörten, was er murmelte, als er hinunter in die Brandung sah: »Wäre auch kein Verlust, wenn man da runterfiele.«

Abends im Kurhotel dann die heile Welt der Honoratioren, Sonntagsgesichter, Spesenaufwand: das obligate Essen für den hohen Gast. Der hielt eine Tischrede, in der nichts Außerordentliches zur Sprache kam. Aber Brandts Intonation, die beinah bebende Intensität seines Vortrags verlieh ihr einen Hauch von Endgültigkeit. Sie hörte sich an wie eine Rede vom Klippenrand.

Nebenan im Festsaal warteten seit geraumer Zeit die 66 Mitglieder des Helgoländer SPD-Ortsvereins, fest entschlossen zu feuchter Fröhlichkeit und bereits auf gutem Wege dorthin. Eine auf solche Veranstaltungen spezialisierte Allroundkapelle mit dem unpassenden Namen »Rock 2000« lieferte provinzielle Stimmungsmusik. Vergnügt war Brandt bestimmt nicht, als er endlich dazustieß, nicht mal heiter, angeheitert eigentlich auch nicht; der Alkohol sedierte eher, schuf fließende Übergänge. Keine Reden mehr; der Gast ging auf eine Begrüßungsrunde von

Tisch zu Tisch und dazu spielte die Kapelle »Ich tanze mit dir in den Himmel hinein«.

Dann als Darbietung des Abends die »Helgoländer Karkfinken«, eine Art Mainzer Hofsänger auf Plattdeutsch, Schifferklavier-Folklore und immer wieder diese Stimmungsmusik: »Nur nicht den Kopf hängen lassen! Sei munter, dann hast du auch Glück. Drum halte stets wahre Freundschaft, dann kriegst du sie doppelt zurück.« Brandt am Ehrentisch hörte mit ausdruckslosem Gesicht zu. Als ihm ein wohlmeinender Genosse die *stern*-Reporterin Wibke Bruhns als Tischdame zuführte, stutzte er eine Sekunde, ließ es dann aber geschehen.

Der mitgereiste Verkehrsminister Lauritz Lauritzen, mit dem Lokalkolorit bestens vertraut, war als Erster bei den »Karkfinken« auf der Bühne, das Mikrofon in der Hand wie ein Schlagersänger, und gab die Jagd frei auf Shanties: »Rolling home«, den »Hamborger Veermaster« und auch »dem Herrn Pastor sin Kau« (die sich dann als Bulle entpuppt). Davon kannte Willy Brandt viele Strophen. Mit einem Ruck stand er auf, marschierte zum Podium, die Schultern zurückgenommen, den Kopf hoch, so etwas wie Trotz im Blick, und sang mit. Bald sangen alle, auch als das Waterkant-Repertoire erschöpft war – sangen, was deutsche Menschen, wenn sie saufen, eben singen: »Erika« und »O du schöner Westerwald«.

Willy Brandt machte das alles mit – auch die Landsergesänge und das Bierzeltgeschunkel. Aber seine Stimmung hatte Löcher, wie gestanzt. Fröhlichkeit fiel durch, löste sich auf im Alkohol. Einmal murmelte er, nur den nächsten Nachbarn vernehmlich: »Scheißleben.« Gegen Mitternacht, nach einer weiteren Runde durch den Saal, brach er auf, schwer angeschlagen. Mit ihm ging, auch nicht mehr nüchtern, der Leibwächter Bauhaus, der von der Sicherungsgruppe Order hatte, früh am nächsten Morgen zur Vernehmung in Sachen Guillaume, nun offiziell im Auftrag des Generalbundesanwalts, nach Bonn zurückzufliegen.

In dieser Nacht auf Helgoland dachte Willy Brandt daran, seinem Leben ein Ende zu machen. Er hat das, als er 1989 seine *Erinnerungen* veröffentlichte, nicht mehr wahrhaben wollen; es passte einfach nicht in das neue Bild seines Lebens: »Geschwätz gab es auch über Selbstmordgedanken. Dies war eine beträchtliche Überzeichnung der Tatsache, dass ich sehr deprimiert war.« Es war wohl doch mehr. In den *Notizen* hat Brandt über die Helgoländer Genossenfete vermerkt: »Davor und danach düstere Gedanken, die ich auch in einem dann aber in Bonn vernichteten Brief festhielt.« Als er diese Passage 1981 Arnulf Baring vorlas, fügte er ausdrücklich hinzu, er habe »Schluss machen« wollen. Dem Parteifreund Holger Börner hat er es einige Zeit später noch deutlicher gesagt: »Wenn ich in dieser Nacht einen Revolver gehabt hätte, dann hätte ich mich erschossen.«

Wegen seiner Affären? Sicher nicht. Was ihn tiefer getroffen hat, war – auch das steht in den *Notizen* – das »Empfinden, dass ich mich nach den vielen Pannen, Versäumnissen und Anfeindungen seit dem Nov. '72 nicht mehr auf solidem Grund befände. Ahnung, dass die *Bild*-Kampagne mit dem ›Kanzlerspion‹ nur der Auftakt einer neuen großen Hetze sein würde.« Die Ahnung trog ihn nicht. In der Illustrierten *Quick* zum Beispiel stand am 16. Mai der unglaubliche Satz: »Der deutschen Abwehr liegen sichere Hinweise dafür vor, dass der Kanzlerspion in seiner biedermännischen Emsigkeit den größten Erpresserkatalog zusammengestellt hat, von dem man je hörte.« Eine solche Kampagne, die auch vor seiner Intimsphäre nicht Halt machte, konnte und wollte Willy Brandt nicht mehr ertragen.

Das hat mit Selbstgerechtigkeit nicht das Geringste zu tun. Brandt hat über sein Innenleben nur sehr ungern nachgedacht, aber Illusionen darüber hatte er nicht. Er wisse sehr wohl, hat er in einem kurz vor dem Rücktrittsentschluss geführten, am 8. Mai in den *Evangelischen Kommentaren* erschienenen Interview gesagt, »wie notwendig, aber auch schwierig es ist, den Menschen vor sich selbst zu schützen; anmaßend natürlich auch ein wenig, weil man das, was man von Menschen zu wissen glaubt, nicht von sich selbst abstrahieren kann«.

Was er jenem Brief, den Baring einen »Abschiedsbrief an seine Familie« nennt, anvertraute, hat niemand erfahren. Vernichtet hat er ihn erst in Bonn, hatte ihn also noch bei sich, als er am Morgen des 2. Mai während der Rückfahrt von Helgoland auf der Fregatte Köln, mit der er auch hergekommen war, ein »Einzelgespräch mit Hermann Schreiber und Wibke Bruhns über mein Empfinden von dem sich zusammenbrauenden Druck« *(Notizen)* führte. In diesem Gespräch sagte er Sätze wie diese: »Was man doch manchmal für ein Leben führen muss! Da kommt so was auf einen zu wie ein Naturereignis – und man kann nichts machen.« Ein Stück Realität war ihm abhanden gekommen. »Jetzt können Sie mich für einen Idioten halten« – aber er habe in diesem Guillaume wirklich nie den Agenten gesehen, vor dem irgendetwas zu verheimlichen sei. »Wenn man weiß, wie etwas ausgegangen ist, sieht man im Rückblick Situationen, von denen man sich sagt: Das kann doch wohl so nicht gewesen sein.« Aber es war so. Entgangen war dem Kanzler auch, dass er an diesem Morgen eine Hose angezogen hatte, die nicht zum Sakko und zur Weste seines Dreiteilers gehörte.

Anschließend Wahlkampf in Friesland, wieder im

Sonderzug, »eine Vielzahl von guten Veranstaltungen von Wilhelmshaven bis Nordhorn«, notierte Brandt – obwohl die Veranstaltungen keineswegs alle gut waren. Guillaume fehlte hinten und vorne. In Aurich zum Beispiel ließ man Brandt das ausgestorbene Gartengelände eines Altenheims besichtigen, während drinnen die Senioren vor kaltem Kaffee und trockenem Kuchen auf ein Gespräch mit ihm warteten. Auf der Rückfahrt nach Bonn stieg abends in Hamm Kanzleramtschef Grabert zu. Man erörterte »die Möglichkeit, ein unabhängiges Gutachtergremium einzusetzen, das die sicherheitsmäßig beachtlichen, wenn auch strafrechtlich nicht oder weniger relevanten Aspekte des Falles G. zu beurteilen haben würde« – die später so genannte Eschenburg-Kommission. Trübe Stimmung auch hier. Ergebnisse einer Blitzumfrage: 63 Prozent der befragten Bürger meinten, durch den DDR-Spion sei großer Schaden entstanden; 47 Prozent waren für den Rücktritt der Verantwortlichen. Grabert versuchte, wie immer, abzuwiegeln: Man habe schließlich nur zwei »läppische« vertrauliche Vorgänge gefunden, die im Amt über Guillaume gelaufen seien – abgesehen allerdings von den geheimen Norwegen-Dokumenten.

Um dieselbe Zeit wurde in Bad Godesberg der Leibwächter Ulrich Bauhaus vernommen, und zwar von Kriminaldirektor Günther Scheicher, der ihn mit den Erzählungen der Kollegen aus dem Kanzlerkommando konfrontierte. Bauhaus war verunsichert, wollte erst gar nichts mehr sagen. Da kam, eher zufällig, Bundesanwalt Träger dazu und belehrte den Sicherheitsbeamten, was die von BKA-Chef Herold erteilte uneingeschränkte Aussagegenehmigung bedeute, nämlich dass er alles sagen müsse, was mit dem Fall Guillaume zu tun habe, widrigenfalls könne er dem Ermittlungsrichter vorgeführt werden. Als Drohung wollte Träger diese Erklärung nicht verstanden wissen. Bauhaus wiederum versuchte, dem Bundesanwalt begreiflich zu machen, dass er jede Aussage ohne die ausdrückliche Genehmigung Brandts als Vertrauensbruch empfinde. Das half ihm aber nicht. Er wurde mit Schilderungen konfrontiert, die ihn überraschten, weil sie nur aus der engsten Umgebung des Kanzlers kommen konnten, und musste sich dazu äußern.

Vier Tage nach Brandts Rücktritt hat Bauhaus sich in einem Brief an den ehemaligen Chef nach Kräften bemüht, seine Kollegen vom Begleitkommando in Schutz zu nehmen und sich selbst als einen Mann darzustellen, der nur dem Druck von oben gewichen sei. Den vernehmenden Beamten unterstellte er, sie hätten auf höhere Weisung gehandelt, ohne das zu präzisieren. Was er nicht erwähnte, war, dass Träger gesagt hatte, die Aussagegenehmigung erstrecke sich zwar auf den Komplex Amouren, aber die Bundesanwaltschaft interessiere sich nicht für diesen Komplex. Bauhaus schrieb vielmehr, er werde sich vorbehalten, Strafantrag gegen die eigene Behörde, also das BKA, zu stellen, da er zu Aussagen genötigt worden sei. Außerdem habe er den Verdacht, dass die zunächst nur handschriftlich protokollierten Aussagen zur Privatsphäre des Kanzlers dann doch unter »Streng geheim« aktenkundig geworden und zumindest den beteiligten Nachrichtendiensten in Kopie zugänglich gemacht worden seien.

Richtig ist, dass vom BKA als streng geheim gekennzeichnete Aufzeichnungen der Bundesanwaltschaft übergeben worden sind. Der für das Guillaume-Verfahren zuständige Bundesanwalt Träger hat aber dafür gesorgt, dass sie nicht zu den Akten genommen, sondern in einer besonderen Kassette aufbewahrt wurden – das war seinerzeit nach den so genannten VS-Vorschriften der für solche Fälle vorgesehene Aufbewahrungsort. Registriert worden sind diese Eingänge nicht, auch nicht unter »Streng geheim«. Die besagte Kassette ist in den Tresoren der Bundesanwaltschaft nicht mehr vorhanden.

Über die Vernehmung des Leibwächters Bauhaus durch Kriminaldirektor Scheicher am 2. Mai gibt es kein Protokoll; sie war demnach eher eine »dienstrechtliche Anhörung«. Scheicher hat Bauhaus noch einmal am 4. Mai vernommen. Darüber existiert ein Protokoll. Es enthält keinerlei Hinweise auf Affären des Bundeskanzlers. Die weiteren Zeugenvernehmungen sind von Kriminalkommissaren, nicht mehr von BKA-Direktoren, vorgenommen worden. Der Komplex Amouren kommt darin nicht vor. Es wird auch nicht danach gefragt. Die Zeugen, auch die Sicherheitsbeamten, werden im Gegenteil auf § 55 Strafprozessordnung hingewiesen, also darauf, dass sie nichts aussagen müssen, was sie belasten könnte. Wer diese Protokolle heute nachliest, wird keinen Nervenkitzel empfinden, eher schon Mitgefühl mit der Anklagevertretung.

Günther Scheicher fand die Vernehmungen der Sicherheitsbeamten damals auch nicht besonders ergiebig, jedenfalls nicht im Sinne der Ermittlungen gegen Guillaume. Die Leibwächter, die bei des Kanzlers Liebesleben, vielleicht nolens volens, eine Rolle gespielt hatten, gingen nun, da sie mit disziplinarrechtlichen Konsequenzen rechnen mussten, in Deckung, manche entrüsteten sich moralisch. Scheicher verdross das. Er habe, wie er mir gesagt hat, die regulären Protokolle nur in jeweils einer Ausfertigung schreiben lassen, die sofort an den Generalbundesanwalt gegangen sei. Herold wollte sie ja nicht sehen.

Die Verschlusssache PR 1/74, also der Brief Herolds an Genscher und der Aktenvermerk für den Generalbundesanwalt, in dem es ausschließlich um die so genannten Weibergeschichten ging, ist im BKA 1981 vernichtet worden – so Herold. Das hat *Focus* freilich nicht daran hindern können, diese Papiere im Februar 1994 auszugsweise und mit oberflächlich verschlüsselten Namen abzudrucken. *Der Spiegel* hat im März 1995 unter Berufung auf einen »gut informierten Anonymus aus dem Dunstkreis der SPD« berichtet, in einem geheimen Depot mit Papieren Brandts zum Kanzlersturz 1974, das im Archiv der Friedrich-Ebert-Stiftung aufbewahrt werde, befänden sich auch Verhörprotokolle über die »Damenbekanntschaften«; Brandt habe sie von Herold geschickt bekommen – was dieser vehement bestreitet. Wie auch immer: Wenn noch irgendwo Kopien existieren, dann wird man sie eines Tages kennenlernen.

Am 3. Mai erschien BKA-Chef Herold bei seinem Kollegen vom Verfassungsschutz, um ihn zu fragen, »ob ich schon etwas von den peinlichen Details wisse, die ans Tageslicht gekommen seien«, so Nollau. Herold hielt das für seine Pflicht. Brandt hingegen hielt es für einen Teil jenes Komplotts, das er gegen sich am Werk sah. Der »tüchtige Präsident des Wiesbadener Kriminalamts« habe den »für tüchtig gehaltenen Präsidenten des Verfassungsschutzes« aufgesucht, so formulierte er in den *Erinnerungen,* und beide, »die während der Observation nicht hatten zusammenfinden können«, hätten nun »die Geschicke des Vaterlandes in ihre Hände genommen«.

Herold informierte Nollau »an Hand meiner Notizen«, hinterließ aber keine Abschrift davon, sondern übergab lediglich eine Liste der genannten Personen zur »Abklärung« durch den Verfassungsschutz. »Die Aktennotiz«, schrieb Nollau in sein Tagebuch, »enthielt Namen von Journalistinnen, die in das Zimmer Brandts oder in seinen

Salonwagen gebracht worden seien. Auch eine neunzehnjährige Stewardess habe der Bundeskanzler mit auf sein Zimmer genommen.« Nollau erfuhr also eben jenen »Klatsch, der in den Vernehmungen der letzten Tage zusammengetragen worden« war, notierte Brandt.

Was tun? Die moralische Seite der Angelegenheit, darin waren die beiden Dienstmänner sich einig, gehe sie nichts an. Wenn Guillaume allerdings »diese pikanten Details« in dem ihm drohenden Verfahren wegen Landesverrats auftischen würde, dann, so Nollau, »wären die Bundesregierung und auch die Bundesrepublik selbst blamiert bis auf die Knochen. Sage Guillaume dagegen nichts, dann habe die Regierung der DDR – der Guillaume auch über das Privatleben Brandts berichtet hat – es in der Hand, jedes Kabinett Brandt und die SPD zu demütigen.«

Da wurde sie zum ersten Mal vernehmlich intoniert, die Weise von der Erpressbarkeit des Bundeskanzlers, die in den folgenden Tagen immer lauter variiert werden sollte. Hatte der Spion die kompromittierenden Situationen womöglich sogar »lauschoperativ dokumentiert«? Für Geheimdienstler mag das eine legitime Frage gewesen sein. Seltsam aber, dass offenbar nur der Spion selbst die nahe liegende Frage gestellt hat, wie eine solche Erpressung denn hätte funktionieren sollen. »Etwa so«, heißt es in Guillaumes *Aussage*, »dass bei einem deutsch-deutschen Treffen der DDR-Gesprächspartner die Verhandlungen mit dem drohenden Satz eröffnet: ›Herr Bundeskanzler, ich muss mich doch sehr wundern! Was sind das für Geschichten, von denen ich da hören muss?‹ Wem traut man so viel Geschmacklosigkeit und Dummheit zu?«

Niemand hatte dergleichen vor. Das behauptet Markus Wolf und der müsste es eigentlich wissen: Man sei auf solche Informationen im Stasi-Ministerium nicht sonderlich scharf gewesen, auch nicht auf die Berichte über Brandts Verhältnisse mit Journalistinnen. Wolfs Nachfolger als HVA-Chef Werner Großmann sieht es ähnlich: »Wenn sich die Gelegenheit ergibt«, erinnert er sich, »nutzen wir persönliche Dinge auch als Kompromat, also als Druckmittel. Doch wir erkennen, im Gegensatz zum KGB, dass so eingegangene Verpflichtungen auf Dauer nicht funktionieren«, schon gar nicht bei einem Regierungschef. Der ehemalige Desinformationsspezialist Günter Bohnsack, Referatsleiter HVA im Rang eines Oberstleutnants, hat mir erzählt, dass Aktennotizen, in denen Einzelheiten solcher Intimgeschichten festgehalten wurden, meist in besonderen Mappen verwahrt worden seien. Manchmal hätten sich Wolf und auch Mielke an deren Lektüre ergötzt. Den Kanzler Brandt jedenfalls wollte damals niemand erpressen, zumindest nicht in der DDR. In der Bundesrepublik vielleicht?

Der vertrauliche Informationsaustausch zwischen Herold und Nollau hatte ein bemerkenswertes Nachspiel, allerdings erst nachdem Nollau 1987 sein Tagebuch in der Illustrierten *Quick* öffentlich gemacht hatte. Dort nämlich erweckte er den Eindruck, er sei mit Herold darin einig gewesen, Brandt müsse weg. »Wir kommen zu dem Schluss, jemand müsse den Bundeskanzler drängen zurückzutreten. Herold oder ich können das nicht. Da muss einer mit politischer und moralischer Autorität her: Herbert Wehner. Als ich Herold vorschlage, Wehner zu unterrichten, sagte er: ›Das hatte ich von Ihnen erwartet.‹« Außerdem hätten Nollau und Herold sich darüber verständigt, so zitiert der ehemalige Chefredakteur des *stern*, Peter Koch, in einer 1988 erschienenen Brandt-Biografie den Verfassungsschutzchef, sie wollten den Zweck ihres Gesprächs nötigenfalls vertuschen: »Über Guillaumes Verhältnisse zu den Sekretärinnen haben wir gesprochen, so kommen wir überein ...«

Herold empörte sich über diese Darstellungen, die ihn zum Konspirateur machten, und verlangte Widerruf von Nollau. Der verschanzte sich hinter der absurden Behauptung, er kenne Kochs Text nicht. In seinem Tagebuch stehe lediglich, er sei mit Herold übereingekommen, die Dinge so darzustellen, »wie sie sich eben ereignet haben«. Herold fand das ziemlich schäbig, zumal der zitierte Satz in der *Quick*-Version nicht zu finden war, verzichtete aber auf einen Rechtsstreit. Als dann Brandts *Erinnerungen* auf den Markt kamen, empörte Herold sich abermals, nun vor allem über die Anspielungen des Ex-Kanzlers auf ein mögliches Komplott (»... Verfassungsorgan fast komplottartig aushebeln ...«), und verlangte eine Ehrenerklärung. Brandt wand sich; er könne nach eingehender Prüfung nicht zu der Ansicht kommen, dass sich die monierten Textstellen eindeutig auf den damaligen BKA-Chef bezögen. Das reichte Herold aber nicht; mit Brief vom 12. August 1990 gab er »den äußersten Minimalinhalt einer Ehrenerklärung« vor, andernfalls werde er auf Unterlassung und Widerruf klagen. Dazu ließ Brandt es nicht kommen. Am 25. Oktober 1990 schrieb er, mehr oder weniger wunschgemäß, an Herold: »Nach Ihrer Darstellung der Ereignisse vom April/Mai 1974 habe ich keinen Anlass, Zweifel an Ihrem ordnungsgemäßen amtlichen Vorgehen zu haben.«

Wirklich? Brandt war schließlich der Einzige, der wegen der Befragungen der Leibwächter zu leiden gehabt hatte. Für alle anderen Beteiligten blieben die Schnüffeleien und auch deren Anlässe folgenlos. Auch den »Bullen«, die angeblich bei der »Schnepfenjagd« geholfen hatten, tat keiner etwas zu Leide. Eine von Herold gewünschte disziplinarrechtliche Prüfung, ob die beteiligten Sicherheitsbeamten pflichtwidrig gehandelt hätten, wurde vom Bundesinnenministerium gestoppt, wie der ehemalige Kriminaldirektor der Stabsstelle Interpol beim BKA, Dieter Schenk, zu berichten weiß – wohl mehr aus politischen als aus juristischen Erwägungen. Nur Bauhaus verschwand aus dem Begleitkommando. Er wurde in den Innendienst versetzt.

Eines aber steht zweifelsfrei fest: Günther Nollau begab sich an jenem 3. Mai 1974 unverzüglich zu seinem Mentor. »Nach vierzig Minuten saß ich Herbert Wehner in seiner Wohnung gegenüber«, schreibt er in seinen Memoiren *Das Amt*. »Ich berichtete, was ich von Dr. Herold gehört hatte. Dabei erwähnte ich die Namen und Details, deren ich mich erinnerte. Das fiel mir leicht, weil ich einige der Namen schon kannte.« Warum und woher er diese Namen kannte und vor allem seit wann – das hat er für sich behalten. Aber er hat ausdrücklich erwähnt, dass er Wehner keine »Protokolle oder Notizen« übergeben habe, »weil ich von Dr. Herold nichts Schriftliches erhalten hatte«. Wehner hingegen schrieb mit – in seiner alten, kursiven Gabelsberger Kurzschrift, die später von der deutschen Einheitskurzschrift überholt wurde.

Nollaus Tagebuchschilderung in der *Quick* war viel dramatischer. »Gegen 17.30 Uhr bin ich dort. Greta [Burmester, damals noch Wehners Stieftochter, später seine Frau] führt mich in ein kleines Nebenzimmer und sagt, in der Bibliothek säßen andere Leute. HW kam herüber. Ich berichtete ihm in allen Einzelheiten, was ich von Herold gehört hatte. Wehner ist erschüttert. Er sinkt förmlich in sich zusammen und stößt hervor: ›Das bricht uns das Rückgrat.‹ Man müsse, rate ich, den Bundeskanzler bearbeiten, dass er zurücktrete. ›Ich sehe ihn morgen in Münstereifel‹, sagt er, erwähnt aber nicht, was er vorhat.«

In der Urfassung von Nollaus Memoiren lautete das Wehner-Zitat: »Ich sehe ihn morgen in Münstereifel, da werde ich was tun.« Aber diesen Halbsatz musste Nollau streichen, und zwar auf Veranlassung des Genscher-Nachfolgers im Innenministerium, Werner Maihofer, dem der Memoirenschreiber – auch als Pensionär noch ein weisungsgebundener Beamter – sein Manuskript vor der Veröffentlichung vorlegen musste. Dass Maihofer der Veröffentlichung überhaupt zugestimmt hatte, das hat Brandt ihm damals sehr übel genommen.

Wehner begleitete Nollau noch zum Wagen und machte ihm dabei eine erstaunliche Eröffnung: »In der Bibliothek sitzt Honeckers Bote, eine Vertrauensperson aus Ostberlin. Er hat mir erklärt, er habe heute Früh noch mit Honecker gesprochen und solle mir ausrichten, er, Honecker, habe nicht gewusst, dass im Bundeskanzleramt ein Spion sitze. Der Minister für Staatssicherheit habe ihm, Honecker, versichert, Guillaume sei abgeschaltet worden, als er in die Funktion bei Brandt gekommen sei.« Und da Nollau Anstalten machte, seine Zweifel an dieser Botschaft zu artikulieren, fügte Wehner hinzu: »Sie brauchen mir nicht zu sagen, was Sie von diesen Erklärungen halten.«

Der Mann in der Bibliothek war jener Ost-West-Anwalt Professor Dr. Wolfgang Vogel. Er war ohne Zweifel ein Vertrauensmann Honeckers, er wurde später sogar als »persönlicher Beauftragter des SED-Generalsekretärs und Staatsratsvorsitzenden in humanitären Angelegenheiten« bei der Bundesregierung akkreditiert. Aber dass Honecker von dem DDR-Agenten in der Regierungszentrale nichts gewusst habe – das mochte in Bonn damals niemand glauben, besonders Brandt nicht, der sich betrogen fühlte und mit solchen Leuten nicht mehr über Entspannungspolitik verhandeln wollte.

Kaum war Vogel weg, rief Wehner nach Holger Börner. Der war gerade zu einer Parteiveranstaltung im heimischen Kassel unterwegs, machte aber sofort kehrt und war gegen 20 Uhr zur Stelle. Wehner referierte Nollaus Bericht und fragte Börner nach den möglichen Reaktionen in der Partei auf die drohenden Enthüllungen. Musste der Kanzler wirklich das Handtuch werfen? Wehner blieb kryptisch, Börner plädierte erschrocken dagegen – und fuhr wieder ab nach Kassel.

Kann es wirklich sein, dass Honecker von Guillaume keine Ahnung hatte? Brandt hat ihm das auch zehn Jahre später nicht geglaubt, als er zum ersten Mal wieder in die DDR reiste und Honecker dort traf. Der sagte mit feierlicher Miene und tief Luft holend, auch er erfahre »solche Geschichten« erst aus der Zeitung – während »ich in mich hineinlache« (Brandt). Immerhin hat der Kasus den Ex-Kanzler so umgetrieben, dass er Egon Bahr 1992 bat, bei Markus Wolf nachzufragen, ob Honecker Bescheid gewusst habe. Wolf mochte die Frage damals nicht beantworten. Mir hat er im Januar 2002 gesagt, er halte nach wie vor für denkbar, dass die Eitelkeit und die grundsätzliche Geheimnistuerei des Stasi-Ministers Erich Mielke diesen gehindert haben könnten, Honecker zu informieren – von der Angst vor einer Rüge ganz zu schweigen. Von Honeckers Behauptung, er habe Guillaume »abgeschaltet«, als er von dessen Platzierung im Kanzleramt erfuhr, hält Markus Wolf überhaupt nichts, »denn eine derartige Order Honeckers ist mir nie zu Ohren gekommen« – und Guillaume galt in der HVA als Chefsache.

Aber nachdem der Spion enttarnt war, schickte Honecker nicht nur Wolfgang Vogel los, sondern bat auch Valentin Falin, damals Botschafter der Sowjetunion in Bonn, um Hilfe bei der Schadensbegrenzung: Er möge doch sofort Kontakt zu Brandt aufnehmen und ihn davon abbringen, »das Vorgefallene zu dramatisieren«. Aber Falin tat ihm den Gefallen nicht, denn, so fand er, »Brandt nahe zu legen, der DDR-Führung Ablass zu erteilen, hieße, Feuer gegen uns selbst heraufzubeschwören«. Hingegen empfahl er seinem obersten Dienstherrn in Moskau, Brandt einen persönlichen Brief zu schreiben. Das Schreiben traf einen Tag nach Brandts Rücktritt ein. Leonid Breschnew bedauerte die Agentengeschichte zutiefst und versicherte, die sowjetische Seite habe nichts von der Existenz dieser Zeitbombe geahnt, sonst hätte man empfohlen, sie zu entschärfen. Das wiederholte er, als er Brandt im Sommer 1975 in Moskau traf, aber, so erinnert sich Brandt, er »musste sich erst einen Ruck geben, bevor er einige wenige Sätze herausbrachte«. Aus Breschnews Umgebung hörte der Ex-Kanzler, Breschnew sei »zornig aufgebracht« gewesen, als man ihn im Frühjahr 1974 unterrichtet habe. Brandts Kommentar in den *Erinnerungen:* »Ich meinte nicht, diese Äußerungen grundsätzlich verstehen zu sollen.«

Der 3. Mai 1974 war für Willy Brandt ein Tag, an dem seine Stimmung großen Schwankungen unterworfen war. Zu Helmut Schmidt sagte er nach einem Gespräch über die Finanzmisere, »dass die Kanzlerschaft möglicherweise rasch auf ihn zukommen könnte« (*Notizen*). Schmidt sei »überrascht« gewesen – was dieser später relativiert hat, denn er habe solche Brandt-Sätze schon häufiger zu hören bekommen. Und kurz zuvor hatte ihn auch sein französischer Amtskollege und Freund Giscard d'Estaing angerufen und gesagt, er habe das Gefühl, sie beide würden bald an die Spitze ihrer Regierungen vorrücken.

Am späten Nachmittag unternahm Brandt einen Spaziergang im Park des Palais Schaumburg mit Conny Ahlers, dem verstoßenen Freund, den er nicht im Amt des Regierungssprechers gehalten hatte. Der Journalist Ahlers hat auf die Frage, was ihn im Dienste der Kanzler Kiesinger und Brandt am meisten überrascht habe, einmal geantwortet: »... wie schrecklich das schwankt von Stunde zu Stunde, zwischen dem Drang nach Aktion um der Aktion willen und dem Hang zum Treibenlassen, weil man plötzlich erkennt, dass man im Grunde gar nichts machen kann«. Ahlers plädierte wohl ein wenig zu drastisch gegen Rücktritt. Brandt in den *Notizen:* »Er sieht nicht den Ernst, mit dem ich die Frage der Verantwortlichkeit stelle.« Jedenfalls war es nicht Ahlers, den er für den Abend zu sich nach Hause bat, sondern Egon Bahr und Günter Gaus.

Aktion schien geboten. In der Villa am Kiefernweg 12 redeten Brandt, Gaus und Bahr ab 20.30 Uhr zwei Stunden lang detailliert und konzentriert über die Kabinettsumbildung, die nun zum rettenden »Durchmarsch« werden sollte: Die Verantwortlichen der Affäre Guillaume, also Genscher, Ehmke und Nollau, sollten abgelöst und die beiden gefährlichsten Gegenspieler Brandts in den eigenen Reihen, Wehner und Schmidt, neutralisiert werden. Wehner sollte mit einem Ministeramt in die Kabinettsdisziplin eingebunden und Schmidt mit dem Fraktionsvorsitz betraut werden. Bahr sollte Chef des Kanzleramts werden, Gaus das Bundespresseamt übernehmen. Aber, so Egon Bahr, es sei ihm schon, während der Kanzler sich noch an der Diskussion beteiligte, klar geworden, dass Brandt nicht mehr an den »Durchmarsch« glaubte. Woran hat er das gemerkt? »Das ist schwer zu sagen. An der Wortwahl, am Tonfall. Man spürt so was eben, wenn man so befreundet ist.« Bahr in seinen Memoiren: »Ich bekam das Gefühl, ohne das auch nur auf ein einziges Wort beziehen zu können, dass im Innersten des Freundes Resignation keimte.«

Das ganze Vorhaben war ohnehin eher eine Utopie als ein seriöser politischer Plan. Allein schon der Rauswurf Genschers hätte das Ende der sozialliberalen Koalition bedeuten können; die drei Gesprächspartner wussten das genau. Und welches Ministeramt sollte Wehner bekommen, welches würde er akzeptieren? Plötzlich brach denn auch der ganze Aktionismus in sich zusammen. Brandts Stimmung kippte. »Jetzt hört mal zu«, sagte er und redete dann eine Dreiviertelstunde über seine Verantwortung für den Fall Guillaume. Bahr und Gaus schwiegen.

Was Brandts Stimmungsumschwung an jenem Abend ausgelöst hat, weiß Günter Gaus bis heute nicht. Tatsache sei, sagt er, dass Brandt den »Durchmarsch« erst in allem Ernst erörtert und dann plötzlich für obsolet erklärt habe, da er selbst aus seiner Verantwortung nicht herauskomme. Völlig rational kann man das wohl gar nicht erklären – allenfalls so: Der Ertrinkende greift nach einem Strohhalm, merkt schließlich, dass der ihn nicht über Wasser halten kann, und lässt los.

Es mag sein, auch wenn Bahr und Gaus sich nicht präzise daran erinnern können, dass ein Anruf von Holger Börner die Stimmung Brandts hat kippen lassen. Börner jedenfalls weiß genau, dass er an diesem Abend bei Brandt angerufen und ihn vorgewarnt hat: Wehner sei von Nollau über die »Kanzleramouren« informiert worden und werde Brandt am folgenden Tag in Bad Münstereifel darauf ansprechen. Aber Börner hat mit diesem Anruf gewartet, bis er wieder in Kassel war, weil er die brisanten Neuigkeiten nicht über sein Autotelefon kommunizieren wollte. Mag also sein, dass der Anruf erst kam, als Bahr und Gaus gegen Mitternacht gegangen waren.

Völlig beerdigt wurde der »Durchmarsch« an diesem Abend freilich nicht. »Gaus war, als wir gingen, noch der

Meinung: Das wird der Willy jetzt machen«, so Egon Bahr. Deshalb habe er vorgeschlagen, noch einen Spaziergang zu unternehmen und die Dienstautos hinterherfahren zu lassen. Auf diesem Spaziergang dann habe er zu Gaus gesagt: »Es ist vorbei.« Was diesen überraschte.

Günter Gaus bestätigt das. Als Bahr »Es ist vorbei« sagte, sei er ziemlich erschrocken gewesen. Aber er habe »auf gar keinen Fall gegen Egon argumentiert«, denn Bahr kannte Willy Brandt viel länger und viel besser als er. »Stellen Sie sich das doch mal vor: Wir gehen da über den nächtlichen Venusberg, die Dienstautos schleichen abgeblendet hinterher, Egon sagt ›Es ist vorbei‹, und ich insistiere auf Weitermachen? Nein, das Ganze hatte eher was von Wagner: nicht *Tannhäuser*, aber *Götterdämmerung*.«

Am nächsten Morgen, dem 4. Mai, erschien die *Bild*-Zeitung, die das Thema seit Guillaumes Verhaftung kampagnenartig hochgespielt hatte, mit der Schlagzeile: »Machte Kanzler-Spion Porno-Fotos?« Im Text war nur die Rede von Guillaumes Liebschaften mit den Sekretärinnen. Zugleich erreichte den Kanzler die dringende Bitte der führenden Oppositionspolitiker Karl Carstens und Richard Stücklen um eine persönliche Aussprache in Sachen Guillaume. Dies nährte Brandts schwelenden Verdacht, die eigenen Geheimdienste hätten ihn bespitzelt und ihre Erkenntnisse an die Opposition und die Presse geliefert. Zwar versicherten Carstens und Stücklen kurz darauf dem *Spiegel*, sie hätten nur die Namen von zwei weiteren mit Guillaume verbandelten Sekretärinnen nennen und sich nach dem Wahrheitsgehalt des Gerüchts erkundigen wollen, dass auch in der CDU-Spitze ein Ost-Agent enttarnt werden solle. Aber Brandts Gefühl, von den »eigenen Leuten« verraten worden zu sein, saß inzwischen tief.

Um 10.30 Uhr kam Klaus Harpprecht auf den »Berg«, wie die Kanzlerresidenz im Insiderjargon hieß, und redete lange und eindringlich auf Brandt ein, der ihm – wie fast immer – gern zuhörte. Große Politik, internationale Perspektiven. Die Gefahr, dass Europa aus dem Leim gehen könnte. Gemeint war vor allem die Beziehungskrise zwischen dem werdenden, noch mitnichten einigen Westeuropa und dem globalstrategisch operierenden Bündnispartner USA, verschärft durch die Situation im Nahen Osten nach dem Yom-Kippur-Krieg und durch währungspolitische Turbulenzen. Harpprechts Notizen über das »lange Samstaggespräch« sind verloren, er erinnert sich aber, dass Brandt »zum ersten Mal ganz seriös die Möglichkeit eines Rücktritts andeutete«. Der Freund riet wortreich ab, beschwor »das schreckliche Risiko für den Staat, für die Demokratie, die Furcht, dass wir vor die Hunde gehen«. Brandt notierte über Harpprechts Argumente: »Dieser schiebt meine Sorgen wegen einer neuen Dreckkampagne beiseite, hält meine Auffassung von der Verantwortlichkeit in Sachen G. für übertrieben und beschäftigt sich stark mit meiner/unserer Verpflichtung gegenüber Europa.«

Nach einem warnenden Anruf von Justizminister Jahn, den Holger Börner ebenfalls über Wehners Absicht informiert hatte, fuhr Brandt nach Bad Münstereifel in die Tagungsstätte der Friedrich-Ebert-Stiftung, über die Arnulf Baring zu Recht bemerkt, dieses ehemalige Hotel lasse »in Zuschnitt und Stil allerdings eher an ein Heim für Krankenschwestern oder Kindergärtnerinnen« denken, sei jedoch »schön gelegen«, nur eine Autostunde von Bonn entfernt. Das Haus eignete sich hervorragend als Refugium der Genossen für vertrauliche Gesprächsrunden und Klausuren – beiläufig auch als gut getarnter Ort diskreter Rendezvous, die dem Kanzler in Bonn, wo nichts verborgen blieb, zu riskant waren. Wehner, der »Zuchtmeister« der Sozialdemokraten, dürfte davon erfahren haben.

Diesmal war eine Wochenendklausur führender Genossen aus den Gewerkschaften mit Spitzengenossen aus Partei und Regierung anberaumt. Es herrschte Krisenstimmung – kaum verwunderlich nach Fluglotsenstreik und überhöhten Tarifabschlüssen im Öffentlichen Dienst. Vor dem Abendessen an einer großen Tafel – etwa ein Dutzend Teilnehmer, wenig Alkohol, wenig Gelächter – hatte Wehner, wie erwartet, Brandt um ein Gespräch gebeten. Beide verließen die Runde etwa um 19.30 Uhr, was nicht weiter auffiel.

Das Gespräch unter vier Augen, zu dem die beiden aufbrachen, ist in manchen Darstellungen des Amtsverzichts von Willy Brandt als die Stunde der Entscheidung beschrieben worden: An dieser Stelle habe Herbert Wehner den Kanzler zum Rücktritt gedrängt, wenn nicht gar gezwungen. Das aber hat noch nicht einmal Brandt selbst behauptet. Im Gegenteil, er hat dieser Lesart in seinen *Erinnerungen* widersprochen: »Die Kunde ging, der Fraktionsvorsitzende habe mich in die Zange genommen und zum Rücktritt veranlasst. Begründung: Ich sei erpressbar. So war es nicht.«

Wie denn dann? Es gibt keine Zeugen des etwa einstündigen Gesprächs, wir sind also angewiesen auf das, was die beiden Dialogpartner darüber aufgeschrieben oder anderen erzählt haben. Und diese Schilderungen sind so eindeutig nicht, wie sie meist kolportiert worden sind.

Brandts Version in den *Notizen*: »Ich lege meine Sicht der von mir zu übernehmenden Verantwortlichkeiten dar. ... Wehner bezog selbst nicht Stellung, sondern sprach von einer ›besonders schmerzlichen Nachricht‹, die er mir zu überbringen gehabt haben würde, wäre ich nicht selbst auf die diversen Aspekte eingegangen. Er deutete aber an, Nollau würde meinen Rücktritt empfehlen.« Ob dies nun die »besonders schmerzliche Nachricht« war oder nur das »Teilthema«, also die Frauengeschichten, blieb für Brandt zunächst unklar. Dann aber sprach Wehner »von einem ca. 10-seitigen Bericht und ›Damenbekanntschaften‹, der mindestens elf Personen bekannt sei, einschl[ießlich] Gui[llaume]. Laut Nollau sei die Möglichkeit von Erpressung auch nach einem späteren Austausch Gui[llaume]s gegeben. HW sagte, er habe sich keine Einzelheiten gemerkt bzw. wolle sie nicht erwähnen. Er sprach dann doch etwas von einem irgendwo ›liegen gebliebenen Collier‹.«

Man muss sich noch einmal vergegenwärtigen, was Wehner hier mitgeteilt hat. Vermutlich hatte er seine Gabelsberger Kurzschriftnotizen des mündlichen Berichts zur Hand, den Nollau ihm tags zuvor gegeben hatte. Nollau hatte sich dabei auf den – gleichfalls mündlichen – Vortrag von BKA-Chef Herold gestützt, der ihm lediglich eine Namensliste der »abzuklärenden Personen« schriftlich gegeben hatte. Herolds Bericht wiederum stützte sich nicht auf protokollierte Äußerungen der Beamten des Kanzler-Begleitkommandos, sondern allenfalls auf Notizen, die während der »informatorischen Anhörung« von einigen – vermutlich vier – Sicherheitsbeamten entstanden waren. Der Mitteilsamste von diesen war wohl der Kriminalrat Gernot Mager, der viele, wenn nicht die meisten Vorfälle, auch nur von seinen Kollegen gehört hatte – von Zeugen also, deren Platz draußen vor der Tür war, die jedenfalls nicht »die Lampe gehalten« hatten.

Von dieser Qualität waren Wehners Andeutungen in jener Schicksalsnacht von Münstereifel: Männerphantasien, die einen Mann wie Brandt, der in puncto Sexualität lieber konkret wurde, erheitert hätten, wenn der Anlass nicht so ernst gewesen wäre. Don Giovannis Diener Leporello hätte seinem Herrn mit einer solch wackligen Liste nicht kommen dürfen. Was Wunder, dass das bewusste Collier, dessen wahre Herkunft der ehrliche Finder Karl Willeck seinen Befragern doch korrekt mitgeteilt hatte, von Wehner weiterhin der falschen Frau angehängt wurde.

Aber es ging weiß Gott nicht nur um Weibergeschichten. Brandt mag zu Beginn des Gesprächs sogar noch gehofft haben, Wehner werde ihm um des Machterhalts willen helfen, einen Ausweg aus der politischen Krise zu finden, in der die Regierung steckte. Bestimmt hat er auch von der angedachten Kabinettsumbildung gesprochen. Doch davon wollte Wehner nichts mehr wissen; er schwieg verdrossen. »Als er dann auch noch hörte«, so zitiert *Der Spiegel* ein Mitglied des SPD-Vorstands, »dass sein Intimfeind Bahr Chef des Kanzleramts werden sollte, war bei Onkel Herbert erst recht der Ofen aus.«

Aber Brandts Rücktritt hat er nicht verlangt, nur eine Entscheidung binnen 24 Stunden. Und die wollte er dem Kanzler nicht abnehmen. Brandt in den *Erinnerungen*: »Wie immer ich mich entscheiden würde, er trage meinen Entschluss mit.« So hat sich dann auch Wehner geäußert, freilich mit deutlich mehr Pathos: Er habe »uneingeschränkte Treue für jede denkbare Entwicklung« bekundet. Das stimmt nicht ganz. Eine Einschränkung hat Wehner schon gemacht, aber dann nicht mehr erwähnt: Bei den Weibergeschichten könne er nicht helfen, da müsse Brandt selbst sehen, wie er davonkomme.

Arnulf Baring, der 1981 sowohl mit Brandt als auch mit Wehner über die Nacht von Münstereifel gesprochen hat, schreibt im *Machtwechsel*, Wehner habe nicht verborgen, dass er diese Affären als peinlich empfand. »Aber wichtiger war ihm, ihre Bedeutung für die Zukunft der SPD herauszustreichen. Er hielt ihre öffentliche Erörterung parteipolitisch für eine Katastrophe.« Und natürlich wusste Wehner, »wie es um Willy Brandts Willenskraft und Seelenstärke zu diesem Zeitpunkt bestellt war: Das sah ja jeder.« Er wusste also auch, dass sich Brandt ohne die volle Unterstützung Wehners und ohne dessen disziplinierenden Einsatz in der Fraktion den drohenden öffentlichen Auseinandersetzungen nicht gewachsen fühlte.

Es mag aber auch sein, dass Brandt ihm nicht mehr zugetraut hat, die Fraktion geschlossen hinter dem Kanzler zu versammeln – und das wäre Brandt bestimmt wichtiger gewesen als Wehners persönliche Unterstützung, mit der er ohnehin nicht mehr rechnen konnte. Brandt hat Wehner so tief misstraut, dass er ihm die Aufforderung, Kanzler zu bleiben, wahrscheinlich gar nicht abgenommen hätte. Er hätte ihm nicht geglaubt, dass Wehner den Rücktritt wirklich verhindern wolle – und der wollte das ja auch nicht, darüber war Brandt sich spätestens seit Wehners Ausfällen während der Russland-Reise im Klaren. Man darf sogar annehmen, dass Brandt einen Treueschwur Wehners eher beargwöhnt denn als Rettungsanker begriffen hätte – auch wenn er von allen hören wollte, dass er bleiben solle.

Spätestens seit diesem Abend war Wehner für Brandt der Hauptschuldige. Der von Wehner vermutlich geteilten These, er sei erpressbar geworden, hat Brandt in seiner ersten Fernseherklärung nach dem Rücktritt direkt widersprochen: »Es ist und bleibt grotesk, einen deutschen Bundeskanzler für erpressbar zu halten. Ich bin es jedenfalls nicht.« Bezeichnend auch, dass er in den *Notizen* dort, wo das Münstereifel-Gespräch erwähnt wird, nicht nur die politischen Pannen und Niederlagen der letzten anderthalb Jahre summiert, sondern auch seine Verdachte gegen Wehner (und dessen Ost-Kontakte). Beispiel: »Von zentraler Bedeutung die Rolle HWs seit dessen SU-Reise, Sept. '73.«

Und Wehner selbst? Weggefährten seiner späten Jahre, vor allem natürlich seine Frau Greta, wissen, dass er unter der Anschuldigung, der Kanzlerstürzer gewesen zu sein, für den Rest seines Lebens gelitten hat. Gewiss war er der Überzeugung, dass Brandts Amtsführung und Lebensweise den Machterhalt gefährdeten, dass der Kanzler Brandt zu einem Problem für die Regierungsfähigkeit der Partei geworden sei. Aber den Brutus geben und als solcher in den Geschichtsbüchern stehen – das wollte er nicht, das hielt er für eine der vielen Diffamierungen, mit denen er zu leben hatte und gegen die er sich nicht wehren konnte. Dem Interviewer Knut Terjung hat der fast achtzigjährige Wehner 1985 über seine Beziehung zu Brandt gesagt: »Wir haben keine. Das gibt's nicht. Ich kann nicht. Das geht nicht. Ich kenne Brandt. Ich kenne seine Art und Weise, wie er andere Leute behandelt hat, und so habe ich mich davon ferngehalten. ... Da ist überhaupt keine Fähigkeit bei mir zu sagen, also, lass uns jetzt Brüder werden. Das gibt's nicht.«

Nachdem Wehner an jenem Abend in Münstereifel gegangen war, ließ Brandt Holger Börner und Karl Ravens zu sich in das ziemlich triste Zimmer mit der kleinen Sitzgruppe, dem großen Doppelbett und dem langen Schleiflack-Kleiderschrank bitten. Er wollte jetzt nicht allein sein, und es wurde noch ein langer Abend bei viel Rotwein. »Zu nächtlicher Stunde sage ich, dass mein Entschluss zum Rücktritt nahezu feststehe«, schreibt er in *Über den Tag hinaus*. »Die beiden Freunde, denen ich dies sage, versuchen mich umzustimmen und meinen, die Frage der Verantwortung müsse differenzierter beantwortet werden. Sie vermuten wohl, es seien die seit Anfang des Vorjahres sich häufenden Widrigkeiten, die mich mürbe gemacht hätten. Ich will das nicht völlig ausschließen. Wer kann sich insoweit in vollem Umfang selber Rechenschaft geben? Jedenfalls kann ich, neben Fehlern, Konditionsschwächen nicht bestreiten.«

Natürlich hat Brandt den beiden Freunden von dem vorangegangenen Gespräch mit Wehner erzählt – deprimiert über die Schnüffeleien der Geheimdienste, aber vor allem wütend auf Wehner, auf dessen falsche Zitate aus dem Herold-Bericht und dessen Weigerung, einen eindeutigen Rat zu geben. Börner und Ravens taten das nun: Du darfst auf keinen Fall zurücktreten! Börner sagte sogar: »Wenn du willst, versammle ich 20 000 Leute auf dem Bonner Rathausmarkt, halte eine Rede über deine ›Weibergeschichten‹ und lasse abstimmen, ob du trotzdem Kanzler bleiben sollst. Da würden sogar die Impotenten für dich die Hand heben.«

Mag sein, dass der Kanzler noch Hoffnung hatte; die Hoffnung stirbt ja immer zuletzt. Holger Börner jedenfalls glaubt, dass Brandt an diesem Abend noch nicht wirklich zum Rücktritt entschlossen war. Er habe sich, so Börner im Gespräch mit mir, »noch etwas von Helmut Schmidt versprochen« – vielleicht dass dieser sagen würde, was Wehner nicht gesagt hatte: Du musst Kanzler bleiben, und ich werde dich in Zukunft nach Kräften unterstützen!

Am Morgen des 5. Mai ging zunächst das Gespräch mit den Gewerkschaftsbossen weiter. Als sie gegangen waren, versammelte sich, wie vereinbart, die engere SPD-Führung, also Brandt, Schmidt, Wehner, Börner und Schatzmeister Nau. Nur Heinz Kühn, einer der stellvertretenden Parteivorsitzenden, fehlte; er war noch in Afrika und kam erst am nächsten Tag zurück.

In dieser Runde nun sagte Brandt, er werde zurücktreten. Seine eigene Schilderung in *Über den Tag hinaus*: »Ich gebe meinen Entschluss bekannt, begründe ihn und nominiere Helmut Schmidt als meinen Nachfolger. Dieser rät mir besonders eindringlich ab. Dass ich Parteivorsitzender bleibe, steht nicht zur Diskussion.« In den *Notizen* wird Brandt kaum deutlicher: »Ich gebe Gründe für Rücktritt. Helmut Schmidt widerspricht, Herbert Wehner nicht. ... Es wird vereinbart, dass wir am kommenden Tag allein und mit der FDP weiterberaten.«

Das gibt weder die Inhalte noch die Atmosphäre dieser denkwürdigen Versammlung auch nur annähernd wieder, vor allem nicht Helmut Schmidts Reaktion. Der nämlich verlor, wie er später eingeräumt hat, die Fassung. Er schrie Brandt an: Sein Verhalten sei völlig »out of proportion«. Spionage gebe es alle Tage, deshalb trete ein Regierungschef nicht zurück. Und wegen ein paar läppischer Amouren lasse man doch die SPD nicht sitzen! Brandt zitiert Schmidt in den *Notizen* so: »Wenn doch, musst du Vorsitzender bleiben. Du kannst die Partei zusammenhalten, ich nicht!« Was da mitschwang, war ohne Zweifel Schmidts immer wieder artikulierter Ärger darüber, dass Brandt den linken Theoretikern in der Partei viel zu viel Leine gelassen habe. Als Brandt aber auf seinem Entschluss beharrte und ihn sofort, also am Sonntagnachmittag, verkünden wollte, explodierte Schmidt noch einmal: Weder der Bundespräsident noch der Koalitionspartner seien unterrichtet – da könne sich der Regierungschef doch nicht einfach aus dem Staub machen. Das gestand Brandt ihm zu. Die Form sollte gewahrt bleiben.

Hat Wehner in dieser Runde dem Rücktritt wirklich

nicht widersprochen? Die *Spiegel*-Leute Alfred Freudenhammer und Karlheinz Vater behaupten in ihrer Wehner-Biografie das Gegenteil: »Wehner protestierte ebenfalls. Als aber Nau rief: ›Wir werden das durchstehen!‹, kanzelte Wehner ihn ab: ›Nicht du wirst das durchstehen, sondern ich.‹« Wehner habe drei Möglichkeiten vorgetragen: Erstens, der Kanzler könne Grabert und Ehmke als verantwortlich für die Guillaume-Affäre entlassen, im Amt bleiben und kämpfen; zweitens, er könne zurücktreten; drittens aber müsse er, wenn er im Amt bleibe, mit der Möglichkeit rechnen, dass er irgendwann zum Rücktritt gezwungen werde. Doch Wehner sagte wieder nicht, für welche Lösung er sei. Brandt müsse entscheiden. Und dann, mit grimmigem Pathos: »Ich stehe zu dir, wie immer du dich entscheidest. Ich werde die Konsequenzen tragen und mich für dich in Stücke hacken lassen.«

Auch wenn das so gewesen sein sollte – es gibt keinen Zweifel, dass Brandt sich von Wehner im Stich gelassen fühlte. Horst Ehmke in seinen Memoiren: »Nach dem, was Brandt mir später berichtete, war für seinen Entschluss Wehners Verhalten ausschlaggebend gewesen.«

In einer solchen Situation das Kanzleramt übernehmen zu müssen, hat Helmut Schmidt erschreckt, wie er mir im Oktober 2001 noch einmal bestätigte. »Ich wollte das nicht. Ich hatte Angst davor.« Auch bestritt er nicht, Brandt angeschrien zu haben, und zwar in einer Weise, die er sofort bedauert habe. Aber dass er ihn ausdrücklich aufgefordert habe, den Parteivorsitz zu behalten, will er so nicht stehen lassen; sein Zorn über Brandts Nachsicht mit den Linken sei damals einfach zu groß gewesen. Schmidt erinnert sich, mit Alfred Nau zurückgefahren zu sein. In Naus Wohnung auf dem Heiderhof, so Schmidt, sei ihm dann klar geworden, dass er der Nachfolge nicht ausweichen könne, auch wenn er dadurch in den Ruch des Kanzlerkillers komme.

Zurück auf dem Bonner Venusberg schrieb Brandt sofort seine auf den 6. Mai vordatierte Rücktrittserklärung an den Bundespräsidenten, die er tags darauf auch nicht mehr änderte. »Ich übernehme die politische Verantwortung für Fahrlässigkeiten im Zusammenhang mit der Agentenaffäre Guillaume und erkläre meinen Rücktritt vom Amt des Bundeskanzlers.« Aber allein bleiben mit dem Demissionsschreiben wollte er nicht. Horst Grabert war der Erste, der den Brief zu sehen bekam, und er riet, wie nicht anders zu erwarten, dringend ab.

Brandt bat ihn, Scheel aufzutreiben. Der hatte den ganzen Tag auf Schloss Gymnich bei einem informellen Treffen mit den Außenministern der Europäischen Gemeinschaft verbracht, kam auf dem Heimweg etwa um 21 Uhr vorbei, beschwingt wie meistens, und fand starke Worte gegen den Rücktritt. »An Ihrer Stelle würde ich mir sagen, dass sich das auf einer Arschbacke absitzen lässt.« Zu Arnulf Baring hat er später gesagt, er habe lange mit dem Kanzler »gerungen« – wozu Baring treffend bemerkt, das sei ihm nicht schwer gefallen, denn ihm wäre nie in den Sinn gekommen, so wie Brandt auf dergleichen Indiskretionen zu reagieren. Auf keinen Fall, sagte Scheel, dürfe Brandt dem Bundespräsidenten sein Rücktrittsschreiben zugehen lassen, ehe man in der FDP-Führung und zwischen den Koalitionspartnern darüber beraten habe. Baring: »Scheel wollte Zeit gewinnen, Brandt am Montag nochmals ins Gewissen reden, wobei er auch an die eigene Partei dachte: An der Treue und Standfestigkeit der Freien Demokraten sollte nicht der geringste Zweifel erlaubt sein dürfen.«

Mir hat Walter Scheel im Herbst 2001 erzählt, Brandt habe ihm den Rücktrittsbrief gar nicht gezeigt. Wohl aber habe er ihm ein Papier hingehalten und gesagt: Hier, gucken Sie mal – zehn Seiten Weibergeschichten! Das würde voraussetzen, dass Brandt sich den Herold-Bericht oder den Aktenvermerk inzwischen beschafft hatte – was durchaus möglich ist. Gelesen habe er auch dieses Papier nicht, sagt Scheel. Am Ende des Gesprächs aber habe er die Hoffnung gehabt, den Partner umgestimmt zu haben.

Brandt war vielleicht beeindruckt, aber nicht überzeugt: »Scheel rät stark ab, engagiert sich aber weniger als am nächsten Tag (sagt, dass er gleich spätabends noch mit Genscher sprechen werde)«, heißt es in den *Notizen*. Jedenfalls rief Brandt weitere Gesprächspartner herbei: Bahr und Börner kamen, nachdem Scheel gegangen war. Börners Meinung war unverändert. Der Skeptiker Bahr riet, laut *Notizen*, die »endgültige Entscheidung von Gespräch mit Herbert Wehner und Helmut Schmidt abhängig zu machen und auch Herbert Wehner zu klarer Äußerung zu veranlassen«. Es fällt schwer zu glauben, dass Egon Bahr dies für möglich gehalten haben sollte.

Ausgeschlossen ist es aber nicht, dass Willy Brandt an diesem 5. Mai doch noch ans Weitermachen gedacht hat. Horst Ehmke jedenfalls berichtet in seinen 1994 erschienenen Memoiren *Mittendrin* von einem Anruf am Nachmittag, in dem Brandt ihn aufgefordert habe, am nächsten Tag in der Fernsehsendung *Report* die Einstellung Guillaumes im Kanzleramt zu verteidigen. Im Übrigen müsse er, Brandt, sich wegen anderer Personen »noch einiges überlegen«. Das klang nun wieder nach »Durchmarsch«. Ein Neustart um fünf nach zwölf?

Brandt hat sich später Baring gegenüber an diesen Anruf nicht mehr erinnern können; allenfalls sei denkbar, dass Ehmke ihn wegen des Fernsehauftritts angerufen habe und dass er diesen insoweit habe gewähren lassen. Dem widerspricht Ehmke mir gegenüber. Nicht er habe Brandt, sondern dieser habe ihn angerufen wegen der *Report*-Sendung, allerdings nicht in kämpferischer Stimmung. Im Grunde habe er nur den (schon am 29. April erteilten) Auftrag bestätigt: »Also, du machst das wie besprochen; ich muss mir personell noch einiges überlegen, das betrifft aber nicht dich.« Ehmke hat dies in der Tat als Hinweis auf ein Revirement verstanden. Von dem bereits geschriebenen Rücktrittsbrief hat Brandt kein Wort gesagt.

Geredet darüber hat er, »spätabends«, wie er notierte, nur noch mit seinem Sohn Lars. Der hatte, ähnlich wie der Vater, ein separates Apartment in dem Haus Kiefernweg 12, eine Art Einliegerwohnung im zweiten Stock. Dort rief Brandt über Haustelefon den damals 22-jährigen Lars etwa um ein Uhr nachts an – »Er wusste ja, dass ich meistens nachts arbeitete« – und bat ihn zu sich in seine Klause. Dann zeigte er ihm den Rücktrittsbrief.

Willy Brandt hat in diesen entscheidenden Tagen zweimal den Dialog mit Lars gesucht. Offenbar hatte er Grund zu der Annahme, von ihm besser verstanden zu werden als von anderen Menschen. Für Lars war es vor allem eine Demonstration der Verbundenheit, um nicht zu sagen der Solidarität – gewiss auch der Überzeugung, dass der Vater einen solchen Abgang nicht verdient habe, dass er sich mehr Verantwortung auflade, als er hätte müssen.

Lars reagierte so, wie Brandt es sich wohl gewünscht hatte. Er sagte: »Bitte, tu's nicht.«

»... aber diese Last muss ich loswerden«

Der Tag der Entscheidung

Den Termin bei Zahnarzt Dr. Amerling um 8.30 Uhr an diesem Morgen ließ Willy Brandt platzen. Bevor er das Haus verließ, ging er über den langen Flur ins Schlafzimmer seiner Frau, um sich zu verabschieden. Das tat er selten. Rut Brandt war verwundert: »Ich lag noch im Bett. Er stellte sich ans Fußende und sagte: ›Ich werde heute zurücktreten.‹« Die beiden hatten in den vergangenen Tagen kaum miteinander gesprochen, aber Rut war nicht überrascht. Sie sagte: »Das finde ich richtig. Einer muss die Verantwortung auf sich nehmen.«

Brandt ging ohne ein weiteres Wort, offenbar tief getroffen. War seine karge Mitteilung in Wahrheit eine Bitte um Widerspruch? Rut Brandt vermutet es. »Willy sagte später einmal zu mir«, schreibt sie in ihrem Erinnerungsbuch *Freundesland*, »dass Wehner *und* ich an seinem Rücktritt schuld seien. Meinen angeblichen Anteil daran wollte er nicht näher erklären.« Als Matthias Brandt an diesem Morgen zu seiner Mutter ans Bett kam, fand er sie in Tränen. Er glaubte, dass sie krank sei.

Um dieselbe Zeit hatte Herbert Wehner, wie seit längerem verabredet, Gäste zum Frühstück in seinem Reihenhaus am Weißdornweg auf dem Heiderhof: den Ost-West-Anwalt Dr. Wolfgang Vogel und einen weiteren Ost-West-

Grenzgänger, den Schweden Carl-Gustav Svingel, Mitwisser und Helfershelfer vieler Freikäufe von DDR-Häftlingen. Es war ein unruhiges, von Telefonaten unterbrochenes Frühstück. Offenbar wurde Wehner – wahrscheinlich von Holger Börner – über Brandts Rücktrittsentschluss ins Bild gesetzt. Jedenfalls fragte er seine Gäste, was sie sagen würden, wenn Willy morgen nicht mehr Kanzler wäre. Beide reagierten entsetzt.

Carl-Gustav Svingel, ein ehemaliger Opernsänger, der schon während der Großen Koalition die ersten Kontakte zwischen Wolfgang Vogel und dem damaligen gesamtdeutschen Minister Wehner vermittelt hatte, erzählte dem *Spiegel* 1992 eine ziemlich abenteuerliche Version der Ereignisse im Hause Wehner an diesem 6. Mai 1974: wie Helmut Schmidt sich weigerte, Kanzler zu werden, und wie Wehner deshalb auf die Idee kam, den Bundespräsidenten Heinemann zum Weitermachen und Walter Scheel zum Verbleib im Kabinett, sogar zur Übernahme des Kanzleramts zu überreden – und wie er diesen Plan »gegen Mittag« wieder fallen ließ.

Das kann schon deshalb so nicht gewesen sein, weil die *dramatis personae*, auch Wehner selbst, nachweislich anderswo auftreten mussten, zum Beispiel in mehreren Koalitionsgesprächen, die bereits um 9.30 Uhr im Kanzleramt begannen. Nur eine Stelle in Brandts *Notizen* vom 6. Mai deutet darauf hin, dass Wehner in dem behaupteten Sinne aktiv gewesen sein könnte: Demnach sagte dieser »abends, als die Besprechungen zu Ende gingen: er habe den Tag über an anderen Stellen im Sinne des Weitermachens gesprochen«. Dahinter setzt Brandt in Klammern ein dickes Fragezeichen.

Walter Scheel dachte gar nicht daran, seine Pläne zu ändern. Entweder noch in der Nacht oder früh am Morgen hatte er dem Kanzler einen sehr persönlichen, freundschaftlichen Brief geschrieben, den sein Referent Sepp Woelker ins Kanzleramt brachte. Scheel erinnert sich, wie er mir mitgeteilt hat, am Morgen des 6. Mai noch vor der ersten Koalitionsrunde allein in des Kanzlers Büro gegangen zu sein, und zwar in der Erwartung, von diesem nun zu hören, er habe es sich in der Tat anders überlegt und werde im Amt bleiben – was Brandt aber nicht sagte. Dies war für Scheel der Moment der Entscheidung.

Im Kanzleramt begann der Tag wie immer um 9 Uhr mit der »Lage«. Dort wollte Reinhard Wilke dem Redenschreiber Harpprecht die Neuigkeit von Brandts Rücktrittsbrief zuflüstern, Harpprecht mochte aber nicht hinhören. Nach der »Lage« wurde er zu Egon Bahr gebeten, der ihn in Brandts Auftrag mit dessen Rücktrittsentschluss konfrontierte und gegenüber Harpprechts verzweifelten Einwänden hart blieb: Brandt könne es nicht mehr durchkämpfen.

Zuvor schon hatte Bahr, den Tränen nah, Günter Gaus mit der Nachricht von Willys Rücktrittsbrief angerufen. In diesem Gespräch bat er auch darum, Gaus möge ihm einen Termin abnehmen: Es seien am Vormittag ein paar Chefredakteure überwiegend konservativer Tageszeitungen, der so genannte Schmelzer-Kreis, zu einem der üblichen Hintergrundgespräche im Kanzlerbungalow angemeldet. Bahr sagte, er sei jetzt einfach nicht in der Verfassung, mit diesen Leuten zu reden.

Gaus nahm den Termin wahr und tat damit Egon Bahr einen Gefallen, sich selbst aber nicht. An einem solchen Tag als ehemaliger *Spiegel*-Chefredakteur und nunmehr Eingeweihter ein Hintergrundgespräch mit Journalisten führen zu müssen – das konnte wohl nicht abgehen, ohne dass noch mehr Dampf in die schon brodelnde Gerüchteküche geblasen wurde. Robert Schmelzer, Namensgeber des Gesprächskreises und damals Chefredakteur der *Frankfurter Neuen Presse,* hat Gaus' Auftritt – ohne diesen beim Namen zu nennen, aber nicht ohne ironische Spitzen – in seinem Blatt beschrieben: »Punkt 11.35 Uhr ist er da, mit dem Auto die 200 Meter vom Palais Schaumburg zum Bungalow gefahren. ... Es gibt nur ein einziges Gesprächsthema: Guillaume.« Was Gaus dazu gesagt hat, wird unterschiedlich überliefert. Schmelzer: »Mit dringlicher Liebenswürdigkeit bittet Herr X, ein Kettenraucher, ihn über einen einzigen Punkt nicht zu befragen, sondern darüber eine offizielle Meldung abzuwarten. Wann? – Das kann sehr spät werden. – Heute noch? – Höchstwahrscheinlich.« Andere Teilnehmer des Schmelzer-Kreises verbreiteten in den Pressequartieren am Tulpenfeld, Gaus habe empfohlen, so lange wie möglich die halbe erste Seite in den Zeitungen freizuhalten, es werde heute noch was passieren. Dass er gesagt habe, es werde »eine Bombe hochgehen«, bestreitet er entschieden.

In der ersten Koalitionsrunde dieses Tages (Scheel, Genscher, Mischnick mit Brandt, Schmidt, Wehner) ging jedenfalls noch keine Bombe hoch. Wehner sagte anderntags vor der SPD-Fraktion: »Alle haben die Meinung vertreten, dass die Erwägung Willy Brandts von ihnen nicht nur bedauert, sondern dringend ihm angeraten würde, sie nicht zu vollziehen.« Ohne Frage war der Widerspruch der Freidemokraten gegen Brandts »Erwägung« noch lauter als der Helmut Schmidts. Und vor dem Koalitionspartner will nun auch Wehner in diesen Widerspruch eingestimmt haben: Er habe damals erklärt, hat er 1980 seinem Interviewpartner Jürgen Kellermeier gesagt, es gebe keinen Grund dafür, dass der Bundeskanzler zurücktritt. Wenn jemand gehen müsse, dann könne man auch an zwei andere denken, nämlich an den Kanzleramtschef Grabert und an den Innenminister Genscher.

Nach Wehners Darstellung (gegenüber Arnulf Baring) hat Brandt in der Morgenbesprechung des Koalitionskreises einfach seine Entscheidung mitgeteilt, das Palais Schaumburg aufzugeben, und trotz allen Zuredens der anderen fünf Koalitionäre eisern daran festgehalten. Folgt man Brandts Schilderung in den *Notizen,* dann hat Wehner orakelt, dass die »Beschränkung« Brandts auf den SPD-Parteivorsitz Sinn machen könne, wenn sie nicht »resignativ« begründet werde. Ein »offensiver« Rücktritt also? Zu Baring hat Wehner gesagt, vielleicht habe Brandt ja geglaubt, dass die Koalition zerbreche, wenn er bleibe, jedoch Genscher gehen müsse. Allerdings sei das nicht ausprobiert worden. Das ist wahr. Aber sollte Wehner es wirklich bedauert haben?

Die Koalitionsrunde vertagte sich. Wehner: »Es gab eine Bedenk- und Besprechzeit bis zum Abend dieses Tages.« Dies weckte bei einigen Getreuen Brandts, allen voran Klaus Harpprecht, die Hoffnung, es sei wieder alles offen: »WB [Willy Brandt] hat sich dazu entschieden, noch einmal alles zu bedenken«, so Harpprecht in seinem Buch *Im Kanzleramt.* »Gegen 12 Uhr: erste Gerüchte über den Ticker. Sie sind sehr ungenau. Ich bestelle mir die Ticker-Meldung. BK [Bundeskanzler] konferiert mit Egon Bahr, offensichtlich lange.«

So war es in der Tat. Es ging dabei noch immer um Wehners Rolle. Man kann das in den *Notizen* nachlesen: »Egon Bahr brachte am 6. 5. in Erfahrung: in den vorangeg[angenen] Tagen [bis 5. 5.] habe es zwischen Herbert Wehner und Honecker mehrere (vier) Kommunikationen gegeben.« Ein Brief an den Kanzler, den Honecker über Wehner geleitet hatte, habe ihn, Brandt, nie erreicht, und Honecker habe Helmut Schmidt bereits brieflich zu einem Besuch eingeladen, als er, Brandt, noch gar nicht offiziell zurückgetreten sei.« An diesem Montag ergab sich ferner: 1) es hatte mir gegenüber verheimlichte Kontakte mit Ostberlin gegeben (und gab sie auch an folgenden Tagen), 2) eine Kampagne setzte ein, war also seit Tagen vorbereitet worden, 3) es gab Hinweise auf Unkontrollierbares in Nicht-Rechtsblättern.« Diese seltsame Auflistung – der Greta Wehner, was die Honecker-Briefe angeht, später entschieden widersprochen hat – machte zumindest eines deutlich: Brandt fühlte sich gejagt.

Und Egon Bahr versuchte auch nicht mehr, ihm das auszureden: »Am Tag des Zweifels, in seinem Amtszimmer, riet ich zum Rücktritt. ›Sie werden dich jagen und in sechs oder acht Wochen zum Rücktritt zwingen; nur jetzt bestimmst du noch das Gesetz des Handelns.‹ Ich war überzeugt, dass der Freund nur durch diesen Schritt vor der Zerstörung oder Selbstzerstörung bewahrt werden könnte, obwohl mir der tiefe Einschnitt absolut bewusst war.«

Klaus Harpprecht schrieb in der Zwischenzeit flehentliche Durchhaltebriefe: an Brandt, aber auch an Schmidt und sogar an Wehner. Um 13.30 Uhr ließ der Kanzler bitten, und Harpprecht machte sich Hoffnungen: »Gestern stand sein Entschluss fest, jetzt scheinen die Dinge wieder in der Schwebe zu sein.« Brandt wirkte gelöst, ja fast heiter, sprach über Münstereifel und über Wehners Zitate aus dem Herold-Bericht. Unter den dort namentlich genannten Damen befanden sich offenbar auch Harpprechts Frau Renate und Susi von Wechmar, die Frau des Pressechefs. Harpprecht und Brandt lachten darüber. Und Brandt fügte hinzu: »Es ist ja nachgerade peinlich, ich muss nun andauernd beteuern, dass ich keine Verhältnisse hatte.«

Im politischen Bonn verbreitete sich unterdessen Gewitterstimmung. Es braute sich offenbar was zusammen, aber was? Einige Chefredakteure des Schmelzer-Kreises hatten nach dem Hintergrundgespräch mit Gaus ihre Bonner Korrespondenten alarmiert, und die klapperten nun alle möglichen Informanten ab, förderten aber nur die üblichen Verdächtigungen zutage – Gerüchte eben: Generalbundesanwalt Buback und Bundesanwalt Träger seien in Bonn eingetroffen; andererseits sei Verfassungsschutzchef Nollau zum zweiten Mal innerhalb weniger Tage in die Kur nach Bad Tölz abgereist. Um 12.30 Uhr sickerte durch, dass bei der Vorbereitung einer Regierungsdokumentation zum Fall Guillaume erhebliche Meinungsverschiedenheiten zwischen den Ministern Genscher und Ehmke aufgetreten seien. In der Routinepressekonferenz um 14.30 Uhr bestätigte der stellvertretende Regierungssprecher Armin Grünewald die bevorstehende Veröffentlichung dieser Dokumentation, wies aber alle Vermutungen von sich, Ehmke werde wegen der Guillaume-Affäre zurücktreten.

Seit dem Vormittag tagten die Parteipräsidien von CDU und CSU unter dem Vorsitz ihrer Chefs Helmut Kohl und Franz Josef Strauß im Konrad-Adenauer-Haus. Kohl, damals Ministerpräsident von Rheinland-Pfalz, hatte auf der Fahrt nach Bonn übers Autotelefon schon »was läuten gehört« von den Gerüchten über Ehmkes Rücktritt. In der Präsidiumssitzung aber ging es um die offizielle Nominierung des gemeinsamen Kandidaten für die Bundespräsidentenwahl, Richard von Weizsäcker, die um 14 Uhr dann von einer großen Versammlung der christdemokratischen Wahlmänner fast einstimmig bestätigt wurde. Für den Abend hatten sowohl Kohl als auch Strauß zum Umtrunk in die Bierkeller der rheinland-pfälzischen und der bayerischen Landesvertretungen in Bonn gebeten.

Auch der niedersächsische Ministerpräsidenten-Kollege Alfred Kubel, ein Sozialdemokrat, wollte am Abend in seiner Bonner Botschaft Hof halten.

Das Parteipräsidium der Sozialdemokraten tagte ebenfalls um 14 Uhr, allerdings ohne den Parteivorsitzenden Brandt. Von dessen drohendem Rücktritt als Bundeskanzler war mit keiner Silbe die Rede. Die zehn Spitzengenossen kamen im Gegenteil zu einer erstaunlich optimistischen Einschätzung der Folgen des Guillaume-Desasters für die am 9. Juni bevorstehenden Landtagswahlen in Niedersachsen. Und auch die Spitze der SPD-Parlamentarier, der Fraktionsvorstand, trat zusammen, etwa um 17 Uhr, unter Wehners Vorsitz, und beriet hinter verschlossenen Türen länger als erwartet. Wehner gestand den Genossen, dass Guillaume in Norwegen tatsächlich streng geheime Vorgänge in die Hand bekommen habe, und sprach dann auch von einem »dritten Komplex«, der in den Ermittlungen aufgetaucht sei; ins Detail ging er aber nicht.

Wehner war etwas verspätet gekommen, nämlich aus einem zweiten Koalitionsgespräch im Kanzleramt um 16.30 Uhr, in dem es um die von Brandt gewünschte überparteiliche Untersuchung der Rolle der Geheimdienste ging und um deren verstärkte Kontrolle. Brandt notierte eine »grundsätzliche Verständigung über Benennung unabhängiger Persönlichkeiten« (die spätere Eschenburg-Kommission), worüber noch am selben Abend die Fraktionsvorsitzenden – auch die der Oppositionsparteien, Carstens und Stücklen – informiert werden sollten, und zwar vom Kanzler persönlich.

Dachte Brandt um diese Zeit also wirklich ans Weitermachen, ging immer noch alles hin und her? Seine Getreuen hofften das wohl. Er selbst hat es – in *Über den Tag hinaus* – bestritten. Gewiss, er war vormittags, mittags und am frühen Abend »ganz eingebunden in Gespräche«, aber: »Neue Aspekte ergeben sich nicht – außer dass sich eine Kampagne, die auch Privates zum Gegenstand hat, deutlicher abzeichnet. ... Unterschiedlich vorgebrachte Argumente können mich nicht mehr umstimmen. Auch nicht des Außenministers Voraussage eines ›mittleren außenpolitischen Erdbebens‹.«

Harpprecht wiederholte unermüdlich sein Plädoyer gegen Rücktritt, verwies dramatisch auf Adenauer, der in einer solchen Lage nicht gewichen wäre: »Du bist nicht K. A. – gottlob nicht. Aber ein Kanzler muss sich auch an der Prägung dieses Amtes durch K. A. orientieren. ... Bitte erkenne in diesen Zeilen nichts anderes als Sorge, Respekt, Freundschaft. Dein getreuer Klaus.« Aber er musste begreifen, dass er sich vergebens mühte: »Börner und Bahr meinen beide sinngemäß: Ein Ende mit Schrecken sei nun besser. Dann könne man wenigstens mit der Solidarität der Partei und eines Teils der Bevölkerung rechnen.« Auf den Fluren des Palais Schaumburg mit ihren ewig knarrenden Dielen sagte Bahr zu Harpprecht, Brandt sei eben kein Adenauer, »das ist der Unterschied. Adenauer wurde respektiert, Willy Brandt wird geliebt.«

Um 18 Uhr dann die Begegnung mit Generalbundesanwalt Buback, der in Begleitung von Justizminister Jahn erschien; Bundesanwalt Träger wartete im Vorzimmer. Ist dem Kanzler in diesem Gespräch deutlich geworden, dass die Bundesanwaltschaft an der Ausforschung seiner Intimsphäre gar nicht interessiert war? Brandts *Notizen* lassen das nicht erkennen. Er habe, heißt es da, seine Verwunderung über das Interesse der ermittelnden Behörden an privaten Vorgängen ausgedrückt, an denen nichts Strafbares sei; die Ermittelnden fügten offenbar auch ganz Unsinniges zusammen; keiner der befragten Beamten oder auch

Guillaume könnten etwas anderes als die Tatsache von Besuchen angeben. Buback erwiderte, Feststellungen aus dem privaten Bereich seien nur insofern von Bedeutung, als zu klären sei, ob sich Guillaumes Verrat auch auf diesen Bereich erstreckt habe. Buback sagte, man stütze sich besonders auf Befragungen der Sicherheitsbeamten Bauhaus und Küpper und gab (so Brandts *Notizen)* »Hinweis auf ›Liaison‹ und auf Geschichten mit der Schwedin. Nennt einige andere Möglichkeiten einschl. Mystifikationen sowie einen feucht-fröhlichen Barbesuch im Hamburger Plaza-Hotel. Ich meine daraufhin, dass es unsinnig (auch illoyal) wäre, die weithin dubiosen Hinweise im einzelnen zu verifizieren.«

Darauf jedenfalls haben Kanzler und Generalbundesanwalt sich verständigen können. Im Grunde war Buback ja der Ansicht, dass Brandt Recht habe und dass die Frage, ob es nun »Kompromate« gebe oder nicht, in dem Verfahren gegen Guillaume nichts verloren hatte. Jedenfalls sagte er, was er ja vielleicht schon am 1. Mai geäußert hätte: Er werde veranlassen, dass die Befragung der Beamten über diesen Komplex sofort aufhöre. Und das tat er auch.

Um 19 Uhr war Brandt wieder allein mit Jahn und sagte ihm, er sei entschlossen, jetzt aus dem Amt zu gehen – sonst gebe es einen »Rücktritt auf Raten«. Dann rief er die Genossen der engeren Parteiführung zusammen: Schmidt, Wehner, Börner und den inzwischen aus Afrika heimgekehrten Heinz Kühn. »Ich bestätige meinen Entschluss, mache aber, ebenso wie in den nachfolgenden Gesprächen mit Scheel und dem Koalitionskreis klar, dass mich hierzu nicht die Unterhaltung mit Buback veranlasst habe. Ich gebe Helmut Schmidt den freundschaftlichen Rat, sich in der Folge nicht so zu äußern, als ob er von mir einen ›Scheißladen‹ übernommen hätte.«

Die letzte Zusammenkunft des Koalitionskreises um 20 Uhr war kurz, aber wohl nicht schmerzlos. Es war der Moment – um es mit Wehners Worten anderntags vor der Fraktion auszudrücken –, in dem »wir die Unwiderruflichkeit des Entschlusses, von dem wir gesagt haben, er ließe sich modifizieren, von Willy bestätigt bekommen«. Keinerlei Widerspruch mehr? Doch, behauptet Klaus Harpprecht: »Erst als der Entschluss zum Rücktritt unumstößlich geworden ist, hat er [Wehner] ihn lauthals für falsch erklärt und mit erhobener Stimme bedauert.«

Von alledem wusste man außerhalb des Palais Schaumburg um diese Zeit noch nichts. Zwei Meldungen allerdings hatten den Blutdruck der so genannten politischen Beobachter ansteigen lassen: Um 17.59 Uhr teilte das Presseamt mit, dass die Vorsitzenden der drei Bundestagsfraktionen für 21 Uhr zum Kanzler bestellt seien – Thema: der Fall Guillaume. Und um 19.30 Uhr wurde gemeldet, Außenminister Scheel werde nicht, wie vorgesehen, am nächsten Tag an einer Sitzung des EG-Ministerrats in Brüssel teilnehmen, weil seine Anwesenheit in Bonn »zwingend erforderlich« sei. Das bedeutete Alarmstufe Rot.

Die Unruhe drang bis in den Keller der rheinland-pfälzischen Landesvertretung, wo Helmut Kohl mit ungefähr zwanzig Journalisten beim Abendessen saß. Erst wurde er selbst hinausgerufen (Carstens teilte ihm den 21-Uhr-Termin beim Kanzler mit), dann rannten die Journalisten ständig ans Telefon, sodass Kohl schließlich frozzelnd sagte, die einzig vernünftige Neuigkeit an diesem Abend wären Neuwahlen. Ein Stockwerk höher zechten die rheinlandpfälzischen Sozialdemokraten, Kohls Mainzer Opposition, samt ihrem Vorsitzenden Wilhelm Dröscher, und machten sich lustig über die hektischen Journalisten.

Gemeinsam aber versammelte man sich nach der *Tagesschau* vor dem Fernseher, um Horst Ehmkes Auftritt in der Sendung *Report* zu begutachten. Ehmke tat, was Brandt ihm vor Tagen aufgetragen hatte: Er verteidigte die Regierung, clever und kaltschnäuzig wie immer. Als damaliger Kanzleramtschef habe er bei der Sicherheitsüberprüfung Guillaumes sogar mehr getan, als er hätte tun müssen, und sehe deshalb keinerlei Grund für einen Rücktritt. Niemand im Kanzleramt war offenbar in den Sinn gekommen, Horst Ehmke vor diesem Auftritt zu bewahren; niemand hatte ihm gesagt, dass Brandts Rücktritt um diese Stunde beschlossene Sache war.

Den Termin um 21 Uhr, der die Gerüchteküche neu angeheizt hatte, nahm Brandt nicht mehr wahr. Er bat Walter Scheel darum, den beiden Fraktionsvorsitzenden der Opposition die Idee mit der unabhängigen Expertenkommission zum »vorbeugenden Geheimschutz« zu verkaufen; die Koalitionäre Wehner und Mischnick kannten sie ja schon. Scheel entschuldigte den Kanzler mit einem »dringenden Termin«. Kein Wort über Rücktritt. Karl Carstens und Richard Stücklen lauerten vergebens. Scheel brachte das Versteckspiel etwa eine Stunde lang »mit großem Charme«, so Stücklen, hinter sich und ließ die Herren von der Opposition im Ungewissen darüber, warum immer noch so viele Autos vor dem Palais Schaumburg standen.

Herbert Wehner entschwand auf den Heiderhof, Wolfgang Mischnick in sein Bundeshausbüro, wo er Skat mit den Parteifreunden Victor Kirst und Alfred Ollesch spielte und für niemanden mehr zu sprechen war. Carstens und Stücklen eilten in die rheinland-pfälzische Landesvertretung, ließen ihren Parteichef Kohl aus dem Keller holen und berichteten ihm von Scheels unverhofftem Erscheinen und von der vorgeschlagenen Expertenkommission. Kohls

Reaktion: »Das ist doch Schwachsinn.« Stücklen zog weiter in den Bierkeller der Bayern-Vertretung, wo es inzwischen recht laut herging, und verschaffte sich Gehör mit einer großen Glocke und dem Ruf: »Wollt ihr jetzt wissen, ob die Bundesregierung futsch ist oder nicht?« Aber er wusste es ja auch nicht. Immerhin erfuhren die Bonner Beobachter jetzt, dass der Kanzler zu dem 21-Uhr-Termin nicht erschienen war. Was war mit Brandt?

Kurz nach 21 Uhr hatte Brandt seinem Amtschef Grabert den am Vortag geschriebenen Rücktrittsbrief und ein paar persönliche Zeilen mit dem Auftrag übergeben, beide Schreiben dem Bundespräsidenten auszuhändigen. Heinemann war nicht in Bonn, er absolvierte seinen siebten und letzten offiziellen Besuch als Bundespräsident in Hamburg. Dort war etwa um 18 Uhr vorsorglich Nachtlandeerlaubnis für ein Regierungsflugzeug erbeten worden; ein Jet der Bundeswehr stand in Bonn bereit. Horst Grabert fuhr zum Flughafen und startete etwa um 22 Uhr. Mit ihm flog – völlig unbemerkt von den Bonner Beobachtern – der designierte Bundeskanzler Helmut Schmidt.

In jenen Tagen befand sich Helmut Schmidt ohne Zweifel in einem Zustand permanenter psychischer Hochspannung. Als er nach dem letzten Vier-Augen-Gespräch dieses Tages mit Brandt das Arbeitszimmer des Kanzlers, sein künftiges Arbeitszimmer, verließ, kamen ihm auf der Treppe zum ersten Stock drei der Getreuen entgegen, die Brandt zu einem Abschiedsdrink hatte bitten lassen: Egon Bahr, Günter Gaus und Karl Ravens – nicht unbedingt Schmidts engste politische Freunde. Der künftige Kanzler stutzte einen Augenblick, dann umarmte er Bahr so fest, als suche er Halt. »Ich wollte das nicht, Egon«, sagte Schmidt heftig, »und ich weiß auch nicht, ob ich es kann.« Bahr, obwohl am Rande seiner Nervenkraft, bewahrte die Beherrschung. »Jetzt halt den Mund, Helmut«, sagte er. »Erstens wolltest du es. Und zweitens kannst du es auch.« Schmidt eilte davon. Seit Stunden wartete sein Bürochef Klaus Dieter Leister auf den Chef und den Abflug nach Hamburg, wo Schmidt am folgenden Tag auf dem alljährlichen Überseetag die Festrede zu halten versprochen hatte und zur freudigen Überraschung des veranstaltenden Überseeclubs auch hielt, obwohl er eigentlich in Bonn sein musste. Auf dem Flug nach Hamburg schwieg Schmidt eisern. Leister erfuhr nicht einmal, warum auch Horst Grabert nach Hamburg flog, geschweige denn was der in seinem Aktenkoffer hatte. Erst nach der Landung um 23 Uhr sagte Schmidt beim Abschied beiläufig zu seinem Referenten: »Hören Sie um Mitternacht mal die Nachrichten.«

Den Freunden, die sich nach 21 Uhr bei Brandt versammelten – Klaus Harpprecht kam noch dazu, Reinhard Wilke und später auch Holger Börner –, eröffnete der Kanzler, dass Grabert auf dem Weg nach Hamburg sei. »Ich informiere euch erst jetzt, damit ihr mich nicht mehr davon abbringen könnt.«

»Es war irgendwie unheimlich«, hat ein Teilnehmer der Runde dem *Spiegel* später erzählt, »Brandt war so angespannt und zugleich heiter.« Harpprecht hat die Zusammenkunft offenbar anders erlebt, vor allem weniger harmonisch: »Willy Brandt ist scheinbar erleichtert. Man spricht ruhig, wiederholt ein paar Argumente.... Die Unterstützung, vor allem durch Wehner, sei nicht klar gewesen.« Aber auch von den eigenen Schwächen sprach Brandt wieder: »Nach dem November 1972, der großen Wahl, habe es einen Bruch gegeben. Seine Krankheit, die Stimmbänderoperation – als ihn die Ärzte, wie er sagt, fast umgebracht haben ... Der Nikotinentzug: man könne das Rauchen schon aufgeben, das kann man, aber es sei wohl doch eine fast unerträgliche Nervenbelastung für jemanden, der seit seinem sechzehnten Lebensjahr geraucht habe.«

Nach einer Stunde etwa stand Brandt auf. Er müsse jetzt zu seiner Frau. »Der Abschied war sehr kurz, fast beiläufig. Er sagte, wir müssten uns in diesen Tagen länger und ausführlicher sprechen.« Harpprecht erfuhr von einer der beiden Kanzlersekretärinnen, Marga Lenzen, dass Brandt bereits gegen 20.30 Uhr mit Rut telefoniert habe. Und Wilkes Stellvertreter Schilling erzählte ihm, Hans-Dietrich Genscher sei im Vorzimmer gewesen – »kalkweiß und zitternd«; er bange wohl um die Präsidentenwahl, um das Schicksal seiner Partei und um sein eigenes. Genscher ging, ohne Brandt gesprochen zu haben.

»Sollte ich leugnen«, schreibt Brandt in *Über den Tag hinaus*, »dass ich an diesem Abend nicht ohne Rührung das Kanzleramt verlassen habe?« Reinhard Wilke brachte ihn zum Auto, Ulrich Bauhaus setzte sich wie immer neben den Chauffeur, der Polizei-Porsche fuhr wie immer voraus. Als die Kanzlerkolonne am Kiefernweg 12 angekommen war, folgte der Leibwächter dem Chef ins Haus und bat um ein kurzes Gespräch. Brandt hat das in seinen *Notizen* bestätigt: Bauhaus habe Tränen in den Augen gehabt, als er sagte, »er habe sich bei Vernehmung unter Druck gefühlt. (...) Er sei erstaunt gewesen, wie viel bereits ›gesammelt‹ war.« Brandts Fahrer Hans Simon, der im Auto auf Bauhaus gewartet hatte, wollte natürlich wissen, was der Chef denn gesagt habe. »Ich will Sie nie wieder sehen«, soll Brandt gesagt haben, so Hans Simon zu mir. Selbst wenn Brandt das gesagt haben sollte – daran gehalten hat er sich nicht.

Bahr, Gaus und Ravens wollten das Kanzleramt noch nicht verlassen, sondern gingen in Egon Bahrs Büro, um unter einem Lenbach-Porträt des preußischen Generalstabschefs Helmuth Graf von Moltke weiterzutrinken. Sie waren dort gerade angekommen, als der immer noch ahnungslose, aber mit seinem *Report*-Auftritt sehr zufriedene Horst Ehmke hereinplatzte und dafür gelobt werden wollte, dass er die Regierung im Fernsehen herausgehauen habe. Die drei Trauernden ließen ihn eine Weile reden und sagten dann, Brandt sei soeben zurückgetreten. Ehmke, entsetzt, reagierte mit bitteren Vorwürfen: Man hätte Willy nicht allein gehen lassen dürfen, es bestehe doch die Gefahr, dass er sich was antue. Das glaubten Bahr, Gaus und Ravens zwar nicht, riefen aber doch in der Wachstube am Kiefernweg an und ließen sich bestätigen, dass Brandt heil zu Hause angekommen sei. Dann leerten sie, ohne Ehmke, eine Flasche Courvoisier und entsorgten diese schließlich im Papierkorb, wodurch anderntags eine Putzfrau in Verdacht geriet.

Apropos Fernsehen: An diesem Abend lief im ersten Programm von 21.45 Uhr bis 22.30 Uhr ein Film von Paul Karalus in der Reihe *Spuren* mit dem Titel *Die Baracke – die SPD zieht um.* Das ehedem als Provisorium gedachte und darum zu Recht Baracke geheißene Hauptquartier der Sozialdemokraten sollte endlich einem vorzeigbaren Neubau Platz machen und war im März 1974 abgerissen worden. Dies zeigte der Film – zeigte zum Beispiel, wie ein Abrissbagger ins Büro des Vorsitzenden Brandt eindrang. Auch dessen Parteireferent Guillaume war ein paar Mal im Bild, aber im Text des Films wurde er nicht erwähnt. Mit einiger Beklemmung betrachteten die bisher in der Baracke tätigen Genossen, die nun im Ausweichquartier der Parteiführung, Baunscheidstraße 15, auf Holger Börner und die neuesten Nachrichten aus dem Kanzleramt warteten, solche Bilder. Als musikalisches Leitmotiv des

TV-Porträts einer Parteizentrale hatten die Filmemacher den wohl berühmtesten Trauermarsch der Jazzgeschichte gewählt: *New Orleans Function.*

Diese Fernsehsendung hatte noch nicht angefangen, als der Chefredakteur des sozialdemokratischen Wochenblatts *Vorwärts,* Gerhard E. Gründler, der bei der Fete in der niedersächsischen Landesvertretung präsent war, zum Telefon gerufen wurde. Ein Anrufer, der sich nicht mit Namen meldete, den Gründler aber sofort an der Stimme erkannte, sagte nur: »Gleich wird es einen Rücktritt geben. Der Brief an den Präsidenten ist unterwegs.« – »Wessen Rücktritt?«, fragte Gründler. »Na, ein Rücktritt von *dem* natürlich«, sagte der Anrufer und legte auf, ohne Gründlers »Habe verstanden« abzuwarten.

Der Anrufer war Heinrich Sprenger, Referent in der Presseabteilung des Bundeskanzleramts und seit einiger Zeit liiert mit der Kanzlersekretärin Marga Lenzen, mit der er heute verheiratet ist. Der Anruf war eine Indiskretion, aber eine arglose, denn Sprenger wusste, dass der *Vorwärts* erst zwei Tage später, also nach der offiziellen Mitteilung des Kanzlerrücktritts erscheinen konnte. Er wollte Gründler einen Gefallen tun, indem er ihm Zeit verschaffte, die redaktionell nahezu abgeschlossene nächste Ausgabe des *Vorwärts* entsprechend umzubauen. Gründler, vordem Korrespondent der *Welt* und innenpolitischer Redakteur beim *stern,* hatte damals seine liebe Not mit dem Traditionsblatt der SPD – von dem Hans-Dietrich Genscher sagte, wenn man etwas verschweigen wolle, dann müsse man es im *Vorwärts* veröffentlichen –, und er hatte sich auch bei Heinrich Sprenger mal darüber beklagt, dass Genossen und Sympathisanten ständig am *Vorwärts* herummeckerten, aber keiner dabei helfen wolle, das Blatt interessanter zu machen. Sprenger wollte.

Gerhard Gründler, Journalist aus Passion, kannte nun die sensationelle Neuigkeit, auf die alle lauerten, und konnte sie nicht loswerden. Das hielt er wohl nicht aus. Er verriet sie seinem Freund, dem ebenfalls zu den Niedersachsen geladenen Dr. Jürgen Kellermeier, seinerzeit Hörfunkkorrespondent des Norddeutschen Rundfunks. Der begann zu rotieren. Er wollte eine offizielle Bestätigung. Zugleich musste er seinen Sender alarmieren, um noch in die um 23.30 Uhr beginnende NDR-WDR-Sendung *Berichte von heute* zu kommen. Beides erwies sich als extrem schwierig. Im Presseamt wusste man noch von nichts; der Regierungssprecher Rüdiger von Wechmar war gar nicht in Bonn. Und der Dienst habende Redakteur weigerte sich zunächst, die bereits fertige Sendung wieder aufzumachen, weil das erstens unbequem war und weil er zweitens der Sensationsmeldung des Korrespondenten ohne offizielle Bestätigung über die Nachrichtenagenturen nicht recht traute. Aber Kellermeier schaffte es nach etwa einer Stunde dennoch, live in *Berichte von heute* als erster Bonner Korrespondent Brandts Rücktritt zu melden. Genau um Mitternacht kam dann die Deutsche Presseagentur mit der »eil eil«-Meldung auf den Markt: »ndr: brandt soll rücktritt eingereicht haben«. Die offizielle Bestätigung des Presseamts wurde erst um 0.30 Uhr gesendet.

Es sei damals viel spekuliert worden, ob hinter der vorzeitigen, für den Abend noch gar nicht geplanten Mitteilung womöglich Herbert Wehner oder Helmut Schmidt steckten, weil sie auf diese Weise Fakten schaffen und einen Rücktritt vom Rücktritt verhindern wollten – so hat Kellermeier viele Jahre später in einer Rede zum siebzigsten Geburtstag seines Freundes Gründler erzählt und diesem für »einen meiner schönsten Scoops als Journalist« herzlich gedankt. Er habe sich damals verhalten »wie Helmut Kohl heute und den Spender nie genannt«.

Pressechef von Wechmar war übrigens auf der Rückfahrt von »Konsultationen über Informationspolitik« mit dem britischen Regierungssprecher und dessen Mitarbeitern auf Schloss Hugenpoet bei Essen und hatte den britischen Botschaftsrat Francis MacGinnis bei sich im Auto, als er erfuhr, dass sein Regierungschef, den er seit sechs Tagen nicht hatte sprechen können, offenbar abgetreten sei. Die Kunde kam nach 23 Uhr über Autotelefon. Der Chef vom Dienst des Presseamts Heribert Schnippenkötter, genannt Schnippi, teilte mit, zur Stunde werde in Hamburg offenbar der Rücktrittsbrief übergeben. Wechmar setzte MacGinnis an der britischen Botschaft ab und eilte in sein mittlerweile von den Journalisten erstürmtes Amt.

Der Adressat des Rücktrittsbriefs war an diesem Abend nach Abschluss eines Empfangs im Hamburger Rathaus zu Besuch beim *Spiegel*. Gustav Heinemann und seine Frau Hilda saßen etwa seit 21.30 Uhr in Augsteins voluminösem Büro im zwölften Stock des *Spiegel*-Hauses an der Ost-West-Straße mit den Spitzenleuten des Nachrichtenmagazins zusammen – die natürlich hofften, dabei auch ein paar Hintergründe der Bonner Ereignisse zu erfahren. »Herr Bundespräsident, können Sie schweigen?«, hatte Augstein schon bei der Begrüßung gefragt. Das wolle er doch hoffen, hatte Heinemann erwidert. Augsteins Kommentar: »Ich hatte gehofft, nein.«

Aber Heinemann schwieg. Um 22.20 Uhr kam ein Sicherheitsbeamter herein und flüsterte ihm etwas ins Ohr, worauf der Präsident Nachrichten hören wollte. Das gelang aber nicht sofort. Etwa zwanzig Minuten später erschien wieder ein Sicherheitsbeamter und holte Heinemann für ein paar Sekunden aus dem Zimmer. In den ZDF-Nachrichten um

22.45 Uhr war Richard Stücklen zu sehen, der von einem Vorschlag Scheels »in einem indirekten, losen Zusammenhang mit dem Fall Guillaume« sprach. Allgemeine Verunsicherung. Um 23 Uhr begann die geplante Besichtigung des *Spiegel*-Archivs. Chefredakteur Erich Böhme ging nicht mit, sondern rief den ihm gut bekannten Chef des Bundespräsidialamts, Dietrich Spangenberg, in Bonn an: Was denn los sei? »Schlimmes«, sagte Spangenberg und wollte den Bundespräsidenten sprechen. Heinemann wurde aus dem Archiv geholt. Nachdem er mit Spangenberg telefoniert hatte, wollte er nicht weiter besichtigen, verabschiedete sich und fuhr ins Gästehaus des Hamburger Senats an der Schönen Aussicht.

Am nächsten Morgen erst erzählte Heinemann seinem Gastgeber Augstein am Telefon, was los gewesen war: »Sie werden bemerkt haben, dass mich um zehn Uhr ein Sicherheitsbeamter rausgerufen hat. Der sagt, Grabert sei nach Hamburg unterwegs. Ich denke, du sollst eine Entlassungsurkunde unterschreiben.« Heinemann dachte – aber das sagte er auch jetzt nicht –, Ehmke müsse gehen. »Um halb elf kommt noch mal einer und sagt, ich solle spätestens um halb zwölf im Gästehaus des Senats sein. Ich denke, du sollst die Entlassungsurkunde *schnell* unterschreiben. Dann werden Sie bemerkt haben, dass ich aus Ihrem Archiv noch einmal herausgeholt wurde. Das war Spangenberg, der mir sagt, Brandt ist zurückgetreten. Bis zu diesem Moment habe ich nichts gewusst. Aber als Sie mich zum Auto brachten, wusste ich: Von mir erfährt keiner was, da mache ich lieber das dümmste Gesicht.«

Der Bundespräsident hätte Brandts Bitte, den Rücktritt sofort wirksam werden zu lassen, nicht erfüllen müssen, zumal er nicht in dessen Überlegungen eingeweiht war und sich nun einer völlig neuen Situation konfrontiert sah. Aber er widersprach nicht, nachdem er den an ihn persönlich gerichteten Begleitbrief Brandts gelesen hatte: »Ich bleibe in der Politik, aber die jetzige Last muss ich loswerden. Sei mir bitte nicht böse, versuche mich zu verstehen und übertrage Scheel die Wahrnehmung der Geschäfte, damit Schmidt dann zum Kanzler gewählt werden kann.«

Kaum anzunehmen, dass Willy Brandt, als er an diesem Abend zu seiner Frau nach Hause fuhr, darauf gefasst war, dass sie ihn auf die Frauengeschichten ansprechen werde. Sie tat es aber. Warum? Er sei ja in den Tagen vorher überhaupt nicht ansprechbar gewesen, hat Rut Brandt mir im Februar 2002 gesagt. Er war es dann auch später nicht. Rut hatte am frühen Abend dieses 6. Mai den – nicht erbetenen – Besuch Harpprechts gehabt und ihm durchaus vorwurfsvoll gesagt, dass Willy mit ihr ja schon lange nicht mehr über seine Probleme rede, obwohl sie Geheimnisse sehr gut für sich behalten könne.

Willy »kam spät nach Hause, vielleicht gegen 23 Uhr, aber ich war noch auf«, so hat Rut Brandt die Szene in ihrem Buch *Freundesland* beschrieben. »Ich fragte, ob an diesen Frauengeschichten etwas wahr sei. Er ging schnell darüber hinweg und sagte, dass das alles unwichtig sei. Aber er erzählte, dass er ein ernstes Verhältnis gehabt habe, das über zwei Jahre gegangen, aber jetzt zu Ende sei. Ich schrie auf und sagte, jetzt sei es genug, ich würde gehen.«

Sie ging natürlich nicht. »Jetzt durfte ich nicht gehen und es für ihn noch schwerer machen. Und wir hatten Matthias, der erst zwölf Jahre alt war und Vater und Mutter brauchte.« Aber warum dann der Aufschrei, warum der Impuls zu gehen, da sie doch – nach eigenem Eingeständnis – schon Mitte der fünfziger Jahre zum ersten Mal über Scheidung nachgedacht und bestimmt keine Illusionen hatte über die Affären ihres Mannes? Hatte sie sich denn nicht längst damit arrangiert? Hatte sie nicht immer gewusst, dass sie sein Innenleben kaum kannte, dass er es selbst nicht kannte, wohl auch nicht kennen wollte? Doch. Aber sie kannte die Frau, die er erwähnt hatte – und mochte sie.

Willy Brandt rief nach der gescheiterten Begegnung mit Rut wieder Lars zu sich. Der hat über dieses Gespräch mit dem Vater nichts mitgeteilt, tut es auch heute nicht. Natürlich sei es darum gegangen, so viel immerhin deutet er an, die Wucht dieses Ereignisses Rücktritt auffangen zu helfen, Hilfe anzubieten, emotionale Solidarität.

Danach, so Brandt, »summierte ich – in einem Zustand beträchtlicher Erschöpfung, aber großer innerer Ruhe – die Motive meines Entschlusses«. Er hatte keine neuen Argumente, hat sie aber in vier Punkten noch einmal aufgeschrieben, als müsse er sich vergewissern, doch richtig gehandelt zu haben – obwohl die Fackeln und die Transparente vor dem Haus ihn vom Gegenteil überzeugen wollten.

»Nachts einige freundlich-laute Demonstrationen auf dem Venusberg«, notierte Brandt. Holger Börner schickte die enttäuschten Anhänger um 3 Uhr wieder weg. Brandt ließ sich nicht sehen. Er schrieb nach einem Anruf Graberts aus Hamburg, der Vollzug meldete, an Walter Scheel: »Inzwischen bin ich unterrichtet, dass der Herr Bundespräsident von meinem Entschluss Kenntnis genommen hat.« Es war vorbei.

Satyrspiele

Verschwundene Papiere, verschwundene Namen

Das Ende war es nicht. Im Gegenteil. Willy Brandt fing erst richtig an. Er trat heraus aus dem Schatten der Macht und hinein ins Licht eines globalen Comebacks als *elder statesman,* Präsident der Sozialistischen Internationale, Chef der Nord-Süd-Kommission, die im Auftrag der Weltbank die Notlage der Entwicklungsländer zu recherchieren hatte. Dies war der Beginn einer neuen Karriere – der vierten, folgt man der Zählung seines Biographen Peter Merseburger: »Der Mann, der keiner Rolle mehr genügen, keine Maske mehr tragen, keinen innenpolitischen Erwartungen mehr entsprechen muss und wieder in großen Zusammenhängen denken und leben kann«, präsentierte sich als der eigentliche Willy Brandt.

Aber das geschah nicht von heute auf morgen. »Leicht war die Zeit nicht, die dem Rücktritt folgte«, so Brandt in den *Erinnerungen.* Einerseits war der Rücktritt für ihn »eine Befreiung von den Zwängen einer mittlerweile nur noch quälenden Aufgabe als Bundeskanzler«, wie nun auch Reinhard Wilke bemerkte, der ihm zusammen mit der Sekretärin Marga Lenzen ins Büro des Ex-Kanzlers folgte. Andererseits musste er nicht nur ohne den Regierungsapparat, sondern auch ohne die vordem allzu präsenten Höflinge auskommen. Es »herrschte ein merkwürdiges Vakuum. Manche seiner engsten Berater schienen plötzlich anderes zu tun zu haben, als Willy Brandt beizustehen«, so Wilke; nur Klaus Harpprecht habe sich »als ein mitfühlender und hilfreicher Freund in schweren Zeiten« erwiesen.

Das entspricht Brandts eigener Erinnerung: Geholfen hätten ihm »einige wenige persönliche Freunde« und, wie er ausdrücklich hinzufügte, »einige führende Kirchenmänner« – Julius Kardinal Döpfner, der Vorsitzende der Deutschen Bischofskonferenz, zum Beispiel, der ihm schrieb, die katholischen Bischöfe »bezeugen ihre Achtung zu Ihrem politischen und persönlichen Einsatz, der Dank verdient, ebenso ihre Anteilnahme an den erlittenen menschlichen Enttäuschungen«. Briefe wie dieser waren es wohl, die ihn vier Tage nach dem Rücktritt in Berlin sagen ließen: »Und ich weiß: Auf meiner Seite steht, über die eigene Partei hinaus, das anständige Deutschland.«

Die Befreiung von der Last des Amtes war Willy Brandt deutlich anzumerken. Ich habe ihn nie so zugänglich, so offen auch für persönliche Dinge erlebt wie nach dem Rücktritt. Gleichwohl war der Ekel spürbar über das Vorgefallene, über diese Affäre G., ein tiefer, traumatisch verfestigter Abscheu gegen Nachschnüffelei, der so dominant war, dass Brandt die Vermutung, nicht nur der Agent an seiner Seite werde ausgeforscht, sondern auch er selbst, aus seinem Bewusstsein einfach verdrängt hatte. Viele Jahre später erst hat er vor laufender Kamera zugegeben, er sei damals einfach »kaputt«, physisch und psychisch am Ende gewesen.

Aber kaputtgemacht hat die Politik ihn nicht – obwohl ihm das schon auf der Schule prophezeit worden ist. Ein von ihm sehr geschätzter Lehrer, der Oberstudienrat Dr. Kramer, der am Lübecker Johanneum Englisch und Französisch unterrichtete, hat seiner Mutter einmal geraten: »Halten Sie Ihren Sohn von der Politik fern! Der Junge hat gute Anlagen, es ist schade um ihn. Die Politik wird ihn ruinieren.« Es ist anders gekommen.

In der Erinnerung von Matthias Brandt, der beim Rücktritt seines Vaters zwölf Jahre alt war, sind besonders zwei Szenen lebendig geblieben. Die eine spielt im Fernsehzimmer der Kanzlerresidenz am Kiefernweg kurz nach der Verhaftung Guillaumes. Matthias stand neben dem Vater vor dem Bildschirm, auf dem eine Sendung zu ebendiesem Thema lief, und Brandt sagte: »Deine Mutter wird dir ja wohl erklärt haben, was das alles zu bedeuten hat.« Er selbst erklärte es nicht, deutete aber plötzlich auf den Bildschirm und brach in wildes Gelächter aus. Matthias, der nichts verstand, hatte das Gefühl, er müsse mitlachen, und versuchte das auch. Aber in Wahrheit fürchtete er sich.

Die andere Szene spielt auf der Fähre Kiel – Oslo, während der etwa zwanzigstündigen Überfahrt. Brandt saß in der geräumigen Kabine der Familie am Tisch, hatte einen Stoß Papiere vor sich und arbeitete. Plötzlich raffte er die Papiere zusammen, stand auf und sagte, er wolle lieber in der Bar weiterarbeiten. »Die Leute sollen sehen, dass ich noch da bin.«

Bis heute streiten die Gelehrten über die Bedeutung des Rücktritts für Brandt persönlich. Klaus Harpprecht spricht von der dritten großen Lebensleistung nach der Regierungsbildung 1969 und der Ostpolitik, weil Brandt damit demonstriert habe, dass der Wechsel der politischen Führung nun auch in Deutschland zur Normalität geworden sei. Gregor Schöllgen dagegen meint, Brandt habe die Niederlage des Rücktritts nie verwunden. Beides geht zu weit. Nicht der Rücktritt als solcher, sondern das, was er daran als »schmählich« empfand, hat Willy Brandt verletzt.

Zwei Narben, die von den Verletzungen jener Tage stammen, sind zeitlebens sichtbar geblieben. Die eine ist der zur fixen Idee gewordene Verdacht, wie Peter Merseburger formuliert, »Wehner habe womöglich im Zusammenspiel mit Ostberlin seinen Sturz betrieben«. Die andere ist das tief eingebrannte Misstrauen gegenüber den Leuten, die er (mit beträchtlichen Risiken für die parlamentarische Basis seiner Regierung) als Partner der Entspannungspolitik angesehen und behandelt hatte und die ihn dennoch hatten bespitzeln lassen. Zwar hat er sich später wieder mit Honecker und mit Breschnew getroffen – und besonders der Kreml-Herr hat sich die größte Mühe gegeben, Brandt vom Gegenteil zu überzeugen –, aber geglaubt hat er ihnen nicht mehr.

Die Guillaumes waren für ihn gestorben. Er hat es nicht vermeiden können, in den siebziger Jahren auf einen möglichen Austausch der Spione angesprochen zu werden, einmal wohl auch mit der Versicherung, Guillaume werde in der DDR auf keinen Fall intime Kenntnisse ausplaudern. Aber er hat das zurückgewiesen. Er hat bei verschiedenen Gelegenheiten deutlich zu verstehen gegeben, dass er sich aus dem Fall G. herauszuhalten wünsche. Eine Initiative zugunsten des Spions hätte niemand von ihm erwarten dürfen; im Übrigen aber wollte er die Regierung nicht daran hindern, das zu tun, was sie sachlich für geboten und rechtlich für zulässig hielt.

Vergleichsweise wohlwollend hat Brandt nach der Wende, im Herbst 1990, auf einen Entschuldigungsbrief von Markus Wolf reagiert, in dem dieser sich als ein früher Befürworter der Entspannungspolitik zu erkennen gab. Der ehemalige Geheimdienstchef versuchte damals, der Vollstreckung eines im Juni 1989 gegen ihn ausgestellten Haftbefehls erst in Österreich und dann in der Sowjetunion zu entgehen. Solle er, schrieb Wolf, mit 67 Jahren das Land endgültig verlassen, das er auch nach der Wiedervereinigung als seine Heimat betrachte? Was Emigration bedeute, brauche er wohl nicht zu erklären. Brandt ließ antworten, er wisse die Entschuldigung zu schätzen. Dass er sich außerdem gegen eine strafrechtliche Verfolgung ausgesprochen hat, und zwar noch kurz vor seinem Tod 1992, das hat Wolf in seinen Erinnerungen hochachtungsvoll vermerkt.

Es ist ein Jammer, dass Willy Brandt das Ende der Geschichte jener geheimen Norwegen-Papiere nicht mehr erlebt hat, auf die sich damals die Anklage Guillaumes wegen Landesverrats stützte. Brandts ausgeprägter Sinn für Witze und schräge Pointen hätte ihn wohl Spaß daran finden lassen. Gewiss, dieses Ende ist auch heute nicht völlig zweifelsfrei geklärt, es kommt wieder mal darauf an, welcher Quelle man glauben will. Aber das macht nichts. Es ist so oder so eine skurrile Geschichte.

Guillaume schildert die Übergabe der Norwegen-Papiere in der *Aussage* mithilfe seines einschlägig erfahrenen Ghostwriters Günter Karau als saftigen Krimi mit vielen pfiffigen Details. Zuerst vertauscht er, noch in Norwegen, zwei verschlossene, identisch aussehende Aktenkoffer. Einen davon gibt er Brandts Bodyguard Bauhaus mit in den Flieger nach Bonn zur Aufbewahrung im Safe: Da seien Geheimakten drin. Es sind aber nur Souvenirs. Guillaume behält den Koffer mit den Geheimakten bei sich und fährt mit Frau und Sohn in der Familienkutsche denselben Weg zurück, den er hergekommen ist. Im schwedischen Halmstad wartet im »Hallandia Hotel«, wo die Guillaumes bereits auf der Herfahrt Quartier gemacht haben, ein per Urlaubspostkarte aus Norwegen bestellter Stasi-Kurier und fotografiert am Abend des 31. Juli in Guillaumes Hotelzimmer jene Geheimpapiere, »die als Eilsachen anzusehen waren«. Derweil wagt Christel mit ihrem halbwüchsigen Sohn in der Hotelbar ein Tänzchen. Wieder in Bonn, behält der Referent die übrigen Papiere so lange bei sich, bis die Registratur ungeduldig wird und mahnt. So weit Guillaumes Version.

Markus Wolf hingegen behauptet in seinen zehn Jahre später erschienenen Memoiren, diese Papiere seien nie in Ostberlin oder gar in Moskau angekommen. »Den Inhalt der Norwegen-Dokumente erfuhren wir erst, als sie Gegenstand des Prozesses gegen das Ehepaar Guillaume wurden.« Die Übergabe an den Kurier in Halmstadt kommt bei Wolf überhaupt nicht vor. Er behauptet, die Mikrofilme mit den kopierten Dokumenten seien in Bonn übergeben worden, und zwar von Frau Guillaume bald nach dem Norwegen-Urlaub an einen Kurier namens »Anita«. Diese Übergabe sei beobachtet worden. »Als Christel Guillaume sich mit ›Anita‹ ... in einem Bonner Restaurant traf, nahmen zwei Männer an einem Tisch ganz in der Nähe Platz, und plötzlich sah Christel aus dem Augenwinkel ein Kameraobjektiv in der halbgeöffneten Aktentasche des einen blinken. Zum Glück hatte der Film bereits den Besitzer gewechselt.« Aber »Anita« wurde verfolgt, und es gelang ihr nicht, »die Verfolger abzuschütteln, weder in Bonn noch später in Köln. Zuletzt wählte sie die geringere Gefahr und ließ das Päckchen von einer Rheinbrücke ins Wasser fallen, wo es auf Nimmerwiedersehen verschwand.«

Guillaume hat sich zu diesem Treffen auch geäußert, erzählt aber eine ganz andere Version: Christel habe im Gartenrestaurant Casselsruhe eine Urlaubsbekanntschaft wiedergetroffen, eine junge Frau, die gerade eine ehebrecherische Romanze erlebte und der älteren Freundin ein erschwindeltes Alibi abschwatzen wollte. Dabei entdeckte nicht Christel, sondern die junge Frau, dass sie vom Nebentisch aus heimlich fotografiert wurden – und vermutete, der betrogene Ehemann habe ihr Privatdetektive auf den Hals gehetzt. Als die beiden Frauen sich trennten, folgten die Männer vom Nebentisch nicht Christel, sondern der jungen Frau. Günter Guillaume bleibt dabei, dass diese Frau kein Kurier gewesen sei und die Observanten (wieder einmal) einer falschen Fährte gefolgt seien.

Christel wiederum, die es eigentlich am besten wissen muss, kann mit beiden Versionen nichts anfangen. Bei dem Treff mit der jungen Frau im Gartenlokal sei es durchaus um Norwegen gegangen, »aber ich habe ihr nichts übergeben«, was diese dann in den Rhein hätte werfen können. Zwar habe sie ihre Gesprächspartnerin einmal bei der Hand genommen – das ist auf dem Foto der Observanten auch zu sehen –, aber nur, um sie zu warnen: Pass auf, wir werden fotografiert! Nicht glauben will sie auch die spannende Geschichte von dem nach Halmstad bestellten Kurier, der die »Eilsachen« im Hotelzimmer fotografiert hat, während sie in der Hotelbar ahnungslos mit Pierre tanzte. »So blöd kann ich nicht gewesen sein.« Also sind die Norwegen-Papiere tatsächlich nie angekommen? Christel schweigt.

Dass Markus Wolf und die zuständigen Leute im MfS Guillaumes Version von der Übergabe dieser Papiere durchgehen ließen, als sie die Geschichte 1986 zu sehen – und zu zensieren – bekamen, lässt sich nachvollziehen. Das Eingeständnis, die Norwegen-Dokumente gar nicht erhalten zu haben, wäre ziemlich blamabel gewesen; und vielleicht wollte man ja auch dem heimgekehrten Meisterspion die Schau nicht stehlen.

Damals konnte keiner bei der Stasi damit rechnen, dass eben gerade diese Dokumente Jahre später in ganz anderer Hinsicht von Bedeutung sein würden. Nach der Wiedervereinigung nämlich wurden sie zum Kernpunkt der Anklage und der Verurteilung in den Landesverratsprozessen der Jahre 1993 und 1994. Die Gerichte sind natürlich davon ausgegangen, dass die Geheimsachen angekommen sind – auch das Oberlandesgericht Düsseldorf in der Strafsache gegen den Generaloberst a. D. Markus Wolf. »Der Kurier brachte die von ihm gefertigten Kopien zur HVA«, heißt es in der Urteilsbegründung vom Dezember 1993, »wo sie dem Angeklagten vorgelegt wurden. ... Wegen ihrer hochpolitischen Bedeutung leitete er sie sowohl der Regierungs- und Parteispitze der DDR als auch dem KGB zu.«

Wolf hat das bestritten, aber erstaunlich halbherzig, wenn man bedenkt, dass es immerhin um den zentralen Punkt der Anklage ging. Guillaume war, obwohl schwer krank, im Wolf-Verfahren als Zeuge vernommen worden und bei seiner Darstellung geblieben, hatte sie sogar bekräftigt: »Das eigentliche Material ... war aber bereits in Schweden übergeben worden. Da bin ich mir ganz sicher.« Den Kurier, der nach Halmstad kam, habe er bis dahin nicht gekannt.

Während des Prozesses erschien im Berliner *Tagesspiegel,* offenbar wenig beachtet, eine Meldung, die Wolfs Behauptung bestätigte: Die Norwegen-Papiere seien erst während des Guillaume-Verfahrens als Beweismittelakten nach Ostberlin gekommen. Die Gerichtsberichterstatterin des *Spiegel,* Gisela Friedrichsen, wunderte sich: »Überraschend und erstaunlicherweise geht auch Markus Wolfs Verteidigung in der Sitzung vergangenen Mittwoch auf den Zeitungsbericht nicht ein. Will Markus Wolf das Selbstbild des ehemaligen Top-Spions, über dessen ›Erfolg‹ die

Staatssicherheit offenbar keineswegs glücklich war, nicht beschädigen? Guillaume sagt nur: ›Wenn ich damals gewusst hätte, da ist was schief gegangen – dann hätte ich mich besser verteidigen lassen.‹ Wolf lächelt. Er schweigt. Er verrät nichts und niemanden.«

Mir hat Markus Wolf in einem Gespräch Ende Januar 2002 gesagt, es habe damals durchaus Versuche gegeben, Guillaume zum Widerruf seiner Darstellung zu bewegen, aber der sei dazu nicht bereit gewesen. Dass so etwas wie Revanche dabei eine Rolle gespielt haben könnte, will Wolf nicht ausschließen. Er jedenfalls habe eine offene Konfrontation mit Guillaumes Version vor Gericht vermeiden wollen und seine Anwälte entsprechend angewiesen. Der entscheidende Grund für diese Zurückhaltung dürfte freilich die Hoffnung gewesen sein, dass eines nicht zu fernen Tages die Verurteilung hauptamtlicher Mitarbeiter der DDR-Geheimdienste wegen Spionage in der Bundesrepublik durch Beschluss des Bundesverfassungsgerichts kassiert werden würde. Ein solcher Beschluss des Verfassungsgerichts erging dann am 15. Mai 1995.

Guillaumes damaliger Führungsoffizier, der Oberst a. D. Gailat, hat in dem Verfahren gegen ihn und zwei weitere MfS-Obristen 1994 übrigens ausgesagt, er wisse nichts von der Entsendung eines Sonderkuriers nach Halmstad (er war damals im Urlaub), wisse also auch nicht, ob die Norwegen-Papiere beim MfS angekommen seien. Von ihrem Inhalt habe er »in stark reduzierter Form« erst bei der Durchsicht des Manuskripts für Guillaumes Buch *Die Aussage* erfahren. Die Richter haben ihm das nicht widerlegen können. Und Ulrich Bauhaus hat in einer seiner insgesamt fünf Vernehmungen zu Protokoll gegeben, er könne sich an einen Koffertausch mit Guillaume in Norwegen nicht erinnern.

Den Agenten selbst hat das alles schwer gekränkt. Man bezichtigte ihn also der Lüge, mindestens der Angeberei, man wollte aus seiner »Sternstunde« eine betriebstechnische Panne machen. In der *Aussage* fand er es noch »verständlich, dass sich meine Zentrale weigerte, mir zur Abstützung meines Gedächtnisses ein paar der Fundstücke von damals aus dem Archiv zur Verfügung zu stellen«. In dem Interview für die ZDF-Serie *Top-Spione,* ein knappes halbes Jahr vor seinem Tod, hat er den Verbleib der Norwegen-Papiere dann aber anders kommentiert: »Später haben einige behauptet, sie seien nicht angekommen, um sich zu verteidigen, aber es fehlen Zeugen.« Keiner habe jemals mit ihm darüber gesprochen, auch Markus Wolf nicht. Aber: »Ich denke schon, dass er sie gesehen hat.«

Da versucht einer, dem im Leben fast alles schief gegangen ist, wenigstens jenen Teil seines Selbstwertgefühls, der ihm stets am wichtigsten war, vor der Zerstörung zu bewahren: den Glauben an seine Effizienz. Die Rüge, die Markus Wolf in einer MfS-Versammlung wegen Guillaumes »Auftritt« bei der Festnahme am 24. April 1974 ausgesprochen hat, steckte der noch relativ locker weg; immerhin sei seine Selbstenttarnung in Schlagzeilen um die Welt gegangen. Auch den Spottvers, der kurz nach seiner Verhaftung in der DDR aufkam – »Wir grüßen Hauptmann G. in Bonn, wir haben noch mehrere davon« – hat er eher als Kompliment verstanden. Es war sicher gut für Günter Guillaume, dass er das Auftauchen der HVA-Datenbank SIRA nicht mehr erlebt hat. Denn der Meisterspion hätte es wohl nicht ertragen, erfahren zu müssen, dass es nicht nur mehrere davon gab in Bonn, sondern sogar bessere, mindestens quantitativ effizientere Agenten als ihn.

»Max« zum Beispiel. Auch dieser »Max« gehörte zur Abteilung II des HVA-Obersten Kurt Gailat, zuständig für

»Aufklärung und Bearbeitung der politischen Parteien« in der BRD. In der SIRA-Datei sind 1281 wertvolle Meldungen von ihm verzeichnet, manchmal hundert pro Jahr, geliefert zwischen 1973 und 1987. »Max« meldete zum Beispiel »interne Ausführungen Wehners über Brandt und Kühn«, referierte auch »Einschätzungen aus dem Parteivorstand« der SPD und wusste, was Wehner ausgewählten SPD-Funktionären in Essen zu sagen gehabt hatte. »Max«, von Beruf freier Journalist, Mitarbeiter des *Vorwärts* und der Ost-West-Redaktion des Deutschlandfunks, war in der SPD-Zentrale bestens eingeführt und unterhielt gute Kontakte zu Spitzengenossen wie zum Beispiel den Kanzleramtsministern Horst Ehmke und Hans-Jürgen Wischnewski. Allzu schwer dürfte ihm das nicht gefallen sein, denn er war ein bewährter Genosse und gehörte dem Bezirksvorstand Mittelrhein an. Fast zwanzig Jahre lang, von 1967 bis 1986, war er Unterbezirksvorsitzender in Bonn, also der SPD-Chef der Bundeshauptstadt. Sein Name war Rudolf Maerker.

Günter Guillaume wird wohl Umgang mit ihm gehabt haben, aber als einen Informanten der Stasi hat er ihn bestimmt nicht gekannt. Spione dürfen keine Ahnung voneinander haben, auch nicht, wenn sie auf dasselbe Objekt angesetzt sind, dürfen nicht mit denselben Kontaktpersonen in Berührung kommen und nicht wissen, dass es dieselben Führungsoffiziere sind, in diesem Fall Kurt Gailat und seine Leute, die sie steuern. Alles andere verstieße gegen die ehernen Regeln des Gewerbes. Maerker, der im Unterschied zu Guillaume den Ostblock bereiste, mag einem seiner Führungsoffiziere dort gelegentlich begegnet sein; aber von dem Kollegen im Kanzleramt hat man ihm nichts gesagt – erst recht nicht, wer von beiden die besseren Berichte liefere.

Rudolf Maerker ist 1987 gestorben. Ein »aufrechter und unermüdlicher Sozialdemokrat« sei er gewesen, stand in der von Hans-Jochen Vogel unterzeichneten Todesanzeige. Die Bonner SPD erwies ihrem langjährigen Chef im Oktober 1989 die Ehre, das örtliche Hauptquartier in der Clemens-August-Straße nach ihm zu benennen: Rudolf-Maerker-Haus. So hieß es auch noch, als *Tagesspiegel*-Redakteur Jürgen Schreiber die konspirative Nebentätigkeit des strammen »Max« im Sommer 2000 öffentlich machte, gestützt auf das Urteil des Düsseldorfer Oberlandesgerichts gegen Gailat vom Juni 1994, in dem es heißt, Maerker habe sich bereits 1968 dem DDR-Geheimdienst selbst angedient. Als das SPD-Haus im Stadtteil Poppelsdorf 1999 renoviert wurde, verschwand das Namensschild ersatzlos. Im August 2001 schließlich wurde die Parteizentrale durch Beschluss des Vorstands, mit zwölf gegen drei Stimmen, offiziell Haus der Bonner SPD genannt. Eine einleuchtende, ganz alltägliche Bezeichnung. War da mal was?

Günter Guillaume hat in der DDR, als er endlich »freigekämpft« war, wie die Genossen das nannten, das Leben eines Privilegierten geführt. Man besorgte ihm 1982 in Eggersdorf bei Strausberg, etwa 35 Kilometer außerhalb Berlins, ein schmuckes Häuschen am Bötzsee, eher idyllisch als luxuriös, aber für DDR-Verhältnisse durchaus ungewöhnlich: eine Klinkermauer an der Straßenseite, eine gepflasterte Einfahrt vor der Doppelgarage, kein Namensschild am Briefkasten. Er konnte sich problemlos Dinge beschaffen, für die normale DDR-Bürger mindestens Schlange stehen oder West-Geld ausgeben mussten. »Der hat doch alles, was er will. Der lebt doch hier wie im Westen«, sagten die Nachbarn, die ihn nur selten zu sehen bekamen. Stasi-Minister Erich Mielke ließ ihm einen Doktortitel verleihen und gestattete ihm großzügig das Tragen eines Vollbarts, was nach der Dienstvorschrift einem Offizier des MfS streng verboten war. Das machte ihn erst recht zum Außenseiter.

»Er wäre sehr gerne West-Experte im Geheimdienst, wenn nicht sogar im politischen Dienst der DDR geworden«, hat sein Sohn Pierre 2001 in einem Interview mit der *Berliner Zeitung* gesagt. »Das war aber nicht erwünscht.« Man konnte doch den Agenten, über den Willy Brandt gestürzt war, nicht als offiziellen politischen Berater der DDR-Regierung einsetzen. Das sah Guillaume natürlich anders: Hatte er denn nicht als Kundschafter zur nachrichtendienstlichen Absicherung der Entspannungspolitik und zur Vertrauensbildung beigetragen? Er glaubte es immer noch.

Das SED-Regime hatte ihn politisch abgeschrieben, hatte ihn wohl auch im Verdacht, von Gesinnung Sozialdemokrat geworden zu sein – ein nahe liegender Verdacht. Einige Leute in der »Firma« Stasi seien sogar der Meinung gewesen, so der ehemalige HVA-Referatsleiter Bohnsack, »der Günter macht hier in der DDR Werbung für die SPD«. Tatsächlich hätte er, als es in der DDR wieder eine Sozialdemokratie gab, für den SPD-Kandidaten im Kreis Strausberg gern Wahlkampf gemacht; davon verstand er ja etwas. Aber es kam nicht dazu. Guillaume hielt gelegentlich noch Vorträge. Aber wirklich gebraucht wurde er nicht mehr. Das war sein Problem.

Die Wende verschärfte dieses Problem noch. Seiner alten »Firma« ging es an den Kragen, und auch um seine Privilegien musste er bangen. Er erwog sogar, das Häuschen am Bötzsee zu kaufen, falls die neuen politischen Kräfte in der DDR erwägen sollten, es ihm wegzunehmen. Am liebsten hätte er wohl wieder im Westen Deutschlands gelebt, wenn er das finanziell hätte bewältigen können – und wenn da nicht die Angst gewesen wäre, dass ihn da drüben niemand mehr wahrnehmen, dass ihn dort niemand an seinem Geburtstag besuchen würde. Auch befürchtete er, neuen Ermittlungen ausgesetzt zu werden. In den Ferien ist er ins Dreiländereck nach Bregenz gefahren, auch noch einmal nach Südfrankreich.

Erst spät, in jenem Interview 1994, hat er seinem Groll auf die Genossen von der Stasi freien Lauf gelassen und Markus Wolf der Lüge bezichtigt. Habe er denn nicht Befehl von Wolf gehabt, seine Mission im Kanzleramt abzubrechen, sobald nicht nur seine Frau, sondern er selbst observiert werde? »Diesen Befehl hat er mir nie gegeben.« Denn eine solche Spitzenposition gebe man doch nicht auf, da halte man durch bis zum Schluss. »Nein, der Herr Wolf soll heute nicht solche Dinge sagen, nur weil es ihm nicht passt, die Verantwortung übernehmen zu müssen.«

Es hat kein gutes Ende genommen mit Günter Guillaume. Seine Gesundheit war erheblich geschwächt, seit gegen Ende der siebeneinhalbjährigen Haft ein blutendes Zwölffingerdarmgeschwür und Teile des Magens entfernt werden mussten. Als in Eggersdorf dann auch noch Kreislaufprobleme dazukamen, schob er die Schuld an seiner schlechten Verfassung – zumindest nach außen hin – dem Ärger über seinen Sohn Pierre zu, der sich in eine Richtung entwickle, die der Vater nicht billigen könne.

Pierre, der in der Bundesrepublik geboren und aufgewachsen war, hat sich immer schwer getan in der DDR, und es ist ihm auch nie gelungen, die Vergangenheit in der Auseinandersetzung mit dem Vater aufzuarbeiten. Er hat es versucht, aber »nie haben wir so richtig ein gemeinsames Level gefunden, auf dem sich Vater und Sohn wie zwei erwachsene Männer ganz unbefangen unterhalten konnten«.

Dass Günter und Christel Guillaume bald nach ihrer Rückkehr in die DDR geschieden wurden, am 16. Dezember 1981, hat niemanden, der die beiden kannte, sonderlich überrascht – auch nicht, dass Günter Guillaume Trost bei anderen Frauen suchte und 1986 ein zweites Mal heiratete: die etwa fünfzehn Jahre jüngere Krankenschwester Elke Bröhl.

Der Name Guillaume verschwand – wie der Name Rudolf Maerker vom Bonner SPD-Haus; nur sorgten in diesem Fall die unmittelbar Betroffenen selbst für das Verschwinden. Christel Guillaume nahm nach der Scheidung ihren Mädchennamen Boom wieder an. Und auch Pierre heißt schon geraume Zeit Pierre Boom.

Günter Guillaume starb am 10. April 1995 in Eggersdorf, 68 Jahre alt, an metastasierendem Nierenkrebs. Christel erfuhr das auf Umwegen, kam auch nicht zur Beerdigung. Zu Grabe getragen wurde der Meisterspion in Berlin-Marzahn, geleitet von den ehemaligen HVA-Chefs Markus Wolf und Werner Großmann. Dass Wolf die Totenrede halte, hatte der »Kundschafter des Friedens« sich zu Lebzeiten verbeten; »Mischa« warf stumm eine rote Rose ins Grab.

Nicht alle, die dabei waren, wussten wohl, dass Günter Guillaume den Namen seiner zweiten Frau angenommen hatte. Er ist als Günter Bröhl zur letzten Ruhe gebettet worden – so als hätte es diesen Günter Guillaume nie gegeben.

Dank

schulde ich allen, die mich bei der Wahrheitssuche unterstützt und ihre Sachkenntnis an mich weitergegeben haben. Dies gilt für alle Gesprächspartner, die ich im Text zitiert habe, in besonderer Weise aber auch für Dr. Peter Brandt, Professor am Historischen Institut der FernUniversität Hagen, der mir geholfen hat, Zugang zum Willy-Brandt-Archiv im Archiv der sozialen Demokratie der Friedrich-Ebert-Stiftung zu finden. Er hat dafür gesorgt, dass ich dort und im Bundesarchiv in Koblenz die nötige wissenschaftliche Unterstützung bei der Auswertung der Quellen erhalten habe, nämlich von Axel Kellmann M.A. Ich danke dem Bundesanwalt beim Bundesgerichtshof Joachim Lampe, der mir nicht nur Zugang zu den Akten des Generalbundesanwalts im Verfahren gegen Günter Guillaume verschafft, sondern mir auch wertvolle juristische Hinweise beim Umgang mit diesen Akten gegeben hat. Ich danke Christiane Schaerfenberg in der Behörde der Bundesbeauftragten für die Unterlagen des Staatssicherheitsdiensts der ehemaligen DDR, die meiner Dokumentarin Jutta Temme und mir die Wege zu den gesuchten Dokumenten gewiesen hat. Bereitwillige Unterstützung haben wir stets auch in den Archiven des Deutschen Bundestags und des Presse- und Informationsamts der Bundesregierung gefunden. Ein herzliches Dankeschön schließlich meinem Kollegen

Dr. Hans Halter, der mich an seiner Kenntnis des Nachlasses von Günter Guillaume hat teilhaben lassen, und den journalistischen Weggefährten, die freigebig ihre Erinnerungen an gemeinsame Bonner Zeiten mit mir geteilt haben, besonders Gerhard E. Gründler und Dr. Rudolf Strauch. Last, but not least danke ich Bettina Eltner für ihr ebenso genaues wie großzügiges Lektorat und meinem schwäbischen Landsmann Dr. Heinrich Senfft für die Wachsamkeit, die er mir als juristischer Lektor nicht zum ersten Mal hat angedeihen lassen.

Literatur

Augstein, Rudolf, in: *Der Spiegel* 4/1974, S. 22; in: *Der Spiegel* 20/1974, S. 20
Bahr, Egon: *Zu meiner Zeit*. München 1996
Baring, Arnulf: *Machtwechsel. Die Ära Brandt-Scheel*. Stuttgart 1982
Baring, Arnulf/Schöllgen, Gregor: *Kanzler, Krisen, Koalitionen*. Berlin 2002
Binder, David: *The other German. Willy Brandt's Life and Times*, Washington 1975
Böhme, Erich/Wirtgen, Klaus: *Willy Brandt. Die Spiegel-Gespräche 1959–1992*. Stuttgart 1993
Bohnsack, Günter/Brehmer, Herbert: *Auftrag Irreführung. Wie die Stasi Politik im Westen machte*. Hamburg 1992
Bohnsack, Günter: *Hauptverwaltung Aufklärung. Die Legende stirbt – Das Ende von Wolfs Geheimdienst*. Berlin 1997
Brandt, Rut: *Freundesland. Erinnerungen*. Hamburg 1992
Brandt, Rut: *Wer an wen sein Herz verlor. Begegnungen und Erlebnisse*. München 2001
Brandt, Willy: *Mein Weg nach Berlin*. Aufgezeichnet von Leo Lania. München 1960
Brandt, Willy: *Über den Tag hinaus. Eine Zwischenbilanz*. Hamburg 1974

Brandt, Willy: *Begegnungen und Einsichten.* Die Jahre 1960–1975. Hamburg 1976
Brandt, Willy: Anmerkungen zu zwei Brandt-Biographien, in: *Der Spiegel* 45/1988
Brandt, Willy: *Erinnerungen.* Zürich 1989
Brandt, Willy: *Mehr Demokratie wagen.* Innen- und Gesellschaftspolitik 1966–1974. Berliner Ausgabe, Bd. 7. Bonn 2001
Bruhns, Wibke: »Ein Mensch, mit dem sich leben ließ«, in: *stern* 44/1973; »Sie schlagen und ... sie brauchen sich«, in: *stern* 19/1974
Bundesbeauftragte für die Unterlagen des Staatssicherheitsdiensts der ehemaligen DDR (BSTU). BSTU ZA, SIRA, TDB 21, »Hansen«; BSTU ZA, SIRA, TDB 12 »XV19142/60«; BSTU ZA, MfS, JHS-265; BSTU ZA, MfS, HA Kusch-167; BSTU ZA, MfS HVA – 106, S. 160–167
Der Helgoländer 6/1974: »Zum ersten Mal auf dem roten Eiland«
Deutscher Bundestag. 7. Wahlperiode. 2. Abschnitt: Begründung zu den Untersuchungsgegenständen »Guillaume« und »Aktenvernichtung im BND« (Auffassung der Mehrheit). Drucksache 7/3246
3. Abschnitt: Begründung zu den Untersuchungsgegenständen »Guillaume« und »Aktenvernichtung« (Auffassung der Minderheit). Drucksache 7/3246
Deutscher Bundestag. 7. Wahlperiode. Guillaume-Untersuchungsausschuss. Drucksache 7/3083: Bericht, den die Kommission »Vorbeugender Geheimschutz« über die Prüfung von Sicherheitsfragen im Zusammenhang mit dem Fall Guillaume im November 1974 der Bundesregierung erstattet hat (so genannte Eschenburg-Kommission).

Deutscher Bundestag. 7. Wahlperiode. 106. Sitzung, S. 7264 f.
Deutscher Bundestag: 16. Sitzung des 2. Untersuchungsausschusses, 20. September 1974. Protokoll Nr. 16
Ehmke, Horst: *Mittendrin. Von der Großen Koalition zur Deutschen Einheit.* Berlin 1994
Eschenburg, Theodor: »Ein Unfall, keine Tragödie. Schuld und Verantwortung in der Guillaume-Affäre«, in: *Die Zeit,* 29. August 1975
Falin, Valentin: *Politische Erinnerungen.* München 1993
Fallaci, Oriana: Interview mit Willy Brandt, in: *L'Europeo* 39/1973
FAZ: Willy Brandt: Notizen zum Fall G., 26. Januar 1994
Focus: Interview (Guido Knopp, Nina Steinhauser) mit Günter Guillaume. Nr. 41/1994, S. 54–58
Friedrichsen, Gisela zum Prozess gegen Markus Wolf, in: *Der Spiegel* 27/1993
Freudenhammer, Alfred/Vater, Karlheinz: *Herbert Wehner. Ein Leben mit der Deutschen Frage.* München 1978
Gaus, Günter: »Nicht aus den Akten. Einige Anmerkungen zu Helmut Schmidt und zur Deutschlandpolitik«, in: *Berliner Zeitung,* 31. Mai/1. Juni 1997
Kommentare über Brandt, in: *Der Spiegel* 19/1970, 6/1971
Genscher, Hans-Dietrich: *Erinnerungen.* Berlin 1995
Geschichte der Bundesrepublik Deutschland. Bd. 5: Karl Dietrich Bracher, Wolfgang Jäger u. Werner Link: *Republik im Wandel.* Bd. 5/I: Die Ära Brandt 1969–1974. Stuttgart 1986
Geist, Manfred: »Der Spion, über den der Kanzler stürzte«. Eine Serie in: *Die Welt,* 27. Februar – 11. März 1975
Girmond, Henrike: Gespräch mit Pierre Boom am 15. Mai 2002 im Zeitgeschichtlichen Forum Leipzig, in: *Duell*

im Dunkel. Spionage im geteilten Deutschland. Köln/Weimar/Wien 2002
Goyke, Ernst: *Die 100 von Bonn. 1972–1976.* Bergisch-Gladbach 1973
Großmann, Werner: *Bonn im Blick.* Die DDR-Aufklärung aus der Sicht ihres letzten Chefs. Berlin 2001
Gründler, Gerhard E.: *Einmal vorwärts und zurück.* Zeitungmachen für Genossen. Hamburg 2002
Guillaume, Günter: *Die Aussage.* Protokolliert von Günter Karau. Ostberlin 1986
Guillaume, Günter: *Die Aussage.* Wie es wirklich war. München 1990
Haase, Gerhard: »Mein Vater, der Spion«. Der Sohn Günter Guillaumes erlebte die West-Aktivitäten der Stasi in der eigenen Familie, in: *Die Welt,* 18. Dezember 2000
Harpprecht, Klaus: Willy Brandt – Mut zum Glück, in: *Der Friedensnobelpreis von 1901 bis heute.* Zug 1988, S. 34–125
Harpprecht, Klaus: *Im Kanzleramt.* Tagebuch der Jahre mit Willy Brandt. Hamburg 2000
Hofmann, Gunter: *Willy Brandt.* Porträt eines Aufklärers aus Deutschland. Reinbek bei Hamburg 1988
Kempski, Hans Ulrich: *Um die Macht.* Sternstunden und sonstige Abenteuer mit den Bonner Bundeskanzlern 1949 bis 1999. Berlin 1999
Keworkow, Wjatscheslaw: *Der geheime Kanal.* Moskau, der KGB und die Bonner Ostpolitik. Berlin 1995
Knabe, Hubertus: *Der diskrete Charme der DDR.* Stasi und Westmedien. Berlin/München 2001
Knabe, Hubertus: Der Kanzleramtsspion, in: Krieger, Wolfgang (Hrsg): *Geheimdienste in der Weltgeschichte.* Spionage und verdeckte Aktionen von der Antike bis zur Gegenwart (S. 216–229). München 2003

Knopp, Guido: *Kanzler.* Die Mächtigen der Republik. München 2002

Koch, Peter: *Willy Brandt.* Eine politische Biographie. Berlin/Frankfurt 1988

Konopatzky, Stephan: »Die Möglichkeiten und Grenzen der Nutzung von SIRA-Datenbanken am Beispiel der Fälle Stiller und Guillaume«, in: *Horch und Guck,* Hrsg. vom »Bürgerkomitee« 15. Januar e.V., Berlin. Heft 39 (3/2002)

Korruhn, Wolfgang: *Hautnah.* Indiskrete Gespräche. Düsseldorf/Wien/New York/Moskau 1994

Leyendecker, Hans, über das Misstrauensvotum 1972, in: *Süddeutsche Zeitung,* 10./11. August 2002, S. IV

Leugers-Scherzberg, August H.: *Die Wandlungen des Herbert Wehner.* Von der Volksfront zur Großen Koalition. Berlin/München 2002

Leugers-Scherzberg, August H.: »Herbert Wehner und der Rücktritt Willy Brandts am 7. Mai 1974«, in: *Vierteljahreshefte für Zeitgeschichte* 2/2002

Martin, Ludwig: »Spionenjagd und das Legalitätsprinzip«, in: *FAZ,* 25. September 1974

Merseburger, Peter: *Willy Brandt.* 1913–1992 Visionär und Realist. Stuttgart/München 2002

Nollau, Günther: *Das Amt.* 50 Jahre Zeuge der Geschichte. München 1978

Nollau, Günther: »Warum hat mir Minister Genscher nicht geglaubt«, in: *stern,* 11. September 1975

Pötzl, Norbert F.: *Basar der Spione.* München 1999

Quick: aus dem Tagebuch des Ex-Geheimdienstchefs Günther Nollau. 18. März 1987, S. 34–41

Rupps, Martin: *Helmut Schmidt.* Eine politische Biographie. Stuttgart/Leipzig 2003

Schenk, Dieter: *Der Chef.* Horst Herold und das BKA. München 2000

Schmelzer, Robert: »Gerüchte, Rätsel und ein Rücktritt«, in: *Frankfurter Neue Presse*, 8. Mai 1974, S. 3
Schmidt, Helmut im Gespräch mit Sandra Maischberger: *Hand aufs Herz*. 2. Auflage. München 2002
Schmidt, Helmut: *Weggefährten*. Erinnerungen und Reflexionen. Berlin 1996
Schöllgen, Gregor: *Willy Brandt. Die Biographie*. Berlin/München 2001
Schreiber, Hermann/Simon, Sven: *Willy Brandt*. Anatomie einer Veränderung. Düsseldorf/Wien 1971
Schreiber, Hermann/Müller, Konrad R.: *Willy Brandt*. Ein Essay. Hamburg 1978
Schreiber, Jürgen, über Rudolf Maerker, in: *Der Tagesspiegel*, 23. Juni 2001
Schwarz, Eugen Georg: »Die Geheimakte Brandt«, in: *Focus* Nr. 7/1994, S. 18–25
Schwarz, Hans-Peter: *Das Gesicht des Jahrhunderts*. Monster, Retter und Mediokritäten. Berlin 1998
Spiegel-Artikel über den Fall Guillaume und Brandts Rücktritt: 45/1948, 14/1974, 16/1974, Titel 18/1974, Titel 19/1974, 20/1974, 22/1974, 37/1974, 38/1974, 39/1974, 47/1975, 50/1977, 45/1988, 30/1989, 37/1989, 36/1990, 13/1992, 39/1993, 12/1995, 48/2000
Stern, Carola: *Willy Brandt*. Mit Selbstzeugnissen und Bilddokumenten. Reinbek bei Hamburg 2002
stern-Titel: »Alles über die Bonner Affäre. Drei Jahre Spion bei Willy Brandt«. Nr. 19/1974
stern 33/1977: über Guillaume hinter Gittern »Rote Tulpen aus Ostberlin«
Terjung, Knut (Hrsg.): *Der Onkel*. Herbert Wehner in Gesprächen und Interviews. Hamburg 1986
Wehner, Greta: »Auch sonst gibt es nichts zu verbergen«, in: *Frankfurter Rundschau*, 22. Januar 1994

Wilke, Reinhard: *Aufzeichnungen zum Terminkalender des Bundeskanzlers Willy Brandt.* Bonn 2002

Wolf, Markus: *Spionagechef im geheimen Krieg.* Erinnerungen, München 1998

Worst, Anne: »Christel Guillaume. Porträt einer Spionin«, in: *Deutschlandfunk,* 11. Dezember 1990, 19.15–20.00 Uhr

***: Guillaume »— ———-, der Spion. Ein dokumentarischer Bericht. Landshut 1974

Personenregister

Adenauer, Konrad 142, 227
Ahlers, Conrad (Conny) 87, 102, 202, 203
Amerling, Dr. (Zahnarzt) 89, 170, 219
Arndt, Rudi 40
Augstein, Rudolf 93, 160, 237, 238

Bahr, Egon 53, 59, 84, 91, 94, 96, 100, 101, 127, 129, 155, 156, 161, 201, 203-205, 209, 216, 221-224, 227, 231, 233, 234
Bardenhewer, Hans 109
Baring, Arnulf 14, 126, 128, 173, 186, 190, 206, 209, 215, 216, 223
Barzel, Rainer 64-67,
Bauhaus, Ulrich 162, 163, 165, 166, 169, 175, 189, 192-194, 199, 228, 233, 245, 249
Baumbach (BND-Beamter) 132
Beater, Bruno 34
Becker, Prof. Walter 84, 85, 89

Bergmann, Helmut 106, 108, 109
Birkelbach, Willi 35, 39
Boeden, Gerhard 36, 69
Bohnsack, Günter 197, 253
Böhme, Erich 238
Böll, Heinrich 47
Boom, Erna geb. Meerrettig 143, 150
Boom, Christel (s. Guillaume) 255
Boom, Pierre (s. Guillaume) 255
Boom, Tobias 28
Börner, Holger 87, 156, 190, 201, 204, 206, 211, 212, 216, 220, 227, 228, 232, 234, 240
Botter, Peter H. 187
Boumedienne, Houari 155
Brandt, Lars 155, 217, 240
Brandt, Matthias 92, 102, 135, 219, 239, 243
Brandt, Rut 10, 14, 92, 102, 131, 136, 166, 219, 233, 239, 240, 243
Brehmer, Herbert 25
Breschnew, Leonid 90, 157, 202, 244
Bröhl, Elke 255

Bröhl, Günter (s. Guillaume)
Bruhns, Wibke 13, 14, 72, 74, 93, 136, 189, 191
Burmester, Greta (s. Wehner)
Buback, Siegfried 142, 143, 168, 176, 178, 179, 181, 184, 185, 190, 194, 225, 227, 228

Carstens, Karl 205, 226, 229, 230

Davis, Garry 27
Dickopf, Paul 165
Döpfner, Julius Kardinal 242
Dröscher, Wilhlem 229

Ehmke, Horst 39, 50, 54, 55, 59-61, 65, 77, 86, 87, 91, 102, 117, 159, 171-174, 203, 214, 216, 217, 225, 229, 230, 234, 238, 251
Ehrenberg, Herbert 44, 55, 60, 159, 161
Erler, Fritz 35-37
Eschenburg, Theodor 19, 58, 59, 129, 130, 192, 226
Eyck, Peter van 26

Falin, Valentin 201, 202
Fallaci, Oriana 183
Federau, Nikolaus 148, 149-151, 153, 160
Förster, Horst und Ehefrau 154
Frahm, Martha (Mutter von Willy Brandt) 183, 243
Frahm, Herbert (Willy Brandt) 47, 50, 92
Franke, Egon 21, 22
Frederik, Hans (»Fredy«) 24, 25, 28, 34

Freudenhammer, Alfred 214
Friedrichsen, Gisela 248
Fritsch, Hans Wilhelm 163-165
Fruck, Hans 34

G. oder »Georg« 37, 106, 184, 250
Gailat, Kurt 249-252
Gaus, Günter 101, 102, 161, 203-205, 221, 222, 225, 231, 233
Gehlen, Reinhard 32
Geist, Manfred 27
Genscher, Hans-Dietrich 86, 94, 105, 111-123, 130, 140, 141, 148, 149, 155, 167-169, 171, 172, 174-182, 184-186, 200, 203, 216, 222, 223, 225, 233, 235
Gersdorf (Fotograf) 107
Giscard d'Estaing, Valéry 202
Göring, Hermann 142
Grabert, Horst 91, 101, 130, 133, 155, 156, 172, 174, 175, 192, 214, 215, 223, 231, 232, 238, 240
Gronau, Wilhelm 107, 108
Großmann, Werner 56, 197, 255
Gründler, Gerhard E. 235, 236, 258
Grünewald, Armin 225
Guillaume, Christel geb. Boom (»Heinze«) 27-31, 38-40, 43, 63, 74, 109, 110, 116, 123, 131, 132, 136, 138, 143, 146, 147, 153, 154, 215, 245-247, 254, 255

Guillaume, Günter
(»Hansen«) 7, 9, 14-17,
19, 21-44, 55–64, 68-82,
90, 91, 102, 105-123, 126,
128-152, 155-163,
165–172, 174, 175,
177–180, 182, 185–187,
190-194, 196, 200, 201,
203-205, 216, 222,
225–230, 234, 237,
242–255, 257, 258
Guillaume, Karl Ernst 23,
24
Guillaume, Pierre 29, 30, 40,
63, 74, 75, 131, 135, 150,
152, 153, 160, 245–247,
253–255

Harpprecht, Klaus 83, 89,
92, 98, 101, 102, 164,
206, 221, 223, 224, 227,
229, 232, 233, 239, 242,
243
Harpprecht, Renate 224
Havemann, Robert 71, 72
Heinemann, Gustav 94, 95,
220, 231, 237, 238
Heinemann, Hilda 237
Helms, Wilhelm 64, 65
Hemsath, Heinrich 35, 41
Hermenau, Johann-Gottlieb
58
Herold, Horst 162-170,
176–182, 185, 186, 194,
195, 197–199, 208, 212,
216
Herzberger, Rudi 27
Hitler, Adolf 24, 47
Hoffmann, Heinrich 24, 25
Hofmann, Gunter 52
Hölty, Ludwig Christoph
Heinrich 144
Honecker, Erich 96,
124–128, 200, 201, 223,
224, 244
Hupka, Herbert 64

Jäger, Wolfgang 47, 67
Jahn, Gerhard 175, 179,
181, 184, 185, 206, 227

K., Ellen 161
Karalus, Paul 234
Karau, Günter 24, 60, 105,
150, 245
Kellermeier, Jürgen 7, 11,
222, 236
Kennedy, John F. 51, 53
Keworkow, Wjatscheslaw 96
Kienbaum, Gerhard 64, 65
Kieseritzky, Wolther von 51
Kiesinger, Kurt Georg 48,
49, 156, 203
Kinkel, Klaus 113, 114, 116,
119, 178, 181, 185
Kirst, Victor 230
Kissinger, Henry 184
Kluncker, Heinz 89, 90
Knopp, Guido 81
Koch, Peter 197, 198
Kohl, Helmut 119, 168,
225, 229, 230, 236
Konopatzky, Stephan 80
Köppl (BND-Beamter) 132
Kramer, Dr. (Oberstudienrat)
242
Kremp, Herbert 101
Kubel, Alfred 226
Kühlmann-Stumm, Knut Freiherr von 64, 65
Kühn, Heinz 212, 228, 251
Kuhnert (Kurier) 107, 108
Küpper, Fritz 228

Lampe, Joachim 257
Lania, Leo 93

Laufer, Paul 68
Lauritzen, Lauritz 189
Leber, Georg 41-44, 55, 60, 82, 144, 159, 160
Leister, Klaus Dieter 232
Lenz, Siegfried 54
Lenzen, Marga 233, 235, 241
Leyendecker, Hans 66
Lieck, Walter 26

M., Marieluise 161
MacGinnis, Francis 237
Maerker, Rudolf (»Max«) 36, 37, 250–252, 255
Mager, Gernot 162, 167, 168, 178, 208
Maihofer, Werner 200
Martin, Ludwig 142, 148, 176
Matthöfer, Hans 42
Meir, Golda 90
Mende, Erich 50
Merseburger, Peter 83, 89, 99, 118, 241, 244
Merz, Friedhelm 161
Metzger, Ludwig 36
Mewis, Karl 128
Mielke, Erich 34, 197, 201, 253
Mischnick, Wolfgang 97, 125, 126, 174, 222, 230
Möller, Alex 51
Moltke, Helmuth Graf von 233
Müller, Günther 66
Müller-Enbergs, Helmut 79

Nau, Alfred 212, 214
Nixon, Richard 90, 134, 157
Nollau, Günther 109-123, 125, 130, 140, 141, 148, 149, 151, 165, 171, 172, 177, 179, 195–201, 203, 204, 208

Ollesch, Alfred 230
Ponomarjow, Boris 95, 96

Rausch, Albrecht 109, 110
Ravens, Karl 211, 212, 231, 233, 234
Renger, Annemarie 82
Reuschenbach, Peter 63, 64, 68, 76
Roemelt (BKA-Kriminaldirektor) 166
Roussel, Stéphane 164

Sadat, Anwar el- 155
Sahm, Ulrich 97
Sallein, Hans-Dieter 25-27
Schaede, Prof. (Internist) 89, 90
Scheel, Walter 14, 48, 49, 53, 65, 86, 93–95, 125, 133, 156, 174, 179, 180, 215, 216, 220–222, 228-230, 237, 239, 240
Scheicher, Günther 147, 148, 163, 166, 168, 169, 180, 181, 192, 194
Schenk, Dieter 199
Schernich, Horst 150, 153, 160
Schiller, Friedrich von 16
Schiller, Karl 24, 44
Schilling, Wolf-Dietrich 121, 132, 133, 233
Schlichter, Franz 58–60, 129
Schmelzer, Robert 221, 222, 225
Schmidt, Helmut 51, 81, 86, 87, 98–100, 102, 125, 142, 159, 174, 202, 203,

212–214, 216, 220 220, 222-224, 228, 231, 232, 236, 239
Schnippenkötter, Heribert 237
Schöllgen, Gregor 53, 243
Schoregge, Heinrich 106, 108
Schreiber, Hermann 10, 19, 191
Schreiber, Jürgen 252
Schumacher, Kurt 19, 117
Schütz, Karl 149, 162, 166–168, 180
Schwarz, Hans-Peter 19, 64
Seebacher-Brandt, Brigitte 14
Seemann, Klaus 61
Selbmann, Eugen 96
Senfft, Heinrich 258
Seume, Franz 64
Siberg, Harry 107
Siberg, Ingeborg 107
Simon, Hans 166, 233
Sönksen, Klaus 62, 63, 68
Spangenberg, Dietrich 238
Sprenger, Heinrich 235
Starke, Heinz 50
Steiner, Julius 65
Steinhauser, Nina 81
Steinke, Wolfgang 162, 165
Storz, Oliver 10, 15, 16
Strauß, Franz Josef 24, 47, 53, 159, 225
Stücklen, Richard 158, 205, 226, 230, 237
Svingel, Carl-Gustav 220

Terjung, Knut 211
Thälmann, Ernst 68
Tito, Josip Broz 90
Tondera, Franz (»Arno«) 69

Tondera, Sieglinde geb. Fichte (»Nora«) 69
Träger, Ernst 143, 148, 162, 163, 175, 180, 181, 185, 192, 193, 225, 227
Varro, Dr. 89
Vater, Karlheinz 214
Vogel, Hans-Jochen 200, 201, 252
Vogel, Wolfgang 127, 200, 201, 219
Voigt, Karsten 42

Wagner, Leo 66
Wagner, Richard 88, 205
Wambach (Oberamtsrat) 143
Watschounek, Hans 108, 109, 122, 148
Weber, Kurt 92
Wechmar, Rüdiger von 88, 236, 237
Wechmar, Susi von 224
Weck, Gerhard 43
Wehner, Greta geb. Burmester (Stieftochter von Wehner, später seine Frau) 97, 124, 199 211, 224, 226
Wehner, Herbert 10, 24, 51, 65, 66, 86, 87, 94–98, 100, 102, 112, 117, 123–128, 138, 156, 173, 174, 197, 200, 201, 203, 204, 206–214, 216, 219, 220, 222–224, 228–230, 232, 236, 244, 251
Weizsäcker, Richard von 97, 156, 225
Wessel, Gerhard 59
Wiedemann, Willi 28, 39
Wienand, Karl 65
Wilke, Reinhard 77, 84, 85, 87, 89–91, 93, 101, 121,

129, 130, 134, 139, 141, 143, 164, 166, 180–182, 186, 221, 232, 233, 241, 242
Willeck, Karl 82, 168, 169, 209
Winkel, Horst 61, 107
Winter, Klaus 143
Wischnewski, Hans-Jürgen 63, 251

Woelker, Sepp 221
Wolf, Markus (»Mischa«) 22, 25, 34-36, 38, 41, 56, 65, 68, 72, 107, 114, 127, 128, 147, 196, 197, 201, 244-250, 254, 255

Ziegler, Regina 10, 15
Zoglmann, Siegfried 50

NIKLAS MAAK
TECHNOPHORIA

Carl Hanser Verlag

1. Auflage 2020

ISBN 978-3-446-26403-8
Alle Rechte vorbehalten
© 2020 Carl Hanser Verlag GmbH & Co. KG, München
Umschlag: Peter-Andreas Hassiepen, München
Motive: © enjoynz / DigitalVision Vectors / Getty Images
(Schutzumschlag und Bezug), © mauritius images / nature picture library
(Bezug Vorderseite), © Niklas Maak (Bezug Rückseite)
Satz im Verlag
Druck und Bindung: CPI books GmbH, Leck
Printed in Germany

»We rise and fall together«

MISSION STATEMENT, GOOGLE ALPHABET,
SIDEWALKS LABS

QATTARA DEPRESSION

Die Qattara-Depression ist eine Senke der Libyschen Wüste in Ägypten und in dessen nordwestlichem Gouvernement Matruh gelegen. Die maximale Länge beträgt 120 und die maximale Breite 80 Kilometer. Die einzige ständig bewohnte Siedlung in der Qattara-Senke ist die Qara-Oase, in der etwa 300 Menschen leben. Zudem ist die Senke von nomadisch lebenden Beduinen und ihren Herden bewohnt. Im Jahr 1916 kam der Geologe Albrecht Penck auf die Idee, hier ein Wasserkraftwerk zu bauen, was angesichts des fast vollkommenen Fehlens von Wasser allgemeine Verwunderung hervorrief. Da die tiefste Stelle der Senke 133 Meter unter dem Meeresspiegel liegt, könnte man über mehrere Dutzend Kilometer einen Wasserweg vom Mittelmeer zur nördlichen Abbruchkante der Senke graben. Der Plan wurde mehrfach angegangen und immer wieder wegen technischer Schwierigkeiten aufgegeben.

(Brockhaus-Lexikon, Eintrag »QATTARA«)

OKTOBER 1978

Ein Dienstwagen des Bundeswirtschaftsministeriums rast auf der Autobahn von Köln nach Bonn. Auf der Rückbank sitzt Hans-Walther Ehlen, Ingenieur, Mitarbeiter des Instituts für Wasserbau und Wasserwirtschaft in Darmstadt – vor allem aber Berater der ägyptischen Regierung und Mitglied eines achzigköpfigen Forschungsteams im Bundeswirtschaftsministerium, das in Ägypten eines der größten Bauprojekte der Welt realisieren will, einen Kanal nämlich, der Wasser aus dem Mittelmeer in eine Senke in der Libyschen Wüste leitet, und dort, 130 Meter unter dem Meeresspiegel, das größte künstliche Binnenmeer der Welt entstehen lässt.

Obwohl, künstlich: Ganz früher war da keine Wüste, sondern ein riesiges Meer. Das trocknete irgendwann aus. Eigentlich rekonstruiert Ehlen nur den Naturzustand der Erde zu einem gewissen Zeitpunkt, von dem aus der heutige Zustand einer riesigen Wüste wie eine unfassbare Katastrophe aussieht. Seit fünfzehn Jahren arbeitete er an dem Projekt, fünf Jahre lang war er immer wieder nach Kairo geflogen, war mitten in der Nacht aufgestanden, hatte draußen vor dem Haus noch eine geraucht, dann kam der Chauffeur, der ihn zum Flughafen nach Frankfurt brachte, fünf Stunden Flug, dann die Landung in der Nachmittagshitze, der Lärm, die Fahrt ins Hotel … der Marmorboden des Ministeriums … Tage in Sitzungssälen, an den Wänden Fotos von Pyramiden und der New Yorker Skyline …

Die Machbarkeitsstudie hatte gezeigt, dass es gehen würde. Sie würden einen Kanal vom Mittelmeer in die Senke sprengen, das Wasser würde in Druckrohre geleitet, um Strom zu erzeugen, und danach in die Senke fließen – aber in der trockenen Hitze würde es schnell verdunsten, so dass immer mehr Wasser eingeleitet werden könnte. Sein Chef, Friedrich Bassler, hatte bewiesen, dass das Qattara-Kraftwerk, das erste hydrosolare Depressionskraftwerk der Welt, in der ersten Phase des Projekts 1,6 Gigawatt erzeugen könnte, mit dem geplanten Pumpspeicherwerk könnte man die Kapazität auf 6,8 Gigawatt anheben – viel mehr Strom erzeugen als durch den Assuan-Damm ... ganze Städte, Fabriken könnten so versorgt werden, und nach einem Jahrzehnt hätte sich der weit unter dem Meeresspiegel liegende Teil der Wüste gefüllt und wäre wieder ein Meer: 18 000 Quadratkilometer Wüste geflutet. Durch den Kanal würden auch Schiffe fahren können, Fischschwärme würden sich ansiedeln, ja, die Libysche Wüste würde zu einem der reichsten Fischgründe der Welt werden, Tausende, die jetzt hungernd durch die Wüste irrten, hätten Arbeit als Fischer, eine ganz neue Industrie würde sich ansiedeln, Nordafrika zu einer Wohlstandsregion heranwachsen, zu einem neuen Markt auch für europäische Produkte –

Sie arbeiten seit 1963 an diesem Plan. Fünfzehn Jahre ... Ehlen schaut aus dem Fenster der Limousine. Da war der Neubau, sehr schön der Blick ins Grüne, wie alle Gebäude der Bonner Republik war auch dieses Institut versteckt in einem Park, so wie der Kanzlerbungalow, den man ja gar nicht sah von der Straße – wenn über ein Treffen im Kanzleramt berichtet wurde, sah man im Fernsehen Helmut Schmidt in einer Limousinenkolonne am Pförtnerhäuschen vorbei in einen Park rauschen, so dass der romantische Eindruck entstehen musste, Deutschland werde aus einem Wald heraus regiert ...

Eine tiefgefrorene Neubausiedlung fetzt am Fenster vorbei; auf den Fichten Raureif. Ein blaues Autobahnschild, ein schmutziger Lastwagen, ein kanariengelber Kleinwagen auf der rechten Spur. Im Radio spielen sie *Hiroshima* von Wishful Thinking. Helmut Schmidt gratuliert Sadat und nennt ihn einen Freund und Menschen mit Weitblick ...

Neben Ehlen, auf dem grünen Velourssitz des Mercedes, liegt ein Glückwunschtelegramm, das er an Präsident Anwar el Sadat schicken muss, der hat gerade den Friedensnobelpreis bekommen, zusammen mit Menachem Begin. Sadat ist ihr Auftraggeber, er hat ihn über Helmut Schmidt kennengelernt, als Schmidt noch Wirtschaftsminister war. Schmidt hatte sofort begriffen, was Qattara für die deutsche Industrie bedeuten könnte, Sadat war zuletzt kritisch, er war nicht richtig zu überzeugen gewesen, die Sache mit den atomaren Sprengungen hatte ihn verschreckt. Gut. Anders ging es aber nicht. Sie waren ja keine Idioten. Ein Team von immerhin achtzig Experten hatte alles über Jahre sehr genau berechnet. Man konnte den sechzig Kilometer langen Kanal, den man brauchte, um Qattara zu fluten, nicht ausbaggern, man würde angesichts des ärgerlich hohen Felsrückens auch mit normalem Dynamit nicht weit kommen, also gab es, davon war Bassler überzeugt, nur die Möglichkeit, den Kanal mit atomaren Sprengungen herzustellen.

Wie bitte? Doch, ja. Das war Basslers Plan. 213 Bohrlöcher, in die man Sprengladungen von einer bis 1,5 Megatonnen Sprengwirkung füllen würde, und zack! – hätte man in nur wenigen Wochen einen sehr schönen Kanal. Die Welt zum Besseren umgebaut. Ein Meer in der Sahara, das zu starker Wolkenbildung führen würde – unter dieser neuen Wolkendecke deutlich angenehmere Temperaturen, Regen auf fruchtbarem Boden, die Wüsten würden ergrünen, Millionen von Arbeitsplätzen entstehen ... Aber die Leute hatten Angst vor Atomkraft, bei Atomkraft dachten sie an Krieg und Wettrüsten, Bassler, hatte man geschrieben, wolle die *hundertfache Sprengladung von Hiroshima* einsetzen, das klang nach dem Ende der Welt. Sie vertrauten der Technologie nicht. Sie waren *technologiefeindlich*, gerade die Jugend, für die man das doch alles machte, für ihre Zukunft – und der Dank dafür: Anti-Atomkraft-Demos, lange Haare, Kapitalismuskritik, Landkommunen, Maoismus.

Sein Sohn. Grad, vor ein paar Wochen, einundzwanzig geworden. Als er einundzwanzig war ... das war 1930.

Da studierte er in München Bauingenieurwesen, dann Wehrdienst in der Luftwaffe. 1941 als Offizier bei Rommel in der Libyschen Wüste. Da war er zum ersten Mal in der Qattara-Senke, das heißt in der Nähe, denn so richtig hinein kam

man nicht in dieses riesige Dreckloch, in dem wirklich niemand wohnte außer ein paar Geparden und ein paar Leuten in der Qara-Oase, wohin sie nie gekommen waren, weil die Panzer im Sand der Senke versanken; deshalb die verdammte Schlacht oben, jenseits der Wüste, bei El Alamein. Weil man sonst nirgendwo durchkam. Jeder, der Qattara je sah, musste, angesichts der enormen, endlosen Ödnis und Traurigkeit dieser Wüste, die Idee begrüßen, sie zu fluten, sie zum Verschwinden zu bringen. Man spürte, dass das hier nicht so gedacht war, dass diese Wüste das Ergebnis einer kosmischen Katastrophe, einer lebensvernichtenden, jeder Idee von Schöpfung zuwidergehenden Austrocknung der Welt war, dass ihre Flutung den Weltbauplan reparieren würde – die Franzosen träumten schon Ende des 19. Jahrhunderts von einem Kanal, Jules Vernes Sohn hatte über solche Flutungsfantasien einen ganzen Roman, »Der Einbruch des Meeres«, geschrieben, den er dann unter dem Namen seines Vaters veröffentlichte, nur dass bei Verne ein Erdbeben einen Kanal in die Wüste reißt, da ist den Ingenieuren die Arbeit abgenommen. Danach wollten die Engländer einen Kanal bauen, sogar die CIA hatte dem amerikanischen Präsidenten Eisenhower 1957 empfohlen, Qattara zu fluten, sie hatten eine Kopie des Briefs in ihrem Büro – die Flutung wäre »spektakulär und friedlich« und würde das Klima in den kommenden Jahren wesentlich verändern, stand da, es würden während der Bauzeit »Arbeitsplätze und danach Lebensraum für die Araber aus Palästina« entstehen, und der allgemeine Wohlstand und die Konsumfreude einer breiten Mittelschicht werde »den Einfluss der Sowjets in der Region zurückdrängen«.

Die Sowjets … Vor Ehlen auf dem Beifahrersitz hockt, in sich zusammengefaltet, ein dürrer junger Mann mit längeren Haaren, leicht offenstehendem Mund und der Andeutung ei-

nes flaumigen Schnurrbarts, Ehlen hatte nicht ganz verstanden, was der jetzt genau da machte, warum der mitfuhr; arbeitete jedenfalls für einen der Referenten des neuen Wirtschaftsministers.

Der dürre Mann gräbt aus einer Ledertasche ein Dokument aus, eine Geheimakte. Man sieht auf einem Foto einen kreisrunden See in einer Art Steppe. Ehlen blinzelt wortlos aus dem Fenster. Der Mercedes überholt einen Lastwagen, aus dessen Radkästen eine Ladung schmutziges Wasser auf die Windschutzscheibe fliegt, die von den Scheibenwischern eifrig verschmiert wird; für einen Moment rast der Wagen im Blindflug ins Gegenlicht. Die Tachonadel zittert bei 160 km/h; in das Rauschen des Fahrtwindes mischt sich das klagende Geräusch der Wischwasserpumpe.

Da, sagt der dürre Mann und tippt auf das Foto. Kommt in ein paar Wochen auch im *Spiegel*, die haben die Information irgendwie bekommen, haben uns schon angefragt. Sieht nicht gut aus, oder?

Ehlen schlägt das Dokument auf. Grauer Pappordner. Abteilung 38/2.

Stimmt: Was man auf dem Foto sieht, sieht *nicht gut* aus.

Es sieht nicht gut aus, weil die Russen es einfach nicht konnten. Nur deswegen. Die Idee war vollkommen in Ordnung. Sie waren nur zu blöd, sie umzusetzen. Sie hatten es probiert und versemmelt. Sie hatten die sibirischen Flüsse Ob, Irtysch und Jenissej, die eigentlich ins nördliche Eismeer fließen, nach Süden umleiten wollen, sie wollten die Petschora, die Wytschegda und die nördliche Dwina über die Wolga ins Kaspische Meer leiten, wo Millionen Hektar Agrarfläche Wasser gut brauchen konnten, während Sibirien zu viele Sümpfe hatte, aber wie in Qattara wussten sie nicht, *wie* man das Wasser umleiten soll. Kossygin hatte vor zwei Jahren auf dem Parteitag der KPdSU verfügt, dass die Flüsse jetzt nicht nur miteinander verbunden, sondern auch in ihrer Fließrichtung umgedreht werden sollten, all das war mit Bulldozern allein nicht zu machen, deswegen hatten die Sowjets trotz des Abkommens über den Stopp oberirdischer Kernexplosionen atomar gesprengt, aber die Sprengung hatte nicht den Fluss umgeleitet, sondern nur einen gigantischen, kreisrunden Krater gerissen, der sehr schnell mit Wasser vollgelaufen war.

Problem, sagt der dürre Typ und tippt auf das Foto.

Die Russen, mein Gott, sagt Ehlen. Sie können es eben nicht. Wenn man etwas nicht kann, ist es ein Problem.

Die Limousine rollt vor den Haupteingang des Wirtschaftsministeriums, Ehlen sieht vom Seitenfenster aus das schwarze Walmdach, die Schleppgauben, die dicken Sprossenfenster. Als

Friedrichs noch Wirtschaftsminister war, hatte er volle Unterstützung für das Projekt, aber nach der Ermordung von Ponto war Friedrichs zur Dresdner Bank gewechselt und hatte seine besten Leute mitgenommen, und jetzt war Lambsdorff Minister und hatte Friedrichs Stab durcheinandergebracht, weswegen dort jetzt diese neuen, blassen dürren Typen saßen und dumme Gesichter machten und dumme Fragen stellten.

Ehlen betritt einen Tagungsraum: braune Holztäfelung, Sessel mit grünen Stoffbezügen, Neonlicht unter Stahlgittern, Sekretärin bringt Kaffee. Begrüßung, beige Krawatten, Kristallaschenbecher, trockenes Tagungsgebäck mit sich leicht nach oben biegendem Marmeladenklecks in der Mitte, erste dumme Frage: Was denn da in Russland passiert sei?

Ehlen: Inkompetenz. Würde uns nicht passieren.

Zweite dumme Frage: Wenn man hier (*blätter, blätter,* kurz Zigarette zum Mund, Hand mit der Zigarette zum Aschenbecher, *weiterblätter*) lese, dass 213 (Kunstpause; wiederhole: 213) *atomare Explosionen* geplant seien, und zwar *nicht* in der offenbar weitgehend menschenleeren Wüste, sondern auf dem Weg dahin, durch dicht besiedeltes, gebirgiges Gebiet: Da müsse man doch Zigtausende evakuieren, umsiedeln? Wo denn die Kosten dafür aufgeführt seien? Ehlen: In ihren Dokumenten unter 32a, Unterpunkt II: Evakuierung von gut 25 000 Personen. Angesichts der historischen Größe des Projekts vertretbar. Die nukleare Sprengung verkürzt die Bauphase erheblich, und damit auch die Evakuierungskosten und die Unannehmlichkeiten für die lokale Bevölkerung.

Dumme Frage Nummer drei, gestellt von einem Typen mit Wellfrisur und Schnurrbart: Was mit der Radioaktivität sei? Immerhin habe man es mit der über hundertfachen Sprengmenge von Hiroshima zu tun, wo die Bevölkerung erhebliche, oft tödliche Strahlenschäden –

Weil das oberirdisch stattfand!, ruft Ehlen verärgert dazwischen. Wir reden hier von *unterirdischen Sprengungen*, deren Folgen ebenfalls zum ganz überwiegenden Teil unter der Erde blieben. Das Trinkwasser werde für eine Übergangszeit mit Jod versetzt. Damit sei ...

Draußen, hinter den bräunlich spiegelnden Fensterbändern, schieben sich Wolken vor eine bleiche Spätherbstsonne. Ehlen schließt die Augen und denkt an El Alamein, manchmal träumt er nachts noch davon; das Röhren der Junkers-Sturzkampfbomber, mit denen sie die britischen Stellungen angriffen, die nächtliche, lichtlose Leere der Wüste, die Sandwolken, die Sandstürme – diese Stürme würde es auch nicht mehr geben über dem Qattara-Meer, oder jedenfalls weniger. Niemand wusste genau, was das Wetter so machen würde, andererseits hatten die Meteorologen im Team – zwei blasse Herren, die, wenn sie gerade nicht redeten, dasaßen und ihre Hälse weit vorreckten, als könnten sie so der Zukunft Geheimnisse ablauschen, die sie eigentlich nicht preisgeben wollte – bestätigt, dass das Klima sich nur zum Besseren verändern, nämlich vor allem mitteleuropäisch-milder werden und seine äquatoriale Überhitzung aufgeben würde.

Die optimistische Einschätzung des Strahlenrisikos teile er nicht, doziert der junge Ingenieur und setzt zur Untermalung seines Sachverstands eine enorme Kastenbrille auf, wobei er mit Daumen und Zeigefingern die langen, wie Gardinen an den Seiten herunterhängenden Haare hinter seine Ohren schiebt. Außerdem müsse man auf die Gefahr einer Küstenerosion durch veränderte Meeresströmungen zu sprechen kommen, die auch weit entfernte Küsten betreffen würden ... Das Gewicht der Brille scheint die Luftzufuhr in seine Spitznase abzuklemmen, jedenfalls spricht er plötzlich mit einem näselnden Ton, die Ehlen an eine Comicfigur aus einem Disneyfilm erinnert. Lächerlich. Witzfigur. Witzfigur, die gerade sein Lebenswerk zerredet.

Es tritt in diesem Theater der Zweifel und Qualen jetzt eine Biologin auf, die bestreitet, dass die Senke, wie von Ehlen behauptet, »unbewohnt« sei. Sie sei ganz im Gegenteil ein wichtiger Lebensraum für gefährdete Geparden und ihre Beutetiere, die *Gazella dorcas* und die *Gazella leptoceros*, auch seien die Salzwiesen, die wilden Palmenhaine und das Gras- und Buschland im südwestlichen Teil der Senke ein wichtiges Biotop für Kaphasen, Goldwölfe und Rüppelfüchse.

Wir bauen Ihnen gern eine Arche Noah für Ihre drei Hasen und für Ihre Rüttelfüchse, ruft Ehlen dazwischen. Es lacht aber niemand. Die Sache lief erkennbar nicht so gut.

Er habe ebenfalls noch eine Frage, teilt der schweigsame Koteletten-Typ mit. Er habe zwar große Sympathien für das Projekt. Als Geologe müsse er aber doch einmal nach den Auswirkungen von 213 unterirdischen nuklearen Sprengungen auf den nicht weit entfernten Großen afrikanischen Grabenbruch und insbesondere das tektonisch doch sehr instabile Red Sea Rift ansprechen; wenn der Grabenbruch, der ja nicht von ungefähr so heiße, tatsächlich …

Weit genug weg, kontert Ehlen.

Ja, aber *hundert Mal* Hiroshima, beharrt der dürre Ingenieur.

Ehlen wird rot und schlägt mit der Faust auf den Tisch, fuchtelt mit dem Zeigefinger, spricht über Hasenfüßigkeit und mangelnden Sachverstand und daraus resultierende Angst vor der Technik und davon, dass alle Kulturen, die ihren technischen Fähigkeiten nicht mehr vertrauten, untergegangen seien, eine auf Unwissen basierende Technologiefeindlichkeit sei das *Grundübel jeder modernen Gesellschaft*. Dem jungen Ingenieur verrutscht die Brille, als hätte Ehlen ihr einen Schlag versetzt. Die Kristallaschenbecher zittern bei jedem seiner Schläge.

Ein Jahr später, kurz nach einer heiteren Kabinettssitzung, bei der Bundeskanzler Helmut Schmidt mit den in einer Schüssel bereitgestellten Äpfeln nach diversen Kabinettsmitgliedern wirft, wird, auch aufgrund mangelnder Unterstützung durch die ägyptische Regierung, das Projekt Qattara beendet, und vierzig Jahre lang sprach niemand mehr davon.

OKTOBER 2019

Im Oktober des Jahres 2019 erschien im Büro des Technologieunternehmers Elon Musk eine Delegation aus Ägypten. Musk empfing sie persönlich. Die Delegation trug ihr Anliegen vor: Man wolle einen Teil der Wüste mit Wasser aus dem Mittelmeer fluten. Dafür brauche man einen Bohrer, wie ihn Musks *Boring Company* für die Untertunnelung von Los Angeles entwickelt habe. Man werde rund sechzig Kilometer durch ein Gebirge hindurchbohren müssen. Dann aber könnte das hereinflutende Wasser riesige Turbinen antreiben und gigantische Mengen von Strom produzieren. Zusammen mit den neuen Desertec-Solaranlagen im Westen der Sahara hätte Nordafrika so viel Strom zu bieten wie keine Region der Welt. Dazu werde das entstehende neue Meer das Klima radikal verändern – wo jetzt überhitzte Wüsten waren, würden grüne Felder blühen. Es würde öfter regnen. Neue Städte würden entstehen. Fabriken, von Solarstrom aus dem heißen Teil der Sahara gespeist. Wassergekühlte Serverfarmen in der Tiefe des neuen Meeres. So würde der heißeste Teil Nordafrikas, in dem durch den Klimawandel die Temperaturen, wenn man nichts tue, bald so hoch sein würden, dass die Menschen, wenn sie nicht am Hitzschlag sterben wollen, ihr Land verlassen werden müssen, erheblich abgekühlt und sogar zu einem attraktiven Aufenthaltsort. Die Migration nach Europa könne so zum Erliegen kommen – ja, umkehr sei mit einer Schubumkehr der Migration zu rechnen, mit einem Zustrom von Fachkräften aus Europa nach Nordafrika. Außerdem würde das neue Meer die weltweit steigenden Meeresspiegel entlasten: Durch die Flutung der Senken von Qattara und Danakil in Äthiopien könne er um einige Fuß gesenkt werden, so dass New York, Amsterdam und London, aber auch die Malediven und Mumbai trotz ansteigender Temperaturen von den Fluten verschont blieben. So hätte der Klimawandel überhaupt keine Auswirkungen auf den globalen Meeresspiegel. Anders gesagt: Man lässt die steigenden Meerespegel, die so vielen wie ein unvermeidbares, unaufhaltsames Strafgericht für zweihundert Jahre Anthropozän erscheinen, einfach in die leeren Wannen in der Wüste ablaufen. Problem Klimawandel gelöst!

Qattara würde das Herz einer der reichsten Wirtschaftszonen der Welt werden, die vom marokkanischen Atlantik bis nach Ägypten reicht, der massive Anstieg des Durchschnittseinkommens den Terrorismus verdrängen.

In Marokko und Algerien werden sich energieintensive Industrien ansiedeln, die mit Strom aus dem größten Solarkraftwerk der Welt in der Sahara versorgt werden; in Libyen und Ägypten sorgt das Qattara-Meer für Reichtum. Das Wetter am neuen Qattara-Meer wird wegen der hohen Verdunstung angenehm sein, es regnet häufig, über den Ländern hängt immer ein leichter, diesiger Nebel.

Musk war erregt; die Dimension dessen, was ihm dort vorgetragen wurde, gefiel ihm. Die neuen Häfen könnten vollautomatisiert sein, Afrika könnte die modernsten Städte der Welt bekommen, mit intelligenten Häusern und selbstfahrenden Autos – in der Sahara könnte eine Startbasis für Marsraketen entstehen, dann wäre Afrika das Zentrum einer neuen, vielleicht bald intergalaktischen Welt! Die Delegierten nickten höflich: Erst mal wäre der Bohrer wichtig.

Wenige Wochen später schlossen sie einen Vertrag mit einem französisch-britischen Konsortium, das schon für den Bau des Tunnels unter dem Ärmelkanal verantwortlich war; eine deutsche Firma sollte an den Ufern des neuen Meeres Industrieanlagen und Smart Cities planen.

Aber was war dann passiert; und wie hatte es begonnen?

TESTHAUS

Der Strom war weg, damit ging es los.

Es ging damit los, dass im Testhaus der Strom ausfiel. Irgendein Warnsystem heulte. Turek schlug mit der Hand an eine Stelle der Wand, an der er den Lichtschalter vermutete, stolperte über etwas Hartes, das mit einem unschönen Knall irgendwo hinflog, rammte mit dem Knie einen Couchtisch, dessen Position er anders in Erinnerung gehabt hatte und von dem verschiedene Dinge herunterstürzten, ein schwerer Bildband fiel ihm vor die Füße, der verrutschte Hochglanzeinband schnitt ihm scharf in den Spann. Auf seinem Weg zum Fenster trat er gegen eine herumrollende Dose und bekam schließlich den rauen Stoff des Vorhangs zu fassen. Es war noch dunkel. Er presste sein Gesicht an die beschlagene Scheibe, trat zurück, betrachtete seinen Gesichtsabdruck, der beunruhigend deutlich an einen Totenkopf erinnerte, wischte das feuchte Phantomgesicht schnell weg und schaute ins Halbdunkel: Da war der weiße Qualm einer Müllverbrennungsanlage, das

Heulen eines einsamen Lastwagens, die eingefrorene Natur eines schwarz in der Nacht liegenden Sees, Eisschollen in gefrorenem Sand.

Sie nannten es Testgebäude, obwohl hier nicht viel getestet wurde – es gab Tage der offenen Tür, bei denen ein paar Wohnungen besichtigt werden konnten, seine Kollegin Sara sprach dann mit den interaktiven Kaffeemaschinen und ließ Sprachbots erzählen, wie viel Energie so eine Smart City spart, wie viel sicherer sie ist, sie strahlte, während sie davon erzählte, und die Besucher standen mit offenem Mund da, einige stellten sich sichtbar ein Leben in diesen Räumen vor und sahen sich auf den tiefen Stoffsofas liegen, während ein Bot ihnen einen Kaffee machte, den ein kleiner Roboter, eine Art Serviertisch mit Augen, ins Wohnzimmer brachte. Ältere Leute schauten Sara an, als hätten sie eine neue Freundin gefunden, sie waren wirklich ganz gerührt, wie sie sie durch diese Musterwohnung führte, mit ausladenden Bewegungen hereinbat, ihre Hand leicht auf die Schulter der Besucher legte, um sie in einen neuen Raum zu manövrieren oder vor die Aquarellzeichnungen der neuen Stadt, die Kinder und Omas beim Fahrradfahren oder Spielen oder In-der-Sonne-Liegen zeigten, weil die Roboter die ganze anstrengende Arbeit übernommen hatten.

Am Ende wurde Sara applaudiert; sie war wirklich ein Naturtalent.

War sie ein bisschen esoterisch? Vielleicht. In ihren Ferien flog sie nach Goa und machte in Agonda Beach Yoga, manchmal postete sie auf Instagram Bilder von sich in der Wüste (*Shift the energy of every single cell in you towards the great axis of life and happiness. Joining in for yoga mornings, sadhana and lots of cuddles*), manchmal postete sie Fotos von sich mit einem Zettel, auf dem zu lesen war, dass sie an der Seite der

Waorani-Indianer stehe (*Solving our climate crisis means keeping the oil in the Ground*). Die große Achse ...

Turek suchte seine Apple Watch. Er wusste nicht, wohin er sie gelegt hatte – eine dumme Angewohnheit, die Uhr abzulegen nachts, er müsste sie natürlich anbehalten, um sich am Morgen sagen lassen zu können, wie er geschlafen hatte, die Herzfrequenz-App, die man ihm installiert hatte und die direkt mit der Notfallzentrale und wohl auch mit der Krankenkasse kommunizierte, war auf direkten Hautkontakt angewiesen. Er könnte einfach den Flugmodus aktivieren, um nicht von eingehenden Nachrichten geweckt zu werden oder, schlimmer noch, unabsichtlich welche zu verschicken, aber Turek konnte nicht schlafen mit einem Ding am Handgelenk, das würde er noch üben müssen, Driessen hatte ihm nahegelegt, die Apple Watch zu benutzen, macht sich nicht gut, hatte er gesagt, wenn du als Einziger im Projekt keine Nachtdaten generierst. Nachtdaten ... Turek blinzelte ins Dunkel des Raums. Er tastete nach seinem Fuß. Das Papier hatte einen geraden, klaren Schnitt hinterlassen, und als er seinen Finger an die Lippen legte, schmeckte er das Blut.

Alexa, was ist mit dem Strom los, rief er ins Dunkel seiner Wohnung hinein. Unter dem Couchtisch blinkte ein blauer Ring auf. Der Sprachbot hatte also noch Strom, er hing am Laptop, deshalb. Turek horchte. Alexa antwortete immer mit einer Verzögerung von einer Sekunde, und was sie dann sagte, klang, als habe sie erst vor Kurzem gelernt zu sprechen, als wisse sie nicht, wie man die Worte betont, aber Turek hatte sich an sie gewöhnt, mehr noch, es gefiel ihm, dass sie in einer Sprache antwortete, die klarmachte, dass sie aus der Welt der Dinge zu ihm sprach –

Was aber jetzt, in der Dunkelheit eines Wintermorgens, zu hören war, klang beunruhigend. Es hatte nichts mehr mit dem zu tun, was man eine Stimme nennt. Es klang nicht mehr menschlich, sondern wie irres Gelächter, Alexa hatte ihre Stimme verloren, sie krächzte wie ein Geist, der von Dämonen geschüttelt wird, *Frraaahhh*, machte das Ding, und zwei rote Punkte leuchteten bösäugig auf, *Haarrrrrhhtfffff*.

Alexa, wiederholte Turek.

KKaaahhh, machte die krächzende Stimme.

Statt einer Antwort drang ein metallisches Scheppern aus dem Lautsprecher, der sich bei seinem Sturz offenbar schwere Schäden zugezogen hatte, ein Geräusch, als habe sich ein räudiges, aggressives Tier unter dem Couchtisch versteckt, das ihn jederzeit anspringen könnte – Turek fühlte einen Schauer im Nacken. Natürlich war das Unsinn. Nichts würde ihn anspringen. Andererseits war ein halb defekter Sprachbot, der wie von Sinnen herumfaucht und eine Wohnung abhört und dabei, weil halb defekt, Geräusche vielleicht falsch interpretiert, vielleicht Dinge bestellt, die niemand bestellen wollte, und Botschaften versendet, die niemand versenden wollte, keine ungefährliche Sache – ein Gerät, das sich nicht mehr artikulieren kann, dachte Turek, versteht womöglich auch nicht mehr, was ich sage. Vielleicht war es ein Irrglaube, dass Deep Learning die endlose Folge von Zufällen und Missverständnissen, die das Leben zum größten Teil steuern, unterbrechen und für Ordnung und tiefes Verständnis sorgen könnte, aber es war nun mal sein Job, den ganzen Kram als Zukunft der Stadt zu verkaufen, er war schließlich Cheflobbyist, Leiter der Öffentlichkeitsarbeit … Wenn er gefragt wurde, was er tat, sagte er: Business Development. Darunter konnten sich die Leute nichts vorstellen, aber sie nickten trotzdem zufrieden, es klang immerhin nach einem Beruf, mit dem man Geld verdienen konnte.

Eigentlich war er Architekt, aber das erwähnte er nicht mehr. Niemand von denen, mit denen er arbeitete, wusste etwas über

seine Vergangenheit. Gab es Eltern, Brüder, Schwestern, hatte er Freunde? Er war nicht verheiratet. Er hatte keine Kinder.

Alexa gab ein heißes und sinnloses Rauschen von sich. Sein Blut sickerte aus der Schnittwunde in seinem rechten Fuß in den hochflorigen Teppich. Er dachte kurz daran, den ramponierten intelligenten Lautsprecher aus dem Fenster zu werfen, dann fiel ihm ein, dass man die Fenster gar nicht öffnen konnte. Er stellte das krächzende, sinnlos flackernde Etwas, das von Alexa übrig war, in den Kühlschrank und schlug die schwere Tür hinter ihr zu. Jetzt war es vollkommen still. So.

Luftholen.

Jetzt.

Turek klappte sein Laptop auf, um die Notdienstnummer zu suchen. Der Raum erstrahlte in einem kalten Blau und verwandelte sich in eine seltsame Unterwasserwelt, in der die Dinge zusammenhanglos herumtrieben. Im Display seiner Apple Watch erschien eine weiße Karotte auf blauem Grund

(»Erinnerung. Eine gesunde Mahlzeit essen«). Die Karotte machte einem weiteren Bild Platz. »Beruhige deine Sinne, sei achtsam und entspannt«, forderte die Uhr. »Minuten der Achtsamkeit: 3 Minuten«. Er schüttelte den Kopf und schaute aus dem Fenster. Dort: Schneetreiben, weiße Flocken vor Schwarz. »Beruhige deine Sinne«, was für ein – wenn hier mal endlich wieder Strom … Hallo? Ja. Gut. Notdienst ist auf dem Weg.

Theoretisch ließ sich der Strom über das Mobiltelefon wieder anschalten. Turek starrte auf sein iPhone, sein Gesicht spiegelte sich in der schwarzen Fläche des Displays, er sah von der Nacht etwas zerknautscht aus, genau genommen so zerknautscht, dass die Gesichtserkennung ihn nicht mehr erkannte. Er musste den Pin-Code eingeben und vertippte sich, irgendein Algorithmus entschied, dass Turek zunächst befragt werden musste, ob er ein Roboter sei, *bist du ein Roboter*, wurde Turek von seinem eigenen Telefon gefragt, das schon sein Gesicht nicht erkannt hatte, Turek klickte *nein* an, das Telefon forderte Beweise, die in Form der Beurteilung von neun quadratischen Bildern erbracht zu werden hatten: *Zeig, dass du kein Roboter bist.*

Ein Roboter will, dass ich ihm beweise, dass ich kein Roboter bin, schimpfte Turek in die Dunkelheit eines lichtlosen Wintermorgens hinein, markierte aber folgsam alle Bilder, auf denen ein Zebrastreifen zu sehen war. Eine neue Gruppe von Bildern erschien, zusammen mit dem Befehl, alle Felder zu markieren, auf denen eine Ampel zu sehen war.

Er hackte auf die Ampeln ein. Eine neue Tafel, wieder neun Bilder: Alle Laternen markieren! Der Algorithmus hatte offenbar ein perverses Vergnügen daran, die Grenzen seiner Leidensfähigkeit auszutesten. Wie viele Menschen hatten wegen der Beweiskacheln ihr Telefon zerstört und ein neues kaufen müssen? Seine iWatch meldete eine stark angestiegene Herzfrequenz und verlangte *Achtsamkeit*. Sein Telefon bimmelte gleichzeitig fünfmal hintereinander, so, als sei es verrückt geworden, das Klingelbombardement erinnerte ihn an eine Straßenbahn, *pingpingpingpingpingping* –

Es trafen sechs Nachrichten von Sara ein.
Erste SMS:
Hi T!
Neue SMS:
Heute meeting?
Neue SMS:
Hatte eine ziemlich gute Idee.
Neue SMS:
Mal tel?
Neue SMS:
gelber Kopf der telefoniert
Neue SMS:
dampfende Kaffeetasse

Turek gehörte zu einer Generation, die SMS verfasste, welche Briefen ähnelten: sie hatten eine Anrede, dann wurde alles gesagt, was zu sagen war, dann ein Gruß und der Name; Sara, die zehn Jahre jünger war als er, war offenbar dazu übergegangen, alles, was in ihrem Kopf passierte, auch halb fertige Halbsätze, in Echtzeit zu versenden und den Empfänger dann an jedem weiteren Schritt hin zur Vollendung der Botschaft live teilnehmen zu lassen.

Er ging seine Mails durch. Solange man Mails lesen konnte, war die Welt noch einigermaßen in Ordnung. Eine Professorin für Multimodale Mensch-Technik-Interaktion aus Augsburg lud ihn zu einer Tagung ein. Ralf Kleber, Deutschland-

Chef von Amazon, hatte sich nicht gemeldet, dafür ein Kollege vom Haptik-Forschungslabor. Driessen schrieb, ob mit der Präsentation alles in Ordnung sei. Sara schrieb ja – und ob man nach der Präsentation noch auf Drinks mitgehe? (Symbol-Icons: *zusammenkrachende Bierhumpen*, *idiotisch zwinkernder gelber Kopf*; *Champagnerflasche*). Antwort von Driessen: sehr gern (*quietschgelber, nach oben gerichteter Wurstfinger-Daumen*, Ausrufezeichen). Mittelalter Unternehmensvorstand schickt zwanzig Jahre jüngerer Mitarbeiterin gelbe Wurstfingerdaumen ... Turek versuchte, die Balkontür zu öffnen, aber ihre Steuerung war ebenfalls ausgefallen, mechanische Griffe gab es nicht mehr, nur einen kleinen Hammer, mit dem die Scheibe im Notfall eingeschlagen werden konnte. Ein letzter Befehl vor dem Stromausfall musste dazu geführt haben, dass die Fassade sich auf semitransparent geschaltet hatte, eigentlich eine Funktion, um die Sonneneinstrahlung elektronisch zu verringern, das Haus sah jetzt so aus, als sei es in eine ölig schimmernde Zelophanhülle eingeschweißt worden wie die Hormonhühnchen im Supermarkt. Turek hielt sich zur Kühlung seiner Beule das kalte Display seines iPhones an den Kopf, holte tief Luft und entschloss sich, vor die Haustür zu treten. Die Luft draußen war klar und kalt. Irgendein Aggregat war angesprungen und gab ein stöhnendes Geräusch von sich. Es war jetzt kurz nach acht, immer noch dunkel. Er zündete sich eine Zigarette an und wählte Auras Nummer.

∘ ● ∘

Aura saß in ihrem Büro im achten Stockwerk eines Neubaus. Sie hatte Kopfhörer auf, an denen ein Mikrofon befestigt war; aus der Entfernung hätte man sie für eine Hubschrauberpilotin halten können. Eine Kollegin, alleinerziehende Mutter wie sie, nickte ihr müde zu.

Sie hörte anonymisierte Aufzeichnungen von Sprachassistenten ab, das war ihr Job hier, jeden Tag vier, fünf Stunden. Sie markierte Worte, die der Sprachassistent nicht erkannt hatte, damit die Sprachprogrammierer es der Maschine beibringen konnten. Sie hörte fremde Stimmen, die Pizza Funghi bestellen wollten und stattdessen Funkgeräte oder Nizza-Flüge angeboten bekommen hatten. *Ich wiederhole: Du willst einen Flug nach Nizza buchen?* Pro Schicht wurden fünfhundert Mitschnitte analysiert, alle anonym, das war legal, die Nutzer des Sprachassistenten hatten unterschrieben, dass man ihre Befehle untersuchen dürfe, um die »Systeme zur Spracherkennung und zum Verstehen natürlicher Sprachen zu trainieren«, so stand das im Vertrag. Nur dass die Leute dachten, dass da irgendwelche Künstlichen Intelligenzen die Sätze analysierten. War aber nicht so. Da saß, zum Beispiel: sie. Hörte, selbst müde von der Nacht, müde, deprimierte, aufgekratzte, verkicherte Stimmen. Uralt krächzende Stimmen. Fettes, schweres Atmen. Dürre Stimmen. Sonore Organe. Stimmen, die man kennenlernen wollte, und Stimmen, von denen man Albträume bekam. Kreischende Kinder, die Furzgeräusche machten. Gebrüll, Geflüster. Weinende, erstickte Stimmen. Betrunkene, die keinen einzigen Konsonanten mehr aussprechen konnten.

Aura fing früh an, die Bänder abzuhören, arbeitete bis mittags, holte sich einen Kaffee bei Starbucks und ging dann ins Institut, um an ihrer Forschungsarbeit zu schreiben. Den Morgenjob hatte sie angenommen, weil das Geld, was sie im Institut für evolutionäre Anthropologie bekam, nicht reichte, mit einer Arbeit über das veränderte Verhalten von Gorillas, die sich in den Virunga-Bergen an Menschen gewöhnt haben, konnte man kein Kind durchbringen. Konnte man kaum seine Miete zahlen und auch nicht die irren Preise im Biosupermarkt. Ihr Sohn war vier. Er hieß Louis.

Er ging in die Kita unten im Haus, wo sie wohnten, in einer Zweizimmerwohnung, die auf den Hof rausging. Sie hätte gern eine Wohnung im Vorderhaus gehabt, mit Balkon, wo man morgens seinen Kaffee in der Sonne trinkt, aber dafür reichte ihr Geld nicht – also kein Balkon und morgens im Fenster zum Hof Kaffeetrinken. Unten waren ein Café und ein Biomarkt. Die Gegend galt als eins der besseren Viertel, der Kita selbst sah man das nicht an, das war ein schlecht gelüfteter, mit Fingerfarben bunt angemalter Raum, eine Neonröhre baumelte mitten im Raum und warf ihr unbarmherziges Licht auf eine lieblos ausgekippte Kiste Spielzeug: umgekippter Polizeiwagen, zwei Polizisten ohne Kopf, ein Pirat mit einem Holzbein aus Plastik, ein Elefant mit nur noch einem Auge. Verklebtes Lego (Apfelsaft?). Eine Ritterburg. Hinten würgen sich zwei Jungs. Vorn ein weinendes Mädchen und ein Mädchen, das es tröstet. Die Erzieherin raucht draußen am Eingang eine letzte Zigarette vor dem Morgenkreis. So war es jeden Morgen.

Warum steckte sie ihr Kind jeden Morgen in diese Müllhalde? Warum musste dieses Kind, das nach Penatenshampoo duftete und nachts mit einem unter Fellverlust leidenden Teddybären unter dem Arm in ihr Bett kam und morgens, wenn es aufwachte, strahlte und Mama rief, als sei es eine unerwartete Überraschung, sie hier anzutreffen – warum also musste dieses Kind, das sie mehr als alles liebte, in das schlecht gelüftete Neongefunzel zu den geköpften Polizisten, aus dem es acht

Stunden später von anderen Kindern zerkratzt wieder herauskam? Weil sie arbeiten musste? Weil keine Oma da war? Weil ihre Freundinnen auch arbeiten mussten? Könnte sie auch zu Hause arbeiten, und Louis würde unter ihrem Schreibtisch spielen und im Hof mit den anderen Kindern? Aber da waren keine anderen Kinder. Die anderen Kinder waren auch in der Kita, selbst die, deren Väter und Mütter morgens Tennis spielten oder Yoga machten, so wie Louis' Freund Yannis, mit dem er im Fußballverein spielte und der in einer Villa im Westen wohnte.

Yannis' Eltern hatten einen Gärtner und eine philippinische Köchin namens Destiny und eine polnische Putzfrau. Sie hatten der Putzfrau das Auto geschenkt, das die Mutter von Yannis nicht mehr brauchte, ein vier Jahre altes Mini Cabrio, neben dem Aura ihren alten Renault parkte, wenn sie Louis bei Yannis abholte. Manchmal machte der Gärtner Yannis Bratwürste über einem offenen Laubfeuer im Garten. Manchmal machte er den Laubbläser an und trieb damit Yannis' Modellsegelboot (Nachbau einer Yacht aus den dreißiger Jahren, KaDeWe, Spielzeugabteilung, 328 Euro) über den Karpfenteich. Im Winter band er Yannis einen Schlitten hinter den allradgetriebenen Golfwagen, mit dem er die Gartenabfälle wegfuhr. Es ist ein Wahnsinn, wie kreativ die beiden sind, sagte Yannis' Mutter gerührt, wenn sie auf der Terrasse ihre Yogamatte zusammenrollte und das Haargummi aus ihrer luftigblondwirbelnden 195-Euro-Shan-Rahimkhan-Frisur zerrte, während Destiny weißen Tee aus einer seltenen Lage im Himalaya servierte und Yannis' große Schwester Luisa die Mondscheinsonate auf dem Steinway im Musikzimmer spielte und die Videokameras im Garten im Takt ihre einäugigen Köpfe bewegten, weil Yannis' golfplatzgebräunter Vater (Platz 11 beim

Ironman vor drei Jahren) mit sportlichen Schritten die geschwungene Freitreppe hinaufeilte, seinem Sohn den Kopf tätschelte und seiner geliebten Ehefrau ein handsigniertes Exemplar des neuen Buchs von Roland Berger überreichte (*für die schönste Frau der Welt*). Die einzige Störung dieses Idylls war Yannis' älterer Bruder, der bei offenen Fenstern, so dass es draußen alle hören konnten, in seinem Zimmer zu den wummernden Bässen von Bonez MCs *Kokain* Liegestützen machte. Als sie das letzte Mal in ihrem Renault zurückgefahren waren, hatte Louis gesagt, er wolle mal Gärtner werden, und dann war er eingeschlafen, und Aura hatte, während die letzten Strahlen der fahlen Berliner Sonne in einem Gemisch aus Wolken und Abgasen versanken, beschlossen, dass sich etwas ändern müsse, und das dachte sie auch an diesem Morgen, während sie, halb abwesend, Bänder von unterschiedlichsten Bestellungen, einem Dickicht gemurmelter und gebellter Wünsche zuhörte. Auch ihr Sohn sollte eine große Legokiste bekommen. Vielleicht keinen Garten mit Gärtner und Allradgolfkarren und Himalayatee und Golfschlägertyp-mit-Buch-für-die-schönste-Frau-der-Welt. Aber einen Wald. Ein paar Wiesen. Ein Haus, wo man morgens einen Kaffee in der Sonne trinken konnte, ein Haus, wie es ein alter Freund von ihr gerade für gar nicht viel Geld in einem französischen Dorf gekauft hatte, wo er jetzt als Schäfer lebte (sie verstand nicht so richtig, wie das ging, er hatte nie auch nur das geringste Interesse an Schafen gezeigt; aber gut). Ein paar nette Leute nebenan. Keine kopflosen Polizisten mehr.

Zwei entgangene Anrufe in Abwesenheit: Turek hatte angerufen. Was war jetzt mit Turek?

Sie hatte Turek bei einer Freundin kennengelernt. Er saß auf einem durchhängenden Ikeasofa wie jemand, der das nicht gewohnt war, aber tapfer aushält, so wie Eltern beim Elternabend auf den Kinderstühlen sitzen. Er war etwas jünger als sie. Er arbeitete für Alexander Driessen, CEO eines Start-up, das Technologien für neue Städte entwickelte. Er sprach von Robotern, fast zärtlich, wie von einem fremden Stamm. Sie fand Turek eigenartig, aber sie mochte ihn. Kommt vor, oder? Eben.

Sie dachte ans Kinderzimmer. Sie war jetzt auch nicht direkt arm. Da saßen alle Paw-Patrol-Figuren (à 19,95 Euro) und weitere fünf Stofftiere (Steiff, 90 Euro, so was). Batman-Schlafanzug. Neue Turnschuhe. In der Küche: Biogurken, Biomüsli, Olivenbrot, französische gesalzene Butter, ein seit Monaten ungeöffneter Rotwein. Draußen war es immer noch dunkel. Sie sah im Fenster ihr Spiegelbild. Was sie da anschaute, sah müde aus, aber eigentlich auch ganz gut. Paar Fältchen, aber sonst? War das da nicht das sehr geliebte *zauberhafte Wesen*, dessen Eltern immer sagten (und dessen Sohn auf seine Weise auch sagte): Du bist wirklich das Tollste, was diese verdammte Welt je gesehen hat, du wirst alles schaffen, was du dir vornimmst, wir sind so unglaublich stolz auf dich? Wer war das? Hm? Eben: Sie.

° ◉ °

Natürlich hieß Turek nicht bloß Turek. Er hatte, wie alle Menschen, einen Vornamen. Sein Vorname war Valdemar. Das war der Name in seinem Ausweis: Valdemar Turek. Es gab niemanden in seinem Alter, der so hieß. Seine Mutter hatte ihn so genannt, weil es wie *Val de Mar* klang, ein Tal am Meer. Turek musste, wenn er den Namen Valdemar hörte, eher an einen unansehnlichen alten Dänen mit Kinnbart denken; seinen Vornamen ließ er, wo immer es ging, weg. So war sein Nachname mit der Zeit zu seinem Rufnamen geworden.

Er hatte Architektur studiert und ein bisschen Kunst gemacht. Damals fuhr er mit einem alten hellblauen Saab voller Müll und Pappmodelle durch die Stadt, und weil er den Wagen nie aufräumte, musste man nur durch die Heckscheibe in den Kofferraum schauen, wenn man sehen wollte, wie es ihm ging und was er machte. Der Wagen parkte hinter der Kunsthochschule unter einer alten Kastanie, und als Tureks Vertrag nicht mehr verlängert wurde, schlief er offenbar auch hinten im Wagen, jedenfalls lagen dort irgendwann Decken und Kopfkissen und ein paar Ausgaben von *Wired,* und dann wurde es Herbst, und der Wagen verschwand unter einer Schicht von gelben und roten Kastanienblättern, und die Luft verschwand aus den Reifen. Turek tauchte manchmal in der Mensa oder in der Aula auf. Er besaß ein Samtcordsakko, dessen Kragen er zum Schutz gegen die kalte, klare Herbstmorgenluft aufstellte. Er sah nicht wie jemand aus, der auf der Straße schläft; erst später erzählte er, dass er sich damals nur von Toastbrot und Zigaretten ernährte und tatsächlich in seinem Saab wohnte, wenn er nicht gerade bei Freunden unterkam. Er sah allerdings noch gut genug aus, um Evangelia kennenzulernen, eine Griechin, deren Eltern in Maroussi eine Firma für Wandfarben besaßen und ihr für das Auslandsjahr, das sie als DAAD-Stipendiatin für Theaterwissenschaft in Berlin verbrachte, ein großes Apartment in der Fasanenstraße gemietet hatten, in das bald auch Turek einzog. Evangelia hatte kurze dunkelbraune Haare, die wie ein lackierter Helm auf ihrem Kopf saßen, den sie beim Reden oft heftig schüttelte, wobei ihr einige Strähnen aus der Eigenhaar-Helmkonstruktion in die Stirn fielen. Wenn sie lachte, bildete sich eine kleine, reizende Falte neben ihrem Mund, wenn sie nicht lachte, was öfter der Fall war, zogen sich ihre Augenbrauen zu ausdrucksvollen Voluten zusammen. Sie studierte Theaterwissenschaften, trug schwarze Lederjacken und Motorradstiefel und hatte sogar das passende Motorrad dazu, eine Ducati Monster mit messingfarbenem Rahmen und verkürzten Schutzblechen, mit der sie von Athen nach Berlin gefahren war. Wenige Monate, nachdem sie Turek kennengelernt hatte, wurde Evangelia schwanger, aber gerade als Turek sich selbst davon überzeugt hatte, dass es unmöglich wäre, sie in diesem Zustand nicht zu heiraten, verließ sie ihn für einen Kunstspediteur, der, wie Evangelia ihm eröffnete, auch der Vater des Kindes war, und zog zu ihm nach Basel. Turek blieb noch ein paar Monate in ihrer Wohnung, betrank sich, schrieb ihr Briefe, in denen er ausführte, dass er auch gern Kinder bekomme, die nicht von ihm sind, und als sie ihm nicht antwortete, zerstörte er seine Pappmodelle und nahm einen Job bei Doctoroff an, nicht weil er Doctoroff besonders sympathisch fand, sondern weil ihm der Job erlaubte, Evangelia in Manhattan zu vergessen.

Doctoroff war ein enger Vertrauter des Finanzdatenhändlers Michael Bloomberg, der ihn als Bürgermeister von New York in sein Team holte. Die Unternehmer Doctoroff und Bloomberg hatten die Chance ergriffen, sich als Politiker zu verkleiden und die alte Stadt im Namen von Ökologie und Sicherheit komplett auszuschlachten, so wie man von einem alten Haus nur die Fassaden stehen ließ und alles herausriss, was daran nicht smart war, und das war fast alles – Verkehr, Dämmungen, Versicherungen, die ganze Art, wie Politik gemacht wurde ... Sie wollten nicht nur eine Stadt umbauen. Was sie Gemeinden und Regierungen anboten, war eher eine Art Bausatz für die Verwandlung von Städten in Smart Cities. Sie hatten aus New York ein Unternehmen gemacht, sie hatten die Stadt so umgebaut, dass sie noch mehr Geld abwerfen, noch mehr Touristen anziehen konnte. Im Namen von Ökologie und Effizienz und Sicherheit wurde alles entfernt, was der

Staat über Jahrhunderte errichtet hatte, Bloomberg und Doctoroff rissen aus der Stadt alles heraus, was langsam und dreckig und alt und improvisiert und unplanbar war – die Kabel und Rohre, die Leitungen, die Plätze, die Infrastruktur, das öffentliche Leben, die schrottigen Läden – und stopften stattdessen Designerparks, Touristenattraktionen, Aussichtsplattformen, Luxuswohnungen, Bürotürme und Kameras hinein. Doctoroff war Sohn eines ehemaligen FBI-Agenten, daher vielleicht seine Freude an Dingen, die das Verhalten von Menschen ausspähten und ihr Handeln vorausberechneten, und vielleicht auch seine Obsession mit Sicherheitsfragen. Abends schaute nicht mehr die Polizei durch die Fenster, sondern Google, und zwar die gesamte Zeit, und was nach einer freundlichen Geste, einem Geschenk für den Stadtbürger aussah, war auch immer das Gegenteil. Sie hatten die alten Taxen durch neue Kleinbusse mit verglasten Dächer ersetzt; war das so, damit die Touristen die Hochhäuser anschauen können oder damit die Überwachungskameras reinschauen können? Unklar. Die Firmen hatten geputscht, der Staat hatte den großen Bewusstseinskonzernen seine Kompetenzen, seine Rolle als Erzieher und Maßregler abgetreten, ein kommerzielles Unternehmen definierte jetzt, was richtig und was falsch ist. Intelligente Thermostate und Wärmebildkameras überwachten, wie viele Menschen sich wie lange wo aufhielten, im Café und im Supermarkt wurden die körperlichen Reaktionen getrackt, das Flackern der Augen, der erhöhte Puls – Supermärkte waren überhaupt nur noch sinnvoll, um etwas über das Käuferverhalten zu lernen, sich ein Bild zu machen, wo Vorfreude entstand und wie lang sie anhielt, beim Bestellen von Essen zum Beispiel; es ging darum, vorauszuberechnen, was passieren würde, Wünsche abzulesen, Begierden aufzuspüren und einzupflanzen, vor Unüberlegtem und Verbotenem zu schützen und davor, etwas zu wollen, was man nicht wollen sollte. »Wenn man in der Lage wäre« hatte Doctoroff gesagt, »eine Stadt von Grund auf neu zu bauen, könnte man auch bestehende Konzepte der Sozialpolitik und der politischen Führung komplett neu erfinden und ganz neue Ideen eines datengetriebenen Managements testen.«

∘ ● ∘

Doctoroff war jetzt Chef von Sidewalk Labs, einer Unterfirma von Google, die gerade dabei war, auf einem alten Hafengelände in Toronto die erste vollvernetzte Smart City der Welt zu bauen, in der alle Probleme der aktuellen Stadt gelöst werden sollten – keine Staus, keine Energieverschwendung, keine Kriminalität, alles ökologisch und vernetzt; Alphabet, Googles Mutterkonzern, würde auch hier alle Leistungen über seine Unterfirmen organisieren, die Krankenversicherung und die Versorgung, Essenslieferdienste, Schulen, alles, was früher der Staat machte, der Staat hatte aufgegeben, man hatte ihn in eine Rolle gedrängt, die der des britischen Königshauses entsprach, respektiert, aber machtlos, der Staat organisierte nur noch den Rahmen für die totale Privatisierung der Stadt. Doctoroff hatte begonnen, New York in einen Apparat zu verwandeln, der seinen Bewohnern zuhören konnte, überall Kameras und Bänke, die mit ihren Sensoren Bewegungsprofile erstellten; jetzt war Toronto dran, Doctoroff bastelte an einem Baukasten, mit dem man alle Städte der Welt zu solchen Maschinen umbauen konnte – aber weil er das für Google machte, gab es schon vor Baubeginn Proteste wegen Datenschutzfragen, das war Doctoroffs Nachteil, Google war zu groß, um heimlich etwas umbauen zu können, wohingegen niemand Driessen kannte, noch nicht.

Turek hatte Driessen in New York kennengelernt. Driessen hatte die Aufgabe, New York mit Ladestationen in Form von Sitzinseln auszurüsten, die Cookies auf die zu ladenden Telefone setzten und ihnen ihre Daten absaugen würden, mit jedem Schritt würde der Bewohner Daten generieren, die man verkaufen konnte. Doctoroff hatte außerdem einen Plan erfunden, der dafür sorgen sollte, dass Pendler entmutigt werden, mit dem Auto in die Stadt zu fahren, und stattdessen die Bahn nehmen, aber dann hatte es Proteste gegeben, weil die Bahn überhaupt nicht in der Lage war, noch mehr Pendler in die Stadt zu bringen, und im Chaos dieser Tage hatte Driessen vorsichtshalber gekündigt und sich auf einen Posten als Managing Partner bei einer Private Equity Firma gerettet, war dann nach Menlo Park und schließlich nach Berlin gegangen, wo seine Firma soeben mit dem Bürgermeister einen Vertrag zur Umwandlung einer alten Industriebrache in der Nähe des Flughafens abgeschlossen hatte. Driessen wollte der neue Doctoroff werden.

Nach Driessen Theorie gab es zwei Glaubensrichtungen: Es gab die Permakulturalisten, die weniger fliegen und kein Auto mehr fahren und weniger bauen und die Spuren des Menschen so gering wie möglich halten wollten: Leinen statt Plastik, weniger Metall und Stahl und weniger Technologie, von allem weniger, mehr Ruhe und Dableiben, zurück ins Dorf. Die Permakulturalisten, sagte Driessen, wollten zurück in einen Zustand vor dem Anthropozän (er sprach das Wort aus wie etwas widerlich Süßes, das zwischen den Zähnen klebt), Häuser aus Lehm, Erdwärme, so was. Dann, sagte Driessen, gab es die anderen, die wie er glaubten, dass man mehr Technologie brauchte, dass zum ersten Mal die Technologie an einem Punkt angekommen war, wo sie fast alle Probleme lösen könnte, dass man sich an einem euphorischen Punkt der Weltgeschichte befinde, wenn Fliegen ein Problem für die Umwelt sei, müsse man nicht aufhören zu fliegen und wieder dahin zurück, wo man vor der Erfindung der Flugzeuge war, sondern wasserstoffgetriebene Flugzeuge erfinden, sagte Driessen, und wenn man Angst um seine Daten habe, dann müsse man eben neue Filtermechanismen erfinden, und wenn die Speicherung der Daten Unmengen an Energie verschlinge, dann müsse man neue Serverfarmen erfinden, die ihren Strom selber herstellen, umgeben von riesigen Solarfeldern. Ihn nervten die Skeptiker, die immer sagten, dass Technologie unzuverlässig sei und dass die Computer immer abstürzten und die Mobiltelefone immer ausfielen, und was das hochgerechnet auf Städte und selbstfahrende Autos bedeuten würde … Das Berlin-Projekt war nur ein erster Schritt. Driessens größter Plan war die Schaffung eines ganzen Netzwerks von Smart Cities, eine Zukunftswelt dort, wo keiner sie erwarten würde, in Nordafrika. Seit Kurzem verhandelte er mit der ägyptischen Regierung; wenn Berlin gut funktionieren würde, könnte er einen Auftrag bekommen, gegen den Doctoroffs Pläne nur Kleinkram wären …

Turek mochte Doctoroff nicht, aber er mochte Driessen und seine Ideen. Driessen redete zwar wie Doctoroff, aber er wollte etwas Neues, und das wollte Turek auch. Er glaubte an die Technik, wie andere an ein höheres Wesen glauben. Menschen hatten sich immer mit Technologie geholfen. Die Leute waren immer erst dagegen gewesen. Hatten immer Angst. Und haben es dann doch gern genommen – elektrisches Licht, Eisenbahn, Auto –, denn die Technik war da und, anders als der Mensch selbst, mehr oder weniger zu begreifen.

o ● o

Das Testhaus lag etwa eine Stunde von der Stadt entfernt im Süden auf einem alten Militärgelände, auf dem die Russen früher Kampfmittel getestet hatten. Deshalb war es verboten, in dem See, den man vom Haus glitzern sah, zu baden, und es war auch verboten, in den Wald einzudringen, der im Sperrgebiet lag. Das Haus diente dazu, potenziellen Kunden die neuen Smartville-Technologien vorzuführen. Die Kunden wurden mit selbstfahrenden Roboterautos am Tor abgeholt und bis vor das Haus gekarrt, das war ein erster Höhepunkt. Fahrerloses Fahren. Es waren seltsame Kapseln mit kleinen Rädern, deren Gesichter an depressive Koalabären erinnerten und die auf keinen Fall von der Fahrbahn abkommen durften, was sie aber manchmal taten; dann gaben sie ein angstvoll fiependes Geräusch von sich und mussten von einem amerikanischen Geländewagen wieder auf den Teer gezerrt werden. Wenn sie fuhren, fuhren sie im Schritttempo, man konnte sich kein Risiko leisten, jeder bei schärferer Kurvenfahrt, zu der die Dinger durchaus in der Lage waren, in der Kabine umherpurzelnde Rentner würde ein PR-Desaster auslösen; es ging schließlich darum, Ängste abzubauen. Aus der Windschutzscheibe konnte man – fahrerlos! – nicht mehr rausschauen, dort liefen Filme; so kam es, dass Delegationen von potenziellen Kunden auf ihrem Weg zum Testhaus keinen Brandenburger Wald sahen, sondern Schildkröten, Haie und Stachelrochen sowie einen Taucher, der ihnen zuwinkte. Das war *Inverted Mobility*; nicht nur Produkte sollten den Bewohnern der neuen Stadt nach Hause geliefert werden, sondern auch Erlebnisse, es würde VR-Brillen und Datenhandschuhe und mit Sensoren vollgestopfte Anzüge geben, jeder würde so auf den Malediven tauchen und Fallschirm springen und Skipisten im Himalaya herunterrasen können, auch mit Freunden, und die Sensation der Kälte und der Geschwindigkeit und der weißschaumig heranrauschenden Wellen würde dank der Sensorimpulse noch intensiver sein als die echte Natur und überhaupt kein Vergleich zu der mit ein paar Palmen umstellten, von halb nackten Brandenburgern vollgefurzten Brühe in einem ehemaligen Zeppelinhangar, die man den Leuten als »Tropical Island« verkaufte.

o ● o

Die autonomen Autos waren noch in der Entwicklungsphase. Sie hatten, wie Driessen sagte, schon Zigtausende von Kilometern *fehlerfrei absolviert*, aber es hatte auch immer wieder Zwischenfälle gegeben, einer der Wagen hatte einen asphaltgrauen Rollkoffer, den ein eben eingetroffener Ingenieur vor dem Testgebäude abgestellt hatte, für einen Schatten gehalten und überfahren, der Rollkoffer war dabei aufgerissen, das stoisch weiterrollende Fahrzeug verteilte nacheinander eine Zahnbürste, einen Trockenrasierer, gemusterte Unterhosen und eine Packung Kondome über den Asphalt. Bei der letzten Vorführung hatte der Wagen alles erkannt, dafür hatte der automatische Türmechanismus versagt, Driessen war mit dem Vehikel vorgefahren und hatte »Öffnen« gesagt, aber das Auto behauptete, ihn nicht verstanden zu haben, »Ich habe dich nicht verstanden«, sagte das Auto, »bitte wiederhole deine Frage.« Driessen: »Tür öffnen«. Das Auto mit einer bösen Metallstimme: »Du willst ›Tür öffnen‹?« Driessen: »Ja.« Die Stimme, in einer beruhigenden Tonlage: »Ich öffne jetzt die Tür.« Außer einem kratzenden Geräusch, das an das Schaben eines Löffels auf dem Boden eines leeren Topfes erinnerte, war aber keine weitere Reaktion zu verzeichnen. Die Delegation hatte erwartungsvoll auf das Koalabärengesicht des selbstfahrenden Autos und auf die Portalschiebetür an der Seite des Wagens geschaut, hinter deren getönten Seitenscheiben man den schwitzenden Driessen sah, wie er innen auf Knöpfe drückte und an der Tür rüttelte. Vorn lief ein Film mit einer Schildkröte, die irgendwo in einem türkisgrünen Meer herumtauchte. Das Auto stand da wie ein schuldbewusstes Tier, das etwas aufgefressen hatte, was es nicht fressen durfte. Schließlich flog die linke Hälfte der Portaltür mit einem knirschenden Ruck auf, und Driessen polterte den erstaunten Chinesen in einer halben Vorwärtsrolle entgegen. Die selbstfahrenden Autos benahmen sich immer seltsamer. Bald würde man ihr Verhalten so systematisch erforschen müssen wie das der wilden Tiere, mit denen sich Aura in ihrer Doktorarbeit beschäftigte.

Jetzt standen die Autos mit ihren Ladekabeln angeleint an ihren Ladesäulen wie Hunde vor dem Supermarkt; der Schneesturm hatte sie mit einer weißen Schicht überzogen, die Kameraaugen waren jetzt blind, an Selbstfahren war bei diesem Wetter nicht zu denken. In der Ferne heulte ein Tier. Seit ein paar Jahren waren die Wölfe aus dem Osten in die Gegend zurückgekehrt, einer hatte erst vor Kurzem ein paar Schafe gerissen; man hatte sie morgens auf einer noch raureiffeuchten Wiese mit durchgebissenen Kehlen gefunden.

Hinter der Lichtung leuchteten die Scheinwerfer eines Transporters auf. Es war Berenkow vom technischen Notdienst, ein großer, schwerer Russlanddeutscher, der so, wie er aussah und sich bewegte, an eine liebenswürdige, traurige Dogge erinnerte. Er stieg aus, nickte Turek zu, öffnete eine Metalltür und verschwand im Inneren des Hauses. Turek hatte ihn ein paarmal getroffen. Er war vor zehn Jahren nach Deutschland gekommen und hatte einen Job als Elektriker gefunden; Alina, seine Frau, die mit ihm gekommen war, arbeitete vorn an der Schnellstraße in der Nähe der alten Minoltankstelle in der Würstchenbude, an der die Fernfahrer anhielten und manchmal auch Turek und Driessen, der Bratwürste liebte und ein bisschen Russisch konnte und sich freute, wenn Alina ihm mit einem freundlichen Ты хорошо говоришь по русски die Wurst über den von Bierrändern verklebten Tresen reichte.

Kurze Zeit später ging in den oberen Etagen ein gedämpftes blaues Licht an. Im Osten über der Lichtung entfärbte sich der Himmel. Berenkow tauchte wieder auf. Er kniff die Augen zusammen und starrte in den Wald, aus dem erneut ein langes, klagendes Heulen drang.

Ich würde da nicht mehr reingehen, sagte Berenkow. Die kommen immer näher.

Turek schaute ihn verständnislos an, merkte dann aber, dass Berenkow nicht vom Haus, sondern vom Wald redete.

Ist das ein Wolf, ja?, fragte er zerstreut. Der Stromausfall machte ihm mehr Sorgen als irgendwelche im Hintergrund heulenden artgeschützten Tiere.

Wissen Sie, sagte Berenkow, wir waren letzte Woche zum Jagen. Haben auf der Lichtung ein Reh geschossen. Früher hab ich die Rehe noch im Wald aufgebrochen. Versuchen Sie das jetzt mal. Jetzt fahr ich mit dem Wagen hin, schmeiß das Tier rein und weg. Die sind in fünf Minuten da. Hab einmal die Taschenlampe in den Wald gehalten. Da sehen sie die Augen von den Kollegen, und nicht nur zwei.

Turek starrte auf sein Mobiltelefon. Das Haus hatte keine Fehleranalyse geschickt. Normalerweise gab das Haus, bevor man überhaupt etwas merkte, bekannt, dass etwas nicht funktioniert oder bald nicht mehr funktionieren würde, es war die Spezialität dieses Hauses, Dinge vorherzusagen, die noch passieren würden, das Haus benahm sich wie eine Wahrsagerin, die mit einem lauten Pfeifton mitteilte, dass *bald etwas nicht in*

Ordnung sein werde. Hier handelte es sich aber offenbar um eine Panne neuen Ausmaßes, eine Panne, die das Haus selbst trotz Zusammenrechnung aller möglichen Fehlerquellen nicht hatte vorhersehen können. Noch beunruhigter als darüber, *dass* der Strom weg war, war Turek darüber, dass das Haus ihm nicht erklären konnte, *warum* der Strom weg war, vermutlich weil es dazu Strom gebraucht hätte – es gab für diese Fälle das Notstromaggregat, aber auch das schien ausgefallen zu sein.

Wissen Sie, was das war, ich meine, können Sie sich das erklären, fragte Turek.

Berenkow zuckte mit den Schultern. Irgendeine Störung halt. Er hatte das System heruntergefahren und neu gestartet, jetzt ging alles wieder. Das Haus, sagte er, sein im Prinzip ein großer Computer, und der stürzt ja auch mal ab. Es beunruhigte ihn mehr, dass er den Wald neuerdings mit ein paar sehr unangenehmen Kreaturen teilen musste, die seit Langem aus ihm verschwunden waren, der Wald wurde wieder wild und bedrohlich, so wie er früher, in der Zeit der Märchenschreiber, einmal war, es gab plötzlich in einer Welt, in der es Smartphones und selbstfahrende Autos gab, auch wieder die Möglichkeit, von *einem Wolf angefallen zu werden*. Auch wenn die Tierschützer immer wieder behaupteten, es sei ganz und gar unmöglich, gab es doch Berichte über Leute, die verschwunden waren im Wald.

Jetzt ist es ruhig, sagte Berenkow. Aber du weißt nie, wo die stecken. Ich gehe jedenfalls nicht mehr ohne Pistole raus.

Turek wunderte sich, dass Berenkow eine Pistole hatte; andererseits hatte er ja auch einen Jagdschein. Er verabschiedete sich und setzte sich in seinen Wagen, einen älteren Porsche 996, den er günstig bekommen hatte, weil er für Porschefans unakzeptable Scheinwerfer besaß, ein Fehler, den der Designer beim Nachfolgemodell reumütig korrigiert hatte. Er steckte den Zündschlüssel links am Lenkrad ein und ließ das Seitenfenster herunter. Der Motor brüllte auf, und das Heulen im Wald verstummte schlagartig. Turek lachte grimmig und gab Gas.

◦ ◉ ◦

Er fuhr hinein in diese Nacht, die sich ihrem Ende zuneigte, aus der Dunkelheit des Landes auf die Stadt zu, über der eine dunstige Lichtblase hing. Die Schnellstraße war von Peitschenmasten erhellt. Der Lichtsteifen weißer Neonröhren spiegelten sich im Lack der Motorhaube und rasten auf ihn zu, verschwanden auf der Windschutzscheibe, bis der nächste über die Haube schoss; so ging es immer weiter – – – – – – – – – – – – –

Er fuhr durch zusammengebrochene, verlassene Dörfer, an deren Ausfahrten man Tankstellen errichtet hatte, wo die Pendler mit eingezogenen Köpfen hinter ihrem Tankstutzen standen und dem Geräusch des einströmenden Benzins lauschten. Direkt dahinter verharrten, als stünden sie ebenfalls zum Tanken an, auf einer Wiese reglose Kühe, vor deren Nüstern sich Wölkchen bildeten. Turek fuhr durch Alleen und über Felder und an frisch wärmegedämmten Straßendörfern vorbei. Er legte den Porsche in die Kurven, steuerte einhändig über glattes Kopfsteinpflaster ... was für ein Spaß, dachte er, das hat Driessen nicht, wenn man so Auto fährt wie Driessen, ist es kein Verlust, wenn man nicht mehr selbst autofahren darf, aber für ihn ...

Am Rand der Landstraße tauchten ein paar seltsame Betontürme mit Spitzdächern auf. Dort lag, im Morgendunst, Wünsdorf, die größte Bunkeranlage des Dritten Reichs, ein hundert

Meter langer Stollen, in dem die Nachrichtenzentrale »Zeppelin« saß, die unterirdisch mit der Anlage »Maybach I« verbunden war, dem Stabsquartier der Oberkommandos, das von oben als Landhaussiedlung getarnt war. Von hier aus wurde der Überfall auf Polen gesteuert. In den Bunkern liefen alle Fernmeldeverbindungen zusammen; Wünsdorf war sozusagen das Nervensystem der Wehrmacht.

Jetzt waren noch ein paar seltsame Bunker zu sehen, die an Raketen aus Beton erinnerten, eine Erfindung des Duisburger Ingenieurs Leo Winkel. Ein kastenförmiger Bunker mit flachem Dach bietet mehr Angriffsfläche für fallende Bomben als ein selbst granatenförmiger Betonturm, an dessen Spitze die Bomben abgleiten und deswegen erst auf dem Boden explodieren. Die Form des Bunkers war so gesehen ein seltsames Echo des Dings, das seine Zerstörung im Sinn hat, eine seltsame Form von Mimikry, die Formen von Angriff und Verteidigung waren identisch. Weil man aber den Stahl zum Bau von Kriegsgerät brauchte und nicht zur Verteidigung gegen Kriegsgerät, wurde daraus nichts, Winkel bekam eine Ansage vom Reichsluftfahrtministerium, Türme mit weniger Stahlarmierungen zu bauen, die dann entsprechend schlechter hielten; jetzt schauten Winkels Prototypen hinter den Bäumen hervor wie böse Pilze aus der Vergangenheit, und im Boden lag das abgestorbene Gehirn des Krieges.

Das Data Center, das Driessens Firma gebaut hatte, lag nicht weit von hier, ein paar Kilometer von der Autobahn entfernt – eine weiße Halle, fast einen Kilometer lang, drinnen lauter Rechner. Turek steuerte den Porsche am Pförtnerhaus vorbei. Sara würde von Berlin kommen und mit ihm die Führung für die Ägypter vorbereiten. Warum Ägypter? Hatte Driessen ihm nicht gesagt. Es kamen Ägypter. Wollten die aus Kairo eine *Smart City* machen? Da würde man ganz schön was rausreißen müssen, alles eigentlich, außer den Sachen, die für die Touristen echt und bröckelig und chaotisch aussehen müssen, Basare, so was. Vielleicht wollten sie auch nur die Leute besser überwachen können, da hatte Driessen einiges im Angebot. Er versuchte noch einmal Aura zu erreichen, und sie nahm wieder nicht ab.

Sara kam – neuer Mini Cooper, gesteppte Daunenjacke, Zopf hochgesteckt, schwarze Stiefel, Reiterhosen. Sie umarmte ihn auf eine Weise, die gleichzeitig herzlich und distanziert war; während sie ihren Arm auf Tureks Rücken legte, hielt sie mit der Wange Abstand zu seiner.

Na, Turek?

Die Serverfarm hatte keinen Eingang, nur eine Luke im Dach und Not-Tore, die bloß von innen entriegelt werden können. Eine stählerne Außentreppe führte in die Kontrollzentrale. Die Wachen waren auf Patrouille und prüften die Notstromaggregate; Turek wartete mit Sara im Aufenthaltsraum. Auf einem flachen Beistelltisch lagen, wie im Wartezimmer eines Zahnarztes, Zeitschriften, darüber thronte die graue Steinstatue eines Buddhas. Offenbar wurde die Präsenz von Menschen in den neuen posthumanen Datenspeicherwelten mit Buddhas markiert; wo ein Buddha saß, gab es auch beige Ledersofas, dünnen Kaffee und zerblätterte Einrichtungsmagazine, untrügliche Zeichen einer aussterbenden Zivilisation ... Später, wenn die Menschen des 29. Jahrhunderts oder ein paar Rückkehrer vom Mars oder andere Außerirdische einmal diese Serverfarm ausgraben würden, dann würden sie rätseln, warum die Alten sich entschlossen hatten, eine seltsame dicke Figur auf ihre Datengräber aufpassen zu lassen. Hinter der gepanzerten Scheibe war die humane Welt aber zu Ende, dort ging es nicht mehr darum, ob die Gänge breit genug für Menschen waren oder ob ihnen die Deckenhöhe oder die Wandfarbe oder die Raumtemperatur gefiel, es war eine Welt, die nicht um Körper herumgebaut werden musste, dort wohnten nur noch Daten, dort war alles so temperiert und gestaltet, dass sich vor allem Algorithmen wohlfühlten.

Turek blinzelte ins Halblicht der Halle.

Aus dem Kontrollraum betrachtet, sah das Innere der Serverfarm aus wie eine gigantische Metropole bei Nacht, die Serverracks standen da wie Hochhäuser, deren Kontrollleuchten im Dunkel der Halle schimmerten – Tokyo hatte so ausgesehen morgens um drei, als die Werbungen an den Hochhäusern abgeschaltet wurden, die Buchstaben und Texte verschwanden und nur das abstrakte Blinken der roten Markierungsleuchten unenträtselbare Botschaften ins Dunkel der Nacht hineinmorste.

Die Farm sah aus wie eine gigantische Bibliothek, genau genommen war sie das auch. Jede Sekunde werden 2,8 Millionen E-Mails verschickt, jede Sekunde Daten in einer Gesamtgröße von 24 000 Gigabytes hochgeladen, jeden Tag kommen 2,5 Quintillionen Bytes dazu, die gespeichert werden müssen. Mehr als eine Milliarde Menschen googelt jeden Tag etwas, lädt etwas auf Facebook hoch, hinterlässt 5,8 Milliarden Likes ... 90 Prozent der Gesamtmenge aller Daten wurde in den vergangenen zwei Jahren erzeugt. Selbstfahrende Autos, Bitcoin-Transaktionen, das Internet der Dinge und die Vernetzung von Häusern und die Milliarden von Uploads und Instagram-Bildern und Whatsapp-Nachrichten würden diese Zah-

len noch einmal explodieren lassen – und all das lag auf diesen Rechnern. In diesen Racks fand man mehr Wissen über die Menschen als in allen verdammten Romanen, dies war der Ort, an dem nicht nur ihre Daten gespeichert, sondern von denen aus auch ihr Handeln vorausberechnet und manipuliert wird: Die Steuerzentrale des kollektiven Bewusstseins, versteckt in unsichtbaren Kisten, in einer Stadt, die nicht mehr von Menschen, sondern von Daten bewohnt wurde ... Tausende von Geräten speicherten Milliarden von Daten, Geräte, die kalt und rätselhaft leuchteten ... Turek stand da mit dem gleichen Schauder, mit dem die Romantiker des frühen 19. Jahrhunderts ihre Berghöhen und Nebelmeere sahen: Die Serverfarm war schöner als der Dschungel mit seinen Geräuschen, dem Blinken der Glühwürmchen und den zur Jagd bereiten Augen, schöner als Manhattan bei Nacht, eine enorme Verdichtung aus Stahl und Beton und Licht und Energie und zigtausend Ideen und Absichten und Ambitionen: Was dort im blauen Dämmerlicht lag, war eine posthumane Welt *und* das Humanste überhaupt, das kollektive Denken der Menschheit, die Gesamtheit aller Meinungs- und Gefühlsäußerungen, alles, was der Mensch je äußerte, Anrufe, Kurzmitteilungen, Botschaften, E-Mails, Facebook-Likes, Kommentare, Romane, Fotos, Musik, das Chaos von ambivalenten Gefühlslagen, Hass, Verzweiflung, Freude, Zynismus, Großzügigkeit, Mut, Angst und alles, was in all diesen Äußerungen zum Ausdruck kam, die Totalität des Denkens und Lebens war dort gelagert in den endlosen, zu Alleen und Blocks zusammengestellten Regalen voller Serverracks, deren Kontrollleuchten unverständlich schimmerten. Totale Schönheit, totale Ordnung. Tureks Erregung wuchs, je länger er die stoisch brummenden Serverracks betrachtete. Wer all dies, was dort gespeichert war, lesen könnte, würde alles wissen über die Menschen.

In diesen Türmen wohnen Informationen und Daten, so wie früher in den Türmen Menschen wohnten. Für ihn war dies das vollendete Kunstwerk, das Gegenteil der trübseligen Mischung aus Idyll und Überwachung, mit der Doctoroff die Welt überzog: Die Romantiker, die Land-Art-Leute konnten einpacken gegen diese mit sämtlichen Äußerungen der Gegenwart gespeiste Supernovaskulptur, auch Kants auftürmende Donnerwolken und Vulkane und Ozeane und rauschende Wasserfälle waren nichts gegen das hier, das Erhabene hatte eine neue Form gefunden: Dies war nicht nur Technik, dies war die neue Natur, in der Algorithmen nicht nur gespeichert wurden, sondern miteinander kommunizierten und neues Wissen produzierten, vom dem die einspeisenden Menschen nicht die geringste Ahnung hatten: das ausgelagerte, zu einem eigenen Wesen mutierende Gehirn der Menschheit.

Turek trat mit offenem Mund wieder in die Kälte der Außenwelt, während Sara ungerührt aus einem blubbernden Plastikfass Wasser in Plastikbecher füllte; für sie war das hier nur eine Halle mit langweiligen Computerschränken. Turek drückte den dünnwandigen Becher fest in seiner Hand, das Wasser schwappte ihm auf die Hose und hinterließ einen dunklen Fleck, den er mit dem Ärmel seines Hemdes fortzureiben versuchte. Der Wechsel zwischen der kühlen, bläulich schimmernden, fast lichtlosen ewigen Nacht im Inneren der Halle und der grellen, alle Dinge entfärbenden Neonhelligkeit des Kontrollraums machte ihm zu schaffen.

Ein dumpf rollender Ton, der aus dem Inneren der Anlage zu kommen schien, zerriss die Stille. Die Notstromgeneratoren waren angesprungen, der übliche Testlauf; der Geruch von Diesel zog um die Halle. Turek musste husten. Die »Cloud«

und das Internet waren keineswegs so luftige Dinge, wie der Name nahelegte, sondern ziemlich dreckig und physikalisch. Streaming-Plattformen brauchen 200 Milliarden Kilowattstunden Strom pro Jahr, so viel, wie alle Privathaushalte in Deutschland, Italien und Polen zusammen, dazu kommen die Server in den Rechenzentren, auf denen die Inhalte von Netflix und Amazon gespeichert werden, und dazu die Serverfarms, in denen Unternehmen ihre Daten auslagerten – und schließlich gab es noch Milliarden von privaten Internetnutzern, deren Aktivitäten ebenfalls gigantische Energiemengen fraßen, wer viel googelt, Fotos von seinem Essen auf Instagram postet und gern Filme auf Facebook anschaut oder Netflix streamt, sagte Turek zu Sara, sei in seiner Ökobilanz auch nicht besser als ein Pendler, der mit seinem SUV jeden Tag auf der Autobahn die Luft volldieselt – ein paar leichte Berührungen eines glatten Screens, schon ist etwas gesendet, und niemand denkt daran, dass diese Aktion weltweit Rechner anspringen und Kraftwerke rußen lässt, es war erstaunlich, wie hartnäckig sich der Mythos hielt, etwas online zu tun, sei ökologisch verträglicher als sein Pendant in der physikalischen Welt. Diesel ... Niemand kam auch nur auf den Gedanken, dass sich eine Milliarde Facebook-Benutzer buchstäblich in den Erstickungstod liken, dass die Zigmillionen von uninteressanten Bildern von Salaten und Katzen und Sonnenaufgängen auf Instagram nicht nur eine gigantische Zeitvernichtung, sondern für die Umwelt schlimmer waren als saurer Regen, jede Online-Überweisung, jedes Instagram-Foto, jeder Facebook-Eintrag, jede Google-Suche brauchte enorme Mengen von Speicherplatz, und Datenspeicher brauchten enorme Mengen von Energie, die sozialen Medien würden fürs Internetzeitalter das sein, was die Moai-Köpfe für die Bewohner der Osterinseln waren, nämlich ihr sicheres Ende, wenn man nicht ganz neue Energiequellen erfinden würde ... Man müsste beim derzeitigen Stand der Technik, wenn man den Klimawandel stoppen wolle, nicht nur aufhören, Rindfleisch zu essen und durch die Gegend zu fliegen und Auto zu fahren, sagte Turek, sondern auch aufhören, SMS zu verschicken und Fotos zu posten und Serien zu streamen, aber es sei vollkommen klar, dass die Leute das nicht tun würden, und wenn man zu dem Schluss komme, dass das Internet Teil der menschlichen Natur geworden sei, gebe es nur eine Lösung: wenn man keine Umweltzonen einrichten wolle, aus denen nicht nur Dieselautos, sondern auch Googler und Facebookinisten ausgesperrt würden, müsse man die Rechenzentren effizienter und ökologischer machen, und er, Turek, würde zeigen, wie das gehe, mit einem riesigen Windpark, der jährlich rund 670 000 Megawattstunden Strom liefern sollte ...

Aber der Widerstand wuchs. Driessen hatte einen Werbefilm drehen lassen, man sah darin eine Stadt mit blinkenden dunklen Hochhäusern, Fabriken qualmen, alles ist grau, überall liegt Müll, irgendwo wird einer in einer Unterführung ausgeraubt, eine Frau weint, eine andere steht auf einer Verkehrsinsel im Gehupe und hält sich den Kopf mit beiden Händen fest. Dann setzt Musik ein; »könnten wir nicht in einer ganz anderen Welt leben?«, sagt eine Stimme aus dem Off, dann setzt eine wogende Musik ein, die Kamera rast durch alle Szenen, die Hochhäuser begrünen sich wie von Geisterhand, der Stau und die Unterführung sind weg, und die Frau, die eben noch weinte, steigt lachend zu einem grinsenden Mann auf sein Elektro-Tandem.

Turek hatte einer der Frauen, die für den Wachdienst arbeiteten, einer tätowierten, in Moabit aufgewachsenen Halbirakerin, die in ihrer Freizeit Mixed Martial Arts machte, den

Film auf seinem Handy gezeigt, aber die Frau hatte gesagt, dass ihr die Stadt in dem Film vorher eigentlich besser gefalle und die Leute alle tierisch bieder aussehen und sie nicht mit der heulenden Frau tauschen wolle und dass man auch nicht ausgeraubt wird, wenn man ein paar Kampftechniken draufhabe. Hier war der Film also schon mal durchgefallen.

Er fuhr in die Stadt. Vor ihm flimmerte das rote Band der Rückleuchten; die Angestellten waren auf dem Weg aus den Vororten in die Bürotürme. Auf dem Pannenstreifen stand ein havarierter Honda; die Insassen des Wagens hatten das Auto verlassen und beugten sich über die geöffnete Motorhaube, sie standen dort wie Kraniche, die ihren öligen Nachwuchs in einem Nest aus Blech füttern.

Weiter hinten blinkten die Fenster der Dörfer. Dort wohnten die Leute, dorthin fuhren sie nach der Arbeit erschöpft zurück in ihren Zweitonner-Familien-SUVs, dort rissen sie die Fenster auf, und dann wurden sie krank, weil es zu kalt war, oder sie drehten die Heizungen auf, und dann wurden sie krank, weil es zu heiß war und weil da kein Algorithmus war, der weiß, bei welcher Temperatur der Mensch sich am wohlsten fühlt und welche für ihn am besten ist – und sie fuhren riesige Umwege und verbrauchten viel zu viel und fanden keinen Parkplatz, und abends betranken sie sich oder fielen vor dem Fernseher auf beigefarbene Samtsofas, deren Kissen lange nicht aufgeschüttelt wurden, Sofas, auf denen schon ihre stummen, verstummten halbwüchsigen Kinder lagen und in ihre Laptops starrten, viel zu große Kinder, die bald ihren Schulabschluss machen und jemanden kennenlernen und ebenfalls in ein Vorort-Haus ziehen würden, in dem es aufgewärmtes Essen an endlos langen Esstischen gab, an denen fast nie jemand saß – einige kauften Bioprodukte und schnitten hochwertige

Gemüsesorten für die stummen Teenager klein, die diese achtlos aßen, andere hatten es aufgegeben und saßen mit erhitzten Plastikschalen vor dem Fernseher oder schrieben sehnsüchtige und erboste Nachrichten und likten Dinge auf Facebook und schliefen zu Podcasts ein und wurden in der vollkommenen Dunkelheit eines Wintermorgens von erbarmungslosen Weckfunktionen aus dem Schlaf gerissen und duschten zitternd und nahmen ihren Kaffee mit ins Auto, in den Stau, verschwanden in einer gigantischen, von roten Bremsleuchten illuminierten Abgaswolke und fuhren einander vor Übermüdung und Ablenkung ins Heck und bekamen Herzinfarkte und Krampfadern und Depressionen.

    Mit alledem würde bald Schluss sein, dachte Turek; manchmal glaubte er tatsächlich an seine Mission.

STADT

Als er in der Stadt ankam, war es kurz vor neun. Er fuhr auf das Werksgelände in der Nähe des Flughafens, wo sie früher Halbleiter hergestellt hatten, bevor die Produktion nach China verlagert worden war, und wo sie jetzt die erste Smart City bauen wollten, nicht irgendwo draußen auf dem Land, sondern mitten in der Stadt, es sollte mit diesem Viertel beginnen, und dann sollte sich die Smart City Straße für Straße in die alte, in die bestehende Stadt vorarbeiten, hineinfressen, sie Stück für Stück übernehmen … Das war der Plan, aber bis jetzt hatten sie auf dem alten Firmengelände nur einen Turm gebaut.

Turek fuhr an einer verglasten Fassade vorbei, durch die man das Atrium sehen konnte, eine hohe Halle, in der sich die mit Naturholz verkleidete Kantine befand und eine containerartige Box, auf deren Dach Tische und Stühle und ein paar dürre Zimmerpalmen herumlungerten. Der Projektentwickler HKP, an dem Driessen Anteile besaß, hatte den Turm im

Auftrag der Beratungsgesellschaft *The people* gebaut und für 200 Millionen an einen anderen Immobilienträger verkauft – 50 000 Quadratmeter auf 18 Etagen ... Das nachhaltigste Bürogebäude des Landes ... Das Dach war mit Kollektoren bestückt, die Regenwasser in die Toiletten und die Bewässerungsanlage der Dachterrasse leiteten, die Südfassade mit Solarzellen, die genug Strom für alle Smartphones und Laptops und Elektroautos und das Licht produzieren; das Licht war normalerweise stark gedimmt und wurde nur dort heller, wo jemand vorbeiging; so sah jeder aus wie ein vorbeiziehender, selbstleuchtender Gott. An den Arbeitsplätzen ließen sich die Deckenstrahler über das Smartphone steuern, das den Mitarbeitern gleichzeitig mitteilt, wie sparsam sie waren. Eingerechnet wurde dabei auch, ob sie mit dem Auto oder dem Fahrrad zur Arbeit kamen und wie viel Licht sie zum Arbeiten benötigten; ab einem gewissen Sparpunktelevel gab es einen Kaffee und einen Avocadobagel umsonst. »Man kann immer noch grüner arbeiten«, stand in einer freundlich verkurbelten Handschrift an der Wand.

Genau genommen waren das hier gar keine Häuser mehr. Das Teuerste an ihnen waren nicht mehr die Glasfassaden und die Stahlträger und die Betonböden, sondern die 6000 intelligenten Leuchten und die 28 000 Sensoren, die das Licht und die Temperatur und die Bewegungen maßen und die Mitarbeiter über eine App ans interne Informationssystem anschlossen. Ein digitales Netz durchzog den Bau, wie bei allen Häusern, die Driessen bauen ließ, Immobilien, hatte Driessen einmal gesagt, seien in Zukunft vor allem digitale Informationslieferanten, Roboter, in denen man wohnen kann.

Der Roboter war kein Blechmensch mit einer Antenne auf dem Kopf mehr, der einem wackelig entgegenratterte – er war unmerklich gewachsen und hatte die Menschen verschluckt.

Die neuen Häuser, die Städte selbst waren Roboter, durch deren Körper die Bewohner wie Blutkörperchen gepumpt wurden und so, durchgehend überwacht und gelenkt, das System mit Daten und anderen Nährstoffen versorgten und am Laufen hielten.

Man wusste immer, wer wo war und mit wem er sich traf. Man konnte Muster daraus ableiten, wie Räume genutzt werden und welche Räume wirklich gereinigt werden mussten – so, hatte Driessen vorgerechnet, konnte man den Reinigungsaufwand um 20 Prozent senken und den Einsatz von Licht um 80 Prozent, außerdem wurde durch die Abdunklung der Raum intimer, schöner und vertrauter, nicht wie ein Krankenhaus, eher wie ein Wohnzimmer. Die älteren Kollegen hatten erst Bedenken, weil sie das nicht gewöhnt waren, aber die Jungen hatten keine Angst mehr vor Face Recognition, und der Point of no return sei eh schon erreicht, hatte Driessen gesagt; letztlich werde man überall getrackt, und man könne ja Privacy-secure-Funktionen einbauen, dafür habe man das Privacy-Now-Programm …

Turek wartete vor der Schranke, bis das Koordinationsprogramm ihm einen Parkplatz zuteilte. Er fummelte an seinem Mobiltelefon herum und schaute in den Rückspiegel. Er war jetzt vierzig. Im Morgenlicht sah er müde aus, sein Haar hing schütter zur Seite, ein paar Rillen hatten sich in sein Gesicht eingegraben.

Auf seinem Display erschien ein Plan, der die Verteilung seiner Kollegen mit Leuchtpunkten angab: Hogenbeck, eingecheckt 835, jetzt auf Ebene 8, Arbeitsbucht 6; Wernecke, eingecheckt 922, seit 28 Minuten im Relaxbereich. Im Haus war man jederzeit durch Handyortung auffindbar, was das Arbeiten sehr komfortabel machte, weil man keine Büros mehr hatte und deshalb nicht wissen konnte, wo die Kollegen gerade saßen.

Turek rollte an einer Glasfront vorbei, durch die man ins firmeneigene Fitnessstudio schaute. Eine Kollegin rannte auf dem Laufband; ihr Pferdeschwanz schlug energisch, wie das Pendel eines Metronoms, von links nach rechts; neben ihr wuchtete ein klein gewachsener Typ aus der Abteilung für Digitalisierungsstrategien ein paar mittelgroße Gewichte in die Höhe, seine Arme zitterten, er versuchte, die Stange mit den Gewichten wieder in die dafür vorgesehenen Haltenasen hineinzumanövrieren, sah sie aber von unten nicht so genau; in wenigen Sekunden würde die Stange wie eine Guillotine auf seine Brust niedersausen. Ein paar Kollegen, die an der Fassade vorbeitrotteten, blieben neugierig stehen und machten sich erwartungsgemäß über ihn lustig.

Turek fuhr an einer schwarzen, runden Kamera vorbei, die die Kennzeichen und die Gesichter erfasste, und steuerte den Wagen auf den Stellplatz, den ihm das Mobiltelefon zugeteilt hatte. Als er den Motor abstellte, erschien ein Lageplan auf dem Display seines Telefons, der ihm den Standort und den aktuellen Konferenzraum seines Gesprächspartners anzeigte. Er schloss sein Gepäck in einem Schließfach ein, schaute auf der *Hotdesking*-App nach, wo er an diesem Morgen arbeiten könnte, und holte sich einen Kaffee am Automaten. In einem Leuchtkasten glühten Fotografien von Menschen, die ihr Mobiltelefon in die Luft hielten, Slogan: »Wir möchten dich kennenlernen« und: »Wie können wir noch besser für dich da sein?« Im Gym nebenan brüllte der Fitnesstrainer einen an: Hol mal echt alles aus dir raus, dann kannst du nachher umso krasser relaxen.

Er wollte jetzt bei Aura sein. Er rief sie noch einmal an. Ihre Stimme klang so, als sei sie aus dem gleichen Material wie der Pullover, mit dem sie auf Tureks Sofa gelegen hatte, das war Mohair oder Kaschmir oder so, mit langen Ärmeln, ein paar Nummern zu groß, so dass auch ihre Beine darin verschwanden. Sie hatte keine Zeit; sie musste Mitschnitte abhören.

Turek grüßte die Ägypter kurz und ging zur Kaffeebar. Er hielt das Mobiltelefon zum Zahlen an den Scanner. Auf dem Display der Kaffeemaschine erschien die Information: »Du hattest heute bereits einen Gran Cappuccino. Möchtest du vielleicht unseren gesunden Chai-Tea probieren?«

Nur ein Vorschlag. Turek nahm noch einen Kaffee; das konnte man machen, es wurde aber irgendwo registriert.

○ ● ○

Im 16. Stock saßen ein paar Angestellte auf Sitzsäcken im Kreis, die abgeknickten Hälse reckten sich in Richtung der schief auf dem Schoß ruhenden Laptops, ihre Hemden spannten, die Kleidung war definitiv nicht für diese Form von Liegesitzen entworfen. Driessen saß vor ihnen im Schneidersitz. Er machte regelmäßig Yoga und hatte keine Probleme, in dieser Position noch eine gewisse Autorität auszustrahlen, ganz anders als der nette Dicke mit den burgundroten Budapester-Schuhen, Jonathan Illenberg, der sehr lange nach einem Stuhl suchte, bis er begriff, dass es in dieser Etage keine Stühle mehr gab, und sich daraufhin mit einem schiefen Lächeln hinplumpsen ließ, unfähig, ein Bein über das andere zu schlagen. Sein Bauch verdeckte in dieser Position den Gürtel, während bei Driessen in jeder Sitzposition seine prominente Gürtelschnalle zu sehen war.

Es betraten drei Herren den Raum. Sie zerrten identische Bündel aus ihren schmalen, stark ausgebeulten Hosentaschen: Portemonnaie (weiches Nappaleder, teuer), Mobiltelefon (Apple, bimmelt und brummt als Zeichen großer Nachgefragtheit; nicht gut, wenn es nicht brummt und blinkt), Schlüsselbund mit Autoschlüssel, Marke leicht erkennbar am bunten Firmenlogo.

Porscheschlüssel mit Prada-Portemonnaie an Audi ohne Portemonnaie: Habe ihre Vorlage gelesen.

Audi: Ah. Nice.

Porsche: Gefällt mir, wie Sie das aufbauen.

Audi: Danke. Ich kann da auch noch mal drübergehen.

Skoda mit Marc'O Polo-Portemonnaie: :-(

Porsche: Nein, ich fand's schon wirklich gut so. Vielleicht noch ein, zwei Einschübe zur Scalability und der Asset Distribution.

Audi: Ah. Nice. Hatte ich auch schon gedacht.

Porsche: Und was meinen Sie?

Skoda: Ja, kann man so machen.

Audi: Ok. Nice.

Es betrat ein Mann den Raum – schmaler, leicht nach unten gebogener Mund, als seien gleichzeitig eine Enttäuschung zu verkraften und die Zähne zusammenzubeißen, starrer Blick (»fokussiert«), sehr kleine Ohren, über denen die Haare kurz rasiert waren, während die gelfeuchte Frisur wie ein verrutschter Deckel über der Stirn hing. Er verteilte ein Papier zum Thema »Visionen, Ziele und Narrative für die digitale Zukunft« und Visitenkarten, auf denen sein Name – Tobias Erkelenz – und das Wort EY standen; er arbeitete für das Beratungsunternehmen Ernest & Young, dem von der Regierung der Auftrag für die Digitalisierungsstrategie übertragen worden war. Er zählte die Vorteile der Smart City auf, die das Team kommunizieren sollte:

Laut City-Report würde eine Smart City mit fünf Millionen Einwohnern, verglichen mit einer herkömmlichen Stadt, durch ihre Sicherheitsinstrumente jedes Jahr die Leben von 300 Menschen retten können, 30–40 Prozent weniger Überfälle, Einbrüche und andere Verbrechen verzeichnen, die Ausbreitung von Krankheiten um 8–15 Prozent verringern, jeden Tag durchschnittlich mindestens dreißig Minuten Pendelzeit im Verkehr einsparen und pro Person achtzig Liter Wasser einsparen. Mit dem Verkehrsministerium war eine Sondergenehmigung für selbstfahrende Autos vereinbart worden, mit dem Sozialministerium die Abtretung der Krankenversorgung der Einwohner an die Vivacité, ein *digitales Sicherheitskonzept mit eigenen Wachdiensten* würde den Einsatz von Polizei unnötig machen. Mitten in der Stadt hatte der Staat so gut wie alle Hoheitsrechte an Driessens Firma übergeben. Der Bewohner schloss mit ihr einen Servicevertrag für alles, um was der Staat sich vorher kümmerte, und er konnte einen Teil davon sogar mit Daten bezahlen; so einfach war das.

Ein Kollege bugsierte Turek in einen anderen Sitzungsraum, in dem es ebenfalls keine Tische, sondern nur Sitzkissen gab, ließ sich rückwärts in einen Sitzsack fallen, versuchte aber sofort, wieder aufzustehen, als er Driessen hinter der Glastrennwand auftauchen sah. Der schaute etwas verwundert nach unten, wo sich der Mann mit dem gewinnenden Lächeln mit einem Ruck aus dem Sitzsack zu befreien versuchte, dabei eine seitliche Scherbewegung machte, die entfernt an eine Breakdance-Einlage erinnerte, sich mühsam auffaltete und schließlich in einer linkischen Verkrümmung auf Driessen zuhumpelte. Offenbar hatte er sich gerade das Knie verdreht.

Schanze, sagte der verdrehte Mann heiser.

Driessen öffnete den Mund, als ob er etwas sagen wollte, schob stattdessen aber nur den Kopf leicht vor und drehte dem Mann das rechte Ohr zu.

Bitte?

Schanze. Mein Name. Hanno Schanze, sagte der Mann und versuchte, sein gewinnendes Lächeln aufzusetzen.

Ah, Herr Schanze, sagte Driessen, als ob Herr Schanze sich

einige Unannehmlichkeiten hätte ersparen können, wenn er gleich seinen Vornamen gesagt hätte.

Herzlich willkommen. Machen Sie es sich bequem.

Herr Schanze versuchte, wieder in den Sitzsack herunterzukommen.

Sascha Peterson, Leiter der Abteilung für P-to-P-Economy, saß bereits im Schneidersitz in einem der Sitzsäcke, er hat eine Yogaposition eingenommen, auch um Driessen und den anderen zu zeigen, dass er in der Lage war, eine Yogaposition einzunehmen. Er war siebenundzwanzig, er begann seine Einlassungen gern mit den Worten *ich als jemand, der aus einer jüngeren Generation kommt*, als sei er als Offenbarung einer Gruppe von zahnlosen Greisen erschienen, deren Bärte ihnen schon vor langen Jahren durch die Tischplatte gewachsen waren. Auch Illenberg, der gerade mal sieben Jahre älter war, wurde von ihm geschickt hinter die Generationsbarriere verbannt, die ihn, Peterson, als einzigen wirklichen Vertreter der Zukunft erscheinen ließ; er bewundere sehr, wie sie, die ja *schon so lange* dabei seien, *immer noch* so innovativ denken, sich ganz angstfrei dem Neuen aussetzten, das beeindrucke ihn, *als jungen Kollegen,* sehr! Bei jedem Beitrag hörte er aufmerksam zu, machte dann ein Geräusch und schloss, während alle erwartungsvoll nach ihm schauten, kurz die Augen, als müsse er das Gesagte und das noch zu Sagende in einem idealen Raum mit rein mentalen Kräften zusammenfügen. Dann begann er, mit noch geschlossenen Augen und einer eigenartig zischenden, leiernden Stimme zu sprechen.

Ich bin dir superdankbar, dass du die Sprache auf dieses Thema gebracht hast, sagte er. Gerade auch für den P-to-P-Bereich sei das eben Gesagte eine ganz entscheidende Frage. Er frage sich nur, ob man das Thema damit schon ganz erfasst habe; als jemand, der siebenundzwanzig ist – noch nicht einmal dreißig! – müsse er sagen ... Was dann folgte, war eine Zurechtweisung des Vorredners, dessen Argumente er in endlosen Wortgirlanden so lange durcheinanderbrachte, bis sie tatsächlich unlogisch klangen.

Der Praktikant schlurfte vorbei. Er hielt die Arme beim Gehen als imitiere er einen Roboter, die Arme hingen links und rechts wie vergessene, überflüssige Dinge herunter. Sein Mund stand meist offen; im Ruhezustand erinnerte er an einen lautlos weinenden Clown. Er trug T-Shirts mit Hard-Rock-Motiven, auf denen *Death Penalty* und zerborstene Schädel zu sehen waren und die einen deutlichen Gegensatz zu seiner mattfreundlichen Art bildeten. Er holte sich sehr oft Tee und machte anderen ungefragt auch einen; gern setzte er sich auf eine Tischkante und sagt *Hi* und wartete dann, dass man ihm etwas erzähle; wenn die Tischkante nicht frei war, setzte er sich im Schneidersitz auf den Boden. Er fotografierte dauernd und stellte alles auf Instagram, Fotos seines Tees, Fotos seines Tischs, Fotos seiner Füße, auf denen er sich nur schleppend fortbewegen konnte.

An diesem Tag beabsichtigte der Praktikant, früh zu gehen. Seine App hatte ihn gewarnt, dass er zu viel arbeite: sein Blutdruck sehe nicht gut aus. Vorwurfsvoll hielt er Turek das Display vor die Nase. Driessen schaute ihn scharf an und warf ruckartig beide Hände in die Luft, als schleudere er imaginäres Konfetti in den Raum; es war ihm unerklärlich, wie in jemandem, in dem offensichtlich überhaupt kein Druck vorhanden war, plötzlich eine Hochdruckkrise entstanden sein sollte. Andererseits war die App, die der Praktikant benutzte, Teil der von Driessens »Safe and Secure«-Initiative, die jeden Bewohner der neuen Stadt an ein mit der Notfallambulanz verbundenes Healthtrackingsystem anschloss. Also konnte er schlecht behaupten, dass sich das Gerät geirrt hätte. Vielleicht Drogen? Man wusste es nicht.

Illenberg hatte den Raum verlassen und kam mit einem Wasserglas zurück. Er hatte seine Sonnenbrille aufgelassen, und für einen Moment dachte Turek, er würde Peterson das Glas Wasser über den Kopf schütten, aber das tat er nicht. Er sagte nur zu Peterson: Ich finde, dass du totalen Quatsch redest.

Driessen räusperte sich und presste ein »Also ...« hervor, der Praktikant kicherte matt, Sascha Peterson sagte einen Moment lang vor lauter Verwunderung gar nichts und schaute hilfesuchend nach Driessen, der gebannt auf Illenberg starrte.

Ich weiß nicht, ob das das Niveau ist, mit dem wir hier kommunizieren sollen, das war bisher eigentlich nicht üblich, sagt Peterson mit einer krächzenden Stimme.

Auf, sagt Illenberg.

Wie bitte?

Auf dem. Es muss »Niveau, auf dem wir« heißen.

Peterson schaute ihn hohl an, sein Mund verzog sich zu einer eigenartig breiigen Form. Illenberg stand mit verschränkten Armen im Raum, wie ein Türsteher, der nicht jeden Unsinn in den Club reinlässt. Jemand rief: »Aufzeichnung beenden!« Driessen klatschte in die Hände und verordnete eine Pause von zehn Minuten. Er zog Turek in ein leeres Büro.

○ ● ○

Was war das denn, Alex, sagte Turek.

Was? Ach die. Egal. Soll ich dir was sagen?

Ja?

Ich habe seit vier Tagen nichts gegessen.

Oh, sagte Turek.

Ich habe seit vier Tagen nichts gegessen, und in dieser Zeit ist mir sehr viel klar geworden. Wenn man nichts isst, wird der Körper von Ballast befreit. Turek. Was ist das größte Problem, das wir gerade haben?

Turek war genervt von Driessens Wichtigtuerei, aber Driessen hatte seinen Spaß daran, ihn wie einen begriffsstutzigen Schüler vor sich herzutreiben.

Wir haben viele Probleme.

Ja, klar. Aber welches ist das größte?

Hm. Der Bürgermeister? Die Demos?

Driessen lehnte sich zurück und machte eine schnelle Handbewegung, als seien der Bürgermeister und die Demonstranten auf dem Plateau möglicher Probleme lediglich ein paar lächerlich kleine Spielzeugfiguren, die man leicht wegfegen konnte. Seine Handrücken waren behaart, sie erinnerten ein wenig an einen Affen. Seine Unterarme, die unter den hochgeschobenen Sakkoärmeln sichtbar wurden, waren muskulös, er hatte früher gerudert und konnte Kopfstand machen, und er hatte einen echten Optimismus, den man ihm nie ausgetrieben hatte und der sämtliche Abgründe von Strategien und Machtspielen überstanden hatte und ihn auf viele Leute sympathisch oder sogar mitreißend wirken ließ.

Ich habe mit der libyschen und mit der ägyptischen Regierung Kontakt aufgenommen, flüsterte Driessen. Deswegen die Ägypter! Sie sind interessiert an einem Großprojekt, das so groß ist (Driessens Hände zitterten angesichts der Größe des Projekts) – aber pass mal auf, der Reihe nach: Das größte Problem, was wir global grad haben, ist einerseits der Anstieg der Meeresspiegel und andererseits die Versteppung großer Teile von Afrika, die bald unbewohnbar werden, weil sie austrocknen, und die Verarmung Nordafrikas, die die Leute in die Arme der Islamisten treibt, ja? Richtig? Und dies hier – Driessen holte ein paar Ausdrucke heraus und legte sie auf den Tisch – ist die Lösung für alle drei Probleme.

Man sah eine Karte von Ägypten mit einem dunklen Fleck in der Mitte.

Das hab ich gestern zeichnen lassen. Das ist die Qattara-Senke.

Turek machte ein langes Gesicht. Er hatte keine Ahnung, was das alles sollte.

Und das machen wir draus.

Qattara, sagte Driessen feierlich, 133 Meter unter dem Meeresspiegel. Es gibt ein paar Salzwiesen dort, die vom Flugsand überweht wurden, aber kaum Menschen, nur ein paar Beduinenstämme und eine Oase, in der ein paar Hundert Leute wohnten – aber im Prinzip ist die Senke, die früher einmal ein Meer war, leer, und deswegen könne man sie theoretisch fluten, es hat schon einmal Pläne dafür gegeben, einen unterirdischen Kanal zu graben, damals sei die Bohrung eines solchen Tunnels nicht realisierbar gewesen, jetzt hingegen … der Effekt wäre unglaublich: Ein solches Binnenmeer würde erstens

das Mikroklima der Sahara verändern, es würde mehr Regen geben, über Entsalzungsanlagen könnte das Wasser zur Bewässerung neuer landwirtschaftlicher Flächen genutzt werden, kurz, die ganze Region, die jetzt im Chaos lag und vor allem von Flüchtlingen durchquert wurde, die nach Europa wollten, würde sich in eine Boomregion verwandeln, deren neue Nutzwälder und Felder weiteres CO_2 binden und so den Klimawandel erheblich einbremsen könnten, und würde man diese neue Qattara-Boom-Region verbinden mit dem Projekt einer gigantischen Solaranlage in der Sahara, die Strom für ganz Nordafrika produziert, dann könnten sich auch energieintensive Produktionen, die ganze Blockchainindustrie, riesige Serverfarmen, Batteriefabriken in Nordafrika ansiedeln, und dann würde es zu einer vollkommenen Verschiebung der geopolitischen Situation kommen, sagte Driessen: Marokko, Algerien, Libyen, Tunesien und Ägypten würden zu einer der weltweit führenden Wohlstandsregionen werden – und es würde dort nicht eine, sondern Dutzende von Smart Cities geben, Marsa Maruth und Al Jadid und Touggourt und Ouargla würden es sich leisten können, zu Smart Cities zu werden, die jetzt schon eingesetzten Überwachungstechnologien würden es erlauben, das Risiko von Anschlägen oder Unruhen zu minimieren, wenn nicht der spürbare Anstieg der Lebensqualität sowieso fast automatisch zu einer Eindämmung des Terrorismus führe; sicherlich würde hier und dort noch irgendein vermummelter Radikaler einen Anschlag versuchen, aber mit Hilfe der Chinesen, die ihre Investments schützen werden, und ihrer Geheimdienste würde der Terrorismus zurückgedrängt werden, die neue Stabilität würde neue Investitionen in der Region anziehen und sie noch reicher machen – und dann würden sich die Migrationsströme umkehren, dann würden Wirtschaftsflüchtlinge und Polen und Ungarn die Zäune überrennen, die ihre Regierungen gegen Migranten aus der anderen Richtung gebaut hatten, und Arbeit in der neuen nordafrikanischen Wirtschaftszone suchen. Der Süden, sagte Driessen, werde dann der neue Westen sein, die neue Cote d'Azur, das neue Kalifornien – und, sagte Driessen und packte Tureks Handgelenke: In die Qattara-Senke passen 1213 Kubikkilometer Wasser rein. Wenn man die und später vielleicht noch ein paar andere Wüstensenken flute, könne der Meeresspiegel trotz Klimawandel konstant gehalten werden. Keine Deiche für New York und Kalkutta nötig! Rettung der Niederlande ... den globalen Meeresspiegel trotz schmelzender Pole konstant halten ... Alles mit einem sechzig Kilometer langen Kanal ... Das Einzige, was nicht gut wäre, sei der Name der Senke, *Qattara Depression* klang zu sehr nach Depressionen, sagte Driessen, da brauche man etwas Positiveres, etwas wie *Future Seas*, das nach einem Meer der Möglichkeiten oder wenigstens wie *Great Lakes* klingt. Ach so: Sara spreche ja Arabisch, sie werde die Verhandlungen leiten.

Turek staunte. Driessen, dessen Firma gerade Probleme hatte, das Terrain ihrer Experimentalstadt um drei, vier Straßen ins Gebiet der alten Stadt hinein zu erweitern, dachte, wie alle, die im Silicon Valley Erfolg hatten, ständig in vollkommen überhitzten Weltumbaumaßstäben. Sie würden nicht nur eine, sondern viele Smart Cities bauen, und sie würden nicht nur Smart Cities bauen, sondern dazu gleich Meere, Ozeane. Die Meeresspiegel wieder senken. Das Klima verändern. Die Sonne attackieren.

○ ● ○

Da liegt, im Morgenlicht, die smarte Stadt, die Zukunft. Schauen Sie, was passiert. Die Veränderungen sind kaum spürbar. Die Stadt sieht immer noch aus wie eine Stadt, es gibt Plätze, auf denen Kinder spielen, Cafés, ein paar lachende Menschen rollen auf ihren Fahrrädern vorbei, hier und dort wartet ein Taxi. Es gibt Häuser mit Türen und Wohnungen und Terrassen. Es ist warm, das Wasser unten im Bassin scheint sehr sauber zu sein, jemand angelt, eine Möwe landet erwartungsvoll auf einem Poller, ein Mann macht ein Foto, die jungen Frauen tragen Hotpants. Die Häuser sind aus Holz gebaut, gut gedämmt, auf ihren Dächern lagern Solarzellen; sie stellen mehr Energie her, als sie verbrauchen.

Etwas fehlt: Sie sehen keine Staus, keine Müllwagen. Niemand braucht mehr ein Auto hier, alle gehen zu Fuß. Vielleicht nehmen Sie auch einmal einen Elektroroller? Zu zweit, hintereinander. Das ist romantisch. Der Müll wird unter der Stadt entsorgt. Es gibt viel Papiermüll, durch die Pakete, die angeliefert werden aus der alten Welt. – Dort hinten sehen sie einen Hauseingang. Erinnern Sie sich, wie kühl es dort ist in einer Wohnung an einem heißen Tag? Die Gardinen bewegen sich leicht im Wind, die Fenster stehen offen. Das heißt, das tun sie hier nicht alle, wegen der Energiebilanz. Man kann die Fenster nicht alle aufmachen, nur eins pro Wohnung, das ist so vorgeschrieben. Aber dort, an diesem einen Fenster, weht die Gardine. Die Wohnung ist groß und hell. Was man nicht sieht, sind die Sensoren. Aber sie sind da. Das Haus lernt. Es wird einmal verstehen, ob Sie allein sein wollen oder sich einsam fühlen. Es kann schon jetzt, wenn Sie es wollen, Musik für Sie spielen. Es hat Ohren und Augen. Seine Wände und seine Böden sind wie eine Haut, sehr viele Rezeptoren spüren, wo Sie gehen und liegen. Das Haus hat kaum Fenster, aber es atmet

durch Lüftungsporen, die von Sensoren gesteuert werden und Luftqualität, Sauerstoffgehalt und Lufttemperatur kontrollieren. Was in das Haus an Luft hineinkommt, ist nicht das übliche Gemisch aus Sauerstoff und Abgasen, sondern so gut wie frische Landluft. Das Haus macht dort Licht, wo Sie es brauchen, und schaltet es ab, wo Sie nicht sind. Es wird verstehen, in welcher Stimmung Sie sich befinden, und das Licht entsprechend regeln. Wenn etwas passiert, kann es um Hilfe rufen. Es macht Vorschläge, wie man den Abend verbringen könnte. Es ruft Freunde an. Es bestellt Essen und wärmt nachts das Bett vor und macht einen Tee. Das Haus war ein toter Kasten, in dem man sich versteckte. Jetzt ist es ein Freund geworden, ein Lebewesen. Bald werden die Leute ihren Wohnungen Namen geben; warum nicht. Wer früher mit den Dingen redete, galt als sonderlich: heute antworten sie und merken sich, was man sagt. Selbst im Schlafzimmer ist man nie mehr allein.

Nie mehr allein.

Wer könnte dagegen protestieren? Es ist viel zu bequem, um dagegen Sturm zu laufen, es ist umweltfreundlich und sicher, und im Ernst, was soll jemand schon mit den paar Daten machen, die das Haus seinen Bewohnern hier und da abnimmt?

Aura lag mit ihrem Oculus auf der Nase auf dem Sofa und schaute sich Filme an. Sie sah aus wie ein elegantes Tier mit sehr großen Scheuklappen. Sie ging gerade durch einen Dschungel. Turek bohrte an einem Text herum, der davon handeln sollte, ob der Staat eine digitale Infrastruktur schaffen kann, die die Bürger benutzen könnten, ohne Spuren zu hinterlassen – eine staatliche Taxi-App, die keine persönlichen Daten speichert, eine staatliche Suchmaschine, ein Anti-Google. Als ihm nichts mehr einfiel, schaute er Aura beim Schauen zu. Manchmal kam sie stundenlang nicht mehr unter dem Oculus hervor; sie bewegte den Kopf wie ein schlafwandelnder Roboter den Tieren hinterher, die sie in den Filmen sah, sie tauchte mit Ammenhaien und verkroch sich in einem hohen Baum im Urwald von Uganda, bis sie angriffslustig das Visier hochklappte, sich die Nägel lackierte und die Finger wie ein verärgerter Bundesadler zum Trocknen abspreizte; danach verschwand sie und schrieb die gesamte Nacht an ihrer Doktorarbeit.

Turek schaute aus dem Fenster. In der Nacht hatte es geschneit, der Wind hatte weiße Arabesken auf dem Parkplatz hinterlassen; weiter hinten standen die festlich erleuchteten Bürotürme des Zentrums. Unten rauschte der Verkehr. Aura kratzte sich an ihren Beinen, die sie so anspannte, dass sich ihre Unterschenkelmuskulatur als feiner Bogen unter der Haut abzeichnete. Schließlich setzte sie die Datenbrille ab und blinzelte erstaunt ins grelle Licht der Realität.

Turek, sagte sie. Was machst du da.

Schaue raus, sagte Turek. Draußen veränderte sich das Licht; ein tiefes Blau zog auf. Auf den Parkplätzen am Ufer versammelten sich die letzten Angestellten; die Hochhäuser standen neonhell da und warteten auf die Putzkolonnen, die die Verwüstungen des Tages beseitigen würden.

Er saß auf einem Stuhl von Konstantin Grcic, dessen Metallraster sich wie zur Strafe ins Fleisch bohrte, wenn man zu lange auf ihm saß, und so zu immer neuen Aktivitäten antrieb, während Aura das ganze Wochenende auf diesem Sofa verbringen konnte – sie kam morgens aus dem Bett, das Gesicht verhüllt von einer turbulenten Wolke aus in alle Richtungen abstehenden Haaren, ein Dickicht, aus dem nur sie in den Tag herausschauen, aber in das niemand hineinschauen konnte, und fiel direkt auf dieses Sofa, las ihre Mails, raffte sich dann auf, einen Kaffee zu machen, und verbrachte den Rest des Tages, die braun gebrannten Beine in eine Kashmirdecke eingefüllt, in den weichen Kissenanhäufungen, aus denen sie sich nur manchmal lautlos, wie ein Krokodil, zu Boden gleiten ließ, wo sie ein paar erstaunliche Übungen machte, aufstand, sich streckte und mit präsidialer Würde wieder auf ihre Sofainsel stieg, deren Kissenberge irgendwann über ihr zusammenschlagen und sie verschlucken würden wie eine Auster, die sich wieder schließt.

Weiter unten sah Turek die alten Wracks, die Lagerhallen, die Kräne, die ihre verrostenden Arme zum Himmel reckten, den Schrott einer sterbenden Industriegesellschaft. Die Autobahn führte auf breiten Betonstelzen über die kleinen Straßen hinweg und quetschte sich zwischen den Hochhäusern durch, sie lief so nah an seinem Haus vorbei, dass er hinter den Windschutzscheiben die müden Gesichter der Fahrer erkennen konnte, sie saßen, eingeschlagen in ihre Mäntel, wie Nagetiere in einem Käfig aus Blech und abgedunkeltem Glas, reglos, als könne sie das davor retten, gefressen zu werden; kurz darauf wurden sie verschluckt von Tunneln und Garageneinfahrten und hinaufgewürgt in die Türme, die auf Befüllung durch Angestellte und Sekretärinnen und Steuerfachgehilfen und Hausmeister und Sicherheitsdienstmitarbeiter warteten. Würde es bald alles nicht mehr geben. Würde alles digitalisiert werden. Was würde man dann mit den Bürotürmen machen?

Driessen rief an. Aura hörte seine metallische Stimme aus dem Hörer scheppern, irgendwas regte Driessen auf, als er auflegte, hatte Turek einen roten Kopf.

Er ist einfach unsympathisch, sagte sie.

Er muss mal irgendwas machen, was ihn sympathisch macht.

Und was soll das sein?

Ich weiß nicht. Er könnte was Sinnvolles machen. Oder: wenigstens eine Patenschaft für einen Affen übernehmen.

Was?

Ja. Wäre doch gut. Wäre doch ein Zeichen: Die Typen, die die ganzen Rohstoffe für die Digitalgesellschaft aus den Bergen holen, kümmern sich neuerdings auch um die Spezies, die auf diesem Hügel nicht zuletzt wegen der Minen gerade ausstirbt. Kannst du mal an deine PR-Abteilung verkaufen.

Turek schaute auf die Schnellstraße. Da fuhr ein Viehtransporter, in dem schemenhaft die Köpfe der Tiere zu erkennen waren, gefolgt von einem Flughafen-Zubringerbus, dessen Insassen genauso reglos aus den Fenstern starrten; der Schein der Lichtmasten peitschte über ihre Gesichter.

Jemand klingelte. Eine von Auras Freundinnen hatte sich vor einer Stunde, in einem leeren Moment, als sie vor dem Supermarkt auf einen frei werdenden Parkplatz wartete, ein bisschen auf Tinder umgeschaut und dabei ihren eigenen Exmann gesehen, der genau wie sie einen falschen Namen benutzte, aber im Gegensatz zu ihr ein echtes Foto. Sie hatte ihn erst nicht erkannt und wollte ihn gerade wegwischen, bevor sie merkte, wen sie da aus vollem Herzen – der ist nichts, das sieht man doch gleich, diese penible Frisur, dieser jeder Form von Lippen beraubte Mund, der kalte, leicht borniert, emotional unterbelichtete, starre Blick – entfernen wollte; jetzt hatte sie einen Nervenzusammenbruch und brauchte, nachdem sie zu Hause bereits alles, was sie finden konnte, ausgetrunken hatte, noch einen Drink. Aura, die nur eine Unterhose und ihren überdimensionierten Kashmirpullover trug, hatte die Freundin auf eines von Tureks ausladenden, pulverschneeweichen Sofas bugsiert und war in die Küche gegangen, um einen Bourbon Highball anzurühren, und stelzte mit den zwei Drinks und einer Packung Salzstangen zurück zum Sofa (diese Angewohnheit, auf Zehenspitzen zu gehen; dieser Pullover, der aussah, als sollten darin zwei Personen wohnen können, also wirklich, dachte Turek gerührt).

Aura wollte jetzt eine Pizza. Er wollte auch eine Pizza. Andererseits hatte er schon zweimal in dieser Woche Pizza bestellt, weil er immer spät nach Hause gekommen war, und am dritten Tag hatte ihm eine seiner Health-Apps ein Gesicht in Form einer Pizza geschickt, das zwinkern konnte, und das

Pizza-Gesicht hatte zweimal gezwinkert, und dann stand in einer Sprechblase: »Hey ... du und ich, wir lieben Pizza ... so lecker! Aber zwischendurch (*zwinkerzwinker*) auch mal wieder was Gesundes!« Danach war das dämliche Grinsegesicht verschwunden und wie von Geisterhand der nicht so umwerfende Wochenscore seiner Bewegungs-App erschienen ... wenn er jetzt noch eine Pizza bestellte ... das Ding war über den Health-Tracker mit seiner Krankenversicherung verbunden, und wer wusste ...

Turek?

Ja?

Bestellst du jetzt eine Pizza für uns?

Äh ... könnten wir die vielleicht von deinem Handy, ich meine ...

Turek?

Äh?

Alles in Ordnung?

Auras Kopf war bei der Frage in eine leichte Schieflage geraten, das war schon mal kein gutes Zeichen, ihre sehr schönen, sehr schwarzen Augen hatten sich zu Strichen verengt, die zusammen mit den Augenbrauen zwei unduldsame Gleichzeichen ergaben, Turek bestellt keine Pizza = sehr seltsam = hat vielleicht den Verstand verloren? Warum bestellt der nicht einfach? Tja. Ja, warum?

Ich – hole uns eine ... gehe selbst ... ich ... dann habt ihr ein bisschen ... Zeit ... stammelte Turek und verließ die Wohnung.

Draußen war die Luft kalt und frisch. Ein selbstfahrendes Testauto schlich vorbei, an Bord zwei reglos vor sich hin stierende Rentner, die aussahen wie zwei mit dem Beförderungstempo im Jenseits unzufriedene Mumien. Wo konnte er hier ... hier gab es natürlich weit und breit keine Pizza. Die

Kantine hatte einen 24/7-Automaten, in dem es Quinoasalat gab. Pizza ... Half nichts, er musste in die alte Stadt.

Turek tat jetzt etwas, was er lange nicht mehr getan hatte: Holte seinen Wagen aus der Garage, fuhr einfach los, schaute nicht auf die Navigation, sondern bog ab, wo es ihm vielversprechend erschien. So geriet er in einen Teil der Stadt, den er nicht mal von den Plänen für die Erweiterung des Smart-City-Areals *Plan 2030* kannte. Das Licht war dunkler hier und gleichzeitig greller. Da war ein Asia-Imbiss und ein libanesisches Café und eine Bar und eine Pizzeria. Er hielt in zweiter Reihe. Er bestellte drei Pizzen und ein Bier. Die Frau am Tresen sah aus wie eine Italienerin, kam aber aus Damaskus. Er lehnte sich draußen mit dem Bier an seinen Wagen und las bei Instagram von Sara: »This one gets me SUUUUPER excited (*tanzende Frau*): Next week I will join a yoga ceremony! What to expect? Yoga, transcendental dance and drum meditation! Save your spot now, tickets available via yogaceremony.eventbrite.com.«

Ein Polizeiwagen jagte vorbei.

Im Rinnstein lagen abgenagte Hühnerschenkel und zerdrückte Bierdosen. Einer der Libanesen stellte einen Stuhl zwischen zwei parkende Autos. Ein dunkler Geländewagen fuhr vor. Der Fahrer hatte die Seitenscheibe heruntergelassen, er rauchte eine. Im Fahrzeug, in dem außer ihm niemand saß, schrie die Stimme einer Frau herum, es klang, als ob der Mann einem dramatischen Hörspiel lauschte, aber dann murmelte er »Das ist doch aber Quatsch«, und das Hörspiel machte eine Pause, um kurz darauf umso energischer weiterzuschreien; offenbar sprach der Mann über die Freisprechanlage seines Autos mit seiner Frau.

° ● °

Ein paar Tage später lud Jonathan Illenberg zu seinem Geburtstag ein. Er wohnte in einer kleinen Zweizimmerwohnung in einem Hochhaus aus den sechziger Jahren. Er hatte die Wohnung gemietet, als er studierte, und sie seitdem nicht verlassen, er machte sich nichts aus Altbauwohnungen und hohen Decken und Esstischen, an denen zwanzig Gäste bedient werden konnten, und der Blick über die Stadt war von hier oben eindeutig besser. Er hatte kaum Möbel, nur Getränke schien es im Überfluss zu geben, auf dem Boden lagen mehrere halb leere Flaschen herum, es sah aus, als hätten ein paar Kinder Flaschendrehen gespielt. Illenberg schraubte den Korkenzieher in den Korken, hielt die Flasche dicht an sein Telefon und riss den Korken mit einem Ruck heraus.

Bin mal gespannt, ob die das Geräusch »Entkorken« auch schon zuordnen können, sagte er und fixierte grimmig das Display.

Entweder bekomme ich gleich Angebote von einer Weinhandlung oder einen Hinweis, dass ich bereits zwei Liter Alkohol getrunken habe. Oder eine Lebensversicherung …

Vermutlich beides, sagte Turek, der im Zwielicht des Raums eine Gitarre und ein altes Luftgewehr ausmachte. Er deutete wortlos mit dem Finger in die Richtung.

Erinnerungen an meinen Vater, sagte Illenberg und machte eine vage Bewegung Richtung Fenster, als sei der Vater soeben dort hinaus entwichen.

Hat er mir vermacht, bevor er nach Australien ging. Sagte, damit kommt ein junger Mann überall durch. Hat mir aber nicht beigebracht, wie man spielt. Auch nicht, wie man schießt.

Dein Vater war … ist Australier?

Lebt nur da mit seiner neuen Frau. Eigentlich kommt er aus Schweden.

Ein paar Gäste drängten sich auf dem kleinen Balkon und

rauchten. Aber, sagte Illenberg, als falle ihm etwas ein, was die Stimmung aufhellen könnte, meine Großmutter hat mir ein bisschen Klavier beigebracht.

Er zerrte aus dem Unterholz der Dinge, die hinter das Sofa gerutscht waren, ein Keyboard hervor, stöpselte es ein und schlug ein A an, dann spielten seine dicken Finger erstaunlich flüssig die ersten Takte von John Foxx' *Underpass*. Turek starrte ihn an. Illenberg grinste und schob das Keyboard weg und setzte seine Vorhersagen zum Weltgeschehen fort: Zur Rettung des Weltklimas sei die Zerstörung des kapitalistisch-freiheitlichen Individuums und seiner Konsumwünsche, Hoffnungen, Begierden und Selbstfeier durch vollvernetzte, zentral gesteuerte Systeme natürlich von Vorteil. Das Punktesystem, die komplette Steuerbarkeit des chinesischen Bürgers, der mit kleinen Geschenken und Belohnungen bei Laune gehalten wurde, würde dazu führen, dass sich die Menschen vom Staat mehr oder weniger klaglos auf ein Energie- und Essenskonsumniveau reduzieren lassen werden, das das Überleben des gesamten Landes garantieren könnte. In Amerika würden sie auch im Moment größter Krisen, trotz Dürren und Wirbelstürmen etwas hartnäckiger ihre Privilegien verteidigen, viel zu fliegen und jeden Tag Fleisch zu essen und Auto zu fahren, wie und wo sie wollen, ja, je grimmiger die Überflutungen und Schneestürme und Dürren und Versandungen werden würden, desto mehr würden sie darauf beharren, SUVs zu fahren, mit denen sie auch im Katastrophenfall noch aus der Stadt kämen. Vielleicht würde China deshalb einen Krieg gegen das uneinsichtige Amerika führen müssen.

Turek holte sich noch ein Bier. Er mochte Illenberg. Er war offensichtlich ein guter Marketingstratege. Er fragte sich nur, wer ihn in die Firma geholt hatte; Typen wie er waren eine Seltenheit in dieser Branche, eine aussterbende Art, es gab derartig melancholische schwere Menschen nicht mehr unter all den Start-up-Leuten, an denen alles nach oben zeigte, die Nasen, die Kragenecken, die Haare ... Jemand hatte erzählt, er sei ein Freund von Sara. Wenn das stimmte, musste er an Sara etwas übersehen haben, eine Seite, die an solchen Typen etwas fand.

In der Küche unterhielt sich die Frau des Arbeitsrechtlers mit Aura. Ob sie gehört habe? Habe sie bestimmt gehört. Die Tiere machten komische Sachen. Die Zwischenfälle häuften sich. Ein Rochen sticht jemanden ins Herz, gleich zweimal vorgekommen. Elefanten zertrampeln Dörfer. Es gab eine starke Zunahme von Hundebissen, es gab die Theorie, dass *die Tierwelt sich gegen den Menschen zusammenrotte*. Illenberg kam um die Ecke und sagte, er habe eher das Gefühl, das Internet der Dinge fange an, sich wie die Tierwelt zu verhalten, die Dinge machten plötzlich Sachen, die wir nicht kapieren, und wir stünden wie Biologen vor wilden Tieren vor dem, was die KI mache, da hätten wir es gleich mit zwei Ökosystemen zu tun, die sich immer unberechenbarer verhielten und eine Logik entwickelten, die sich unserem Zugriff komplett entziehe ...

Es war kurz vor ein Uhr morgens. Als die Gäste gingen, brachte Illenberg sie zur Tür und probierte eine ungelenke Umarmung. Auf einer kleinen Ikea-Anrichte lag neben einer halb leeren Flasche Bourbon ein Flugticket der Aerolíneas Argentinas.

Einen trinken wir aber noch, sagte Illenberg. Auf meinen Geburtstag. Er holte drei Schnapsgläser und goss sie bis zum Rand mit Whisky voll. Aura sah sich die Flasche an. Ein guter Bourbon, sagte sie.

Hört mal, ihr beiden.

Illenberg ließ sich in sein Sofa zurückfallen.

Findet ihr diese Stadt eigentlich gut?

Geht so, sagte Turek. Aura sagte nichts und wischte mit

dem kleinen Finger einen Tropfen Whisky von ihrem Handrücken.

Ist euch klar, dass wir jetzt ungefähr die Hälfte unseres Lebens hinter uns haben? Wenn alles gut geht, sind wir in vierzig Jahren tot.

Vierzig Jahre sind eine Menge Zeit, sagte Aura.

Das ist das *best case scenario*.

Das *best case scenario* kennen wir noch gar nicht, sagte Turek.

Du meinst, du kannst dich mit deiner ganzen Turekhaftigkeit irgendwann runterladen und in einen Avatar hinein?

In einen Avatar, der nicht Valdemar heißt, sagte Aura und kicherte. Turek warf ihr einen giftigen Blick zu.

Ich möchte eher nicht mehr so lange hier bleiben, sagte Illenberg und trank das Glas in einem Zug aus.

Hör mal, du hast gerade erst bei uns angefangen.

Das ist ein verdammter Job. Das mache ich ein halbes Jahr. Dann hau ich ab.

Wohin willst du denn abhauen?

Argentinien.

Aha. Und was machst du dann da? Auch Marketing? Das bringt doch nichts, sagte Aura. Du bist da genau der, der du hier auch bist. Mach doch hier was anderes. Warte ab, was passiert.

Hier passiert aber nichts. Die Leute sind zu doof, die Stadt ist zu hässlich. Einmal bin ich eine ganze Nacht ausgegangen. Ich war im *Goldenen Hahn* essen und dann im *Ficken 3000* und in der *Möbel-Olfe*. Alles irre nett. Nette Typen. Habe aber niemanden kennengelernt da. Die einzige Person, die ich mochte, war diese eine Polizeistreife, die mich am Kottbusser Tor kontrolliert hat.

Aura schaute ihn an und setzte sich gerade hin.

Sag mal, Jo?

Illenberg schaute sie an wie jemand, der keine Frage, sondern ein Urteil erwartet.

Hast du eigentlich eine Freundin gerade?

Nein. Hatte eine. Aber die war vielleicht ein bisschen zu temperamentvoll. Kam aus dem Süden …

Ah, Italienerin, Spanierin, so?, fragte Aura, die merkte, dass Illenberg das Thema unangenehm war, und zwinkerte ihn an.

Nee. Stuttgart. Ist für uns schon Süden.

Illenberg goss eine Runde nach.

Wisst ihr, Buenos Aires ist wenigstens –

Hör mit Buenos Aires auf, sagte Turek. Du willst in deinem Zustand in eine Stadt, in der jeder einen Psychotherapeuten hat? Ich sage dir, es gibt nichts Langweiligeres als die Pampa im Süden von Buenos Aires.

Das stimmt nicht! Warst du jemals da? Es ist zauberhaft. Es ist alles, was es hier nicht gibt, Weite, Ruhe, nette Leute, nicht alle drei Kilometer ein neues Dorf, das genauso doof aussieht wie das davor. Argentinien ist wie Europa ohne alle Fehler, die Europa gemacht hat. Argentinien –

Turek trank aus. Es war sinnlos. Illenberg hatte sich in den Kopf gesetzt, dass es hier nicht auszuhalten war, und deswegen war es auch nicht auszuhalten. Aura war von einem Moment auf den anderen eingeschlafen; sie hielt ihr Glas umklammert wie jemand, der um Spenden bittet. Er weckte sie auf; sie musste ihren Babysitter auslösen.

Sie fuhr ihn heim und setzte ihn an der Grenze zur neuen Stadt ab. Es war zwei Uhr morgens, die Stadt war heruntergedimmt und lag als schwarze Silhouette am Fluss, in dem sich nur ein paar mattgelbe Laternen spiegelten. Turek ging die paar Meter von der Schranke bis zu seinem Haus zu Fuß. Seine Wohnung befand sich gleich neben dem Bürotower in einem Passivturm aus Holz, den ein solariumsverwitterter dänischer Architekt entworfen hatte; jede Wohnung hatte eine Dachterrasse, der Architekt hatte viele Preise dafür bekommen. 300 Bewohner nahmen an der Testphase teil. Driessen hatte angekündigt, dass man, weil man so viel Energie spare, die frei werdenden Ressourcen für eine Senkung der Mieten einsetzen könne, außerdem werde der Mieter selber entscheiden können, ob er durch sein Verhalten den Energieverbrauch noch weiter senke. Einige Mieter hatten unterschreiben müssen, dass ihre Daten zu Testzwecken ausgewertet werden können, dafür bekamen sie die Wohnungen unter der Sozialpreisrate vermietet. In den Medien war das kritisiert worden, es gab einige böse Berichte, dass hier Daten gegen Mietvergünstigungen verkauft wurden, aber den Leuten war die Aussicht, für 1000 Euro eine große Wohnung zu bekommen, wichtiger als das, was mit ihren Daten passieren würde. Außerdem gab es für die, die in die neuen Wohnungen zogen, das Fitnessstudio gratis, und wenn man das Gesundheitspaket dazubuchte, das den Zugriff auf die Daten erlaubte, bekam man einmal am Tag ein Gesundheitsprofil zugeschickt, in dem Risiken benannt und Optimierungsmöglichkeiten vorgeschlagen wurden. Wer den Vorschlägen folgte und einen Fitnesskurs besuchte oder ein Fitnessprodukt bestellte, bekam weitere Nachlässe.

Sei aber alles freiwillig, hatte Driessen bei der Pressekonferenz gesagt: Bei uns können Sie, wenn Sie wollen, auch dasitzen und die ganze Zeit Hamburger essen. Es gab Gelächter, Driessen kam gut an, er wirkte nicht wie ein Fanatiker, er war ergraut genug, um etwas Erfahrenes und Väterliches, ja, Warmes auszustrahlen, und *toned* genug, um die gesundheitsfördernden Effekte des Lebens in der neuen Stadt zu verkörpern.

o ◉ o

Als Driessen aus Kalifornien zurückkam, hatte er sich eine Villa draußen auf dem Land gekauft, alter Herrensitz mit Ritterwappen und Turm und eigenem Seezugang, nicht schlecht, mitten in der Natur. In den ersten Monaten hatten sie die ritterliche Abgeschiedenheit genossen und einige Feste gegeben, bei denen die Gäste sich lobend über den imposanten Auftritt äußerten (wie viel Quadratmeter sind denn das? – Etwa 600. – Reine Wohnfläche? Mein Gott, Alexander!). Er hatte allerdings bei größeren Empfängen auch giftige Bemerkungen heraushören können – so wohne also das Geld, das mit der technologischen Revolution gemacht werde … Mahagonianrichten, Hutschenreuther Porzellan, aha. Das Einzige, was auf das Hauptgeschäftsfeld von Driessen, die Vernetzung aller Dinge, verwies, war ein Kaminofen von MCZ aus Italien, den man mit dem Mobiltelefon ansteuern konnte und der vorheizte und Wärme über Nacht abgab; zum Anfeuern des Kamins musste er nicht mehr Zeitungen anzünden und pusten und Scheite nachwerfen, das konnte er über eine App machen, und wenn er, was einmal passierte, aus Versehen über einen Buttcall von unterwegs den Kamin anmachte, erschreckte das nur seine Frau, aber das Haus brannte nicht ab, weil der Ofen komplett vom Wohnzimmer getrennt war und kein Rauch oder Glut in den Raum dringen konnte; das echte Feuer war da, aber nur als warmes Bild. In den Anfangsmonaten war Driessen jeden Tag im Wald laufen gegangen, aber seine Freude daran ließ jäh nach, als sich ihm an einem Sommermorgen eine ausgewachsene Wildsau in den Weg stellte. Driessen verlangsamte seinen Lauf und versuchte, einen Bogen zu machen. Das Schwein hatte es aber offenbar auf ein Wettrennen abgesehen, es senkte den Kopf und näherte sich dem beschleunigenden Driessen in einem Tempo, das ihn schließlich zwang, eine junge Kiefer zu erklimmen, die beunruhigend schwankte. Das

Schwein stand unten mit schief gelegtem Kopf und machte Geräusche, als wolle es sich beschweren, dass Driessen sich einen unfairen Wettbewerbsvorteil verschafft hatte. Driessens Lage war unbequem; zu der Demütigung, von etwas, was Leute wie Jonathan Illenberg sonst mit Preiselbeerkompott, Klößen und Rotkraut zu sich zu nehmen pflegten, wie ein ängstliches Eichhörnchen auf einen Baum gejagt worden zu sein, kamen schmerzhafte, blutende Kratzer an der Innenseite seiner Oberschenkel, die er sich beim Erklimmen des harzigen Baumstamms zugezogen hatte. Das Schwein hatte offenbar nichts weiter zu tun, es machte keine Anstalten wegzugehen; es wartete unten mit erhobenem Kopf, dass er den Baum wieder verlassen würde. Es war so nah, dass er es riechen konnte. Driessen versuchte, ohne das Gleichgewicht zu verlieren, an sein Handy zu kommen, das in der hinteren Hosentasche steckte, es gelang ihm auch, es herauszuangeln, wobei es einmal fast auf das Schwein zu stürzen drohte; er entsperrte es mit seiner Nase, wütend, dass ein Tier ihn in eine solche Lage bringen konnte; er rief, wie immer in solchen Fällen, seine Frau an, die an allem, was er tat und was nicht gelang, auf eine gewisse Weise ja mit schuld war (sie hatte dieses Schloss auf dem Land gewollt, oder? Hatte er nicht in eine futuristische Villa der Architekten von Brad Pitt ziehen wollen, und war es nicht seine Frau, der es dort »zu klinisch« war? Genau. Genau deswegen saß er jetzt hier mit blutenden, verharzten Oberschenkeln auf einer dünnen, in den ersten Böen eines aufziehenden Herbststurms knackenden Kiefer.)

So, jetzt haben wir den Scheiß, schrie er in den Hörer, als seine Frau abnahm.

Hallo? Wo bist du?

Ich sitze auf einem Baum, schrie Driessen.

Geh mal woanders hin, ich versteh ja kein Wort.

Ich kann nirgendwo anders hingehen, schrie Driessen, ich sitze –

Und schrei nicht so rum! Ruf mich an, wenn du dich wieder beruhigt hast, ja? Das ist ja nicht zum Aushalten, rief seine Frau und legte auf.

Driessen war so aufgebracht, dass er beim Versuch, die Nummer der Feuerwehr zu wählen (aber sollte er das wirklich tun? Einen riesigen Feuerwehrwagen in den Wald bestellen, vielleicht Leute aus dem Dorf darunter, die ihn, den Besitzer des größten Herrensitzes hier, erkennen würden, wie er, an einer schiefen Kiefer hängend, Angst vor einem Schwein hatte? Andererseits machte das Tier sehr beunruhigende Geräusche …) – dass er also beim Versuch, die Feuerwehr anzurufen, aufgebracht, wie er war, so sehr ins Schwanken geriet, dass der Ast, an den er sich klammerte, abbrach und Driessen aus drei Metern Höhe waagerecht auf dem Waldboden aufschlug, direkt neben dem Schwein, das durch den dumpfen, ungebremsten Aufprall einen großen Schreck bekam und schnellstens davonrannte.

Diesen Kampf hatte Driessen, wenn auch blutend und voller blauer Flecken, auf eine Weise gewonnen – aber sein Verhältnis zur Natur hatte darunter gelitten. In den kommenden Wochen lief er wieder im Fitnessstudio auf einem Laufband mit Blick auf den innerstädtischen Verkehr. Die Enten, die er anfangs begeistert gefüttert hatte und die in großen Scharen, wie Fans eines sich endlich zeigenden Rockstars, angeschossen kamen, sobald er mit einem Brot auf dem Steg auftauchte, waren ihm jetzt zuwider, er warf, wenn sie auf dem Steg dösten, Äste und Pinienzapfen und schließlich auch Steine nach ihnen, genauso wie nach dem Fuchs, der sich Haus und Terrasse immer dreister näherte und schließlich, als sei er ein Hund und kein wildes Tier, durch die tiefen Flügelfenster des Wohnzimmers hineinschaute. Auch der Maulwurf war jetzt sein Feind: Driessen probierte, ihn mit Ködern zu vergiften, die er im Internet aus Polen bestellte, und als das nichts brachte, grub er die Gänge auf und leitete über einen Gartenschlauch die Abgase seines Motorrasenmähers ein. Das Laub, das im Herbst in Mengen von den hohen Bäumen fiel, die ihn im Sommer noch mit ihrem majestätischen Wuchs erfreuten, empfand er als Provokation; er ließ schließlich die Bäume gegen den Protest seiner Frau so beschneiden, dass das Laub nur noch auf die Nachbargrundstücke fiel; dafür drückte der von Norden heranpeitschende Wind nun ungebremst gegen die dünnen alten Fensterscheiben des Herrensitzes, so dass ein verstärktes Heulen die Folge war. Schließlich gab Driessen den Plan seiner Frau, ein Leben in der Natur führen zu wollen, eigenmächtig auf und suchte nach einem Bauplatz für ein Smarthome in den besseren Vororten der Stadt.

∘ ● ∘

In den ersten Wochen nachdem er in seine Dienstwohnung eingezogen war, befand sich Turek in einer Hochstimmung. Er rief den Jalousien zu, herunterzufahren, und sie taten es; er rief nach Alexa, wie der Adel des 18. Jahrhunderts nach einem Butler geklingelt hatte, der dann im Türrahmen eine tiefe Verbeugung machte und alles tat, was man verlangte, nur dass Alexa deutlich begriffsstutziger und fast bockig nachfragte, so als ob er derjenige sei, der sich auf unverantwortliche Weise undeutlich ausdrückte (meintest du: Pizza bestellen? Meintest du: Taxi rufen? Meintest du wirklich: Shakira hören?). Auch klang ihre Stimme so, als gehöre sie einer Puppe, die beim Reden den Mund nicht öffnet, aber das war, wie Driessen immer betonte, nur »eine Frage von ein paar Jahren« – es war nur eine

Frage von ein paar Jahren, bis Alexa besser klingen *und* an der Stimme des Fragenden dessen Gemütszustand analysieren, die geforderten Dinge bestellen und selber noch Vorschläge zur Gemütsaufhellung oder Beruhigung machen würde. Trotzdem hatte er jetzt schon das Hochgefühl des Bedientwerdens: Alexa, mach.

Turek hatte eine App, die seine Position in der Wohnung verfolgte und in den Räumen das Licht ausschaltete, wenn er sie verließ, und es wieder anschaltete, wenn er sich ihnen näherte, so dass es aussah, als hätten sie sein Kommen erwartet. Er hatte einen Müllschlucker, der die Abfälle in einer Art Metalldarm auseinandersortierte und in verschiedene unterirdisch entleerte Tonnen schickte; das Absauggeräusch klang wie das einer Flugzeugtoilette. Der Absauger hatte bisher ein Messer, das mit den Küchenabfällen hineinrutschte, und eine Sonnenbrille gefressen, die Turek beim Einwerfen von Essensresten vom Kopf gefallen war; einmal war, vermutlich durch einen technischen Fehler, der Ansaugdruck so stark erhöht, dass Turek beim Öffnen der Müllschluckerklappe nur mühsam seine Hand aus dem Luftstrom herausreißen konnte. Die Vernetzung mit den anderen Bewohnern funktionierte aber reibungslos. *Jemand* brauchte einen Hammer. *Jemand* hatte noch Kuchen von einem Geburtstag abzugeben. Auf dem Display bildeten sich ständig neue Möglichkeiten der Kontaktaufnahme ab, und es genügte zu behaupten, dass man noch Kuchen habe, und irgendwer würde sich schon melden; die Vereinsamung des Großstädters, die Anonymität der Stadt waren abgeschafft; *jemand* war immer da. Alles schien auf eine elektrofeenhafte Weise um seinen Körper herumzuschweben. Er trat aus dem Haus, schon glitt ein lautloses Robotaxi vor, er gab ein Handzeichen, und die Türen schwebten auf, er setzte sich ins Innere der Kapsel, nannte sein Ziel (Parkhaus Ost) und rief *News!*, und sofort erschien auf dem Screen, dort, wo einmal der Fahrer saß, eine Zusammenfassung der Nachrichten. In den ersten Tagen kam ihm all das wie ein seltsames Theaterstück vor, aber nach einer Woche hatte er sich daran gewöhnt. Seine Skepsis schwand.

Wenn er nicht musste, verließ Turek die neue Stadt tagelang nicht. Manchmal ließ er sich mit dem Robotaxi bis zum Garagengebäude fahren, nahm seinen alten Porsche und fuhr durch die Altstadt, die ihm, genau wie die alten Staus in den alten Vorstädten, surreal, ja gefährlich vorkam. Er plante, den Porsche zu verkaufen. Er begann, den Ernährungstipps zu folgen und auf seinen Blutdruck zu achten. Er trank weniger Kaffee und mehr Chai-Tee.

Er lag auf Kissen, in denen Sensoren seinen Schlaf protokollierten; jedes Herumwerfen, jede Unterbrechung der regelmäßigen Atmung wurde aufgezeichnet und von einem Algorithmus mit bestehenden Daten abgeglichen. Er aß von smarten Tellern, die automatisch vorgeheizt wurden, was ihm eine Einkaufs-App jede Woche an Lebensmitteln liefern ließ. Jeder Lieferung lagen Gratisprodukte bei, die auf Basis seiner Schlaf- und Kreislaufdaten Trainingsziele im Gym befördern oder kleinere Probleme eindämmen sollten (wenn man genügend Informationen hat, sagte Driessen, muss man in den meisten Fällen gar kein Blut abnehmen, nur ein paar Daten). Wurst, Butter und Toastbrot waren von seinem Speiseplan verschwunden, ohne dass er es überhaupt gemerkt hatte. Wenn er abends auf dem Sofa lag oder untätig vor dem Fenster auf und ab ging, empfahl ihm eine App, seine freie Zeit für Muskelaufbautraining zu nutzen. Seine Trainings-App trieb ihn zu neuen Höchstleistungen. Er hatte das Gefühl, dass sein Körper sich veränderte und auf eine erfreuliche Weise maschineller wurde. Er machte mehr Sport, lief länger, ging öfter ins Gym, sah das Innere seines Körpers, Blutdruck, Herzfrequenz, als Diagramm auf dem Display seiner iWatch, so wie ein Rennfahrer den Zustand des Motors an Temperatur- und Öldruckanzeige ablesen kann. Seine Unterarme veränderten sich als Erstes; sie bildeten neue Muskelstränge aus, als ob ihm von der iWatch Energieströme in seine Arme flossen. Morgens prüfte er, wie er geschlafen hatte; das Display hatte bereits einen Bericht vorgelegt über Ruhe- und Unruhephasen in der Nacht. Turek hatte nie gewusst, was er sagen sollte, wenn er gefragt wurde, ob er gut geschlafen habe, er hatte die Frage aus Höflichkeit immer mit Ja beantwortet; jetzt konnte er nachschauen. Eine App analysierte, wo es das beste Essen zu kaufen gab, rechnete, ausgehend von den Bewegungsprofilen, seinen Kalorienbedarf aus und steuerte ihn durch den Tag. Er fühlte sich bewusster, klarer und wacher. Er probierte, E-Zigaretten zu rauchen, und nach wenigen Wochen vermisste er die kleine wärmende Flamme, die vor seiner Nase knisterte wie ein tragbares Lagerfeuer, kaum noch. Er trug Kleidung, in die Sensoren eingebettet waren, sein Körper war mit Sensoren umbaut, durchdrungen, deren Glätte und Kälte beim Anlegen und Berühren einen heftigen Kontrast bildeten zur verschwitzten, weichen Wärme der Haut. Er liebte all die glatten Oberflächen, die fast ohne Berührung auskamen. Nach einer Nacht mit Aura begann er, sich mit ihrem Rasierer die Beine zu epilieren; auch sein Körper wurde jetzt glatter, ein iBody. Das Haus erzog ihn zu einer perfekten Figur.

Seine Kollegen teilten ihre Fitness-Fortschritte mit ihm über eine gemeinsame App. Sie lieferten sich Wettbewerbe im Durchhalten und im Energiesparen, sie machten tagsüber, auf Anregung einer App, Yoga. Sie fuhren nicht mehr wie früher spätabends in die Bars nach Mitte, um Kokain zu nehmen. Sie feierten einen neuen Rausch der Verausgabung, die neue Härte und Glätte und Kälte, die ihre Körper, vorangetrieben und beobachtet von Apps und Sensoren, entwickelten.

∘ ● ∘

Driessen flog nach Venedig – das hatte seine Frau sich so gewünscht. Das Wetter war aber schlecht; es regnete, als sie mit dem Motorboot durch die Wellentäler einer vom Sturm aufgepeitschten Lagune stampften, in der Stadt hatten sie Stege für das kommende Acqua Alta aufgebaut. Im Restaurant, in dem sie ihren Hochzeitstag feierten, gaben sie ihnen für den Rückweg Plastiktüten mit, die sie über die Schuhe ziehen konnten, um zurück in ihr Apartment zu kommen. In dieser Nacht stieg das Wasser höher als sonst. Als er aus einem tiefen Schlaf erwachte, deutete eine helle Schlangenlinie aus Licht unterhalb des dunklen Samtvorhangs darauf hin, dass es schon Tag war. Er stolperte zum Fenster und schob die Vorgänge beiseite. Der Regen hatte gegen die Scheiben gedrückt, das Wasser war durch die alten Fensterrahmen eingedrungen und hatte den weichen roten Teppichboden dunkel durchfeuchtet. Driessen griff in die Obstschale, begann eine Apfelsine zu schälen und schaute auf den Markusplatz hinunter. Er war komplett geflutet; ein Mönch watete bis zu den Knien im Wasser.

War ihm alles recht. Wenn man nichts tun würde, würden alle, wie man da draußen eindrucksvoll sehen konnte, absaufen ... aber dafür gab es Qattara ... das Wasser aus Venedig würde einfach in die Wüste fließen ... Das Meer, das die Welt vor dem Versinken bewahrte ... Milliarden würden dort ausgegeben werden. Er dachte an Turek, der auf eine innige Weise an Technologie glaubte. Er, Driessen, sah das pragmatischer – was sie da verkauften, da machte er sich keine Illusionen, waren

Produkte – aber immerhin die größten Produkte in der Geschichte eines maroden Spätkapitalismus, heroische, geniale Versuche, die Idee der massiven Produktexpansion in eine Zukunft zu retten, in der alles grüner und vorsichtiger und weniger sein sollte; die Smart City und ihre ständige Auf- und Nachrüstung mit neuer KI war die einzige Chance, wirklich Geld zu verdienen und die langsam zusammenbrechende Welt der Konsumprodukte des 20. Jahrhunderts zu ergänzen um ein neues Milliardenvolumen, das größte Konjunkturprogramm der großen Industrienationen – der Bau der Smart Cities und ihrer Komponenten allein würde schon Milliarden bringen, ihre Ausdehnung, ihr schleichendes Eindringen in die bestehenden Millionenstädte weitere Milliarden; der Vermögensverwalter Pictet schätzte das gemeinsame Marktpotenzial auf rund 3,7 Billionen Dollar, und da waren die Städte, die er rund um Qattara bauen würde, noch nicht eingerechnet. Nie hatte man so viel Geld verdienen und gleichzeitig der Menschheit und der Natur etwas Gutes tun können. Driessen durchströmte bei diesem Gedanken eine fast religiöse Ergriffenheit, ein Gefühl tiefer Dankbarkeit, das ihm schnell umschlug in freudige Erregung und in das Bedürfnis, sich zu belohnen. Er warf die Apfelsinenschalen neben den Schreibtisch, ging auf den Balkon, schloss die klapperigen Fensterflügel hinter sich und rief Alina an.

Sara flog jetzt jede Woche nach Ägypten. Während Turek damit kämpfte, einer skeptischen Stadtbewohnerschaft die Vorzüge einer zentral gesteuerten neuen Stadt zu verkaufen und auf allen erdenklichen Wegen das Image von Driessen zu retten, bevor es ihm wie Doctoroff in Kanada erging, dessen Redenschreiber inzwischen das Wort *Smart City* vermeiden und durch »die um die Bedürfnisse des Menschen herumgebaute, nachhaltige Stadt für alle« ersetzen mussten – während also Turek versuchte, die schleichende Ausdehnung von ein paar Quadratkilometern neuer Stadt als Gewinn zu verkaufen, traf Sara sich mit Delegationen in Kairo, bestieg Geländewagen, die in Kolonnen mit Blaulicht durch die verstopften Ausfallstraßen fuhren und erst jenseits der Stadt das Blaulicht ausschalteten. Sie saß mit Tunnelbauexperten in Akazienhainen und lief mit Wirtschaftsprofessoren durch Treibsand. Sie traf Biologen, die mit ihr die Frage der Umsiedlung von Geparden diskutieren wollten. Sie wurde von Politikern, die ihr pyramidenförmige Briefbeschwerer aus Marmor schenkten, vor einer mächtigen Gruppe von Beduinen gewarnt, die als Einzige die Qattara-Senke für einen Lebensraum, schlimmer noch, für ihre Heimat hielten und, um eine Flutung zu verhindern, die Regierung in Kairo überzeugen wollten, ein Atomkraftwerk in die Senke hineinzubauen, nachdem die Russen schon eins bei El Dabaa bauten, das solle man sich mal vorstellen, die Beduinen wollen sich da ein AKW zwischen die Kamele stellen … So kam das Thema Atom zurück nach Qattara.

Einmal stand Sara am nördlichen Klippenrand der Senke und schaute hinunter in die ausgetrockneten Salzwiesen, über die der Flugsand fegte, und sie wusste nicht, ob das, was sie da sah, unglaublich schön war oder unglaublich katastrophal, es war jedenfalls schwer auszuhalten, in diese Leere zu schauen; die unendliche Stille dieses Raums machte ihr Angst. Sie stand dort oben wie ein Schöpfer, dem alles danebengegangen war: Man sah, dass da unten nichts gut war; dass dort einmal ein Meer war, dass da ein Meer hingehörte und nicht Staub und Sand und eine immer unaushaltbarere Hitze, und das Argument, dass dort unten jetzt Tiere und Beduinen lebten, deren

Welt man schützen müsse, schien ihr wie das Argument, man dürfe den Leute, die sich nach einem Erdbeben in den Ruinen der Häuser eingenistet haben, nicht ihre Ruinen nehmen; wenn man nichts tun würde, würde es in zehn Jahren wegen des Klimawandels da unten so heiß werden wie in einem Ofen, so heiß, dass die Beduinen und die Geparden und die Rüppelfüchse innerlich verkochen würden. Es gab gar keine andere Möglichkeit, als die Senke zu fluten – oder wie Sara es zu ihren Beratern sagte: *If we dont set the whole depression under water, everybody is going to die.*

Alina wartete unten, wo der Feldweg auf die große Straße führte. Sie trafen sich seit ein paar Wochen, immer um elf, wenn ihr Mann auf dem Gelände Dienst hatte. Driessen hielt mit seinem Tesla neben dem gelben Ortsschild, sie stieg ein, er gab ihr einen Kuss. Dann fuhren sie in seine Wohnung, ein Loft mit uneinsehbarer Dachterrasse und einem Bett, das immer mit weißer Bettwäsche überzogen war. Dort verbrachten sie den Nachmittag. Jylia, die Putzfrau, stellte jeden dritten Tag neue Schnittblumen in die Bodenvasen. Alexa machte Musik. Alexa ließ die Jalousien herunter. Alexa blinkte und gehorchte und tat, was man ihr sagte. Alina schlief mit ihm. Alina lag danach in seinem Arm und rauchte, was Driessen sehr störte. Irgendwann musste sie los, um den Regionalzug nach Hause zu bekommen, und Driessen riss die Fenster auf, um den Rauch loszuwerden, und danach blieb noch ein bisschen liegen, ausgestreckt, nur mit einem weißen Laken bedeckt. Schräg einfallendes Abendsonnenlicht. Alexa, mach mir einen Kaffee. Und da, gleich, das Zischen und Sprudeln und Knurren, der Geruch von Espresso!

Es wurde Frühling, es wurde Sommer, und das Wetter war seltsam. Erst kam eine schwüle Hitze, dann wurde der Himmel schwarz, und mehrere Tage lang zuckten immer wieder Blitze und Donner über das klebrige Land. Dann setzte eine erbarmungslose Trockenphase ein. Es war so trocken, dass die Fliegen von den Scheiben fielen, und der Geruch der großen Waldbrände und der brennenden Kornfelder zogen bis in die neue Stadt, und sie roch nach Feuer und Holzkohle und war rußigschwarz verschmutzt und roch nach allem, was man aus ihr fernhalten wollte.

Aura besuchte Turek. Sie brachte ihren Sohn mit. In der Tür umarmte sie Turek, legte den Kopf etwas schief, wich ein wenig zurück, als ob Tureks Anwesenheit sie erstaunen würde, und warf ihm dann ihren linken, schmalen Arm so um seinen Hals, dass ihre linke Hand auf seiner linken Schulter landete, so, als wolle sie sich ganz an ihn hängen, so begrüßte sie alle, aber Turek war immer wieder berührt, ach was, hingerissen von ihrer Art, sich so in jemanden hineinzuwerfen.

Louis stand hinter ihr; er war jetzt fünf, sehr blond und dafür, dass er sehr blond war, auch sehr braun gebrannt, er sah mit seinen Strähnen, die ihm über die Augen fielen und die er von Zeit zu Zeit entweder mit der Hand wegstrich oder einfach hochpustete, wie jemand aus, der sein ganzes Leben mit Surfen verbracht hatte. Er strahlte eine reizende, versandete Gutgelauntheit aus, sagte leise Hallo und suchte sich ein Sofa, in dessen Kissen er einsank und den Raum betrachtete. Nach einer Weile fiel sein Blick auf die neue Alexa, was dazu führte, dass der bisher auf eine elfenhafte Weise schüchterne und freundliche Louis immer hemmungsloser wurde: Er schrie, sie solle furzen, schrie *Bist du bescheuert* und brach in ein Höllengelächter aus – es war ein bisschen so wie mit Kindern, die Haustiere malträtieren, um zu schauen, wie sie darauf reagieren. Kinder lieben es, smarte Dinge zu quälen; sie wollen wissen, wie viel Leben darinsteckt, oder es ist die Erfahrung von Macht oder der Spaß an Reaktionen, sie machen das auch mit selbstfahrenden Autos, sagte Turek, wenn sie einmal verstehen, dass die Dinger eine Vollbremsung machen, sobald man davorspringt, machen sie es immer wieder und jubeln, wenn der Algorithmus in die Bremsen steigt, jubeln wie Steinzeitmenschen, die ein gefährliches Mammut erlegt haben. Kinder waren so gesehen ein echtes Problem für die neue Stadt.

◦ ● ◦

Aura saß da und schaute dem Kind zu, wie es mit seinen kleinen Fingern versuchte, Zahnstocher in Kastanien zu bohren. Das Kind war stolz, eine Art Igel gebaut zu haben. Sie machte ihm Essen und legte ihm Gesichter aus Radieschen aufs Brot. Später schauten sie Filme auf dem Handy, die sie beide am Meer zeigten. Danach brachte sie es zu seinem Vater. Der Vater hat eine andere Familie. Manchmal schickte er Sprachbotschaften aus dem Auto, über Freisprechanlage, im Hintergrund hörte man das Geschrei der neuen Kinder.

◦ ● ◦

Am nächsten Tag arbeitete sie wie immer. Kopfhörer auf. Sprachfragmente anhören, Missverständnisse rausschreiben. Manchmal waren auch lustige Sachen dabei. Eine Kollegin reichte ihr ihre Kopfhörer.
 Hör mal. Was denn? Hier.
 Eine Männerstimme, sonor: »Bleib da bitte, genau so, oh ja« (0′03). Lachen (0′09). Dann »Oh Gott«, zweimal (0′10). Dann Frauenstimme »Alex, Alex«(0′12). Mitschnitt Ende. Sie

spulte zurück. Das Band begann nicht mit der Männerstimme, sondern mit einer Frauenstimme, die Alexa rief. Obwohl? Eigentlich rief sie eher »Alex! Ahhhh! Ja ... Alex ...«. *Alex* plus *Ahh!* macht zusammen *Alexa*. Pech gehabt. Sprachassistent aktiviert. Zufällig angesprungen. Hatten Sie gerufen, Meister? Nein, keineswegs! Hätte er Julian oder Antonio gehießen, hätte die AI gnädig darüber hinweggesehen, seine Liebesdelirien aufzuzeichnen. *Alex, ah ... Bleib da bitte, genau ...* Dieses von unten sonor rausgeschnurrte *Bitte*, wirklich lustig. Männer. Noch mal zurückspulen. Moment? Das war ... Aura schlug die Hände vors Gesicht, biss sich in die Faust, strahlte unter ihren Kopfhörern wie einer dieser Typen in Cape Canaveral, wenn ein Raketenstart gelang. Das da auf dem Band war: Alexander Driessen. Mit irgendeiner Frau.

∘ ● ∘

An diesem Nachmittag kaufte Aura im KaDeWe das größte Spielzeugsegelboot, das es in der Stadt zu kaufen gab, doppelt so groß wie das Boot von Yannis. Sie holte Louis, der sich verwundert die Augen rieb, früher vom Kindergarten ab und fuhr mit ihm an den Wannsee. Sie verbrachten den Tag mit dem Segelboot, das wirklich ausgezeichnet segelte und keinen Laubbläser brauchte, weil hier echter Wind war. Am Abend, als Louis in ihrem Arm beim Lesen von Pu-der-Bär eingeschlafen war, schrieb sie Driessen mit der noch freien Hand eine Nachricht, dass sie ihn nach ihrem Urlaub sehen wolle, und sie sagte niemandem etwas davon.

∘ ● ∘

Sara rief an, ihr Auto war kaputt: Ob er, Turek, sie vielleicht zu ihren Eltern fahren möge, die draußen vor der Stadt wohnten? Man könne dann auch die Projektdaten durchsprechen. So fuhr Turek an einem windlos brütenden Sommertag aus der Stadt hinaus, vorbei an Einfamilienhäusern, die gelähmt hinter karbolineumgetränkten Jägerzäunen standen und sich zum Schutz vor der Hitze ihre Walmdächer in die Stirn zogen; in einem dieser Häuser, stellte sich heraus, wohnten die Eltern, in diesem Garten, erzählte Sara und breitete die Arme aus, als wolle sie nicht nur ihre Eltern, sondern auch die ins Quadrat gefrästen Thujahecken umarmen, sei sie groß geworden, was aber nur halb stimmte, wie sich später herausstellte, als ihre Mutter ihm anhand der Fotos, die auf der Kommode im Wohnzimmer standen, eine Führung durch Saras bisheriges Leben gab: Sara als Baby, vor dem Wind durch eine zu große Mütze geschützt, in einem Dorf bei Latakia, hinter ihr das Meer; die Mutter im Friseursalon *Ala'a Reme Beauty*; Sara mit vier auf dem Arm eines Onkels vor dem Bab-Al-Nasr-Tor; Übersiedlung nach Deutschland, als sie sechs war; der Vater als Aushilfskraft bei Siemens; Sara mit sehr ernstem Gesicht im Schnee; Sara, verschüchtert, mit einer Schultüte (stellen sie sich vor, das Kind konnte ja kein Wort Deutsch); Sara mit sehr vielen Stofftieren in ihrem mintgrün gestrichenen Zimmer in der Zweizimmerwohnung, in der sie zu dritt wohnten; der Vater 1988 mit seinem ersten Auto, einem Ford; Umzug ins Haus, als Sara vierzehn war… ihr Vater trat auf die Terrasse und warf ein paar Fleischstücke auf den Grill und zündete sich eine Zigarette an, und der Qualm mischte sich unter den Qualm des Feuers, und Saras Mutter servierte Tee und ließ sich von Turek erklären, was er machte und woher sein Name komme, schüttelte den Kopf und wollte dann gern eine Runde mit seinem Wagen drehen, denn sie fuhr gern schnell.

Auf der Rückfahrt rochen ihre Hemden nach Grillkohle. Turek hatte einen roten Kopf und einen Sonnenbrand. Er fuhr mit offenem Verdeck. Es war heiß, eine andere Art von Hitze als die der langen, warmen, großen Sommer der Kindheit, sie fühlte sich bedrohlicher an, wie ein Vorbote kommenden Unheils. Es war der Sommer, in dem an der Straße von Hormus ein Öltanker in Brand geschossen wurde. Es war der Sommer, als Jair Bolsonaro den Regenwald abbrennen ließ und in Berlin 40 Grad gemessen wurden und wenige Kilometer vor der Stadt 744 Hektar Wald abbrannten, was nichts war gegen die Hunderttausende von Hektar, die im Regenwald und in der Arktis brannten und die Permafrostkrater aufrissen; es war der Sommer, als die Band Rammstein auf Tour ging und jeden Abend aus gigantischen Tanks so viel Diesel abfackelte, dass sich über den Open-Air-Stadien in den Städten, die gerade ein Dieselverbot diskutierten, ein dichtes Dach aus Ruß bildete; es war der Sommer des großen Qualms.

Turek setzte Sara ab und steuerte den Wagen in das Parkhaus, das sie an der Nahtstelle der alten und der neuen Stadt gebaut hatten. Eine autonome Kapsel, die automatisch bei Einfahrt eines *Resident* ins Parkhaus gerufen wurde, stand bereit, sie zum Testhaus zu fahren. Vielleicht war der entscheidende Unterschied zur alten Stadt die vollkommene Abwesenheit von Extremen, von Kälte und Hitze. Alles war blau hinterleuchtet und wohltemperiert, mit einer Tendenz zu kühl. Keine Kamine, keine Kohle; dies hier war ganz klar eine Post-Carbon-Welt, in der Qualm, Schall und Rauch abgeschafft waren. Mal sehen, wie schnell der Mensch sich daran gewöhnen würde, dass das kalte Licht von Smartphones und Tablets Kommunikation, Nähe und damit auch Wärme versprach und nicht das Krachen des offenen Feuers, um das man sich jahrtausendelang geschart hatte oder der frisch geröstete Kaffee oder der

Grill oder Kerzen oder Zigaretten, die ja gewissermaßen ein Kamin vor der Nase waren, eine wärmespendende Miniatur-Feuerstelle, die man sich überallhin mitnehmen und vor seinem Gesicht aufbauen konnte – jetzt, wo *Verbrennung* immer mehr nach einer bösen Verletzung klang, würde sich das ändern, und man würde sehen, ob das Feuer wirklich eine archaische Wirkung auf Menschen hatte oder ob es durch das an Aquarien und Unterwasserwelten erinnernde Leuchten der Screens ersetzt werden konnte: Bei langsamen Balladen in Konzerten, bei denen die Leute früher ihr Feuerzeug rausgeholt hatten, was aussah wie ein festliches Kerzenmeer aus einer fernen Vergangenheit, rissen sie jetzt ihr Handy in die Luft und erzeugten ein kälteres Flackerbild, das die tonlose, kalte Schönheit einer qualmfreien Zukunft ankündigte. In zehn Jahren würden nur noch sturköpfige Nostalgiker den Reiz eines Werkes verstehen, auf dem ein verwitterter Mann an einem feinstaubintensiven Feuer sich eine Zigarette ins Gesicht steckt.

Die neue Stadt wuchs. Die vernetzten Apartments wurden für viel Geld vermietet. Der Bürgermeister lud auf Tureks Anregung Doctoroff zu einem Vortrag ein. Der kam, schüttelte Hände, fuhr sich durchs Haar, schüttelte kurz auch die Hand des neben ihm auf dem Podium sitzenden Turek, die sich daraufhin seltsam feucht und parfümiert anfühlte. Der Moderator, ein durchtrainierter Mann mit einem Haufen Haare auf dem Kopf, der die typische Moderatorenkombination von Jeans, Sakko und Turnschuhen trug, schaute in seine Karteikarten und las Doctoroffs Biografie und Verdienste vor: Studium in Harvard, Tätigkeit als Investmentbanker für Lehman Brothers, denen sein Weggang nicht gut bekommen ist (Gelächter unter den anwesenden Bankern) ... dann Managing Partner bei Oak Hill Capital, einer Private Equity Firma, dann als Berater unter Bürgermeister Bloomberg für New York fürs Rezoning von 6000 Blocks und der Schaffung von 12 077 395 Quadratmetern neuer Büro- und Wohnflächen zuständig ... ökologisch nachhaltig ... Dann Chef von Bloomberg LP und Gründer von Bloomberg Government, die datengesteuerte Entscheidungstools, Nachrichten und Analysen für Fachleute bereitstellt, die Einfluss auf das Handeln der Regierung nehmen ... danach Gründer der von Google/Alphabet finanzierten Start-ups Sidewalk Labs, das technologische Lösungen für die Zukunft unserer Städte ... vor allem aber einer der wichtigsten (Doctoroff lächelte fein), bedeutendsten (verlegenes Schulterzucken) und sicherlich klügsten (Docotoff hob die Hände, wie um aufbrausenden Applaus einzudämmen) ... freuen uns sehr, jetzt hier –

Doctoroff schnappte sich das Mikrofon, gab Turek einen Klaps auf die Schulter und brachte sich in Position. »Vielen Dank, dass ich in dieser wunderbaren Stadt sein darf«, rief er. »Lasst uns versuchen, sie noch wunderbarer zu machen. Stellt euch die Stadt vor, bevor Autos die Stadt beherrschten ... Tag und Nacht herrschte auf den Straßen eine lebhafte Mischung aus Einwohnern und Unternehmen. Eine ständig wechselnde Anzahl von Ladenbesitzern handelte mit ihren Waren. Kinder spielten sicher auf den Straßen und in den Parks. Wir können dieses hyperdynamische Gemeinschaftsgefühl wiedererlangen – und das auf eine Weise, die Menschen, nicht Technologie, in den Mittelpunkt stellt.« Hinter ihm erschien ein Bild von Torontos neuer Uferpromenade. »Die Zukunft der Stadt«, sagte Doctoroff, »ist die Kommunikation des 21. Jahrhunderts – Smartphone-Apps, Twitter – und das Verkehrswesen des 19. Jahrhunderts: U-Bahnen, Straßenbahnen, Fahrräder.«

Doctoroff zeigte auf ein blasses Aquarell mit vielen Fahrrädern und Straßenbahnen auf der Straße, darunter ein unterirdisches Netzwerk von Dienstleistungen; auch die Roboter-Lieferwagen fuhren durch diese Tunnel. Die Regierung von Kanada gab eineinhalb Milliarden Dollar aus, um das kontaminierte Gelände aufzuräumen. Die Häuser sahen wie alte Loftgebäude aus, sie waren aus Holz gefertigt und steckten voller Sensoren. Warum? »Der erste Schritt zur Verbesserung der Lebensqualität und Effizienz in einer Stadt besteht darin, sie zu verstehen«, sagte Doctoroff. Sie werde mit einer digitalen Schicht überlagert, die einen effizienten Betrieb des Viertels ermögliche, indem sie alle Informationen über Gewohnheiten und Wünsche der Bewohner sammele, um ihnen besser zu entsprechen.

Ein paar Leute klatschten.

Doctoroff machte eine abwehrende Handbewegung (danke, danke, nicht doch).

Jemand Fragen?

Es gab Fragen.

Illenberg fragte nach den Sensoren an den sogenannten Stadtmöbeln.

Wollen Sie da überwachen, wie gut eine Bank genutzt wird?, fragte er.

Jemand lachte. Doctoroff schaute Illlenberg an, Doctoroff lächelte etwas eingeschüchtert, so als ob ihn die Frage in einem verletzlichen Moment treffe, und das schien die Menge, die eben noch bereit schien, Doctoroff in Grund und Boden zu lachen, zu rühren. Doctoroff machte ein ernstschüchternes Jungengesicht. Er sagte, das sei eine sehr gute Frage. Die (Atmer) einen wirklich wichtigen (Kopfnicken, als Bestätigung für *wirklich wichtig*) Punkt berühre.

Doctoroff legte sein Gesicht in Falten, antwortete mit seiner unerschütterlichen grau melierten, lebenserfahrungsgetränkten Freundlichkeit, die ihn von der linkischen Verdrucksheit der jüngeren, leicht teigigen Internetmillionäre unterschied, die im grellen Licht des Podiums immer etwas verschreckt aussahen, als habe man eben den Stein gewaltsam emporgerissen, unter dem sie sich bisher versteckt hatten. Doctoroff erklärte, es gehe da auch um Bewegungsprofile, wie man eine Stadt nutze, das müsse man wissen, um den Platz gut zu nutzen, wenn bald 70 Prozent der Weltbevölkerung – 6,7 *Milliarden* Menschen! – in den Städten leben würden. Im Grundsatz geht es um Effizienzsteigerung, darum, Lebensqualität durch digitale Vernetzung spürbar zu erhöhen. Bürger wie Anleger könnten davon doppelt profitieren – von der Verbesserung der Lebensqualität selbst und von den Wachstumsraten der Unternehmen, die sich auf solche Lösungen spezialisiert haben.

Jemand anderes trat ans Bürgermikrofon. Hallo, er sei aus Steglitz gekommen (Johlen! Tobender Applaus anderer Steglitzer), er finde, die Smart City sei unsozial, die Mieten viel zu teuer, man müsse seine Daten herausgeben und bekomme nicht mal Geld dafür, nur ein paar lächerliche ...

Doctoroff unterbrach ihn. Leider müsse er gleich wieder los, aber das sei ein sehr, sehr wichtiger Punkt, zu dem er im Einzelnen nichts sagen könne – aber vielleicht doch, dass man mit der Smart City so viel Energie spare, dass die Mieten für alle automatisch günstiger werden, dass überhaupt die Smart City, die Vernetzung von Häusern und Transportmitteln der einzige Weg sei, den Klimawandel zu stoppen, dass die Verschwendung von Energie in der heutigen Stadt unmoralisch sei und wir Verantwortung für unsere Kinder und so weiter ... Und jetzt müsse er leider los.

Turek übernahm. Hat denn noch jemand ... da hatte noch jemand. Da kam einer mit abstehenden Haaren und grob kariertem Hemd. Ausgetretene Sandalen, ein Bier in der Hand. So, bitte?

Frage: nach dem P-to-P-Modell.

Eigentlich eine gute Idee, sagte Turek erleichtert. Also, die Person-to-Person-Economy, ein Beispiel: Wenn einer mit dem E-Bike fährt, aber in die Pedale tritt und so Energie produziert, statt welche zu verbrauchen, dann bekommt er einen Kaffee bei Starbucks umsonst. Als Belohnung, dass er keine Energie verschwendet. Und dass er was für seinen Körper tut. Und wenn einer müde ist, dann fährt er eben elektrisch.

Das überzeugte den Frager aber nicht.

Das heißt, die Reichen fahren elektrisch, und die Armen müssen treten? Und überhaupt, dass da ein Konzern die Daten für seine Zwecke absaugen und den Staat aus der Gesundheitsversorgung und der Bildung rausdrängen und die Aufgaben der Polizei an sich reißen und so den Staat kaputt machen würde – und was hatte der Doktor Hoff da eben jesagt? Politische Führung ganz neu erfinden … Was solln ditte bitte heißen, wenn sie bisher demokratisch gewählt war? Wird das hier jetzt wie in China, oder was?

Driessen war verschwunden. Brachte vielleicht Doctoroff zum Flughafen. Turek hörte sich selbst die Worte »klimaneutral«, »nachhaltig« und »offen für alle« sagen. Er sagte das, was er immer bei solchen Gelegenheiten sagte – dass die Welt vor einem ökologischen Kollaps stehe; wie viele Millionen Tonnen Energie durch ineffizientes Gebäudemanagement verschwendet werden (Turek sah, dass der Moderator jetzt gähnte und seine Fragekärtchen sortierte); dass die Smart City sicherer und grüner sei und dafür sorgen werde, dass alle Menschen miteinander vernetzt …

Turek schwitzte; der Schweiß zeichnete unschöne Linien unterhalb seiner Brust. Er würde jetzt gern rausgehen, aufstehen und sagen, Leute, auf diesem Niveau rede ich gar nicht mit euch, ihr habt ja nicht die geringste technische Ahnung von irgendwas. Er würde jetzt gern in Auras dunkelbraune Augen schauen. Er würde – nein. Er würde vor nichts fliehen. Er würde mit einem gütigen Blick das hirnlose Gerede dieses Trottels über sich ergehen lassen und dann auf eine Gelegenheit warten, den halslosen Arsch mit seinen kurzen dicken Händen *argumentativ auszuheben*. Zack, eine reinzimmern. So. Das saß. Applaus! Applaus für Turek.

Er hatte aber gar nichts gesagt. Auf der Übertragungsleinwand sah er sich selbst mit offenem Mund dasitzen. Und waren das da Schweißperlen auf seiner Stirn? Das war nicht gut, daran musste sich etwas ändern, denn der andere hatte ein ganz schönes Tempo drauf und sprang wie ein böses Kaninchen mit roten Stahlaugen hin und her und schlug Haken und sprang von einem Thema zum anderen.

Man muss das jetzt mal im Kontext sehen, sagte Turek mit einer Stimme, die ihm selbst unschön zittrig vorkam. Alle Häuser werden vernetzt sein, wir sprechen da von der digitalen Kontextualisierung des City-Users, lassen Sie mich das kurz erklären, das –

Was?, schrie ein alter Mann dazwischen. Man versteht nicht, was Sie sagen!

Niemand hier redet so wie Sie! Sie kommen hierher und reden immer so ein Zeug.

Ich habe nur gesagt, wir müssen das Ganze mal im Kontext …

Sehen Sie?, schrie der alte Mann und zeigte triumphierend auf Turek.

Sie haben es schon wieder gesagt! Hören sie auf, diese Sachen zu sagen! Gehen Sie weg! Hier gibt es keinen Kontext!

Tumult, Applaus.

Ich muss auch sagen, rief eine Frau, ich will mein Kind nicht von Algorithmen erziehen lassen.

Aber das schließt sich doch nicht a... –

Turek wurde, noch bevor er den Satz beenden konnte, von jemandem im Publikum niedergebrüllt, er solle die Klappe halten und den anderen ausreden lassen.

War ihm gerade schlecht? Drehte sich der Raum?

Also jetzt muss ich Herrn Turek mal zur Seite springen, sagte der Moderator und machte ein nachdenkliches Gesicht. Ist das denn so schlecht, wenn man die Bürger ein bisschen erzieht? Ein paar Punkte für billige Flugtickets können doch genau der nötige Tritt in den Hintern sein, doch mal wieder die Eltern zu besuchen ... und wenn man zu viel trinkt, ist es doch nicht schlecht, wenn der Staat mal sagt, du, jetzt schadest du dir selbst ...

Turek schaute sich um. Bestanden die anderen Leute auf dem Podium aus zwei übereinandersitzenden Personen mit vielen Zähnen? Warf der Boden seltsame kleine Wellen? Er würde jetzt etwas sagen, was alles rumreißen würde ... das schlagende Argument ... Klimaschutz, wenn wir die Smart City nicht genauso bauen, dass die Städte weniger Energie verbrauchen, dann werden die Meere so ansteigen, dass ... oder Sicherheit ... wer will, dass weiterhin an jeder Ecke ein Vergewaltiger stehen darf, soll nur alles beim Alten lassen ... Sehen Sie es mal so, begann Turek.

Drehte sich jetzt alles?

Wurden seine Beine gerade seltsam weich? Drehte sich der Boden jetzt so schnell, dass die hirnlosen Typen vier Köpfe bekamen, und war das gesund? Nein, war es sicher nicht! Kippte er jetzt um? Aua! Was? Ja, bitte, hier, voilà: umgekippt. Am Boden, kurz nach hinten getaumelt, getroffen von einem Schlag, der aus dem Nichts und von niemandem kam. Sanitäter kümmerten sich um ihn. Driessen verordnete ihm Ruhe.

○ ● ○

Ein paar Tage später erhielt Turek eine anonyme Erpresser-Mail; man habe eine Malware auf seinem Computer installiert; wenn ihm daran gelegen sei, dass seine letzten hundert Mails nicht an sämtliche E-Mail-Adressen in seinem Speicher verschickt würden, möge er bitte *bis komenden Mittwoch* (es stand dort wirklich *komenden,* es wimmelte überhaupt vor lauter Rechtschreibfehlern) tausend Euro in Bitcoins überweisen.

Im Internet tauchten Pamphlete von irgendwelchen linken Studentengruppen auf. »Wir wollen nicht«, stand da, »dass eure supereffiziente Zentralsteuerung uns den Strom abdreht, weil unsere Freiheit nicht zu eurer Effizienz- und Überwachungsideologie passt. Wir wollen eure öde, glatte, gleichgeschaltete Geldmacherstadt nicht, wir wollen keine Stadt, in der es keine Winkel mehr gibt, die eure Kameras nicht sehen, und in der alles verboten ist, in der eure smarten Türen uns nicht aufmachen, weil sie unsere Gesichter nicht erkennen; wir wollen, wenn wir mal welche haben, unsere Kinder nicht in eine selbstfahrende Kapsel setzen; wir wollen rumlaufen, ohne dass wir dabei gefilmt und analysiert werden, wir wollen keine Vorschläge von eurer KI, wie wir leben sollen; wir sind nicht die Zahnräder in eurer Maschine, wir sind nicht eure Datensklaven.«

Zahnräder, dachte Turek grimmig. Was für lustige kleine Nostalgiker. Was hatte im Zeitalter der Datensklaverei noch *Zahnräder?*

○ ● ○

Zwei Tage später, gegen Abend, als Turek zu Aura fahren wollte, fehlten seinem Auto die Frontscheinwerfer; jemand musste sie gestohlen haben. Sein Porsche stand blind auf seinem Parkplatz, die Frontscheinwerfer waren sorgfältig aus ihren Höhlen entfernt worden, der Wagen stand jetzt hilflos da, er hatte kein Gesicht mehr, nur ein erschreckendes Gewirr von Kabeln hing dort, wo früher seine Augen saßen; es war nicht daran zu denken, so bei Nacht zu fahren. Er bestellte ein Taxi.

MEER

Sie flogen zusammen weg. Sie hatten für ein paar Tage ein Haus zwei Stunden nördlich von Porto gemietet, das Freunden von Driessen gehörte. Sie fuhren zwei Stunden über Braga und Vigo und Pontevedra bis nach Ribeira. Aura war, kurz nachdem sie Porto verlassen hatten, eingeschlafen, sie schlief immer sofort ein, wenn sie Auto fuhren, sie schaute ihn kurz an und verstellte dann die Rückenlehne und rollte sich in den Sitz hinein, drehte den Kopf zum Seitenfenster und winkelte das linke Bein an und schob ihren schmalen, langen Arm unter die Kopfstütze, als sei die ein Kissen, und wenig später schlief sie. Turek griff mit einer Hand hinter sich, hob Auras Kopf vorsichtig an und schob ihr einen Pullover zwischen Kopf und Fenster. Sein Telefon blinkte. Die Versicherungs-App schlug eine Reiseversicherung und eine Autoversicherung mit Personenschutz vor.

Das Haus, das sie von Driessens Freunden gemietet hatten, lag am Ende einer langen, tief ins Landesinnere eindringenden

Meeresbucht, ursprünglich ein Flusstal, das irgendwann vom Meerwasser überspült worden war. Die Fischer hatten im flachen Wasser der Ría Holzflöße verankert, an deren Seilen Miesmuscheln wuchsen, und bei Ebbe sah man über den Sandbänken das Wasser heller werden.

Das Haus war eine bräunlich schimmernde Glaskiste, deren Scheiben an die bedampften Gläser von Sonnenbrillen aus den siebziger Jahren erinnerten – anders als die alten, verrußten Häuser nebenan, deren Fassaden zur Dämmung gegen den endlosen Regen der Wintermonate mit Jakobsmuscheln bedeckt waren, was ihnen das Aussehen würdevoller Schuppentiere gab.

Eine ältere Frau erwartete sie in der Auffahrt zum Haus. Sie wohnte unten im Fischerdorf und kümmerte sich für die Vermieter um das Haus, entriegelte es, empfing die Mieter und servierte morgens das Frühstück. Sie hatte zur Begrüßung eine Art Pizza mit Sardellen und frischen Tomaten und Kräutern gebacken; sie aßen sie und tranken einen Rosé dazu und schauten auf die Bucht. Auf der Terrasse tauchten zwei struppige Katzen auf, die ihnen um die Beine strichen und leicht vorwurfsvoll auf den gedeckten Tisch starrten, bevor sie sich gähnend auf dem Rasen niederließen, der zu einer Hecke am Meer abfiel.

Das Haus hatte sensorgesteuerte Türen; wenn man sich eingecremt hatte, musste man keine Klinken anfassen, man ging einfach auf die Tür zu. Es gab einen etwa mittelklassewagengroßen Küchenblock und einen Esstisch für zwanzig Personen, auf dem ein Zettel lag, der darauf hinwies, dass die Oberfläche der Kücheninsel (aus gebürstetem Metall, wie der Zettel nicht ohne Stolz informierte) nach jeder Benutzung mit speziellen Lappen und reinem Wasser, keinesfalls aber mit Spülmittel oder kratzenden Schwämmen gereinigt werden müsse,

ebenso die japanischen Messer. Man möge Hausschuhe benutzen, um Teppiche und Holzböden zu schonen. Außerdem war es Gästen verboten, den Kamin zu benutzen und die herumstreunenden Katzen ins Haus zu lassen (falls nachfolgende Mieter Katzenhaarallergien hätten, erläuterte der Zettel).

Sie gingen zum Strand, der unterhalb des Hauses lag. Sie schwammen bis zu einem Felsen, von dem aus man im grünlich schimmernden Wasser große, behäbige Fische sehen konnte, die mit der zerstreuten Lässigkeit von Besuchern eines Einkaufszentrums, die mal hier, mal da vor einem Schaufenster stehen bleiben und dann weiterschlendern, zwischen den Felsbrocken herumschwammen. Sie tranken einen Wein, und Aura sagte, dass sie einen Wein nur riechen muss und schon einen Mann dazu sehe, wie er aussieht, wie alt er ist, und Turek schaute sie an und sagte nichts dazu.

Später lagen sie in der Bucht im Sand und betrachteten das erstaunliche Aquarell eines von leichten, zerrissenen Wolken durchzogenen galizischen Sommerhimmels. In der Ferne zog ein Fischkutter vorbei. Eine Sandburg zerbröselte in der Hitze. Die Muscheln am oberen Rand des Strandes hatten in der Hitze ihre Farbe verloren und schienen langsam zu Sand zu zerfallen.

Aura war wieder eingeschlafen; sie hatte eines ihrer langen, dünnen Beine vertrauensvoll über seine Hüfte gelegt, ihre Nase klemmte an seinem Hals, es sah aus, als ob sie sie rümpfte. Ein paar Koromorane hockten unzufrieden auf den Muschelbänken und suchten nach Opfern. Irgendwo klingelte ein Mobiltelefon, aber niemand nahm ab.

Der Wind warf Auras turbulente Haare über Tureks Gesicht, der jetzt nichts mehr sah, nur ein wenig Blau schimmerte noch durch das Dickicht vor seinen Augen. Seeschwalben und Möwen trieben vorbei. Als sie aufwachte, drehte sie sich auf den Bauch, stützte das Kinn auf die verschränkten Unterarme und sagte zu Turek:

Okay, drei deiner Bekannten sind in Wirklichkeit Roboter. Wen hast du im Verdacht?

Ich weiß nicht, sagte Turek ausweichend.

Quatsch, sagte Aura und lachte. Ist doch ganz klar.

Weiß nicht, wiederholte Turek. Er dachte an Sara, ihr perfektes Lächeln, die Art, wie sie in ihrem Kostüm wie in einer Rüstung durch die Gänge donnerte, Gästen leicht die Hand auf den Arm legte. Komm. Was ist mit Doctoroff?

Tja.

Driessen?

Der isst zu viel Currywurst für einen Roboter, so viel Currywurst würde jeden Roboter kaputt machen, sagte Turek.

Und von euch beiden, wer ist da eher ein Roboter?

Aura sprang auf.

Vielleicht bist du ja auch ein Roboter, rief sie und warf Turek eine Handvoll Sand auf den Bauch. Turek packte sie, machte ein paar Robotergeräusche und rollte mit ihr Richtung Wasser.

Sie blieben eine Woche.

Sie verbrachten die Vormittage in der Bucht und fuhren mittags nach Boiro zu Don Paquito und aßen einen *Polbo a feira* und *vieiras* und *mixotes*. Nachmittags lagen sie an den großen Atlantikstränden und rannten in die Wellen, die hell perlten und zischten und über den Kies rollten und sich in tiefgrüne Täler zurückzogen, um ihnen kurz danach wieder weiß schäumend entgegenzuexplodieren. Am Abend kamen sie versandet und durchglüht von der Hitze des Tages nach Hause, und der Sand klebte ihnen unter den Hemden am Rücken und ließ sich auch mit rauen Bürsten kaum entfernen.

Einmal mieteten sie ein Boot, mit dem sie zur sandigen Illa do Arioso fuhren und dann zu einer felsigen Insel mit Leuchtturm und ohne Namen, die man bei Google unter »Karte« nicht fand, erst auf dem Satellitenbild erschien sie, aber sie hatte immer noch keinen Namen.

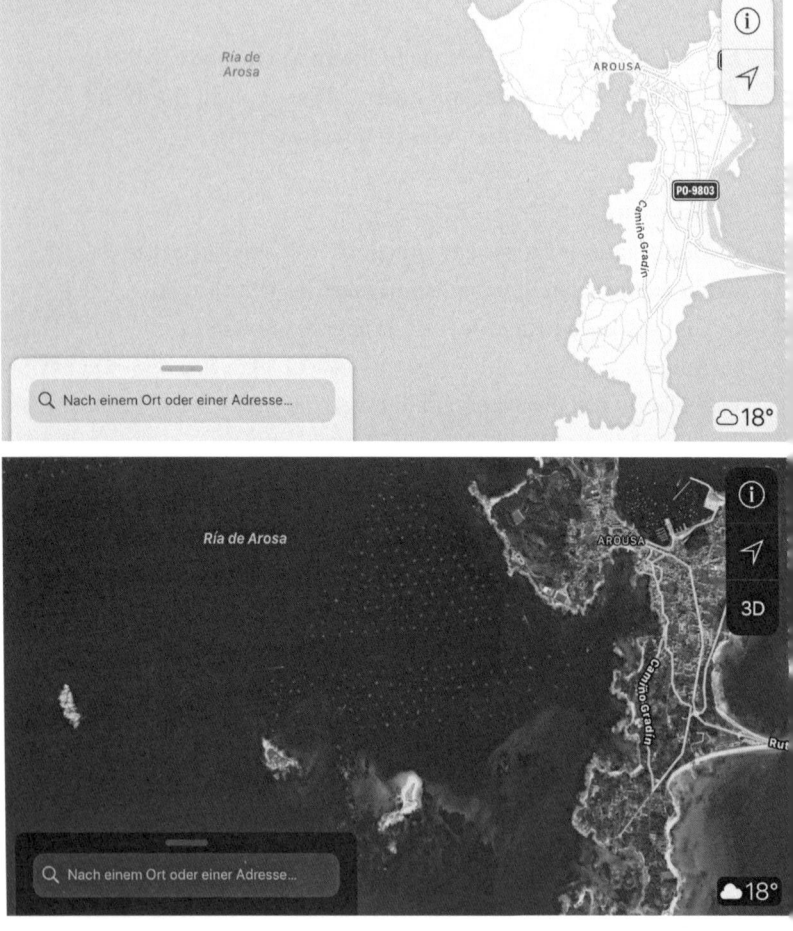

Sie blieben jeden Abend bis um acht am Meer. Jeden Abend rief Aura ihren Sohn an, der für eine Woche bei seinem Vater war. Danach gingen sie ins Dorf und tranken einen Wein auf der Terrasse und schauten auf die Bucht, in der sich das Wasser erst weiß färbte und dann, wenn die Nacht über die Barbanza-Berge zog, schwarz glitzerte. Wenn sie nach Hause kamen, saßen die Katzen vor der Panoramascheibe und schauten mit senkrechten Pupillen hinein, als wollten sie dort jemanden hypnotisieren; sie erinnerten Turek an uralte Dämonen, die sich nicht vertreiben ließen.

In einer dieser Nächte hat er einen Albtraum. Im Dunkel der großen Glasscheibe, in der er vor allem die Spiegelung des Wohnzimmers erkennt, bewegt sich etwas, bei dem es sich nicht um eine Spiegelung von jemand anderem im Haus handeln kann, weil dort nur er ist. Die Silhouette, die er, da sich außer ihm nichts bewegen kann, zunächst für sein Spiegelbild hält, gehört jedoch einem anderen Menschen, einer weißgesichtigen Gestalt, die sich langsam dem Haus nähert und schließlich unverfroren mit ihm Blickkontakt aufnimmt. Ihm ist klar, dass diese Figur ihn töten will.

Er wachte nachts auf und schaute auf die schwarze Kugel der Überwachungskamera, in der ein roter Punkt blinkte wie auf den Bojen, die die Fahrrinne in der Bucht markierten. Am Fenster erschienen nur die Katzen, die stumm ins Innere des Hauses blinzelten, als könnten sie sich durch mentale Konzentration dort an den Kamin teleportieren. Aus dem Haus blinzelte etwas zurück.

Schon am ersten Abend hatte Turek festgestellt, dass über ihnen kleine, kreisrunde Objekte hingen, die wie Lampen aussahen, aber rot blinkten wie die Bojen draußen in der Bucht. Es gab acht davon. Befragt, was es damit auf sich habe, sagte die Putzfrau am nächsten Morgen, es seien die Überwachungskameras, leider brauche man die hier; sie würden, wenn das Haus nicht vermietet sei, Unregelmäßigkeiten melden und Überwachungsbilder an die Besitzer übertragen, jetzt sei die Anlage natürlich abgeschaltet.

Aura waren diese Kameras nicht geheuer, sie stelle sich vor, sagte sie, dass die Besitzer mitten in der Nacht schauten, ob Katzen im Haus seien und ob die Gäste auch die Holzeinbauten im Badezimmer reinigten, sie sagte, sie könne unmöglich mit ihm schlafen, wenn das schwarze Auge dabei zuschaue, sie traute dem Haus nicht, sie ging lieber nachts ans Meer, dort, sagte sie, sei man geschützter, weniger beobachtet, man wisse ja nie, vielleicht waren die Besitzer ja auch ein paar richtig perverse Spinner.

Obwohl es stickig war, öffneten sie die Fenster nie, wegen der Katzen und auch wegen der Niedrigenergieklimaanlage, die Turek aus seinen eigenen Projekten kannte und die von offenen Fenstern überfordert war. In einer Nacht aber war es Aura trotz der heftig rumpelnden Klimatisierung zu heiß; sie versuchte das Schlafzimmerfenster zu öffnen, und da das nicht ging, ließ sie das Schiebefenster im Wohnzimmer auffahren. Sofort huschten zwei triumphierende Schatten ins Haus und verschwanden auf dem Sofa und verbrachten die Nacht dort, während ein Gewitter stundenlang mit krachenden Blitzen über der Ría hing.

Am nächsten Morgen hatte sich die Temperatur abgekühlt, ein leichter Regen sprühte über die Bucht, und die Felsen glänzten nass und schwarz. Aura zündete sich eine Zigarette an. Dann scheuchten sie die Katzen aus dem Haus, holten den Wagen und fuhren zum Hafen. Als sie zurückkamen, stand die Putzfrau in der Einfahrt des Hauses. Sie sah bleich aus und wischte verlegen mit einem Lappen über die Holztreppen.

Leider, erklärte sie, werde nun eine Zusatzgebühr fällig, da ja nachts die Katzen im Haus gewesen seien.

Aura kniff die Augen zusammen, setzte eines ihrer braun gebrannten Beine vor und fragte:

Woher wissen Sie denn das? Haben Ihnen die Katzen das gesagt?

Die Putzfrau tat so, als verstehe sie die Frage nicht, wischte den Boden, rieb die Sofas mit einem flauschigen Feudel ab und verschwand schnell mit ihrem baufälligen Citroën.

Aura schaute die Kameras an und bekam einen Wutanfall. Sie rannte ins Badezimmer und riss Tureks Kulturbeutel auf; wenig später hatte sie sämtliche Kameras mit Rasiercreme eingeschäumt. Danach warf sie ein verwaschenes weißes Holzscheit, das sie am Strand gefunden hatte, und eine alte Zeitung in den Kamin zu den anderen Scheiten und zündete sie an. Es gab einen Qualm und einen beißenden Gestank. Das Holz, das dekorativ im Kamin lag, war aus Plastik und mit einem Stromkabel verbunden; es sah täuschend echt aus. Aura löschte den Schwelbrand mit einer Salatschüssel voller Wasser und schob die Glasscheibe vor den Kamin; eine ölige Soße, halb verbranntes Plastik, halb Salatdressing, floss als Rinnsal in den Raum.

Danach zerrte sie Turek auf Sofa.

Zieh dich aus, sagte sie und zeigte auf die iWatch.

Auch das Ding. Zieh das Ding aus. Ich schlafe nicht mit Dir, wenn du dabei Messgeräte trägst.

Turek hatte nach kurzem Zögern seine iWatch abgenommen, ihn hätte sie nicht gestört, im Gegenteil, manchmal schaute er sich hinterher mit einem gewissen Stolz die veränderten Kurven seiner Herzfrequenz an, die Pegelausschläge, die an seismografische Aufzeichnungen von Vulkanausbrüchen erinnerten, er hatte seine Health App mit denen einiger Freunde verbunden, sie schickten sich Trainingskurven, wie man sich früher Postkarten schickte, und bei den Ausschlägen, die am späten Abend registriert wurden, war nie klar, warum die Herzfrequenzen gestiegen waren, und montags im Büro tauschten sie verschwörerische Blicke aus und malten zackige Kurven in die Luft.

Während Turek also auf einem der weißen Ledersofas, auf das keine Koffer gelegt werden durften, eingeklemmt zwischen Auras Oberschenkeln, versuchte zu verhindern, dass er Kopf voran vom weißen Leder glitt, hatten sich wie von Geisterhand die Jalousien geschlossen. Etwas klingelte. Aura drückte seinen Kopf mit der Hand in die Kissen.

Das Klingeln verstummte. Später, als sie aufstanden und in die Dusche gingen, lief das Wasser nicht mehr, und das Licht ging nicht an.

Aura drehte sich um und entdeckte über dem Kühlschrank eine Kamera, die sie bisher nicht bemerkt hatte.

Die schauen uns zu, die sehen alles, schrie sie und warf eine Pampelmuse in Richtung der Kamera, die diese knapp verfehlte, an der Eichenholzwand der Küchenzeile detonierte und als feiner Fruchtfleischregen über der handgebürsteten Aluminiumoberfläche niederging. Dann rannte sie aus dem Haus.

Ein Rasensprenger ratterte los, als lauere ein Heckenschütze im Gebüsch.

Ich gehe da nicht mehr rein, sagte Aura zu Turek. Die sehen nichts mehr und hetzen mit ihren Apps das Haus gegen uns auf. Wir sind jetzt Viren, die in ihren Körper eingedrungen sind, die müssen sie jetzt rauskriegen, mit ihrer Scheißtechnologie –

Also schau mal, sagte Turek, aber dann fiel ihm sichtbar nichts mehr ein.

Das ist gar kein Haus, das ist ein verdammter ferngesteuerter Roboter, der Angst hat, sich seine Arbeitsplatte schmutzig zu machen.

Aber, sagte Turek leise.

Ich gehe da keine Sekunde länger rein, sagte Aura. Die sind verrückt. Das sind Kriminelle. Die drehen nachts vielleicht noch das Gas in ihrer Gourmetküche auf, wenn wir schlafen.

Tatsächlich tat die Tür nichts, als sie zurück zum Haus gingen. Sie blieb verschlossen. Turek versuchte, die Notfallnummer anzurufen, niemand reagierte. Er versuchte, die Putzfrau anzurufen. Währenddessen stemmte Aura mit einer Stange, die sie im Garten gefunden hatte, die Terrassentür auf, wogegen im Haus etwas mit einem lang gezogenen Heulton protestierte. Sie holten ihre Sachen und starteten den Wagen. Turek, dem nichts übrig blieb, als ihr zu folgen, folgte ihr.

Er beobachtete Aura, wie sie dort stand, sie stand dort fröstelnd, mit zusammengepressten Beinen, und rauchte. Sie hatte jetzt wieder kurze Haare, sie ließ sie im Herbst wachsen und schnitt sie im Mai ab – sie stand dort wie ein Schulkind, das nicht abgeholt wird, weil die Mutter zu spät losgefahren ist im Büro und der Vater sowieso nie vor sieben nach Hause kommt oder vielleicht auch überhaupt nicht mehr kommt, ein Schulkind, das dabei ist, seinen kindlichen Optimismus zu verlieren, das die Kälte des Wassers draußen hinter der Sandbank zu spüren beginnt, ein Kind, das so viel raucht.

Auf ihrer Flucht, zwei Tage vor der eigentlichen Abreise, parkten sie den Wagen an einer Bucht und schwammen eine Viertelstunde und saßen zum Trocknen auf einem Felsen, der nach Tang roch, in der Sonne, die bald von den schweren schwarzen Wolken einer aufziehenden Gewitterwand verdeckt wurde.

Sie verbrachten die Nacht in einem billigen Hotel auf dem Weg zum Flughafen. Die Rezeptionistin händigte ihnen einen schweren Schlüssel aus. Sie kauften an einer Tankstelle ein Paket Bier, Erdnüsse und zwei Thunfisch-Mayonnaise-Sandwiches der Marke Super U, die in durchsichtigen dreieckigen Plastikdosen verpackt waren. Den Abend verbrachten sie auf dem Hotelbett und schauten in einem Fernseher, der an einem schwarzen Stahlarm von der Decke hing, einen spanischen Sender, der vom Zerwürfnis der Prinzen Harry und William berichtete. Rückblickend war das der letzte schöne Moment, an den er sich erinnern konnte: Super-U-Sandwich, sein Arm um ihre Hüfte, die langen Gesichter von Harry und William, die fusselige rote Hotelgardine, ihr linkes Bein zwischen seinen, die spanische Nachrichtensprecherin, die klebrige Fernbedienung mit den bunten Knöpfen, seine Nase in ihrem Haar, das dezente Brummen eintreffender, stundenlang ungelesener Nachrichten, das auf dem weißen Bettlaken verteilte Salz der Erdnüsse, der Schaum des Biers an ihrem Mund.

Was dann kam, war ein Morgen, an dem es noch dunkel war, ein überhasteter Aufbruch Richtung Flughafen, die vorbeifetzenden Lichter des Gegenverkehrs, das schwarze Wasser einer Atlantikbucht tief unter der Autobahnbrücke, glitzerndes Öl, bald einsetzender, starker Regen, verschwommene Rücklichter, die Gischt der Räder der Wagen, die er überholte, dann ganze Wellen, die aus den Radkästen der überholten Lastwagen auf seine Windschutzscheibe anbrandeten und von den hektischen Scheibenwischern nur mit Mühe entfernt werden konnten, seine Augen taten weh, er sah schlecht, er blinzelte auf die Fahrbahn und auf das Head-up-Display, auf dem eine Infrarotkamera das Geschehen auf der Fahrbahn filmte, wenn es nicht zu stark regnete, konnte er da mehr sehen auf diesem Bildschirm als durch die Scheibe, das waren schon die ersten Anzeichen, dass aus der Windschutzscheibe, die ja bisher eine Art Fenster war, irgendwann ein Bildschirm werden würde, auf dem man sich Filme von der Realität draußen anschauen konnte, dass die Kameraaugen des Autos viel besser sein würden als die eigenen Augen, die im Dunkel nichts sehen konnten, es war eigentlich nur psychologisch notwendig, noch durch die Scheibe schauen zu können, weil Menschen nun mal keine Autos steuern wollen, aus denen sie nicht rausschauen können, aber vielleicht würde sich das auch irgendwann ändern. Und bei Regen waren auch die Kameras machtlos.

Aura hatte den Gurt, damit der Alarmton aufhörte, hinter ihrem Rücken eingeschnallt und sich dann auf eine rührende Weise unangeschnallt über die Mittelkonsole hinweg an seine Schulter angelehnt und war so in einer erstaunlichen, ihm zugewandten Verrenkung eingeschlafen, weswegen er, um ihren Kopf an seiner Schulter nicht zu verlieren, versuchte, mit der linken Hand vom dritten in den vierten Gang zu schalten.

Ein Warnton erklang, und auf dem Display im Armaturenbrett erschien eine Kaffeetasse, aus der ein unsympathisch grünlicher, giftig wirkender Dampf entströmte. »Attention Assist: Pause!«, befahl das Display des Autos.

Turek, der nicht müde war, drückte die hässliche Kaffeetasse weg und gab Gas. Das Auto hatte sich geirrt, irgendein Algorithmus hatte irgendeine Information einer Kamera, die seine Augenbewegungen beobachtete, und irgendeinen Sensor, der unkonzentrierte Lenkbewegungen meldete, falsch interpretiert. Oder war er doch ein bisschen müde? Man ist immer ein bisschen müde, es wird nur nicht immer erkannt. Turek beschloss, dass er selbst entscheiden dürfe, wann er so müde sei, dass er besser eine Pause machte, und gab Gas.

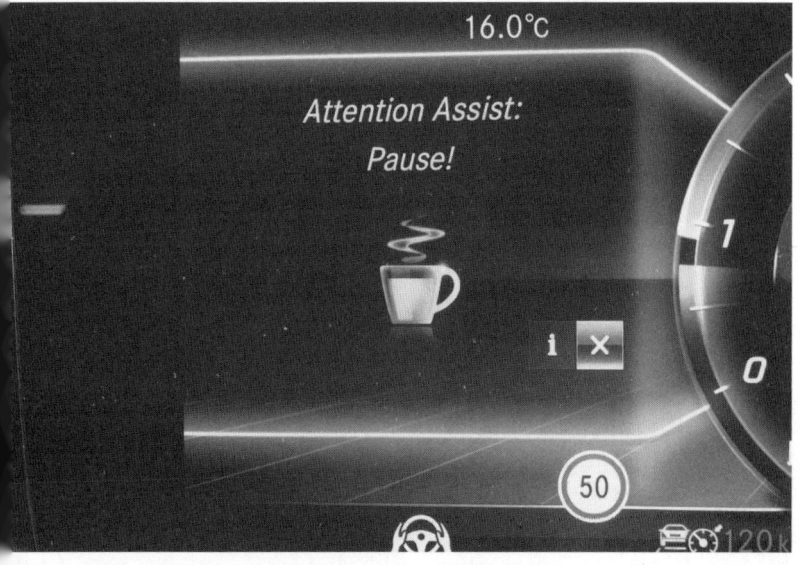

Am Flughafen, auf einer zweispurigen Zubringerstraße, kurz vor einem Kreisverkehr, tauchte ein Kleintransporter neben ihm auf, Turek sah im Fahrerhaus das von unten bläulich erleuchtete, in sich versunkene Gesicht des Fahrers, offenbar las er gerade eine SMS, und schon zog der Kleintransporter nach links, es gab einen Knall, und auf Auras Seite flog der Außenspiegel und ein Teil der Stoßstangenverkleidung des Mietwagens ab. Der Warnblinker sprang automatisch an. Aura blinzelte ein paar Fragezeichen in Tureks Gesicht hinein; sie musste wirklich tief geschlafen haben. Turek fuhr auf den Seitenstreifen. Der Transporter steuerte hinter ihm auf eine Blumenrabatte. Die Fahrertür flog auf, und ein kurzbeiniger Mann ohne Hals fiel mit ausgestreckten Beinen heraus, richtete sich auf und watschelte mit einer bedauernden Bewegung der Arme auf sie zu, betrachtete den Schaden an beiden Autos, schüttelte den Kopf und drückte dann ein paar Tasten auf seinem Uralttelefon, in das er etwas auf Polnisch hineinrief; vermutlich kam er jetzt irgendwo zu spät.

Im Flugzeug schlief Aura sofort ein und schlief, bis sie in Schönefeld unsanft auf der Landebahn aufsetzten. Ein paar Typen klatschten. Das Bimmeln Hunderter eingehender Mitteilungen erfüllte die Stille der gelandeten Maschine, es klang, wie wenn einer sinnlos auf einem Glockenspiel rumhämmert, *Pim Ding Pong Dong Pim Peng*. Beim Herauszerren der Rollkoffer krachten Plastikschalen aufeinander, teure Sakkos wurden eingeklemmt, hasserfüllte Blicke gewechselt. Draußen umarmte Aura ihn wortlos und nahm ein Taxi; sie musste ihren Sohn abholen.

○ ● ○

Der Sommer ging zu Ende. Nachts wurde es kühler, der Wind wehte heftiger, die ersten Blätter begannen sich zu verfärben. Morgens war das Gras feucht vom Tau und roch nach schwarzer, nasser Erde, der Himmel lag frisch gewaschen und weniger erschöpft über der Stadt. Aura hatte noch ein paar Sonnenmilchränder am Kragen ihres T-Shirts, über dem sie eine weiche, braune Wildlederjacke mit Pelzkragen trug, der angeblich falsch war, aber vielleicht sagte sie das nur.

Am Abend zog sie den Pullover aus einem der Schränke an, die über den Winter einen modrigen Geruch angenommen hatten, und die Wolle kratzte auf der erhitzten, verbrannten Haut. Auf dem Weg zum Haus lagen die ersten Blätter. Aura hob eine Kastanie auf und gab sie ihrem Sohn. Wenn er bei ihr war, schlief er jede Nacht in ihrem Bett.

Turek sah sie jetzt seltener. Einmal ging er mit ihr essen, was gut anfing, aber dann regte sie sich während des Essens sehr über ihren Exmann auf, und weil der nicht da war, aber angeschrien werden musste, musste sich Turek alles anhören, was eigentlich dem Exmann galt, er wurde auf eine gespenstische Weise zu diesem Exmann erklärt, wogegen er protestierte, und schließlich ging sie, noch während der Hauptgang serviert wurde, nach Hause, um allein zu sein mit ihrer Wut. Turek blieb, weil sein Teller noch voll war; für die Kellner musste die Sache wie ein 1a-Ehekrach ausgesehen haben.

Weil sie beide darauf warteten, dass der andere anruft und sich entschuldigt, hörten sie länger nichts voneinander. Nach einer Woche schrieb Turek ihr und bekam keine Antwort, und als er sie von einer anonymen Nummer anrief, sagte sie ihm, sie habe viel zu tun und die ganze Zeit ihren Sohn da; sie melde sich.

Aber sie meldete sich nicht. Turek schickte ihr Fotos von Galizien; er schrieb ihr, dass er eine Anzeige wegen Diebstahls aufgeben wolle, ihm sei das Herz einer Person abhandengekommen, vielleicht entwendet worden, die ihm sehr wichtig war, und als er auch darauf nichts mehr hörte, ging er aus und betrank sich und befahl Alexa, ihm Musik zu machen und Dinge zu bestellen, von denen er annahm, dass sie ihm gute Laune machen würden, und in einer Nacht, als es gerade besser wurde, spülte sein Telefon mit einem donnernden, höhnischen Gong, wie ein Sturm, der aus den Tiefen des Ozeans gesunkene Schiffe an die Oberfläche reißt, lauter Bilder von Aura aufs Display, *du hast einen Rückblick*, teilte das Telefon mit, als müsse es bei Turek eine bedrohliche Infektion feststellen, und obwohl Turek wusste, dass ein Rückblick das Letzte war, was er in seiner Verfassung brauchen konnte, schaute er gebannt auf das, was ihm das Telefon als Diashow, mit einer sentimentalen Musik unterlegt, aus seinem Bilderspeicher hervorzerrte: Aura lächelnd auf einem Felsen, Aura mit vom Wind turbulent verwehten Haaren, Auras braun gebrannte Beine in weißen Espandrilles, sein eigenes zu einer dämlich grinsenden Beule verzerrtes Gesicht neben dem ernsten Blick von Aura, der weiße Glanz von Auras Zähnen in der Dunkelheit, genau genommen waren dort überhaupt nur ihre Zähne zu sehen, Aura mit einem Schwertfisch auf einem Fischerboot …

Er schlief schlecht. Er verbrachte halbe Nächte auf der Dachterrasse. Morgens, während der Lärm der Vögel aus dem Baum und das stärker werdende Rauschen der Autobahn zu ihm drang, schrieb er Aura eine Whatsapp-Nachricht, von der er annahm, dass sie lustig genug klang, um nicht verzweifelt zu wirken, und sie schrieb wieder nicht zurück, obwohl er am Doppelhaken unter der Nachricht erkennen konnte, dass sie sie gelesen hatte.

∘ • ∘

Driessen schickte ihn auf verschiedene Termine, auf denen ihm eine, wie er glaubte, skeptische bis feindselige Stimmung entgegenschlug. Turek diktierte Argumente beider Seiten ins Handy, während er fuhr.

Alte Stadt: Chaos, Improvisation, Energie durch Kollision. Neue Stadt: gezielte Steuerung, totale Vernetzung, Vermeidung von Kollisionen, Reduktion von Ressourcenverbrauch, alles umfassende Planung. In der alten Stadt kann man alles machen, auch Illegales: Falschparken, Steuerbetrug, Entführungen, Nacktbaden ... wenn man erwischt wird, bekommt man eine Strafe, bemessen nach der Heftigkeit des Verstoßes; das ist das Spiel. Neue Stadt ist Besserungsanstalt, die es unmöglich macht, schlechter zu werden, denn in der neuen Stadt soll die Möglichkeit des Verstoßes selbst ausgeschlossen werden; das ist das Versprechen, die Drohung an alle. Die Möglichkeit des Verstoßes, des Exzesses selbst wird aufgehoben. Wenn die iWatch extreme Emotionen feststellt, hohen Pulsschlag, darf der Staat oder auch der Betreiber der neuen Stadt stichprobenhaft überwachen, ob Gefahr für die Allgemeinheit droht.

Unmöglich, zu schnell zu fahren (Autos bremsen automatisch auf vorgeschriebenes Tempo ab).

Unmöglich, sich zu Tode zu saufen (AI meldet gesundheitsschädliche Mengen an Alkoholkäufen, Geburtstage sind ausgenommen, die erkennt das System natürlich). Aber trotz massiver Überwachung durch Kameras möglich, jemanden, wie in Stuttgart geschehen, auf offener Straße mit einem Schwert zu töten? Antwort: Noch mehr Kameras hätten Schwertträger womöglich früher erfasst, Polizei alarmiert, Schwertmörder hätte dann mit Taser-Drohnen unschädlich gemacht werden können. Aber was, wenn es mal eine rechtsradikale Regierung gibt, die die Taser-Drohnen und die Sensoren und die ganzen Kameras gegen freundliche, liberale Schüler einsetzt, die ihr Recht auf freie Meinungsäußerung verteidigen wollen? Tja. Die amerikanische Verfassung sieht für solche Fälle die Möglichkeit eines bewaffneten Aufstands der Bürger gegen den Staat vor: Muss der Bürger halt die Sensoren und die Kameras und die Staatsdrohnen hacken oder mit der Pumpgun runterholen, je nachdem.

∘ ◉ ∘

Er diktierte während dieser Fahrten auch einen Brief an Aura, wobei (zitterte seine Hand etwa?) ihm das Handy in die Mittelkonsole des Autos fiel. Scheiße, sagte Turek. An der nächsten Ampel sah er, dass das Telefon die gesprochene Nachricht beim Aufprall selbsttätig abgeschickt hatte. Dort stand: vermisse Deine Arsen um meinen Köpfe ich finde das wir Zähne müssen und Wiesen nackt wir Essen weitergehen mit uns Scheiße –

∘ ◉ ∘

Abends, bei seiner Rückkehr in die kühl leuchtende Wohnung, die höflich mehrere Stehlampen einschaltete, fand Turek eine Einladung zum Klassentreffen im Briefkasten und eine Mitteilung der Mietwagenversicherung; man habe, unter Wahrung aller persönlichkeitsrechtlich relevanten Vorgaben, die Daten des verunfallten Wagens ausgelesen, Ergebnis: starke Beschleunigung, mehrere abrupte Spurwechsel, eine Lösung des Sicherheitsgurts bei km 375 trotz Fahrt mit überhöhtem Tempo (155 statt vorgeschriebener 120 Stundenkilometer). Außerdem sei eine Müdigkeitswarnung ignoriert worden; die Versicherung sehe sich hier aufgrund mehrerer Verletzungen der im Mietvertrag niedergelegten Vorschriften nicht in der Pflicht, daher habe Turek die Reparaturkosten sowie die Bearbeitungsgebühr selbst zu tragen.

∘ ● ∘

Turek ging zum Klassentreffen. Es fand in einem trostlosen Restaurant in der Innenstadt statt, in dem sie als Schüler oft waren. Jemand hatte ein Foto von der Abiturfeier ausgedruckt und an eine Tafel gehängt. Auf dem Foto sah man größtenteils dünne, erfreute, dem Leben insgesamt mit hohen Erwartungen und Zuversicht entgegentretende Menschen mit viel Haar und aufgeräumten Gesichtern. Was sich darunter versammelte, sah aus wie ein Tableau vivant zum Thema »Überlebende der Verwüstung«: Einige waren aufgedunsen, andere haarlos mit dem tragikomischen Aussehen von Grundstücken, in denen ein Tornado alles fortgerissen hatte, was dort wuchs und stand; bei anderen wuchsen dafür Bäuche und Bärte um die Wette, einstmals sanft und blond wehende Haare waren abgeschnitten und mit erheblichem Einsatz von Bleich- und Färbemitteln davon abgehalten worden, graubraun zu werden, während es oben schon dunkelgrau nachwuchs. Da war der Vater von – nein, er war es selbst, hatte nur mittlerweile das Alter und Aussehen erreicht, das sein Vater zur Zeit des Abiturs besaß. Die Begrüßungen verliefen wie ein gnadenloser Kostümball, bei dem die Teilnehmer zu raten versuchen, wer unter den aufwendigen Verkleidungen steckt: Aufeinander zugehen, leichte Schräglage des Kopfes – Bernd? Nein – Ulla … Die kurzen Haare … steht dir gut!

Blicke, mit zusammengekniffenen Augen: Wenn man sich die Brille und das Kinn weg- sowie Haare obendrauf denkt, könnte es Lars sein! Und es ist Lars. Hier einer, der offensichtlich zu viel trank, dort eine, die die zweite Scheidung hinter sich hatte und mit der anderen Geschiedenen eine rauchte. Sie freuten sich, sich wiederzusehen, aber so, wie man sich freut, nach einem Erdbeben alle mehr oder weniger wohlbehalten aus den Trümmern wieder aufstehen zu sehen. Eine Schulklasse ist immer ein Verbund von Menschen, die man sich nicht ausgesucht hat und mit denen einen nichts verbindet außer der Zufall, acht Jahre miteinander verbringen zu müssen. Torben Gleiter hatte BWL studiert, war aber in der Nähe der Schule geblieben; nach dem Studium hatten sie ihm einen Posten in der örtlichen Sparkasse angeboten, deren Leiter er mittlerweile war. Hinter den Jalousien seines Büros im ersten Stock schaute er nun auf das Fenster des Chemieraums der Schule, aus dem er einst auf die Sparkasse schaute. Jeden Sonntag ging er mit seinen Kindern auf den Schulplatz zum Fußballspielen. Er hatte schon früh begonnen, an der Börse zu spekulieren, aber während der Finanzkrise sein gesamtes Erspartes bei der Anlage in Derivaten verloren, die er auch seinen Kunden wärmstens empfohlen hatte. Christian Malewitz hingegen, ein käsig aussehender Kettenraucher mit rot gefärbten Dreadlocks, war nach dem Abitur zum Trommeln in eine Kommune nach Polen gezogen und dort erst mal verschwunden: Nach einer gescheiterten Bewerbung für einen Listenplatz bei der Linkspartei hatte er schließlich in einem Spezialgeschäft für Liegefahrräder gearbeitet, das aber wegen der nachlassenden Nachfrage dichtmachen musste. Danach hatte er mit einem der unverkäuflichen Liegeräder für Deliveroo Essen ausgefahren. Mittlerweile musste er aber gar nicht mehr arbeiten; er hatte sein Geld, für das er sich im Gegensatz zu Torben nicht sonderlich interessierte, schon früh in Bitcoins investiert, denn er hatte gehört, dass man damit dem kapitalistischen Geldsystem eins auswischen und die Marktdominanz der großen Banken gefährden könnte. Der Erfolg der Digitalwährung war ihm unsympathisch, er hatte seine Bitcoins deswegen auf dem vorläufigen Höhepunkt abgestoßen, was ihm so viel Geld einbrachte, dass er sich, obwohl er nicht segeln konnte, ein Segelboot mit zwei Kajüten gekauft und einen Liegeplatz im alten Industriehafen gemietet hatte. Jetzt wohnte er auf dem Boot und vermietete eine der beiden Kajüten an ein homosexuelles Anarchistenpaar, und wenn das Geld knapp wurde, vercharterte er das Boot für Tagestouren und schlief so lange bei Freunden oder im Wald.

Torben sprach mit Verbitterung über das Thema Bitcoin, die Bitcoin-Wirtschaft verbrauche über tausendmal so viel Energie wie der klassische Bankensektor, eine Transaktion das Tausendfache einer Visa-Überweisung, deswegen –

Der Sommer war noch einmal zurückgekommen. Es war einer der letzten heißen Tage des Jahres, und auch wenn es Nacht geworden war, machten die Temperaturen keine Anstalten zu sinken. Am Nebentisch, durchgeschwitzt und vor einem Tischventilator, den er eigenmächtig vom Tresen abgebaut hatte, saß Antonio, einer der wenigen, die man wiedererkennen konnte, weil er jetzt genauso aussah wie sein Vater, der ein paar Restaurants besaß; auch Antonio sah jetzt aus wie ein Latinosänger, der mit seinem ergebenen Publikum sanft älter wurde. Antonio fuhr einen Ferrari, bestellte sich ein Steak und stritt sich genauso, wie er es schon beim Thema Waldsterben im Unterricht getan hatte, mit einer der beiden Öko-Aktivistinnen, die jetzt bei der Böllstiftung war, über die Frage, ob ein Tempolimit sinnvoll sei oder nicht und ob man den Fleischkonsum einschränken solle, und wenn ja, wie, und dass man angesichts der Deindustrialisierung Deutschlands bald noch viel mehr CO_2 einsparen könne, weil, sagte Antonio und fuchtelte mit seiner Gabel herum, nämlich die Leute verarmen werden und sich Autos und Flugreisen gar nicht mehr leisten können würden, und fürs Klima sei Massenarmut ja das Beste –

Im Lärm der Diskussion tauchte Mario Pantani auf. Er hatte ein paar Falten bekommen, die ihm gut standen. Entgegen der allgemeinen Tendenz zur optischen Verwitterung hatte sich Mario zu einer versandet-weiß-leuchtenden Spätblondheit vorgearbeitet, die vermuten ließ, er lebe an einem Strand an der amerikanischen Ostküste und sei weitläufig mit den Kennedys verwandt. Pantani entwickelte für eine in Nevada ansässige Firma Serverfarms und machte Turek noch im Lauf des Abends ein Angebot, für ihn zu arbeiten.

Dann, als er schon gehen wollte, traf er Mina –, das heißt, er rannte zufällig in sie hinein. Sie hatte ihr weißes Cabrio vor dem Restaurant geparkt, und sie war schwanger. Er lud sie auf ein Eis an der Bar ein.

Was möchtest du?

Kokos, sagte Mina und zog sich die Lippen nach. Sie hatte Sommersprossen; sie fuhr fast immer offen. Sie trug eine zu große Motorradlederjacke aus den siebziger Jahren, die sie von ihrem amerikanischen Stiefvater geerbt hatte. Ein Kellner, der die Fenster aufgerissen hatte, damit ein wenig Luft in den ofenheißen Saal kam, wischte sich mit einer Serviette den Schweiß von der Stirn und bewegte sich mit zähen Schritten auf ihren Tisch zu. Turek schaute sie an. Sie hatte sich nicht verändert, nur das Lachfältchen an ihrem Mundwinkel, das sich damals nur bildete, wenn sie lachte, war jetzt auch im Ruhezustand da. Zwei Kugeln? Es ist heiß, und du bist ja offenbar zwei.

Mina lachte ihn an, wie sie ihn damals angelacht hatte, und sein Damals-Zustand machte einen großen Zeitsprung und fuhr wie ein Blitz in ihn hinein.

Okay, Turek. Gern.

Zweimal Kokos?

Nein. Ich würde nie zweimal dasselbe nehmen.

Aber wenn es gut ist, sagte Turek, ist es doch schade, wenn du nur eine Kugel hast. Er bestellte, wie zum Beweis, zwei Kugeln Limone. Sie nahm Kokos und Himbeere. Da waren die Hitze dieses Abends, die dampfende Luft, ihre Beine auf den roten Samtbezügen der Sitzbänke, ihre schöne Hand – sie hielt den Löffel wie ein OP-Besteck, das sie behutsam mit zwei Fingern in das Eis einführte –, das dunkle Licht des Restaurants. Ein Kellner, den er von früher kannte, kam und klopfte ihm kräftig auf die Schulter. »Gratuliere«, sagte er. Mina schaute Turek auf eine Weise an, von der er nicht sagen konnte, ob sie liebevoll oder spöttisch war, vermutlich beides, und er fragte sie, ob man sich denn jetzt, nach so langen Jahren und einer derart offensichtlich geklärten Situation, einmal wiedersehen könne. Sie nahm seinen Arm.

Du weißt, dass wir das nicht können. Wir können uns leider nur zufällig treffen ... Dann gab sie ihm einen flüchtigen Kuss und verschwand in der Hitze des Abends.

∘ ● ∘

Der erste Teilabschnitt der Stadt wurde eingeweiht. Selbstfahrende Autos chauffierten die ersten Bewohner zu ihren Wohnungen. Der Bürgermeister sprach von neuen Freiheiten und den Chancen des digitalen Wandels und von Technik im Dienst des Menschen. Driessen sprach von einer Schule, in der Mathematik von Robotern unterrichtet würde, es werde natürlich Klassenlehrer geben, sagte er, schon wegen der emotionalen Bindung der Schüler, aber *Bots* seien nun mal geduldiger, sie könnten auch über Handy mit den Schülern kommunizieren und ihnen, wenn sie etwas nicht verstanden hätten, zwischendurch mal eine Aufgabe schicken; so würde jeder eine Eins in Mathe bekommen, stellen Sie sich das mal vor, wiederholte er, so was geht heute; jeder eine Eins!

Im Turm gab es Streit. Driessen wollte einen Landeplatz für Taxidrohnen; man könne das inszenieren wie den Start der Montgolfiere, Aufbruch in eine neue Zeit, sagte er in einer der wöchentlichen Sitzungen in der Sitzkissenlandschaft des Smarttowers. Illenberg war dagegen, die Drohnen seien gut, um Medikamente in der Sahara oder im Dschungel auszuliefern, aber an sich Unfug, entweder sei die Taxidrohne nur eine Art von Kleinhubschrauber für Reiche, die schnell über den Stau zum Flughafen wollen, oder man baue sie massenweise zu wirklich günstigen Preisen, aber dann, sagte Illenberg, hätte man bald ganz andere Probleme: Gab es Berechnungen, wie viele Leute in Zukunft von Lieferdrohnen und abstürzenden Taxis erschlagen würden, würde man Stahlnetze über seinen Garten und die Straßen spannen müssen, und wie sollten dort dann die vielen Drohnen starten und landen, oder würden sie nur auf den Dächern landen? Es gäbe genug Unfälle auf den Straßen, wenn man den Raum auch noch in der Vertikale unsicher mache, werde man in Bunkersystemen leben müssen.

Borngeber, der von Italdesign kam und dort Chef des Taxidrohnenprojekts war, erklärte, all diese Fragen würden vielleicht die Befürchtungen der breiten Masse repräsentieren, aber doch auch von einem eklatanten, ärgerlichen und geradezu gefährlichen Maß an technischer Unkenntnis zeugen. Ihn, Borngeber, erinnere dies an die Angst vor Fahrstühlen oder den Widerstand gegen die Einführung von Eisenbahnen, deren Höchstgeschwindigkeit, rund 30 Stundenkilometer, zeitgenössischen Ärzten als ausgemacht gefährlich für den menschlichen Körper erschienen war. Man werde schon sehr bald autonome Taxidrohnen so benutzen wie heute Fahrstühle, gerade junge Menschen, für die das Auto kein Statussymbol mehr sei ...

Illenberg lehnte sich zurück und lachte und rief Borngeber entgegen, dass auf Platz eins der deutschen Charts ein Song der Rapper Mero und Eno stehe, Titel *Ferrari*, Refrain auf Türkisch. Nach 22 Stunden hatten 2,8 Millionen Leute den Song geklickt. Welche Jugend sei da gemeint? Waren es die Alten, die *Ferrari* hörten und den türkischen Refrain mitgrölten? Wann würden Songs über selbstfahrende Autos kommen? Er, Borngeber, möge ihm außerdem mal jemanden zeigen, der freiwillig in eine Art Helikopter ohne Piloten steigen wolle, wo man doch gerade gesehen habe, wie ein selbstfahrendes Auto ganz von selbst eine Fußgängerin überfahren habe.

Borngeber schüttelte theatralisch seinen Kopf und sagte, genau so was meine er. Diese Art, irrationale Ängste zu schüren. Hektisch wurden jetzt Statistiken herausgezerrt – gut, ja, es hatte ein selbstfahrendes Auto eine Frau überfahren, aber diese Frau hatte auch einen Fehler gemacht, so unvermittelt aus dem Dunkel auf die Straße zu stürzen, der Algorithmus hatte *nicht damit rechnen* können, mag sein, dass ein Mensch intuitiv in der dunklen, uneinsehbaren Kurve abgebremst hätte, was der Computer nicht konnte, weil er darauf nicht programmiert war, aber *insgesamt,* daran führe kein Weg vorbei, würden selbstfahrende Autos weniger Unfälle verursachen als Menschen.

Zwei Ingenieure kamen, lange, traurige Männer mit bis fast unter die Brust hochgezogenen Jeans. Die selbstfahrenden Autos, berichteten sie, funktionierten auf dem Testgelände gut, aber sobald sie in den öffentlichen Raum eindrangen, blieben sie verschüchtert stehen und wurden von den herkömmlichen Autos gemobbt. Thessen von Livorius, Mitarbeiter der Abteilung *Mobility solutions*, berichete, die selbstfahrenden Autos, die die Smart City mit dem Flughafen verbinden sollten, seien zwar fehlerfrei gefahren, aber durch die ständigen Regelverstöße anderer Verkehrsteilnehmer immobilisiert worden: So habe ein autonomes Fahrzeug an einer Baustelle vergeblich versucht, mit den vorgeschriebenen 60 km/h auf die linke Spur zu ziehen, weil alle anderen 80 bis 100 fuhren. Ein Einscheren sei nicht möglich gewesen. Ein anderes Testfahrzeug stand zwanzig Minuten hinter einem illegal auf der Busspur geparkten Cabriolet und weigerte sich, die durchgezogene Linie zu überfahren, bis man den Cabriofahrer in einem nahe gelegenen Café ausfindig machen konnte. Die selbstfahrenden Wagen hätten sich insgesamt wie vollkommen eingeschüchterte Tiere verhalten. Das Problem, schloss Livorius seinen Bericht, sei nicht das selbstfahrende Auto, das sich an alle Regeln halte, sondern alle anderen, die Regeln nur annäherungsweise befolgten.

Ob man die Wagen nicht so programmieren könne, dass sie sich dem herkömmlichen Verkehr anpassen, wollte Driessen wissen.

Technisch möglich, sagte Livorius, aber rechtlich nicht. Wenn man 60 fahren darf, dürfe man eben nicht 68 fahren. Wenn einer das doch tut und einen Unfall verursacht, wird die Gegenseite argumentieren, die Unfallschuld liege mindestens zu einem erheblichen Teil bei dem zu schnellen Fahrzeug.

Was machen wir dann, fragte Driessen und angelte sich von einem Porzellanteller einen trockenen Blätterteigkeks, aus dessen Mitte ein klebriger runder Klecks Marmelade herausfiel.

Ich fürchte, die anderen müssen weg, sagte Livorius.

Was, sagte Illenberg und richtete sich auf.

Die anderen müssen weg. Die meisten Menschen wollen

doch gar nicht Fahrer sein, sondern Beifahrer. Das mit dem *Lenkrad in der Hand halten* ist doch vor allem eine psychologische Sache. Der Fahrer war nie der Chef. Wer sitzt denn hinten? Hinten sitzen Chefs und Kinder und die Oma; man muss ihnen nur das Gefühl geben, dass sie die Chefs sind und deswegen hinten sitzen.

Illenberg sah, dass alles, was er an Städten schätzte (nicht an der Ampel, sondern irgendwo über die Straße gehen; schnell vor einem Café im Halteverbot halten; schnell drei Tische und acht Stühle auf den Bürgersteig räumen, wenn dort die Sonne scheint; nachts auf der Stadtautobahn 120 statt 80 fahren; mehr Kaffee trinken, als eigentlich gesund ist; nachts im Winter das Fenster aufreißen, obwohl es Heizenergie verschwendet), gerade einer überregulierten 100-Prozent-Systemtreue geopfert wurde, nur weil ein paar Idioten es nicht hinbekamen, ihre autonomen Autos so zu bauen, dass sie im Verkehr mitfließen. Illenberg hatte einen roten Kopf, Borngeber war blass geworden, die beiden sahen aus, als ob eine unter dem Konferenztisch verlaufende Leitung alles Blut, was sich in Borngebers Kopf befand, in den von Illenberg pumpte. Es fielen die Stichworte Versklavung des mündigen Bürgers, kybernetische Bürokratiehölle, Anordnungsdiktatur, Tech-Totalitarismus.

Borngeber lächelte schief. Das sei eine romantische, aber etwas veraltete, wildwestartige Idee von Freiheit, sagte er. Es sei doch viel angenehmer, wenn lautlos zirkulierende Robotaxen einen vors Café fahren, und Fenster könne man auch mal öffnen, das System werde darauf intelligent reagieren und gerade nicht zum Fenster hinausheizen; das »Es geht immer noch grüner«-Programm habe doch gezeigt, dass man im Winter sogar eine Prämie ersparen könne, wenn man weniger heize und bei kälteren Temperaturen schlafe.

Es gab einen kleinen Tumult, Driessen ordnete eine Zigarettenpause an. Die gläsernen Nullenergiehäuser hockten energielos in der Abendhitze. Weiter hinten lag, unter einer gelblichen Smogglocke, die alte, chaotische Stadt mit ihren Schornsteinen und Fenstern und flackernden Fernsehern und Pelletöfen und Autobahnrasern und Rauchern und Fleischfressern. Lichtverschwendern. Krachmachern. Regelbrechern. Vorschriftsignorierern. Bald alles vorbei.

∘ ● ∘

Am darauffolgenden Montag beschlossen der Bürgermeister und sein Verkehrsberater, ein fanatischer Radfahrer, der auch im Büro seine Metallklammern an den Hosenenden trug wie andere einen militärischen Orden, einer Ausdehnung der Smart City über einen neuen Korridor in die ganze Stadt zuzustimmen. Zwei Wochen später wurde bekannt gegeben, dass Driessens Unternehmen nach einer »gelungenen Testphase« und nachdem »das Potenzial einer massiven Mietpreissenkung durch Energieeinsparungen unter Beweis gestellt worden« sei, mit der Ausdehnung des Smartville-Konzepts auf den gesamten Bezirk beauftragt worden sei. Hieß: Die alte Stadt konnte einpacken.

Die neue war aber noch nicht so fertig, wie sie es behauptet hatten. Das autonome Auto sauste nicht unzügig los, stoppte aber abrupt ab, weil es ein gelbes Plakat für einen Schulbus gehalten hatte, überfuhr dafür fast einen Dackel, der einem Schmetterling hinterherjagte, raste auf eine Einfädelmöglichkeit zu, bremste aber scharf ab, wenn jemand ihm ein abstraktes Muster vor die Sensoren hielt. Es stellte sich heraus, dass Algorithmen mit abstrakter Kunst schlecht umgehen konnten. Sie hielten ein Blaurotgrüngemisch, das entfernt an eine umgekippte Legokiste erinnerte, für einen Toaster und eine verpixelte Farbmischung für eine Menschengruppe. Auch wenn man ihnen diese Dinge, die zeigten, wie leicht man die Algorithmen durcheinanderbringen konnte, nicht vor die Kameraaugen hielt, hoppelte das fahrerlose Auto wie ein betrunkener Hase und benahm sich insgesamt eher so wie ein normales Auto, das einen Fahrer gebrauchen könnte.

Als Teststrecke für autonome Autos wurde eine Straße gesperrt, die bisher von normalen Autos befahren werden durfte, und es gab einen Aufstand, Demonstrationen, Gegendemonstrationen von Fahrradverbänden, Zusammenstöße, die Fronten waren vollkommen unklar, es gab Linke, die dafür waren, und Linke und Rechte, die dagegen waren, und Rechte, die dafür waren. Ein paar autonome Autos gingen von alleine in Flammen auf, und ein paar andere wurden angezündet. Von ihnen blieben nur verkohlte Reste übrig; sie sahen aus wie Grillhähnchen, die man einen Tag lang bei 200 Grad im Ofen vergessen hatte, sie waren vollkommen abgebrannt, nur noch Stahlgerüste mit geschmolzenen Plastikfetzen, das unschuldige Koalabärengesicht war zu einer Grimasse zerlaufen, die an die Maske des Killers aus *Scream* erinnerte.

Driessen erhielt eine Auszeichnung des deutschen Fahrradverbandes als Manager des Jahres und etwas über 400 sehr robust formulierte Drohbriefe.

Es ging jetzt um Entweder-Oder. Man würde mit der smarten Müllentsorgung, der Anlieferung von Produkten, den neuen Verkehrsmitteln entweder schrittweise die alte Stadt übernehmen, oder die alte Stadt würde mit ihrem Chaos eindringen, schon die Skateboarder, die aus den nahen Hochhäusern kamen und im fertigen Abschnitt der neuen Stadt ihre Zeit verbrachten, brachten die selbstfahrenden Autos durcheinander, und die Proteste hatten gezeigt, wie verletzbar der Stadtteil war. Die Planer beschlossen, eine Art Festungsgraben anzulegen, der natürlich nicht so genannt wurde: Stattdessen wurde betont, dass *jeder gern in Amsterdam leben* würde. Deshalb die Kanäle! Der Zugang zur Smart City wäre dann nur noch über einige Brücken möglich, an denen man leicht als Straßenlaternen getarnte Gesichtserkennungskameras anbringen könnte, die polizeibekannte, auffällig gewordene Charaktere herausfiltern und den Sicherheitsdienst alarmieren würden. Für Driessen war die biometrische Gesichtserkennung der Schlüssel zu allem, man würde mit seinem Gesichtsabdruck bezahlen, keine Ausweiskontrollen, keine Kreditkarten mehr (bezahlen Sie einfach mit Ihrem guten Gesicht)! Die Technik war jetzt schon erstaunlich, »Deep Face« brachte beachtliche Ergebnisse. Dazu kam, nachdem das Problem des Gesichtsabdrucks mehr oder weniger gelöst war, die Emotionserkennung, ein Feld, in dem Driessen viel investiert hatte. Die Firma Affectiva hatte 34 Millionen Dollar Venture Capital eingesammelt, um Daten zu sammeln, die helfen sollen, die Gefühlslage eines Menschen zu erkennen. Über Webcams würden Lächeln, Grinsen, aufgerissene Augen, Angst, Begeisterung aufgezeichnet und mit möglichen Gründen abgeglichen. Wer lacht im Kino wann und warum? Wo entsteht Begierde, wo Ekel? Schon jetzt beriet Affectiva Politiker und Konzerne wie Coca-Cola, um ihre Strategien zur Manipulation von Wählern und Konsumenten zu verbessern. Die Webcams konnten sogar die Herzrate der Zielperson messen, ohne dass diese ein Device trug – einfach über die Verfolgung minimaler Hautfarbenveränderungen im Gesicht, zu denen es jedes Mal kommt, wenn das Herz schlägt.

    Driessen startete eine Kampagne, um seine Stadt zu retten. Der Maler wurde beauftragt, ein Werbebild zu aquarellieren, auf dem man fröhliche Familien auf Amsterdam-Kanälen mit ihren Ruderbooten an der Rückseite ihrer flexibel nutzbaren

Holzhäuser anlegen sah. Driessen wollte das Bild zart hingetuscht, fast nostalgisch, keine Assoziation von Techno – Fahrräder, Blumen, Bänke, ein Trampolin, heiter hingetupfte, selbst hüpfende Wolken.

Turek fuhr zu dem Grafiker, der die Renderings der Smart City malte, einem finsteren Typen mit einem verlebten Gesicht, einem borstigen Hauch von Schnurrbart und zurückgegelten Haaren; in seinem Atelier lagen eine DVD des Horrorfilms *Bone Collector* und ein paar Pornohefte achtlos am Boden verteilt, e zwischen leeren Flaschen und einer zerlesenen, verklebten Ausgabe von Nervals Aurélia.

○ ● ○

Berenkow, der Wachmann, fuhr mit seinem Sohn, der sechs war, zum Shoppingcenter, um ihm einen elektrischen Polizeiwagen zu kaufen, eine Art Gocart mit Polizeiwagenkarosserie und Elektromotor. Der Wagen kostete 500 Euro. Er hatte dafür Nachtschichten gemacht, und jetzt hatte er das Geld beisammen. Ein paar Minuten nach der Abfahrt war sein Sohn eingeschlafen. Er betrachtete das Haar des Jungen, den gleichmäßigen Atem, er liebte dieses Kind auf eine Weise, die ihm selbst unheimlich war. Seit er da war, war er ständig in Sorge um ihn. Einmal hatte der Junge sich die Haut seines linken Arms im Wald in einem Stacheldraht eingerissen, weil die Mutter nicht hingeschaut hatte (und sie hatte nicht hingeschaut, weil sie irgendein Spiel auf ihrem Handy machte, statt mit ihm zu spielen), und er, Berenkow, konnte nicht mit ihm spielen, weil er Geld verdienen musste, und das war das erste Mal, dass er sie fast geschlagen hatte, als er den blutenden, schreienden Jungen sah, obwohl er auch sie sehr liebte, auf eine ratlose und schmerzhaftere Weise als den Jungen. Jetzt saß er in seinem

Truck, und sein Sohn saß neben ihm und schlief, und die Sonne fiel schräg auf die Landschaft vor ihm, und in seiner Tasche trug er das Bargeld, mit dem er ihm das Auto kaufen würde.

In der Shoppingmall hatten sie das Modell aber nicht mehr. Also telefonierte er mit anderen Malls und fuhr weiter nach Leipzig, dort kaufte er den Wagen und vertäute ihn hinten auf der Ladefläche, und dann kaufte er, weil das ein Feiertag war, einen Blumenstrauß für seine Frau, und als sie zurückfuhren, schaute der Junge aus dem Heckfenster des Trucks auf die Ladefläche, wo sein Auto stand, und Berenkow versuchte seine Frau anzurufen, aber sie ging nicht ans Telefon und war auch nicht zu Hause, und als sie später zurückkam, wirkte sie wie weggetreten und schaute sich nur kurz den Polizeiwagen an und die Blumen gar nicht.

Ein paar Tage später fand er heraus, dass sie sich mit Driessen traf. Es war ganz einfach gewesen, das herauszufinden. Er ließ einfach, als Alina das Haus verließ, seine Drohne aufsteigen, weit über den Wald, so dass sie das Surren der Rotoren nicht hörte. Er folgte ihr, ohne ihr zu folgen. Er sah auf dem Display seiner Drohne, wie sie in Driessens Wagen stieg. Beim nächsten Mal fuhr er ihnen nach. Er sagte nichts. Er fuhr nach Hause zurück und baute eine Straße aus Sand und eine kleine Sprungschanze für den Polizeiwagen, und dann brachte er den Jungen ins Bett und schlief mit ihm ein.

○ ● ○

Mit Illenberg (der nicht wusste, was er dort sollte, ihm zuliebe aber mitkam) ging Turek zu einer Modeschau von Iris van Herpen. Der Raum war dunkel, Bässe wummerten aus einer unklaren Ferne herüber und wurden überweht von perlenden, aufschäumenden Synthieklängen, dann erschien auf dem Laufsteg jemand, der wie eine von intelligenten Einzellerwolken umwehte Riesenauster aussah, ein Kleid erinnerte an das Werk einer mit Op-Art-Viren infizierten Spinne, das nächste an eine außerirdische Luftqualle aus Silberfäden und einer bisher unbekannten Marsgelatine, die Kleider umwehten die Körper, schienen dann ihre Konsistenz zu verändern und auszuhärten, bis sie zu Staubstürmen und Trockeneisdampf und muschelglatten Schalen wurden, aus denen die nackte Haut herausgleiten konnte. Turek schlug Illenberg erregt auf den Oberschenkel, rief *Mann*, vergaß, Luft zu holen; das, was da stattfand, sah nach allem aus, was er sich von der Zukunft erhoffte.

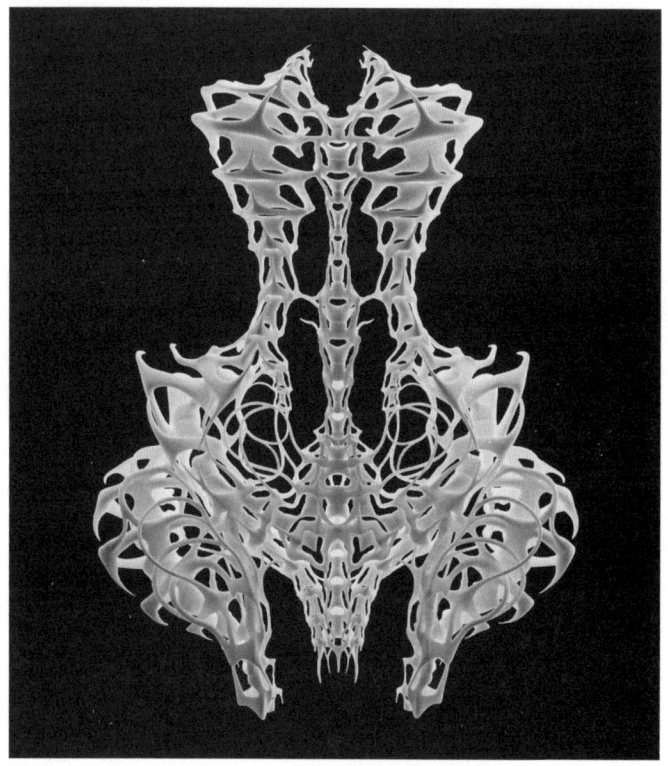

Einen intensiveren Glanz und neue Körper und ein erwartungsvolles Zischen und Rauschen der Dinge, die da kommen würden, nicht nur das Gleiche, was es gab, in ein bisschen besser und ökologischer und effizienter und marktfreundlicher, sondern etwas grundlegend Neues. Gleich nach der Schau suchte er van Herpen auf, um sie zu überreden, ihm eine Skizze zu schicken, für eine Art Kleid, in dem man wohnen könnte, fast wie ein Zelt. Illenberg erklärte ihn für verrückt; nie würde Iris van Herpen – aber wenige Tage später bekam Turek Post von ihr.

Turek zeigte der Architektin der Bauabteilung die Entwürfe, und sie zeichnete in die große, leere, ungenutzte Turbinenhalle, die auf dem Gelände der Smart City stand, eine Landschaft mit Palmen und kleinen Urwäldern hinein, in denen die Van-Herpen-Zellen schwebten, in Bäumen hingen oder hinter Büschen lagen, tragbare Habitate, die die schlafenden Körper umhüllten und die Körperwärme zur Erzeugung von Strom nutzte. Turek bearbeitete Driessen, dass man genau dies als Experimentalhaus bauen solle, eine Halle voller intelligenter Einzellerhabitate, das, sagte Turek, wäre wirklich die Zukunft, gar keine Häuser mehr, sondern eine gegen Wetter geschützte Landschaft voller Einzeller in einem Gebäude, das wäre wirklich mal ein Experiment, über das alle reden würden. Driessen hielt den Plan allerdings für großen Unsinn.

∘ ● ∘

Als Illenberg Turek am Montag in einem Café traf, sah er blass aus und kleiner als sonst, seine Haare, die sonst in einer euphorischen Turbulenz von seinem Kopf abstanden, klebten glatt und kleinlaut an seinem Schädel. Er trug ein gelblich schimmerndes Hemd zu einem schwarzen Anzug und sah aus, als sollte er eine Biene darstellen. Er knallte eine Zeitung auf den Tisch.

Ist noch nicht online, musste zu einem Kiosk gehen und es mir da besorgen, sagte er. Lies.

Der Artikel handelte davon, dass bei den ersten Bewohnern der Smart City die gesamte private Kommunikation mitgelesen worden war, und zwar nicht von Algorithmen, sondern von Mitarbeitern der Add-on-Anbieter, deren Services die City-User kostenlos nutzen durften. Eines der Programme scannte alle Online-Einkäufe, suchte dann nach günstigeren Angeboten für das Produkt und schrieb automatisch den Verkäufer an, um die Preisdifferenz zurückzuverlangen. Dagegen konnte niemand etwas haben, aber um die Algorithmen zu verbessern, hatten Mitarbeiter der Firma Retrace Path die Bestellungen und Mails der User gelesen, um bessere Add-ons zu entwickeln.

Und dann hatte ein Mitarbeiter, der von Retrace Path gefeuert worden war, angefangen, die Absender und Empfänger der E-Mails mit privaten Informationen zu erpressen und sich als Schweigegeld Bitcoins überweisen zu lassen.

Eigentlich hätten private Mails der Kunden von einen Algorithmus aussortiert werden müssen, schließlich ging es vor allem darum, den Kunden einen Schutz vor überhöhten Preisen anzubieten, und auch darum (wo man schon mal dabei war), welche Marketing-E-Mails wie oft gelesen werden; bevor die Mails in ein Analysesystem gespeist wurden, in das auch Menschen Einblick haben, musste aber ein Wortscanner alle Mails herausfischen, in denen Worte wie *Liebe, Großmutter* oder *vermissen* vorkamen, aber leider waren diesem Scanner ein paar Millionen Mails durchgerutscht.

Es wird schwieriger, Geheimnisse zu haben, sagte Turek trocken.

Eric Schmidt hat gesagt, wenn einer nicht wolle, dass etwas rauskomme, solle er es einfach nicht machen, das fasst die Situation ganz gut zusammen, ne?

Nie mehr allein. Die Zukunft gehört den Exhibitionisten, sagte Illenberg und klatschte in die Hände. Man sollte nichts tun, wofür man sich schämen könnte. Da sind natürlich die Schamlosen im Vorteil, sagte er und schlug Turek aufmunternd ins Kreuz.

Illenberg glaubte, dass es bald einen Bürgerkrieg geben würde, eine Radikalisierung, hier die neuen Privatstädte, mit privaten Sicherheitsdiensten, privatem Gesundheitsservice und privaten Schulen, dort der Staat, der nur noch für die Sicherung der Außengrenzen und den Bau der Straßen zuständig sein wird, die zwischen den Privatstädten durch Landschaften führen, in denen all diejenigen festsitzen werden, die es nicht in die neuen Privatstädte schafften, und diese Zwischenräume, die Bad Bank der neuen Gesellschaft, werde ein ziemliches Sicherheitsproblem darstellen, es sei denn, man gäbe den Leuten dort die Möglichkeit, im Austausch gegen ihre Daten Gratisangebote zu ergattern, die ihnen das Gefühl geben würden, einen guten Deal gemacht zu haben und Chefs zu sein, deswegen, sagte Illenberg, ist Alexa so wichtig, man kriegt die Leute bei ihrem Wunsch, jemanden herumkommandieren zu können, Alexa, bestell mir Essen, das ist so ein Satz, den früher nur Leute mit Angestellten und Dienern sagen konnten, und jetzt kann es jeder, jetzt kann sich jeder wie ein Bestimmer fühlen, nach dessen Befehl alle springen müssen, und viel bequemer ist es auch, nur dass der elektronische Diener heimlich das gesamte Tafelsilber klaut und die Kasse leer räumt; die andere Lösung ist China, sagte Illenberg, wo der Staat sich über die Datensammelmaschinen privater Konzerne so weit ins Leben und Denken und Planen seiner Untertanen hineinarbeitete, dass er Aufstände und andere Proteste vorhersagen und verhindern kann. Als Weltgegenden, in denen man weder der Diktatur der Konzerne noch der eines autoritären Regimes ausgesetzt sei, fielen ihm nur der Süden von Argentinien, ein paar Südseeinseln und eine sehr abgelegene Region in Zentralafrika ein. Er tendierte zu Argentinien.

∘ ○ ∘

Sara traf eine Delegation der Beduinen. Sie wirkten erst wütend und dann, als Sara ihnen die Daten für die anzunehmende Überhitzung des gesamten nordafrikanischen Wüstengürtels auf nicht mehr überlebbare Temperaturen präsentierte, verunsichert.

∘ ○ ∘

Turek bekam einen Dienstwagen, einen Tesla, mit dem er von Berlin nach Dresden fuhr, wo Aura einen Vortrag hielt. Er hatte gehofft, mit Aura nach ihrem Vortrag einen Wein zu trinken und dann bei ihr im Hotel bleiben zu können, aber als er nach dem Vortrag zu Aura ging, hatte sie ihn überrascht und verlegen angeschaut und umarmt und darauf vertröstet, später mit ihr einen Wein zu trinken, und er hatte in einer Eckkneipe ein paar Bier getrunken, bis die Dinge um ihn herum auf angenehme Weise verschwammen, und dann hatte sie ihm Stunden später eine SMS geschickt, »bin leider halbtot und müde«, stand da, »muss schlafen jetzt, so schön dass du gekommen bist, Umarmung A«. Er hatte sie angerufen, aber sie war nicht ans Telefon gegangen, und Turek, halb betrunken, halb unter Schock, stolperte in seinen brandneuen Tesla, gab Gas, erwischte mit der Motorhaube ein Gebüsch, patsch, krack, wie krachende Knochen, war aber doch nur Geäst, oder? Ja, nur Geäst, quietsch, knacks, am Kotflügel entlang. Das Auto hatte jetzt ein paar Äste unter dem Nummernschild klemmen, die feierlich nach oben standen wie eine Dekoration … hiermit möchte ich Ihnen diesen schönen Blumenstrauß überreichen als Ausdruck meiner –

Turek schaltete auf Autopilot und betrachtete, schräg auf dem Fahrersitz hängend, das wie zum Hohn in festlicher Romantikbeleuchtung vorbeiziehende Panorama der Frauenkirche und der Brühl'schen Terrassen, und der Wagen zischte über die Elbbrücke, bevor er mit energischem Klingeln verlangte, die Hände ans Lenkrad zu nehmen. Turek fuhr benebelt vorbei an Barzig und Bronkow, überhörte alle Warnhinweise, gab wütend Gas und rollte eine halbe Stunde später mit fast leerer Batterie in eine Autobahnausfahrt und durch einen Ort namens Groß-Köris, vorbei am Moddersee, wo der Elektrowagen schließlich mit einem Ruck stehen blieb.

Sein Mobiltelefon, strapaziert von zahllosen vergeblichen Anrufen bei Aura, hatte noch 2 Prozent und fiel wenig später aus – und so war Turek über Feldwege geirrt auf der Suche nach einer Ladestation und schließlich im Dunkel dem Geräusch der Autobahn folgend an einem See gelandet, wo ein dürres Pärchen im Gras lag, auf seine vorsichtigen Rufe – *Entschuldigung, hallo, könnten Sie mir?* – hin aber aus dem Gras aufstob und mit eckigen Schritten davoneilte; die Frau überragte den Mann um einen halben Kopf.

Turek fror. Über dem Wald sah man einen weiten Sternenhimmel. Im Gebüsch raschelte etwas. Turek überlegte, ob auch in diesem Wald Wölfe anzutreffen waren, aber es tauchte nur ein Fuchs auf, der kurz stehen blieb und dann über das Feld davonrannte. Turek stolperte weiter, spürte die schwarze Kälte seines toten iPhones, zog es, wie in der Hoffnung, es möge sich auf irgendeine mysteriöse Weise erholt haben, aus der Tasche und steckte es zurück, erreichte schließlich die wie unbewohnt daliegenden Orte Motzen und Kallinchen, an deren Ortsausfahrten zabaionefarbene Einfamilienhäuser mit heruntergelassenen Jalousien und Tujahecken und rotschwarz gepflasterten Einfahrten standen, Großraumlimousinen und SUVs warteten auf ihren morgendlichen Einsatz.

Weiter hinten hob sich aus dem Dunkel eine weiße Kiste ab, eine Fata Morgana, ein gestrandetes Containerschiff mitten auf dem Land; vielleicht ein Auslieferungslager. Ein Lastwagen heulte in der Ferne vorbei. Dann war es still. Turek setzte sich auf einen Feldstein und lauschte, es schien ihm, als höre er einen Bach rauschen, aber vielleicht war das auch nur das Blut in seinen Ohren. Was, wenn Aura versuchte, ihn zu erreichen?

Schließlich hörte er in der Stille einer Brandenburger Nacht ein ansteigendes Pfeifgeräusch, das sich zu einem tiefen Brummen verdichtete. In Kallinchen, um halb zwei Uhr morgens, erschien ein blasser, an den Unterschenkeln tätowierter Mann auf einem Motorrad. Er hielt, als er Turek sah, und stieg ab, ohne ein Wort zu sagen.

○ ◉ ○

Driessen war gefasst, aber blass. Wenn die Sache mit Alina rauskommen würde, wäre das jetzt keine Katastrophe – gut, seine Frau wäre sauer, aber das wäre mit einer Shoppingtour nach New York wieder in den Griff zu bekommen. Eine wirklich epochale Katastrophe wäre es, wenn herauskäme, *wie* die Sache herausgekommen war, dass nämlich die Kommunikationstools, mit denen sie alles im neuen Stadtviertel ausgerüstet hatten, einfach in den unpassendsten Situationen ansprangen und *alles* aufzeichneten ... er sah schon die Schlagzeilen ... *Chef des Smartcityprojekts von eigenen Geräten beim Sex erwischt* ... die ganze Stadt würde lachen, die Reaktionäre sich den Bauch halten, der ohnehin schon so blasse, ständig verängstigte Bürgermeister vielleicht das ganze Projekt kippen ...

Sie könnte das Band verschwinden lassen, bevor andere drauf kommen, hatte sie gesagt. Sie wollte Geld. Sie hatte das sogar relativ nett formuliert, sie stecke da in Schwierigkeiten, und er ja jetzt irgendwie auch, da könnten sie sich vielleicht gegenseitig helfen, und wenn sie mal viel verdiene, zahle sie es auch wieder zurück ... Ihm doch egal. Blöd gelaufen. Wirklich blöde Geräte. Er würde das in die Steuer hängen: Forschungsauftrag für Frau Dingsdabums, technologische Beratung: 50 000 Euro. Bitte sehr. Gar kein Problem! Andererseits eine schöne Summe Geld. Ganz schön frech. Dafür, dachte er, bekäme man in Moskau vermutlich auch einen erstklassigen Auftragskiller, aber den Gedanken verdrängte er schnell wieder.

∘ ● ∘

Der Motoradfahrer hielt an, ließ sich die Lage erklären, wiederholte das Wort »Ladestation« mit dem für die Gegend üblichen freundlichen Amüsement in der Stimme und reichte Turek sein Mobiltelefon, damit er die Tesla-Hotline anrufen konnte. Er deutete, während Turek auf eine Antwort wartete, auf den Sozius und fuhr ihn zu seinem havarierten Auto. Er war Bäcker in einer der Industriebäckereien in der Gegend und auf dem Weg zur Arbeit.

∘ ● ∘

Am folgenden Tag fuhr Turek mit Illenberg zum Testgelände. Borofsky, der Elektriker, kam ihnen an der Einfahrt entgegen, sein Assistent schlurfte hinter ihm mit einer schweren Werkzeugkiste her, er trug Crocs und ein T-Shirt, auf dem das Bild eines Wolfes mit einer Zielscheibe unterlegt war.

Was ist denn das, sagte Turek.

Der Wolf, sagte der Assistent. Der muss jetzt endlich mal bejagt werden. Wir haben hier nüscht, aber Wölfe haben wir mittlerweile mehr, als wir brauchen. Das könnte man sogar zu einem Geschäft machen.

Illenberg drehte sich um und lachte.

Die sind sauer hier, dass sie die Wölfe nicht abschießen dürfen, und ich verstehe sie. Kannst nicht mehr in den Wald gehen, kein Waldspaziergang mehr mit Kindern und Hunden. Aber das wäre doch wirklich mal eine Idee für den Ostsachsen, sagte er, für Deutschland überhaupt, einfach den Tagebau fluten, dann hat man schon mal sehr schöne Seen, ein paar alte Kleinstädte für chinesische Touristen herrichten oder neu bauen und den Rest renaturieren, und da dürfen die Chinesen dann Wölfe abschießen, auf Wolfsafari gehen, so wie die Engländer in Kenia vor hundert Jahren auf Löwenjagd gegangen sind.

Ha, sagte Turek. Ostsachsen wird die Serengeti von Deutschland!

Genau! Arbeitslose als Gewehrträger, die die Spur des Wolfs im Auge behalten, der chinesische Tourist im Khakioutfit hinterher oder auch als deutscher Jäger verkleidet, dazu gab es die Wildschweinjagd, das Wildschwein, das erledigt man nebenher im Busch gleich mit und isst es abends am Feuer auf, und dann das Schmettern und Krachen eines .505ers, wie man es früher in Afrika benutzte, mit einem Mündungsdruck von zwei Tonnen auf den deutschen Wolf, *Krawach!* Und dann den ausgestopften deutschen Wolf mit nach China nehmen. Bombengeschäftsmodell.

○ ◉ ○

Sie waren am frühen Abend zurück. Turek hatte Hunger und bestellte per App eine Pizza. Eine halbe Stunde später tauchte ein reichlich heruntergekommener Fahrradbote auf. Es war Malewitz. Er trug eine eigenartige Rennraduniform, draußen auf der Straße parkte sein Liegerad.

Hi, sagte Malewitz etwas verlegen, als Turek die Tür öffnete.

Turek starrte ihn an. Irgendwas mit dem Boot musste schiefgegangen sein.

Komm rein, sagte er. Magst du ein Stück von deiner Pizza?

Danke dir. Muss weiter. Geld verdienen.

Turek klappte den Pappdeckel der Pizzapackung auf. Offenbar hatte Malewitz die Pizza senkrecht in einer Satteltasche verstaut, oder sie war ihm auf der Treppe runtergefallen, jedenfalls befand sich ein unansehnlicher Matsch aus Tomaten, zerlaufenem Käse und einer verformten Teigmasse in der oberen linken Ecke des Pappkartons.

Tut mir leid, sagte Malewitz. Also, bis dann.

Turek sah ihn unten auf sein Liegerad steigen, wie er es schon zu Schulzeiten getan hatte, er saß dort, einen Fuß nach vorn aufs Pedal gestellt, das Kinn auf der Brust, und schaute auf sein Mobiltelefon. Dann trat er in die Pedale und verschwand im Dunkel der Nacht.

Driessen rief Turek an; er hatte sich die Sache mit den Schlafzellen noch einmal überlegt, ein Problem würden in Zukunft die prekären Arbeitsnomaden sein, die im Plattformkapitalismus zu wenig verdienen, um sich eine richtige Wohnung zu leisten, aber andererseits brauche man heute auch weniger Platz – nur ein Handy, einen Schlafplatz, eine Ladestation, wenn man das als neue, postmaterielle Freiheit verkaufen würde, sähe er da wirklich einen großen Markt.

o O o

Ein paar Wochen später hatte Turek einen seltsamen Unfall, zu dem es kam, weil Alexander Driessen eine Krisenkonferenz einberufen hatte, bei der Turek nicht fehlen durfte, Turek hatte eine hektische Nachricht von Driessen bekommen, die er offenbar per Spracherkennung in sein iPhone diktiert und dann nicht mehr kontrolliert hatte, jedenfalls forderte er Turek auf, *Doktor Rolf zu taktieren*, aber Doctoroff war nicht erreichbar, und Turek war zu spät dran, er raste durch die Seitenstraßen, bog in der Hoffnung, dass irgendwer seinen Parkplatz verlassen habe, in die gleiche Straße ein, durch die er eben schon gefahren war, ein Radfahrer, den Turek überholte, eierte erschrocken beiseite, weil er Tureks lautlosen Tesla nicht gehört hatte; der Gurtwarner bimmelte verzweifelt, weil Turek nicht angeschnallt war und sich also in Todesgefahr befand, aber das Bimmeln machte ihn noch nervöser, Turek fuhr viermal um den Block und bog dann entnervt auf den Kurfürstendamm ein, auf dessen Mittelstreifen eine Reihe von Wagen quer parkte, die tief stehende Sonne blendete ihn und ließ alles vor ihm wie verkohlte Gegenlichtruinen aussehen, schließlich entdeckte er hinter einem Geländewagen eine freie Lücke und rauschte erleichtert hinein – viel zu schnell, um noch bremsen zu können, als er erkannte, dass am Ende der scheinbar freien Lücke ein Smart parkte. Turek stampfte auf die Bremse, der Tesla ging heftig in die Knie und tauchte mit seiner flachen Nase unter die Stoßstange des Smart und katapultierte ihn beim Aufprall so aus der Parklücke heraus, dass er mit einer bizarren Vorwärtsrolle aus dem Mittelstreifen auf die gegenüberliegende Straßenseite direkt vor die Glasfassade eines menschenleeren Pradageschäfts geschleudert wurde und dort auf dem Dach mit den Rädern nach oben wie ein erlegtes Wild liegen blieb. Tureks Wagen hatte bloß ein paar Kratzer an der Stoßstange und sein Nummernschild verloren, stand aber ansonsten unauffällig und ordnungsgemäß in der Lücke, die eben noch der Smart besetzt hatte. Es war nicht einmal ohne Weiteres zu erkennen, dass die surrealistische Anordnung des auf dem Dach liegenden Smart überhaupt etwas mit seinem Wagen zu tun hatte. Passanten würden den umgestürzten Kleinwagen vielleicht für Überreste einer Kunstperformance halten, immerhin war das Berlin hier, und die Leute waren daran gewöhnt, hinter Dingen, die ihnen seltsam vorkamen, erst mal das Werk von Künstlern zu vermuten. Eigentlich also hätte Turek die Szene verlassen können, aber der Tesla hatte bereits automatisch Polizei und Krankenwagen alarmiert; die Sensoren hatten die Kollision als schwereren Zwischenfall eingestuft. Als er, noch etwas benommen, ausstieg, hörte er schon das näher kommende Getute mehrerer Sirenen.

∘ ● ∘

Aura war mit dem Jungen ein paar Tage ans Meer gefahren. Jetzt stand der Junge am Wasser mit windzerzausten Haaren und einem Bodyboard. Einer der Surfer, die draußen hinter der Sandbank im Line-Up lagen, nahm eine Welle und kam ihm entgegen. Sie beobachtete die beiden, die Knie unters Kinn gezogen, in aufmerksamer Kauerstellung von ihrem Strandhandtuch aus. Louis schien ihn zu mögen. Netter Typ. Strahlte, winkte ihr kurz zu, als Louis mit dem Finger auf sie zeigte. Wirklich netter Typ.

Vielleicht ein bisschen unterbelichtet, obwohl – nein, nett. Doch.

Jetzt spielte er mit dem Jungen, warf ihn in die Luft über einer Welle. Hatte sein Vater nie mit ihm gemacht. Vielleicht machte er es mit den Kindern, die er mit seiner neuen –

Der Surfertyp kam jetzt rüber zu ihr. Verabschiedet sich. Keine blöde Anmache, nur ein sehr fester Händedruck und ein paar nette Worte, was das für ein wunderbarer kleiner Junge sei. Fast ein bisschen verdächtig. Nicht, dass der –

Ach, wahrscheinlich einfach nur nett. Und sah gut aus.

Später ist das Kind am Strand eingeschlafen, und sie riecht an seinem Kopf. Sie hat nie aufgehört, zu überprüfen, ob er gut atmet, sie horcht jede Nacht, ob er gut Luft kriegt, kein Kissen auf dem Kopf hat, obwohl sie weiß, selbst wenn er mal ein Kissen auf dem Kopf hat, erstickt der nicht mehr. Sie sind abgehauen, sie beide, er und sie. Sein Vater fand das in Ordnung, er schien fast erleichtert, er komme immer mal zu Besuch, hatte er gesagt, als sie sich getroffen hatten, er hatte ihr sogar noch ein paar Kisten mit ins Auto getragen, die Treppen runter, einmal hatte er sie über die Kiste hinweg sogar etwas verlegen angelächelt, das erste Lächeln seit ein paar Jahren, in der Dunkelheit des Flurs war er rückwärts vorangegangen und hatte sie, die hinten die Kiste festhielt, in einem seltenen Moment behutsamen Einverständnisses hinter sich hergezogen, ein wackeliger Vierbeiner auf seinem Weg nach draußen.

Das Geld würde für ein Jahr gut reichen, dachte Aura, und hier, mitten auf dem Land in Frankreich, sogar für zwei. Miete für das alte Steinhaus hinter dem Bach, an der Brücke: 380 Euro im Monat. Da könnte sie ihre Arbeit fertig schreiben. Im Sommer war es hier ziemlich heiß, aber dann konnten sie in den

Wald gehen. Im Wald gab es einen See, frisches Wasser. Am Ufer Enten. Manchmal zerfetzte ein Fuchs eine der Enten, dann trieben leichte weiße Federn übers Wasser. Louis und sie würden zwei Jahre hier leben, bevor er in die Schule musste. Fantastisch. *Love Alexa.*

WALD

Turek wartete auf Illenberg. Ein paar Tische vor ihm saß ein Mann, der ihn an etwas Unangenehmes erinnerte; es war Malewitz. Er trug eine Sonnenbrille und trank Mate. Als er sich umdrehte, erkannte er Turek und kam an seinen Tisch. Turek fragte ihn, wie es auf dem Boot lief.

Gut und schlecht, sagte Malewitz.

Fang mit schlecht an, sagte Turek.

Schlecht ist, dass die beiden Schwulen ausgezogen sind. Ihnen wurde nachts auf dem Boot schlecht, und der eine musste sich immer übergeben. Habe sie rausgeschmissen. Dann hab ich, wie du gesehen hast, wieder ausgeliefert. Aber das sind Arschlöcher bei Deliveroo. Du darfst dein Handy mitbringen und dein Fahrrad selber reparieren; früher hattest du bei Domino Pizza noch einen Roller, den die zahlten, aber das ist jetzt vorbei.

Malewitz machte eine Handbewegung, die etwas Unsichtbares köpfte. Illenberg tauchte auf und setzte sich dazu.

Auweia, sagte Turek. Jetzt die guten Nachrichten.

Ich hab ja noch ein paar alte Fahrräder gehabt und ein paar Typen aus dem Asylcontainer angesprochen. Aus Ghana. Nette Typen. Hängen da den ganzen Tag rum und wollen was arbeiten und dürfen nicht und kriegen jetzt auch nicht wirklich Geld. Das ist doch blöd. Wenn ich jetzt einen Auftrag kriege, gebe ich den an die weiter. Wir machen halbe-halbe. Die kriegen zwei Euro pro Lieferung. Ich bin jetzt sozusagen selbst eine Plattform, verstehste? Komme auf 15 Euro pro Stunde und fahr selber gar nicht mehr.

Malewitz schaute auf sein Telefon und erhob sich.

Kannst du das eben übernehmen, murmelte er und legte Turek die Hand auf die Schulter.

Habe es grad nicht passend. Muss zum Boot, Bewerber anschauen. Auf Wiedersehen, Jungs.

So ein Arschloch, sagte Illenberg, als Malewitz gegangen war.

Turek schaute finster.

Aura ist in Tarnac, sagte er.

In Frankreich?

Ja. In diesem Dorf, ausgerechnet. Sie kennt jemanden dort, der ihr sein Haus gibt. Sie hat mir geschrieben, dass sie dort ist.

Er wusste von Tarnac vor allem, dass die französische Regierung dort die Verfasser des berühmten Traktats *Der kommende Aufstand*, vermutete, das von einem anonymen Kollektiv verfasst worden war. Die französische Gesellschaft, so die These der Autoren, stecke zwischen trübseligem Konsum, kleinbürgerlichem, unsolidarischem Egoismus und einer grundlegenden Perspektivlosigkeit fest; helfen könne an diesem Punkt nur eine Ausweitung des Aufstands, der in den Banlieues 2008 stattfand. Im letzten Kapitel wird eine Art Anleitung zur Revolution formuliert und dazu aufgefordert, sich sein Essen in Supermärkten zu stehlen und Schnellzüge, Server und überhaupt die ganze Infrastruktur des modernen Kapitalismus lahmzulegen. Der Ort war dann von 150 Polizisten umstellt worden, mehrere Hubschrauber kreisten über dem Dorf, Spezialeinheiten drangen am frühen Morgen in die Gebäude ein und nahmen zwanzig Frauen und Männer fest, die dort seit einiger Zeit in einer Art Kommune lebten, aber weil ihnen nichts nachgewiesen werden konnte, musste man sie laufen lassen.

Turek hatte die Mitteilung, dass Aura dort für ein paar Wochen sei, so nervös gemacht, dass er unbedingt dort hinfahren wollte, um sie zu treffen und mit ihr zu reden, denn warum, sagte Turek, schreibt sie mir sonst, wo sie ist, wenn sie nicht will, dass ich sie treffe?

○ ● ○

Turek flog nach Bordeaux. Die Fassade seines Hotels, ein Sandsteinbau aus dem 19. Jahrhundert, war frisch sandgestrahlt worden; das Haus gegenüber war pechschwarz vom Ruß der Autos und der Kamine. An einem Fenster des schwarzen Hauses sah Turek zwei uralte Gestalten sitzen, die durch vergilbte Gardinen auf die Straße schauten. Sie hatten dort vermutlich schon gewohnt, als die Fassade noch weniger schwarz war. Bald würde ihr Haus gereinigt und sandgestrahlt und zum zehnfachen Preis neu vermietet werden an ein paar reiche Pariser, die es sich leisten konnten, von Bordeaux aus mit dem TGV in die Hauptstadt zu pendeln, um dort in ihren Internetfirmen nach dem Rechten zu sehen, und ansonsten hier ihre Tage mit Rotweintrinken und Golfspielen zu verbringen, und die Alten könnten dann sehen, wo sie bleiben, und dann würde auch der alte Schlachter, der morgens noch ganze Schweinehälften aus einem Kühltransporter in den hinteren Teil seines Ladens schleppte und dort fachgerecht zerhackte, ersetzt werden durch eine Sushibar oder ein Fachgeschäft für balinesische Massage. Der alte Mann legte seine Hand auf die Schulter der alten Frau, und die strich sich eine graue Strähne aus der Stirn und lächelte ihn an. Turek betrachtete dieses Monument eines vermutlich seit sechzig Jahren anhaltenden Glücks mit gerührter Verbitterung und ließ die Rollläden herunter. In dieser Nacht träumte er davon, wie er einem Roboter Stromschläge verabreichte, bis er feststellen musste, dass dieser Roboter in Wirklichkeit er selbst war.

Am nächsten Morgen nahm er sich einen Wagen und fuhr über die Garonne immer tiefer ins Landesinnere hinein, wo die Pinien in Buchenwälder übergingen.

Er fuhr auf der D160, einer schmalen Landstraße, nach Tarnac hinein. Da standen uralte Steinhäuser mit braunen Fensterläden und weißen Fenstern und Schieferdächern. Ein Kolonialwarenladen, der in eine kleine Bar überging. Keine Menschen. Turek betrat die Bar, in der vier Gestalten saßen und mit grimmigen Blicken die Köpfe zusammensteckten. Turek fragte nach Aura, die niemand kannte, trank einen Rotwein und hörte ein Gespräch im Nebenraum mit. Am Abend werde in der Ferienanlage etwas stattfinden. Die Stimmen verließen den Raum und nahmen die Körper von zwei dünnen Männern an, die zu dem alten Peugeot schlurften. Turek zahlte und fuhr ihnen hinterher. Sie bogen auf halbem Weg zwischen Tarnac und Peyrelevade ab und fuhren auf einer schmalen Piste in einen Wald hinein. Dort stellten sie ihren Wagen auf einem Parkplatz ab und liefen einen zugewucherten Feldweg entlang. Turek folgte ihnen.

Auf einer Lichtung stand ein verfallenes Holzhaus mit einer gläsernen Pyramide auf dem Dach, das sie in den siebziger Jahren gebaut hatten und damals enorm futuristisch ausgesehen haben musste. In einem alten, nur mit schlammigem Regenwasser gefüllten Swimmingpool trieben Algen, Bretter und Tische. Restlicht fiel durch die Tannen. Ein paar Hundert Meter weiter waren Stimmen zu hören. Vor einer erleuchteten Hütte saßen vielleicht dreißig Menschen im Gras und hörten einem Redner zu.

Der hagere, schwarz gekleidete Typ, den Aura vermutlich als extrem gut aussehend beschrieben hätte, hielt eine Art Rede und kündigte an, dass man ein Spiel spielen werde: Die Apokalypse habe schon stattgefunden, erklärte der Mann; das Essen sei schon mutiert, die Köpfe technologisch penetriert, es gebe nun zwei Teams, die Menschen und die Zombies, die in den Wald ausströmen und sich dort bekämpfen sollten; man könne auswählen, in welchem Team man sei. Jemand ließ sich neben Turek im Schneidersitz nieder und reichte ihm stumm ein Bier. Er trug ein zerlöchertes schwarzes T-Shirt und Combat trousers. An seinem Hals baumelte ein Lederband, an dem etwas Weißes hing, vielleicht der Zahn eines Hais. Bald war es dunkel. Hier und da riss die am Himmel vorübertreibende Nachtbewölkung auf und gab den Blick auf einen warmen Mond frei.

Die Gesellschaft brach jetzt auf. Turek stolperte im Halbdunkel in einen Waldabschnitt, in dem er Aura zu erkennen glaubte, aber es war eine etwa zweiundzwanzigjährige Amerikanerin mit Springerstiefeln und lila eingefärbten Haarsträhnen, die ihn auf Englisch ansprach.

Hi. Are you a Zombie?

No, antwortete Turek.

Then you are one now, sagte die Frau und markierte seine Brust mit einem rauen Kohlestift. Dann verschwand sie im Dunkel der Tannen.

Turek kämpfte sich aus dem kratzenden Unterholz heraus zurück zur Hütte. Ein Mann mit einem Lederhut stand im Unterhemd hinter einer Bar und musterte ihn.

Hé, Zombie! Habe dich noch gar nicht gesehen. Mit wem bist du hier?, fragte er.

Mit ... also, wegen Aura, sagte Turek.

Die Antwort schien dem Mann auszureichen, er stellte Turek einen Rotwein in einem Plastikbecher vor die Nase und goss sich nach.

Ich bin gerade angekommen, sagte Turek. Ich habe sie noch nicht gefunden. Sie hatte mir geschrieben. Ich erreiche sie aber nicht, sie muss ihr Telefon aushaben.

Wir haben hier alle das Telefon aus, sagte der Mann und drehte sich eine Zigarette.

Was ist denn das hier für eine Anlage, fragte Turek und zeigte in Richtung der vermoderten Poolanlage.

War mal ein Ferienlager der Electricité de France. Jetzt schon lange aufgegeben, war denen zu teuer, nur so für ihre Mitarbeiter, und anderen Touristen war es zu weit abgelegen. Wir bauen es uns jetzt ein bisschen aus.

Turek war gerührt von der wortkargen Freundlichkeit, die ihm entgegenschlug, aber noch mehr irritierte es ihn, dass man von Aura offenbar wusste, ihm aber ihre Adresse nicht sagen wollte. Was war das hier?

Komm morgen früh in die Bar, da ist sie immer mit ihrem Sohn, sagte der Mann. Du kannst hier schlafen, wenn du magst.

Turek bedankte sich und ging zum Auto. Im Gras hinter den Ulmen lag ein nacktes Paar. Sie schauten Turek lange an, als wollten sie ihn einladen, sich zu ihnen zu setzen. Turek lächelte ihnen zu und fuhr nach Tarnac zurück. Die Bar und der Laden hatten geschlossen. Die Stille war vollkommen, man hörte keine Autos und keine Flugzeuge und keine Menschen. Er parkte unter einer Eiche und stellte die Rückenlehne flach; im Radio lief eine Spielshow, bei der man Einkaufsgutscheine für die Supermarktkette Super U gewinnen konnte. Gegen drei Uhr morgens fiel er in einen tiefen, traumlosen Schlaf.

Fünf Stunden später wachte er davon auf, dass der Typ aus der Waldhütte an seine Seitenscheibe klopfte.

Wenn du zu Aura willst, sie ist oben beim Kongress am Sägewerk. Du kannst einfach denen da hinterherfahren.

Turek nickte, startete den Motor und fuhr einem weißen Transporter hinterher. Der Weg schlängelte sich am Waldrand einen Berg empor. Über Nacht hatte es geregnet, die Wiesen waren noch feucht, ein junger Typ mit einem dicken Wollpullover trieb eine Herde Schafe in Richtung eines Wagendorfs. Aus dem Schornstein eines Bauwagens qualmte es. Der Transporter hielt neben einem langen Holzgebäude, vor dem frisch geschnittene Bretter lagen. Es roch nach Holz und Schaf und nach feuchten Wiesen. Irgendwo plätscherte ein Brunnen. Im Tal hörte man eine ferne Glocke – es war der hohle, metallische, trockene Ton, an dem man kleine und abgelegene und arme Dörfer erkannte, in deren Kirchtürmen etwas hing, was eher an die Glocken am Hals der Kühe oder an Löffelschläge in Kochtöpfen erinnerte als an das sonore, vielstimmige Angebergebimmel, das aus den Türmen großstädtischer Kirchen drang. Ein Neufundländer trottete auf ihn zu.

Gegenüber dem Sägewerk war eine lange, offene Scheune zu sehen, in der sich etwa achtzig Menschen versammelt hatten. Sie saßen an Bierbänken und schauten auf eine große Leinwand. Ein Mann hielt einen Vortrag, der von Robotern handelte. Turek lehnte sich zu seiner Nachbarin.

Entschuldige, wer ist das?

Das ist Betafighter.

Betafighter, ja? So heißt der?

Ja. Das ist sein Waldname.

Der Mann, dessen Waldname Betafighter war, zeigte Bilder von Robotern und von iPhones. Er sagte, dass wir etwas gebaut hätten, dessen Verhalten wir selbst nicht mehr verstünden – wir wissen nicht, was die Algorithmen von uns wissen, sagte der Dozent, und was sie mit diesem Wissen machen werden. Die Technik komme uns als etwas Fremdes entgegen, als Natur, und habe sich gleichzeitig schon in uns hineingefressen und säße in den Windungen unserer Gehirne.

Das Problem sei nicht, dass die Roboter den Menschen immer ähnlicher werden, sondern dass die Menschen sich immer mehr wie Roboter verhielten und willenlos die Befehle exekutierten, die die Algorithmen ihnen gaben, die Roboter legten sich um die Körper und saugten ihnen an ihren Oberflächen alle Informationen ab, Angstzustände, Begierden, sie penetrierten ihre Haut bis in ihr Innerstes, in ihnen seien Roboter, und sie seien in Robotern, seien roboterisiert, und es gebe kein Außen mehr, und wo das enden würde, sehe man in China, an dem Sozialpunktesystem, das sie dort einführten und das die Bürger bewerten und erziehen sollte, der Staat verwandele sich sozusagen in eine Rating-Agentur und bewertete das Verhalten seiner Untertanen anhand von Einkäufen, Bezahl-Apps, Internetsuchen, Auftritten in sozialen Netzwerken, Kranken- und Polizeiakten, aber auch anhand der Gesichtserkennungskameras, die bald überall in allen chinesischen Städten und Dörfern installiert werden würden. Bürger mit über 1300 Punkten waren AAA-Bürger und bekamen Zugang zu guten Schulen und billigen Flugtickets, wenn man in dieser Behaviourokratie dagegen eine Nacht lang durch die Straßen zog und ungute Lieder sang, zack, waren ein paar Punkte weg, und man durfte nicht mehr Schnellzug fahren, wenn man den Staat im Internet kritisierte, dann fiel man unter 600 Punkte und konnte seinen Arbeitsplatz verlieren und irgendwann weder einkaufen noch irgendwo hinfahren, dann war man in seinem Haus festgenagelt und immobilisiert, und aus den Datenspuren der Bürger konnte man errechnen, wie sie sich in der Vergangenheit verhalten hatten und wie sie sich in Zukunft verhalten würden.

Sicherlich würde es Manipulationsversuche geben (in der ostchinesischen Provinz Shandong hatte sich jemand bereits ein Programm geschrieben, das für ihn jeden Morgen die Website der parteinahen Volkszeitung öffnete, wofür es ebenfalls Bonuspunkte gab), und vielleicht würde es sogar eine kleine Protestbewegung geben, eine Art Datapunk-Bewegung, die mit Stolz ihren Score auf unter 600, in Richtung null Punkte drücken würde, aber diese Leute wären sowieso bald nicht mehr auf der Straße zu sehen und deswegen kein Problem.

Aber dies hier, sagte Betafighter feierlich und zeigte auf den Hund vor dem Sägewerk, sei außen, von hier aus, in einer Gegend ohne Empfang, die so dünn besiedelt war, dass weder 5G noch 3G Sinn machen würde, könnten die Selbstdenker gegen die Ferngesteuerten antreten und, mehr noch, rausfinden, wer die Maschinen programmiert, die in uns eindringen (Betafighter schlug sich an dieser Stelle auf die Brust), und schließlich selber welche programmieren, Coder ausbilden, denn Coding sei die nächste Kampfzone.

Das Publikum applaudierte. Turek trat vor die Scheune, an deren Ende eine kleine Küche lag, in der zwei kleingewachsene Männer Kräuter in einen riesigen Kupfertopf schütteten; einer von ihnen musste, um die Suppe umrühren zu können, auf einem alten, dreibeinigen Schemel stehen. Zwei Frauen redeten auf Spanisch aufeinander ein. Auf einem Zettel stand zu lesen, es sei »zu spät, um pessimistisch zu sein«. Ein schweigsamer Peruaner blätterte in einem Buch von Sherry Turkle. Drinnen sprach jetzt eine Rednerin über neoliberale Gouvernementalität im Netz, aktuell, sagte sie, reproduziere das Internet nur bestehende Machtverhältnisse – man müsse digitale Infrastrukturen zurückerobern und sich in der maschinistischen Dimension einnisten, um eine Reserve des Möglichen, das in der Maschine existiert, zu entdecken: wenn die Programmierung des Empfindens dieses in bekannte Kanäle lenken soll, müsse die Antwort ein Angriff auf die Server sein, eine unkontrollierbare Erregung, die Maschinen und Algorithmen erfasse ... Das Dorf sei nur dann revolutionär, wenn in ihm ein virtuelles zweites entstehe, das überall sei, in Russland und Australien, eine Plattform, deren Nutzer keine für Staat und Konzerne interessanten Spuren hinterlassen.

Ein weiterer Mann trat auf, dünn, mit wirren Locken, die er, wenn sie ihm beim Blick hinunter auf seinen Notizzettel in die Stirn und vor die Augen fielen, mit einem entschlossenen Schütteln, wie ein Pferd, aus der Stirn warf.

Seit dem Zusammenbruch der Sowjetunion '91, begann der Mann, »hat sich das Weltsozialprodukt, also alle auf der Welt produzierten Reichtümer, von 6500 Milliarden US-Dollar bis 2018 auf 20 500 Milliarden US-Dollar verdreifacht. Die 500 größten transkontinentalen Privatkonzerne – alle Sparten zusammen – kontrollieren 52,8 Prozent des Weltbruttosozialproduktes. Diese 500 Konzerne haben eine ideologische, militärische, technologische, wissenschaftliche, politische Macht, die nie ein Kaiser, ein König oder ein Papst innehatte auf diesem Planeten. Sie entschwinden jeglicher sozialer, parlamentarischer, gewerkschaftlicher Kontrolle. Sie sind stärker. Da gibt es viele Beispiele. Konzerne geben ihre Befehle direkt durch, auch an Staatschefs. Eine Weltdiktatur der Konzerne. Ich sage es noch einmal: Die können sehr viel, denn sie beherrschen den wissenschaftlichen, technologischen, elektronischen Fortschritt. Aber sie funktionieren nach einem einzigen Prinzip, dem der Profitmaximierung in möglichst kurzer Zeit zu jedem menschlichen Preis. Diese kannibalische Weltordnung müssen wir brechen, bevor sie uns und den Planeten total zerstört. Wir müssen ...«

Turek griff nach einem Stück Baguette und trat vor die Tür.

Dort: Dampfende Wiesen. Feuchtigkeit. Tau im Gras. Dunkel durchweichte Lederschuhe. Schlamm. Geruch von frischem Holz und Rauch und nassen Kleidern. Weiter hinten Schafe.

Wenig später sah er Aura. Sie trug ein langes Baumwollkleid und ein Trägertop. Ihr Sohn spielte mit dem Neufundländer; er steckte beide Hände in das weiche Fell des Tieres und sah ihn nicht. Ein Mann mit langen schwarzen Locken nahm ihre Hand; am Eingang einer Hütte küsste er sie und zog sie ins Dunkel eines Flurs.

Willst du mit zu den Schafen? Wir scheren heute, sagte eine krächzende Stimme hinter ihm. Turek drehte sich um. Ein mittelalter Mann stand hinter ihm. Er hielt einen überdimensionierten Rasierapparat in der Hand wie einen Dreizack, er sah aus wie ein Neptundarsteller, der sich verlaufen hatte. Weiter hinten trug jemand lange Bretter aus dem Sägewerk. Zwei Typen versuchten, mit einem Kleinwagen eine lehmige Piste hinaufzufahren.

Der Mann hinter ihm zuckte mit den Schultern, als Turek nicht antwortete, und verschwand in der Küche. Jemand trug eine Salatschüssel in die Scheune. Offenbar stand ein gemeinsames Mittagessen bevor. Turek war übel.

Auf der Rückreise schlief er in einem Ibis-Hotel. Er landete gegen Mittag in Berlin.

○ ● ○

Turek veränderte sich. Er verbrachte jetzt mehr Zeit als üblich in der Serverfarm vor der Stadt. Die Ordnung der Dinge dort beruhigte ihn, das Summen der Speicher, das regelmäßige Blinken der Kontrollleuchten, die Schönheit des bläulichen Lichts, das im hinteren Teil der Halle in einem nebligen Pastellton verschwamm. Er hätte noch lieber das Qattara-Projekt bekommen, aber das hatte Driessen Sara gegeben, weil sie Arabisch konnte, und die Serverfarm war ein guter Ort. Er ging zwischen den Serverracks spazieren wie andere Menschen im Wald, bückte sich wie ein Pilzsucher, wenn er einen Riss im Betonboden entdeckte, und erfreute sich an großen Kabelbäumen und Lüftungsrohren wie an mächtigen Baumstämmen und sah nach seinen Spaziergängen fern.

Am Rande der internationalen Proteste gegen den G8-Gipfel in Biarritz war es zu Ausschreitungen gekommen. Im Fernseher liefen Bilder, die die Überwachungskameras von den Randalierern gemacht hatten; an einer Straßenecke glaubte Turek Aura zu entdecken, ihr Gesicht war mit einem Tuch vermummt, aber die Art, wie sie sich auf die Barriere vor einer Filiale der Crédit Agricole schwang – so, wie ein zuversichtlicher Cowboy sich auf sein Pferd schwingt –, kam ihm vertraut vor.

○ ● ○

Jonathan Illenberg ging es nicht gut. Er redete davon, abzuhauen. Er habe keine Lust auf die neue Welt, er wolle Braten essen und Auto fahren und Fotos mit einer analogen Kamera machen, und ein altes Nokiatelefon reiche ihm.

Turek schaute ihn an. Er war höchstens dreißig. Nachdem er Kollegen mehrfach als Trottel beschimpft hatte, die nicht raffen, was hier eigentlich gespielt wird, hatte Turek ihn freigestellt, und die Ärzte hatten eine manisch-depressive Krise diagnostiziert.

Illenberg hatte ein paar grimmige Klimakatastrophenbücher einzulesen, die vorhersagten, dass alle Klimaschutzbemühungen sinnlos seien, weil schon jetzt ein Aufheizungsprozess in Gang gesetzt sei, der dazu führen werde, dass die

Menschheit in den kommenden 200 Jahren die Erde zumindest vorübergehend verlassen müsse, das habe auch Stephen Hawking gesagt, und Elon Musk arbeite deswegen an seiner Marsrakete, es sei, sagte Illenberg, habe er gelesen, zum Beispiel nicht auszuschließen, dass, wenn nicht alle furzenden Kühe und alle Kohlekraftwerke und die Bauindustrie sofort abgeschafft würden, die globale Erwärmung auf 7 Grad ansteige: Städte wie Karachi oder Kalkutta oder Lagos würden dann mehr oder weniger unbewohnbar werden, gigantische Dürren alle, die nicht direkt an der Hitze eingingen, in die kälteren Länder treiben, dann gäbe es eine Massenimmigration aus Afrika und Indien, vielleicht auch aus Teilen von China, die Erdbevölkerung würde trotzdem auf elf Milliarden wachsen oder mehr, gleichzeitig würde sich der bewohnbare Teil der Welt etwa um die Hälfte reduzieren, deswegen werde es eh Krieg geben hier in euren depperten Smart Cities, sagte er, und China wird Krieg führen im Pazifik und im Indischen Ozean, nur Lateinamerika werden sie in Ruhe lassen, zu viele Rohstoffe dort, das werden sie nicht bombardieren, die werden den Krieg über den Pazifik führen, dann ist am Atlantik Ruhe. Deswegen werde er nach Argentinien gehen, etwas ins Landesinnere hinein.

Und Qattara?

Wird ein Riesendesaster, sagte Illenberg, warte es mal ab.

∘ ● ∘

Sara rief über Skype an. Sie saß in irgendeinem Verwaltungsbau in Kairo auf dem Flur. Es gebe Probleme mit der Regierung wegen des Qattara-Projekts, sagte ihre Stimme, während ihr Bild erst zitterte und dann einfror (er fing an, Skype wirklich zu hassen) – die Beduinen, sagte das zitternde, festgefrorene Bild mit offenem Mund, machten jetzt richtig Druck mit ihrem Atomkraftwerk, sie glaube aber, dass sie es noch gedreht bekomme, die Chinesen wollten nämlich auch gern Agrarflächen und kein AKW, das helfe schon mal sehr, und dann müsse man nur schauen, wie man dann am Ende die Chinesen wieder rausbekomme. Na ja. So sei das gerade.

Turek betrachtete das sprechende Standfoto auf seinem Telefon. Die Augen waren auf dem eingefrorenen Bild zu, obwohl sie wahrscheinlich jetzt wieder offen waren. Turek überraschte sich selbst dabei, wie er mit zwei Fingern versuchte, das Bild größer zu ziehen, so dass er diese Haare besser sehen könnte, was auch ging, aber nur so lange, wie er die Finger auf dem Bildschirm hielt, danach sprang das Bild wieder auf das gewohnte Format zurück. Sara verabschiedete sich mit einem hupenden Rückkopplungsgeräusch, und ihr Kopf verschwand unter seinen Fingern und machte einer gründlich schwarzen digitalen Nacht Platz.

○ ● ○

Jemand hatte herausgefunden, dass Driessens Firma an einer Mining Company beteiligt war, die im Ostkongo Coltan abbaute und wegen ihrer Verbindung zu Rebellengruppen und des Einsatzes von Kindern in den Minen in Kritik geraten war. Turek müsse eine Lösung finden und ein bisschen PR machen, hatte Driessen erklärt, man würde eine Firma namens Fair Coltan gründen und nebenbei noch den Regenwald aufforsten oder so was.

Da blinkt jetzt wieder etwas, da brummt's, irgendwas meldet sich auf dem Display, jemand hat was gegen Driessen gepostet, da hat Turek einen Alert, da muss er reagieren oder zumindest die Social-Media-Leute antexten, die sitzen im vierten Stock, ein Haufen wirklich junger Leute, gerade neunzehn die jüngsten, deutlich eine andere Generation als Sascha Peterson, der ja schon siebenundzwanzig war, fast achtundzwanzig, in dem Alter war Jimi Hendrix jetzt schon tot – die sitzen da also mit Knöpfen im Ohr und Texten und posten die ganze Zeit und lassen sich Salate in Plastikschüsseln von Deliveroo-Flüchtlingen bringen, aber sind wirklich nett, posten auch nachts noch Sachen aus dem Bett raus, schlafen nie.

Auch bei ihm lag das Telefon jetzt immer mit im Bett. Vor einem Jahr noch hatte er es nachts zum Laden auf dem Küchentresen liegenlassen, aber seitdem war es unmerklich immer näher gekommen, bis es direkt neben seinem Bett seinen Platz fand, nie weiter als eine Armlänge entfernt. Manchmal schlief er sogar mit dem Telefon in der Hand ein und wachte von der leichten Vibration einer eingehenden SMS oder E-Mail auf.

○ ● ○

Illenberg aß sein drittes Croissant und las die Nachrichten. In der chinesischen Stadt Ningpo war die bekannte Unternehmerin Dong Mingzhu, Chefin des Klimaanlagenherstellers Gree, öffentlich angeprangert worden, weil ein automatisches Gesichtserkennungsprogramm sie erkannt hatte, als sie eine rote Ampel überquerte. Die Videokameras filmen die Gesichter, aufgrund der großen Datenbanken der Volksrepublik können sie leicht zugeordnet werden; zur Beschämung der Delinquentin wurde sie mit Namen und Ausweisnummer auf großen Bildschirmen am Straßenrand abgebildet. Dong Mingzhu hatte sich allerdings zum Tatzeitpunkt gar nicht in der Stadt aufgehalten. Die automatische Gesichtserkennung hatte ein Porträtfoto von ihr, das als Werbung für ihre Firma auf der

Flanke eines Linienbusses klebte, mit der echten Person verwechselt.

In Washington war ein Sicherheitsroboter der Firma Knightscope, während er um einen Gebäudekomplex herumpatrouillierte, in ein Wasserbecken gestürzt; er hatte die Stufen, die zum Wasser hinunterführten, trotz Laser und Sensoren und GPS nicht erkannt. Ein Foto zeigte den Roboter, der aussah wie eine Mischung aus einer Rakete und einem abstrahierten Ritter, er lag kopfüber im trüben Wasser und musste von mehreren Knightscope-Mitarbeitern mühsam aus dem Becken gehievt werden. Sie haben uns Teleportation versprochen, schrieb ein Kommentator, und alles, was wir bekommen, sind selbstmordgefährdete Roboter.

Illenbergs Health App meldete sich. Genau genommen war das Mobiltelefon mit all seinen Apps eine Worst-case-scenario-Maschine, das verdammte Ding schlug nie vor: Heute liegt die Temperatur der Seen über 22 Grad, lass doch die Arbeit sein, melde dich krank und geh schwimmen. Es ging immer nur um die bedrohliche Nähe zum Tod, das ganze Geschäftsmodell des Lebens im digitalen Spätkapitalismus basierte darauf, den Leuten Angst zu machen und Dinge zu verkaufen, die halfen, dem Tod zu entkommen: Autos wie Panzer, Apps, die ständig die Möglichkeit eines Herzinfarkts oder eines Überfalls errechneten; starben die Leute vielleicht früher, hatten sie vorher wenigstens Spaß; jetzt wurde das ganze Leben vom Tod her gedacht, und die andauernden hysterischen Bemühungen um Todesvermeidung liefen darauf hinaus, dass der Tod omnipräsent war und alles sich mit seiner ständigen Vermeidung befasste: Da saßen sie und versicherten sich und vermieden alle Gefahren und jedes Abenteuer und kamen aus lauter Angst vor dem Tod, wie man so sagte, ums Leben.

Illenberg kündigte am nächsten Tag. Es war ihm egal, ob er

irgendwann einen durch ständig aktive Frühwarnsysteme vermeidbaren Herzinfarkt bekommen würde, und egal, ob sein Kühlschrank sich mit seinem Auto unterhalten oder das Licht ausmachen konnte, er wollte *den letzten Kilometer* laufen, statt eine halbe Stunde lang an der Freischaltung eines Elektrorollers herumzutüfteln, er wollte nie wieder Robotern durch Sortierung von Zebrastreifen beweisen müssen, dass er kein Roboter war; er würde auch keine Verkäuferinnen kennenlernen, wenn alle Kassen robotisiert wären oder vor der Tür nur noch Drohnen statt echter Pizzaboten halten.

Er ging nach Argentinien. Das Letzte, was man von ihm sah, war ein Foto, das ihn vor einem Geländewagen zeigt, der in zweiter Reihe vor einer Bar bei Monte Hermoso parkt. Auf der Motorhaube stand eine Bierdose. Sein Hemd war mit rötlichem Staub überzogen und verschwitzt; er sah sehr glücklich aus.

Alina saß am Tresen ihrer Imbissbude und dachte an Driessen. Er sprach Russisch, das hatte sie gefreut, ein lustiges, verbogenes Russisch voller unterhaltsamer Fehler. Er hatte sie in seinem nicht ernstzunehmenden Russisch in die Stadt eingeladen, so hatte das angefangen – das heißt, es hatte damit angefangen, dass Berenkow und sie in Russland von Berlin geträumt hatten und stattdessen jetzt in einem Wald lebten, der noch mehr nach Russland aussah als alles Russische, an das sie sich erinnern konnte, inklusive der Wölfe. Es hatte damit angefangen, dass ihr Mann sie, seit das Kind da war, Mama nannte, und dass sie – wenn sie am Wochenende auf ihn wartete und auf die kahlen Apfelbäume schaute draußen, wo die Krähen hockten – ihre Freundinnen vermisste und gern ausgehen wollte, was aber nicht ging, weil sie kein Geld für einen Babysitter hatten, und Driessen ging mit ihr in die Stadt und behandelte sie wie jemand, der keine Probleme hat, und wenn sie abends heimkam, war ihr Mann da, den sie trotz allem, nur eben auf eine traurigere Weise, sehr liebte, und dann saßen sie auf dem Sofa und schauten fern und vermissten beide auf ihre Weise ihre Heimat und das Land, das sie sich dort vorgestellt hatten.

○ ● ○

Driessen saß draußen vor dem Borchardt unter der großen Jalousie auf einer roten Samtbank. Er war unrasiert und sah aus wie eine Mischung aus jemandem, der gerade vom Tennis kommt, und jemandem, der dabei war, die Kontrolle über sein Leben zu verlieren. Er trug ein T-Shirt und ein Sakko, dem man ansah, dass es einmal viel Geld gekostet hatte.

Setz dich, sagte Driessen, hab schon auf dich gewartet.

Hast du was vom Bürgermeister gehört?, fragte Turek.

Nichts. Sie haben die Hosen voll. Ich bin fertig mit denen. Ich lass das hier und konzentrier mich auf Qattara.

Was ist mit Fair Coltan?

Fair Coltan steht. Du fliegst runter und bereitest alles vor, ich komme in vier Wochen, wir machen den Vertragsabschluss und Pressekonferenz in Goma. Das Abbaugebiet liegt tatsächlich in der Nähe eines Schutzgebiets für Gorillas, aber ich mache das mit dem Gorilla, genau wie du gesagt hast. Die Leute mögen Gorillas, wir tun etwas für die Leute vor Ort und für die Gorillas. Der Gorillas wird das Symbol von Fair Coltan. Ich werde Gorilla-Pate. Sucht mir schon mal einen Affen aus, wenn ihr da unten seid.

Driessen war begeistert von der Idee, dass irgendwo im

Urwald im Grenzgebiet von Ruanda, Uganda und Kongo ein Gorilla herumlaufen würde, der seinen Namen trug, der mächtige, imperiale Silverback Alexander, mit dem er sich fotografieren lassen konnte. Viele Leute hatten Tiere, sie hatten Hunde oder Rennpferde; einen Gorilla hatte wirklich niemand.

Zwei Tage später saßen Sara und Turek in einer Air-Kenya-Maschine nach Nairobi.

GORILLA

Es wurde dunkel, aber es wurde nicht kälter. Auf der Avenue de la Révolution gingen die Straßenbeleuchtungen und die Neonröhren der Restaurants an, und die Stadt kochte weiter in einer Wolke aus Motorradabgasen und aufflammenden Bremslichtern und Gerüchen, die aus den Garküchen auf die Straße zogen. Ein Lastwagen schwankte mit heulendem Motor vorbei und bremste und hüllte die Hühner, die über die Straße rannten, in eine Staubwolke ein. Das Thermometer fiel kaum unter 30 Grad. Turek saß in einem grünen Plastikstuhl vor einer Bude hinter dem Markt und wischte sich mit den Ärmeln seines Hemdes das Gemisch aus Schweiß und rotem Staub aus der Stirn. Er winkte den Kellner heran und bestellte ein Bier. Sara stand ein paar Meter weiter entfernt, rauchte eine und textete mit Driessen. Das blaue Licht des Displays beleuchtete ihr Gesicht; sie sah wie ein rauchendes Hologramm aus. Turek schaute ihr zu wie bei einem wissenschaftlichen Experiment, bei dem es darum ging, gleichzeitig zu texten und eine Zigarette anzuzünden und mit der Hand, deren zwei Finger die Zigarette hielten, auch noch eine Dose Cola zum Mund zu bugsieren.

Auf der Straße lag ein kaputtes altes Radio, dessen Innereien aus der zerplatzten Plastikhülle heraushingen; eine Krähe zerrte an einem der Kabel, riss daran und hüpfte mit steifen Beinen um den havarierten Gegenstand herum.

Am Grenzposten zwischen Ruanda und dem Kongo stauten sich die Wagen, ihre Bremslichter glühten rot im einsetzenden Dunkel. Ein ausgeblichenes Plakat warb für Agashya-Saft. Auf den grün gestrichenen Stufen der Post, eines Art-déco-Baus, den die Belgier hier hinterlassen hatten, saßen ein paar Männer und rauchten. Ein Plakat warb für Trockenreinigungsmittel. Turek blinzelte ins staubige Dunkel, durch dessen Flackern der Geruch von verbranntem Holz und verbranntem Fleisch, der blaue Dunst der Zweitakter und der Geruch der Schornsteine zog. Wenn man Driessen glauben konnte, würde auch das hier irgendwann anders aussehen, verwandelt werden in eine lautlose, helle Smart City mit Elektrofahrzeugen und Niedrigenergiehäusern und einer in den See versenkten, mit Seewasser gekühlten Serverfarm. Immerhin lief ein Großteil der Leute hier zu Fuß, auch meilenweit, das war ja eines der Hauptprobleme, sagte Turek, dass die Leute in den Industrieländern nicht mehr laufen, dass sie auch für den letzten Kilometer nicht laufen wollen, sondern auf Elektrorollern stehen wie die Römer auf ihren Streitwagen, den Lenker wie Zügel haltend, ein eigentlich lächerlicher Auftritt, wie ein Römer, dem die Pferde abhandengekommen sind, die Leute, sagte Turek, würden immer dicker werden auf ihren Rollern und dann mit den Rollern ins Fitnessstudio rollern müssen, um dort auf einem Laufband zu rennen, um das zusammengerollerte Fett wieder loszuwerden.

Am Nachmittag waren sie mit einem Konvoi über die Grenze nach Goma gefahren und über den Boulevard Kanyamuhanga, der in einen Kreisverkehr mündete, wie man ihn aus Frankreich kannte, weiter auf den Boulevard Karisimbi bis vors Charité-Hospital. Dort hätten sie Herrn Wong treffen sollen, der sich um die Auswahl der Minen für Fair Coltan kümmerte, aber Wong hatte sich entschuldigen lassen, angeblich hatte es Probleme mit dem Wagen oder der Straße gegeben oder mit den Milizen, die die Pisten kontrollierten, so genau war das nicht zu verstehen; es würde jedenfalls erst in den kommenden Tagen klappen, und deswegen waren sie ins Hotel nach Gisenyi zurückgefahren und kümmerten sich darum, für Driessen eine Gorilla-Patenschaft zu organisieren (genau genommen war Sara nur deshalb mitgekommen; um für Driessen einen Affen auszusuchen).

Sie nahmen ein Taxi und fuhren zum Hotel zurück. Gisenyi war schön – jedenfalls am Ufer. Die Avenue de la Cooperation ging in die Avenue de la Production über und führte in Kurven am Nordufer des Lake Kivu entlang, der träge in der Abendhitze lag und hin und wieder ein paar kleine Wellen ans Ufer schwappen ließ. In den Hotels waren die Fenster festlich erleuchtet, und das Blau der Pools glitzerte unter den Palmen; aus der Entfernung, wenn man sich von Kigali näherte und plötzlich das Blau des Sees auftauchte, sah Gisenyi aus wie eine Cote d'Azur ohne Touristen. In der Mitte eines Kreisverkehrs hatten sie eine Art Denkmal errichtet, das ein Motorboot in einem Springbrunnen darstellte; es wurde von zwei Menschen mit eher europäischen Gesichtszügen – vielleicht Schaufensterpuppen – gesteuert, die man dunkel angemalt hatte. Der Mann lenkte das Boot, die Frau hielt triumphierend eine Art Kokarde in die Luft, so wie auf Kriegerdenkmälern die Soldaten ihr Schwert oder den Siegerkranz in die Luft halten.

Sie schienen Spaß zu haben und auf ihrem Motorboot einen schönen Erfolg zu feiern. Eine Aufschrift warb für die ruandesische Coge-Bank. Ein Armee-Lastwagen fuhr vorbei. Aus den Profilen seiner Reifen flog brockenweise rote Erde. Die Soldaten auf der Ladefläche trugen grüne Gummistiefel. Sie hielten ihre Gewehre im Anschlag.

Gegen neun tauchte Turek auf der Hotelterrasse auf. Er hatte geduscht, aber die gleichen Sachen an, die er schon auf der Anreise getragen hatte. Wenig später kam Sara, die ein langes indisches Kleid und Schuhe mit Korkabsätzen trug. Sie griff in ihre Handtasche und holte etwas heraus und schüttete es vor Turek auf den Tisch.

Was ist das?

Sand. Aus Qattara. Für dich.

Sie nahm die Karaffe und ließ langsam Wasser in den Sandhaufen fließen, bis das Rinnsal den Sand an den Rand des Tischs spülte. Die Terrasse begann sich zu füllen.

Vom Hotel aus konnte man die Grenze sehen. Die Lichter von Goma funkelten im Dunst. Der See war einer der größten des Kontinents, eher ein Binnenmeer. Vor der schwarzen Silhouette der kongolesischen Küste sah man einen riesigen Turm, sie fördern Methangas dort, deswegen traf man auch schon mittags ein paar russische Ingenieure an der Bar, die für Gazprom hier waren und ihre Zeit damit verbrachten, gegen die Hitze anzutrinken.

Draußen hielt ein Konvoi aus drei weißen Landrovern mit abgedunkelten Scheiben; den Kennzeichen nach kamen sie aus dem Kongo. Eine Gruppe schälte sich aus dem Fond der Geländewagen, die Frauen trugen bodenlange glitzernde Kleider und hatten die Haare hochgesteckt, die Männer steckten in engen dunklen Anzügen und trugen schmale Krawatten.

Nicht so schlecht, was, sagte Turek und zeigte auf den See. Das Wasser glitzerte. Hinter dem Hotel sah man die Hügel des Kongo und, halb verdeckt von den Palmen, die Silhouetten der Vulkane.

Ein Mann setzte sich zu ihnen an den Tisch.

Deutsch?, fragte er und hob seinen Drink zum Gruß. Er hatte einen roten Kopf, an dem die Schwerkraft mehr als an anderen Köpfen zu zerren schien; alles hing herab wie schweres Obst, die Nase, die Mundwinkel, die Ohren, die Augenlider. Er trug ein schwarzes Hemd mit weißen Zierstreifen. Das Einzige, was nicht hing, war die graue Haarbürste, die ihm steil vom Kopf abstand.

Turek sagte nichts. Sara schaute mit einem Auge von ihrem iPhone auf.

Ja. Sie offenbar auch.

Essen, präzisierte der Mann. Ihr macht hier Urlaub?

Turek schaute ihn ungläubig an.

Wir, *ahhm*, arbeiten hier, sagte Sara und setzte ihr professionelles Business-Weißzahnlachen auf. Im Hintergrund flog eine Tür auf, und eine neue Gruppe ließ sich krachend an einem langen Tisch nieder.

Gibt auch Leute, die hier Urlaub machen, sagte der Mann. Kommen von Kenia rüber. Ist sicherer hier. Hier kannst du mit ner Rolex schwimmen gehen, gar kein Problem. Bin hier für eine amerikanische Firma, machen hier eine Kooperation. Schöner Flecken Erde.

Ein Kellner erschien und verteilte die Karten.

Es gab Kivu-Grillplatte mit Lamm und Huhn und Rindfleisch für 16 000 Francs und ein Entrecote für 25 000 Francs, es gab Wein aus Südafrika und indisches Murg Tikka mit Pishori Reis aus Peshawar, es gab chinesische Dumplings und Kaviar.

Kaviar, sagte Turek. In Ruanda. Hätte man jetzt auch nicht gedacht.

Gibt es was aus der Region, fragte Sara, und der Kellner blätterte einen Moment lang in der Karte hin und her und zeigte auf die Fischgerichte. Sie bestellten Tilapia und die frittierten kleinen Sambaza-Fische, die sie im See fingen. *Beef for me*, sagte Sara. Very good, sagte der Kellner. Du willst *die Familie anrufen*, sprach, wie ein Geist aus der Handtasche, Saras Mobiltelefon. Die Bougainvilleas wippten sanft im Wind. Kaviar, wiederholte Turek. Die Karte sah tatsächlich eher nach Juan-les-Pins aus als nach der Grenze von Ruanda und Kongo. Die Lichter über der Tanzfläche gingen an. Weiter hinten begann eine Band eine kaum erkennbare Version des Songs *Aïcha* zu spielen, einem Hit des algerischen Sängers Cheb Khaled aus dem Jahr 1996. Zwei blasse Frauen in langen weißen Kleidern und Korksandalen begaben sich mit leichten Sprüngen auf die Tanzfläche; das Lied schien ihnen zu gefallen. Eine von ihnen trug ein T-Shirt mit einem *Save the Gorillas*-Aufdruck. Sie arbeiteten, erklärte der Ingenieur, für irgendeine NGO, die sich für die Affen oben in den Bergen einsetzte. Weiter hinten begannen die Landroverfrauen mit den Schmalkrawattenmännern zu tanzen.

Die sind aus Goma. Machen schmutzige Geschäfte. Kassiterit, Coltan, Erze. Der Kaviar wird von den Russen mitgebracht.

Die Speisekarte bildete ziemlich genau die neue Weltordnung ab: Dumplings für die chinesischen Rohstoffhändler und Roadbuilder, die sich hier mit kongolesischen Geschäftsleuten trafen und aus den Hügeln das Coltan rausholten, das man zum Bau von Mobiltelefonen, Laptops und Elektroautos brauchte; Kaviar für die russischen Gasingenieure, die am Ostufer an einem neuen Verstromungsprojekt arbeiteten; fair gefangene Fische für die Mitarbeiter der NGOs, die oben in den Bergen versuchten, die Gorillas vor all denen zu retten, die hier unten neben ihnen saßen.

Die gegnerischen Parteien saßen, auf verschiedene Spielfelder verteilt, um den Pool herum: Links ein Tisch mit Amerikanern, die sich von den anderen Gästen dadurch unterschieden, dass sie ihre Polohemden in die Shorts hineingestopft hatten, so dass man den Gürtel sehen konnte – In der Mitte der Tisch mit den NGO-Frauen, ganz hinten drei schweigsame Chinesen in schwarzen Anzughosen und weißen Hemden. Weiter vorn gab es noch einen Polentisch, an dem vier Ingenieure aus Krakau saßen, die für die Bralirwa-Brauerei arbeiteten, und ein paar Biologen, die den Lauf des Kalunduraflusses erkunden wollten. Der Ingenieur arbeitete für eine Firma namens Contour Global. Sie pumpten Gas aus dem See. Der See, sagte er, sei kein normaler See, das fange schon damit an, dass die Wassertemperatur steige, je tiefer man gehe. Vulkanische Quellen da unten, in einer Tiefe von einem halben Kilometer. Dort unten lagert eines der größten Methangasvorkommen der Welt, 65 Milliarden Kubikmeter, sie hatten für 200 Millionen Dollar ein Kraftwerk mit riesigen Gasgeneratoren gebaut, sie pumpten das gashaltige Wasser aus 350 Metern Tiefe an die Oberfläche.

Dann trennen wir das Gas in Separatoren vom Wasser, sagte er und holte, erfreut über Saras Aufmerksamkeit, zu einer längeren technischen Erklärung aus. In diesem sogenannten Sour Gas haben wir neben Methan leider dann immer noch Kohlendioxid und Schwefelwasserstoff, der ist giftig. Deswegen kommt es in eine Waschanlage, das sind die hohen Türme, die ihr seht, da wird das Gas zu fast reinem Methan gewaschen und komprimiert und durch die Pipeline an Land.

Durch die Landwirtschaft hatte sich der Methangasgehalt seit den siebziger Jahren dramatisch erhöht. Das Methangas abzupumpen war offenbar auch deswegen eine gute Idee, weil der See sonst irgendwann explodieren könnte, so wie in Kamerun am Lake Nyos, wo eine Gaswolke aus Kohlendioxid, Schwefelwasserstoff und Methan an die Oberfläche des Wassers gestiegen war und 1800 Menschen getötet hatte. Im Lake Kivu lagerte 300-mal so viel Methan, das theoretisch, zum Beispiel durch einen kleinen Vulkanausbruch auf dem Grund des Sees, unkontrolliert an die Oberfläche kommen und zwei Millionen Einwohner umbringen könnte. Der Ingenieur war hier, um eine neue, deutlich größere Methangas-Verstromungsanlage zu bauen, er war Experte für Methangas-Verstromung, er hatte schon, als Methan noch nicht als Problem erkannt worden war, eine Arbeit zur potenziellen Klimagefährdung durch Methangas veröffentlicht.

Plötzliche Abgasungen, wiederholte der Ingenieur, jederzeit möglich.

Der Kellner tauchte auf und servierte den Fisch. Turek hatte den schwarz daliegenden See fotografiert und Aura das Bild per Whatsapp geschickt, aber wie immer keine Antwort bekommen.

Im Dunkel blinkte der Turm der Förderplattform. Das Kraftwerk produzierte den Strom für die ganze Stadt und für die Bralirwa-Brauerei, und gleichzeitig sank das Risiko, in die Luft zu fliegen; immerhin.

Hinter der Stadt sah man schemenhaft im Dunst den Nyiragongo. Irgendwo dort oben auf den Hügeln lebten die Gorillas. Irgendwo weiter unten lag das Koltan, das die Chinesen mit schweren Lastwagen abtransportierten. Die Vergangenheit des Menschen saß auf diesen Hügeln, seine Zukunft lag unter ihnen verborgen, als seien sie ihre Wächter.

Turek wollte eine rauchen und verzog sich auf den Parkplatz hinter dem Hotel. Ihn machte der Ort nervös. Er rauchte mehr als sonst, der Staub und die Hitze machten ihm zu schaffen, er hustete und sah bleich aus. Vor ihm glitzerte ein See, der explodieren konnte. Hinter ihm, im Dunst der Abgase und der Lichter kaum erkennbar, lag ein Vulkan, aus dessen Lavasee Rauch aufstieg, ein Lavasee, der aussah wie das Bild von Gehirnaktivitäten, schwarz mit rot glühenden Adern. Irgendwo im Dunklen lagen die Minen, um deren Kontrolle verschiedene Milizen kämpften, irgendwo saßen die Gorillas, irgendwo riss die Erdkruste auf und schleuderte kochende Lavabrocken in die Luft. Sara wollt unbedingt den Lavasee sehen, sie hatte Bilder gegoogelt und Turek vor die Nase gehalten, das sei ja wohl krass, hatte sie gesagt, was bei ihr sowohl furchtbar als auch großartig heißen konnte, krass war keine Wertung, sondern ein neutraler Indikator für Intensität, Flugzeugabstürze waren krass, Gucci-Sonnenbrillen waren krass, Trump war krass und leuchtende Lavaseen auch.

Er ging zurück zum Tisch.

Sara saß jetzt mit einer Frau dort, die einen olivfarbenen Hosenanzug und Springerstiefel trug und die Ärmel hochgeschoben hatte bis zum Bizeps und ihre Haare zu einer Art Knolle aufgesteckt trug, die an einen eleganten Pilz erinnerte. Sie war vielleicht vierzig. Sie hieß Marianna, arbeitete für das Gorilla Research Center und sollte sie am nächsten Morgen in die Berge bringen.

Ein junger Mann setzte sich zu ihnen. Er war vielleicht Ende zwanzig und hatte ein paar Pickel, seine Arme und sein Hals ragten verloren aus den verschiedenen Öffnungen seines T-Shirts heraus. Er hieß Jesper und kam aus Dänemark. Bevor er zu Marianna kam, hatte er für die Frankfurter Zoologische Gesellschaft gearbeitet; seine Aufgabe war es, NGO-

Mitarbeiter am Flughafen von Goma abzuholen und in den Regenwald zu fahren, wo sie mit einer Rebellengruppe über deren Aussiedlung aus dem Maiko-Nationalpark verhandelten. Die Rebellen hatten dazu keine Lust, sie waren misstrauisch und schossen zur Begrüßung auf die Deutschen und verlangten, um den Wald zu verlassen, sehr viel Geld und Schulen und Traktoren.

Der Ingenieur, der ein paar Gesprächsfetzen mitbekommen hatte, beugte sich zu Turek vor und zeigte auf eine Gruppe von Tänzern.

Alles Warlords aus dem Kongo, flüsterte er. Rebellen. M23. Und die tanzen hier. Die kommen hierher. Obwohl die Hutus sind.

Die sind keine M23, sagte Marianna. Und bei den M23 gibt's auch Tutsi.

Der Deutsche zog wortlos die Augenbrauen hoch, saugte wissend etwas Luft an und machte eine unbestimmte Bewegung mit den Händen, als dürfe er das unsichtbare Geheimnis der Anwesenheit von einem Hutuflügel der M23-Rebellen leider aus Sicherheitsgründen nicht lüften. Turek war in seinem Stuhl versunken und entfernte mit dem Fingernagel ein paar Sandkörner aus der Ladebuchse seines Telefons. Seit den Tagen mit Aura am Meer war die schwarze Schutzhülle des Telefons mit Sonnencremeschlieren überzogen, die ein wenig wie Nebelbänke aussahen, und immer wieder rieselte Sand aus irgendwelchen Öffnungen des Geräts. Atlantiksand in Ruanda. Sand aus Qattara.

Zwei Chinesen standen jetzt bis zum Bauch im Wasser, ein Mann und eine Frau, sie standen reglos dort und tranken Bier aus einer Dose, die sie sich abwechselnd reichten. Die Musik wurde lauter, die Tänzer drängten an die Tische. Sara tanzte mit zwei Amerikanern und dann mit drei Russen, sie hatte zu viel getrunken und trudelte über die Tanzfläche, auch dort ließ sie ihr Telefon nicht aus der Hand und schaute, während sie sich im Rhythmus der Musik wiegte, immer wieder auf ihr Display und tippte und fotografierte sich selbst. Einer der Russen, der mit Sara tanzte, kam auf Tureks Tisch zu, los, du da, *yes you, come on*, rief er ihm entgegen, nein, sagte Turek matt, *please later*, aber der Russe war beharrlich und drehte sich einmal um die eigene Achse und bekam Tureks Ärmel zu fassen und zog an ihm, und weil Turek sich weiter weigerte aufzustehen, fiel er schließlich mit einem lauten Knall vom Stuhl. Come, sagte der Russe mit einem bedauernd-liebevollen Unterton und half ihm auf. *Now dance.*

Die ersten Tänzer verließen schon wieder die Bühne, ein Trupp von weißen Range Rovern setzte sich in Gang, um weiter zu den Nightclubs am Ufer der Avenue de la Cooperation zu fahren. Jemand entkorkte eine Champagnerflasche. Jemand stürzte auf der Tanzfläche. Turek tanzte eine Runde mit den Russen und einmal mit Sara und noch einmal mit den Russen, dann gelang es ihm, vor den Russen zu fliehen. Er flüchtete nach draußen an den Pool und verfasste eine Nachricht an Aura.

Die Barkeeperin servierte Soho Slings mit Virunga Gin aus Belgien. Ein Amerikaner fragte sie, wo sie herkomme, und sie sagte, von hier. Die Russen tranken und tanzten und bekamen rote Köpfe und rempelten einen Amerikaner an und entschuldigten sich, und der Amerikaner, ein Mann ohne Lippen, mit eisblauen Augen, schüttelte sich wie ein gefoulter Spieler, der auf den Platz zurücktrabt, und steckte sich sein roséfarbenes Poloshirt wieder in die Hose. Die Chinesen standen stumm in der Ecke und schauten den Tanzenden zu. Der Amerikaner an der Bar sprach weiter auf die Bedienung ein.

Sara versuchte noch einmal, Marianna auf die Tanzfläche

zu bekommen, aber Marianna entwand sich ihr mit einer eleganten Drehung und verabschiedete sich mit einem kehligen *See-ya-tamarraw*. Vom Pool her wehte das ferne Beben von Bässen über den See. Der Schatten des Nyiragongo zeichnete sich gegen den hohen Sternenhimmel ab. Irgendwo knatterte ein Motorrad durch die Nacht, irgendwo schrie ein Tier, irgendwo schrien sich ein paar Leute an, ein Lastwagen heulte vorbei.

Turek verabschiedete sich auf sein Zimmer. Gegen zwei wurde die Musik leiser und hörte schließlich ganz auf. Der Amerikaner taumelte über den Vorplatz des Hotels; er hatte sich, soweit man es sehen konnte, irgendwo eine blutige Nase geholt, vielleicht bei den Russen, vielleicht auch einfach gegen eine der Glastüren gelaufen. Von Norden, von den Vulkanen her wehte ein kühler Nachtwind. Wenig später schepperte es an Tureks Tür. Jemand klopfte und machte einen klagenden Laut. Er öffnete einen Spaltweit. Es war Sara.

Ich kann nicht schlafen, sagte sie und schob sich durch die Tür. Sie hatte nur noch einen Schuh an, den anderen trug sie in der linken Hand.

Ich leg mich hierhin, okay?, sagte sie und deutete auf das Bett. Wenige Sekunden später war sie in einen tiefen Schlaf gefallen. Turek betrachtete sie. Sie hatte einen Mückenstich an ihrem Unterschenkel aufgekratzt, die Haut leuchtete rot an dieser Stelle. Ihre rechte Hand umklammerte das Mobiltelefon.

○ ● ○

Marianna holte sie ab. Sie fuhren mit einem Toyota, dem in jeder Rechtskurve ein Reifen abzubrechen drohte (jedenfalls klang es so), drei Stunden lang nach Nordosten, nach Ruhengeri, in die Berge, ins Grenzgebiet von Ruanda, Uganda und Kongo. Mit der Hitze wehte der Geruch von Rauch und verbranntem Holz und der von Benzin durchs Fenster. Die Stämme der Eukalyptusbäume waren zur Hälfte rot, sie zogen mit dem Wasser die Farbe aus dem Boden. Weil sie Feuerholz und Weideflächen und Platz für Plantagen brauchten, hatten die Ruander fast alle Wälder abgeholzt, seit einiger Zeit wurde mit dem schnell wachsenden Eukalyptus aufgeforstet. In einigen Gegenden gab es fast nur noch Eukalyptusbäume, Koalabären würden einen Herzinfarkt bekommen vor Begeisterung, aber die gibt es hier nicht, und die heimischen Tiere konnten mit den Blättern nichts anfangen. Die Berge waren grün und weich und sahen gerippt aus, wie Rillen im Sand. Turek saß auf der Rückbank, Sara vorn zwischen Marianna und Jesper. Sie hatte in Gisenyi eine Flasche Trinkjoghurt gekauft, die sie herumreichte. Turek setzte zum Trinken an und verzog das Gesicht, als ihm der modrige Geruch aus der warmen weißen Plastikflasche entgegenschlug. Marianna steuerte den Geländewagen mit einer Hand durch den Gegenverkehr, sie hupte und sagte nichts, sie konzentrierte sich vollkommen auf das, was auf den Wagen zurauschte – Motorräder, Lastwagen, Abhänge. Ihr linker Arm hing aus dem offenen Fenster; sie trug eine Kappe, wie man sie von Revolutionären kannte, Fidel Castro, so etwas. Jesper erzählte aufgeregt, dass er der einzige Mann in der Forschungsstation sei.

Sie erreichten die Vulkane am frühen Nachmittag; das schwarze Band der Straße lief jetzt durch die roten Felder eines Hochplateaus. Turek schaute aus dem Fenster, Sara auf ihr Display. Als die Sonne unterging, wurde es kühl, Marianna machte in der Wohnhalle ihres Hauses ein Feuer. Über dem Kaminsims hingen Fotos der Gorillafamilien, Stammbäume von Blackbacks und Silverbacks, ein Foto von Marianna mit zwei Affen, wie ein Familienfoto auf dem Kaminsims dekoriert. Es gab Huhn und Reis von dunklen Tontellern, die sie aus Westafrika mitgebracht hatte. Zwei Öllampen und ein paar Kerzen erhellten den Raum. Jesper machte Tee.

Wie lange sind Sie jetzt hier, fragte Turek höflich und goss sich Soße über seine Hühnerkeule.

Sechs Jahre, sagte Marianna. Erst in Uganda, jetzt hier.

Sie erzählte von ihren Forschungen. Erst vor Kurzem war drüben in Uganda, wo die andere Hälfte der Berggorillafamilien lebte, etwas passiert, was man sich nicht so recht erklären konnte; als ein Gewitter über Bwindi aufzog, war ein Silverback auf einen hohen Baum gestiegen, das Unwetter kam näher, die Gruppe suchte Schutz unter den dichten Blättern. Der Silverback baute sein Nest neben einem hohen Baum. Man weiß nicht, was genau dann geschah, ob der Blitz den Baum traf und in den Silverback hineinfuhr, als der oben auf dem Baum trommelte, wie ein antiker Held, der sich mit den Göttern anlegt, oder ob es ihn unten erwischte – jedenfalls musste der Blitz ihn getroffen haben, denn am nächsten Morgen fand man ihn tot am Boden.

Nach allem, was man bisher wusste, hätte die Gruppe nach seinem Tod dem stärksten Silverback folgen müssen. Das geschah aber nicht. Die Gruppe, erzählte Marianna, spaltete sich in zwei Gruppen. Zehn Gorillas, darunter drei erwachsene Frauen, gingen mit einem starken Silverback, die anderen, darunter eine heranwachsende und vier erwachsene Frauen, folgten dem schwächeren.

Und was war der Grund, sich dem schwächeren anzuschließen, fragte Sara.

Versteht man eben nicht, sagte Marianna.

Nach dem Modell der *male dominance* war es vollkommen unerklärlich. Es sprach, sagte Jesper, einiges dafür, dass der Schwächere aus einer Familie von *Groomern* kam, einer Gruppe, die sich mehr als andere Gruppen gegenseitig den Rücken kraut, was ein Akt der Körperpflege, aber auch der Zärtlichkeit war. Vielleicht hatte ein Teil der Frauen auf Stärke verzichtet, um mehr gekrault zu werden, vielleicht hatten sich ihre Prioritäten Richtung gute Behandlung verschoben, seit die Gorillas in den Parks von Rangern geschützt wurden und, außer wenn sie das Pech hatten, im Ostkongo auf Rohstoffvorkommen zu sitzen, keine natürlichen Feinde mehr hatten, so erklärte sich Jesper das jedenfalls.

Süß, rief Sara. Mariannas Augenbrauen zogen sich ein bisschen zusammen, man konnte sehr gut erkennen, dass sie mit dieser Theorie nicht so viel anfangen konnte.

War der schwächere Gorilla aufmerksamer? Eine 100-prozentige Erklärung gäbe es nicht, letztendlich. Es verändere sich viel dort oben. Man hatte die Gorillas an die Anwesenheit von Menschen gewöhnt, um sie besser beobachten und besser schützen zu können. Das hatte auch funktioniert; wenn sie jetzt einen Menschen sahen, liefen sie nicht mehr weg, sie konnten sogar von Gorilla-Doktoren betäubt und behandelt werden. Sie betrachteten Menschen nicht als Eindringlinge, sondern als Bestandteil des Urwalds. Während sie in den achtziger Jahren fast ausgestorben waren, gab es jetzt wieder über tausend Berggorillas – aber der Versuch, sie vor dem Aussterben zu bewahren, hatte sie verändert: Sie waren jetzt weder wild noch zahm, sondern irgendwas dazwischen, immer noch eher wild, ja, aber es war die Frage, wie lange das noch so bleiben würde.

Schon jetzt kamen sie, da sie keine Angst mehr vor den Menschen hatten, aus dem Urwald heraus und liefen durch die

Felder und die Dörfer; ausgerechnet der Versuch, den Zustand einer Welt vor dem Menschen zu bewahren, hatte dazu geführt, dass sie auf dem besten Weg war, sich zu verändern, wie sich das Ur auf dem Weg zur Milchkuh oder der Wolf auf dem Weg zum Hund verändert hatte.

Marianna war Teil dieser Verwandlung, und sie hasste es. Sie wollten sie schützen, wie sie waren, die Wildnis sollte nicht verschwinden, aber die Tiere blieben nicht, wie sie waren. Sie hatten ein Chaos angerichtet, sie hatten einen riesigen technischen Aufwand betrieben, um eine Grenze zu ziehen, die die Gorillas fernhalten sollte von allem, was nicht wild ist, eine Buffer Zone, die ein bisschen an den Todesstreifen an der innerdeutschen Grenze erinnerte, nur dass hier nicht geschossen wurde – aber diese Grenze interessierte die Gorillas jetzt, wo sie einmal die Angst vor dem Menschen verloren hatten, nicht mehr, sie wollten nicht mehr so wild sein, wie sie nach Ansicht der Menschen sein sollten.

Aber was soll man stattdessen tun?

Die Menschen müssen hier verschwinden, sagte Marianna. So einfach ist das.

Als sie gingen, war es spät. Es hatte aufgehört zu regnen. Es war Ende Mai, die erste Regenzeit war vorüber, die einsetzende Trockenzeit würde bis September dauern.

Die ist hier ganz allein, sagte Turek, als sie die lange Piste zur Lodge zurückliefen. Stell dir das mal vor. Sechs Jahre lang jeden Tag nur Affen. Kein Freund. Nur dieser Assistent, der immer wieder verschwindet. Da muss man doch seltsam werden.

Es regnete. Sie gingen früh zu Bett. In der Nacht hörte der Regen auf, und die Spitzen der Virungavulkane erschienen als graue Silhouetten im Mondlicht auf. Es gab mehr Sterne als sonst wo auf der Welt. Es war kalt. Am Morgen war es feucht, der Nebel hing über den Bergwiesen und in den Wipfeln der Eukalyptusbäume. Als Sara aus ihrer Hütte kam, stand Turek schon unten am Fuß des Sabinyo. Dort oben wohnen die Gorillas. Dort oben wollte er hin. Das heißt, Driessen wollte, dass er dorthin geht, ob er es auch wollte, darüber war er sich nicht mehr so sicher. Obwohl es kalt war, schwitzte er. Sein Tropenhut drückte ihm in die Stirn, seine Wanderschuhe waren neu und zu fest geschnürt.

Die Fährtensucher standen an ihren Jeeps und spielten gelangweilt an ihren AK-47 herum und warteten darauf, dass es losginge. François, der Führer, stand vor einer Karte der Virungavulkane und ging die Verhaltensregeln durch und beantwortete Fragen.

Was ist, sagte Turek mit einer möglichst festen Stimme, wenn ein Gorilla mich angreift?

Das tun Gorillas so gut wie nie. Was würden Sie tun, wenn einer auf Sie zukommt?

Nicht weglaufen.

Sehr gut.

Und Krach machen?

Nein. Einer von ihren Vorgängern hier hat mal gesagt, wenn ein Gorilla kommt, sollte man die Arme hochreißen und Lärm machen, um ihn in die Flucht zu schlagen. Das ist eine ganz schlechte Idee. Das können Sie vielleicht mit Hyänen in der Savanne machen, aber nicht mit Gorillas.

Und was machen wir dann?

Wenn ein Gorilla auf Sie zukommt, setzen Sie sich einfach möglichst weit weg und tun so, als ob Sie ein Blatt äßen. Das beruhigt sie. Wenn einer auf einer Wiese ein Picknick macht, dann regt Sie das ja auch weniger auf, als wenn er sich Ihnen in den Weg stellt.

Der Fährtensucher hieß John, er lief ein paar Meter vor uns. Er trug Stiefel und eine AK-47 auf dem Rücken, für alle Fälle.

Was für Fälle denn?

Falls wir Büffel treffen. Die Büffel sind gefährlich. Wenn sie aggressiv sind, geben wir Warnschüsse ab.

Aber dafür würde ja eine Schreckschusspistole reichen.

Ja. Aber wir hatten hier nun mal noch die Kalaschnikows.

Dann wurde es sehr still. Die Fährtensucher schlugen mit ihren Macheten eine elegante Schneise ins Unterholz des immerfeuchten Wolkenwaldes, sie bewegten die Arme, als würden sie mit ausladenden Gesten ein Adagio dirigieren. Auf einer Lichtung fanden sie das verlassene Lager der Gorillas. Sie waren jetzt nicht mehr weit. Sie waren vielleicht noch zehn Meter entfernt. Noch bevor sie die Tiere sahen, bevor sie sahen, wie ihr weiches Fell in der Sonne glänzte, bevor auch der Geruch der Gorillas durch das Gebüsch zog, waren sie zu hören. Das heißt: Sie hörten eigentlich nur ein eigenartiges Knacken, als ob jemand eine Tüte Chips aufreißt und leer futtert. *Krackkrackkrack*.

Marianna machte ein Geräusch, das die Gorillas offenbar vorwarnen sollte, sie nahm selbst eine gorillaähnliche Position ein, man konnte sagen, dass sie selbst eine Art Gorilla wurde, sie stemmte die Fäuste mit den Außenseiten nach außen auf ihre Oberschenkel und schob den Kiefer vor, um ein möglichst gorillahaftes Geräusch zu machen.

Die Gorillas saßen dort, an einer Lichtung am Hang, schauten in die Ferne (jedenfalls sah es so aus) und futterten hingebungsvoll, mit einem wohligen Knurren, wilden Sellerie. Sie sahen sehr schön aus. Sie hatten langes, glänzendes schwarzes Fell, aus der Ferne hätte man, wenn sie auf allen vieren gingen, denken können, man habe es mit einem seltsamen Neufundländer zu tun. Sie sahen nicht nach Bestien und nicht nach

King Kong aus, sondern friedlich und philosophisch. Sie hielten die Selleriestangen ein wenig wie Zigarren.

Ein junger Gorilla schaukelte auf einem absurd dürren Ast, bis der abknickte, woraufhin das Tier den steilen Hang hinaufkletterte und sich mit großem Radau den dicht bewachsenen Steilhang hinunterrollen ließ, was Turek gern nachgemacht hätte, wenn er nicht Angst um seine Knochen und die Laune der Gorillas gehabt hätte. Man darf, was auf den steilen, glitschigen Hängen nicht so einfach ist, nicht ausrutschen. Es erschreckt sie. Es ist etwas Unerwartetes, Gewaltsames, und das mögen sie nicht. Deswegen machten auch die Führer seltsame Grunzgeräusche – sie glauben, dass diese Geräusche so klingen wie das, was die Gorillas von sich geben, wenn sie gute Laune haben, aber vielleicht nehmen die Gorillas auch nur mit Genugtuung zur Kenntnis, dass die Menschen, wenn sie kommen, immer verlässlich die gleichen Geräusche machen, wie ein Lastwagen, der beim Rückwärtsfahren piept.

Sie sahen nicht aus wie gefährliche, dumpfe, triebgesteuerte Bestien. Sie sahen nicht aus wie *unsere animalischen Vorfahren*. Sie saßen da wie Mitglieder einer fortgeschrittenen, friedlicheren Zivilisation.

Ein kleiner Gorilla rollte durchs Gebüsch, der Silverback lag wie ein Miniaturgebirge im Unterholz und döste. Marianna deutete auf einen weiteren Haufen durcheinanderliegender Gorillas, ein unentwirrbares Knäuel von schwarzem Fell und Beinen und Armen und dicken, mit Grünzeug vollgestopften Bäuchen. Sara fotografierte verschiedene Gorillas und schickte sie Driessen. Driessen schrieb, der Dicke gefalle ihm gut, ob er Pate des Dicken werden könne. Sara fragte Marianna, und Marianna sagte, der Dicke habe sich gerade von der Gruppe losgelöst, der sei ein schwieriger Fall, aber das müsse man ja keinem sagen. Sara löschte das Bild.

Es sah nicht überall so gut aus für die Gorillas wie hier. Im Ostkongo, wo das Koltan für die Mobiltelefone und die Laptops und die Elektroautos aus den Bergen geholt wird, war die Population der Grauer-Gorillas massiv eingebrochen, von 17 000 Tieren waren noch 3800 übrig. In Uganda war es besser, Anfang der sechziger Jahre gab es etwa 450 Gorillas hier, Anfang der achtziger nur noch 250, mittlerweile stiegen die

Zahlen, und vielleicht würden sie bald wieder so viele sein, wie es waren, als der deutsche Forscher Friedrich Robert von Beringe sie 1902 *entdeckte*, wie es immer hieß, was natürlich Unsinn ist, denn erstens war das eine sehr deutsche Art, etwas zu entdecken, indem man es zur Begrüßung erschießt – und zweitens hatten die Menschen, die in den Virungas wohnten, die Affen natürlich schon früher entdeckt. Dass es wieder tausend Gorillas gab, führte zu neuen Problemen; entweder würde man Menschen umsiedeln und den Park vergrößern oder aber überzählige Gorillas in ähnlich bewachsenen Habitaten ansiedeln müssen, erklärten die Forscher, aber dort wohnten natürlich auch schon Tiere, die durch die Gorillas durcheinandergebracht werden könnten.

Vielleicht war es hier, in diesem Wald im ostafrikanischen Grabenbruch, auf diesem erloschenen Vulkan, dass Turek die Idee kam, von der er später, kurz vor dem Unfall immer wieder erzählte, von einem künstlichen Dschungel von gewaltigen Ausmaßen, in der Größe des Central Park, der beheizt werden würde von der Abwärme einer der gigantischen Serverfarms, die Driessen überall bauen ließ, und in dem Gorillas leben könnten, in dem sozusagen eine neue Natur entstehen konnte, eine neue Kohabitation von Menschen und anderen Primaten, das war es, was Turek als Einziges in sein ansonsten vollkommen leeres Notizbuch notiert hatte: neue Natur.

Sie kletterten hinter Marianna den Hang hinauf zur Schotterpiste. Die Touristen saßen in ihrem Kleinbus und machten lange Gesichter. Eine Familie stand dort, der Vater schwitzte, die Mutter schaute in den Wald, in dem das durch die Blätter brechende Licht ein unterhaltsames Geflacker veranstaltete, das Kind, zehn Jahre alt, schaute auf sein Mobiltelefon. Die Mutter sagte nichts. Der Vater regte sich auf.

Das Kind verblödet ja, schau da. Gib mal dein Handy her. So.

Aua! Papa!

Was heißt Aua, ist das Handy an deiner Hand angewachsen, oder was? Du hast Handyverbot bis Dienstag.

Papi! Nicht bis Dienstag, wimmerte das Kind. Ich wollte doch nur Fotos – Der Vater inspizierte das soeben gewaltsam eingezogene Telefon.

Was ist das hier überhaupt alles? Fünfzehn gelbe Köpfe mit Herzchenaugen. So ein Unsinn! Alles löschen.

Papa, nein!

Es gab ein Handgemenge, aus dem der Vater siegreich hervorging.

So. Gelöscht!

Neinn!! Papa! Das war mein Klassenchat!

Das Kind jammerte. Der Vater schaute genervt an seinem Kind vorbei. Die Mutter des Kindes schaute entnervt den Vater an.

Mark, ich finde, sie kann …

Wir sind hier auf Safari, ich zahle nicht das ganze Geld, damit das Kind gelbe Köpfe mit Herzchenaugen versendet. Das Kind wird immer blöder, weil es immer chattet. Schau aus dem Fenster! Da! Ein Affe.

Aber das ist doch gar kein Gorilla.

Na und! So ein toller Affe. Schau mal, wie der da klettert, Schatz, das ist doch wirklich schön!

Das Kind fügte sich maulend und schaute ergeben für einen Moment in den Dschungel, wo der Affe auf einem Baum saß und nichts tat, dann näherte es sich unauffällig der Tasche, in der sein Telefon verschwunden war.

Saras Handy fiel aus; im Fackelschein, ohne das blaue Licht, sah ihr Gesicht dunkler und weicher aus für einen Moment. Im Restaurant fragte sie einen der Angestellten, ob sie ihr Telefon laden könnte, aber Strom gab es nur von fünf bis sechs.

Sara schaute ungläubig, fand zu ihrer Erleichterung aber noch einen Powerbar in ihrem Gepäck, der sie durch die Nacht bringen würde. Das Dinner wurde auf dem Dorfplatz an einem offenen Feuer zubereitet. Der Himmel riss auf und gab den Blick auf die Sterne frei. Marianna kam noch einmal vorbei, um Decken ans Lagerfeuer zu bringen. Als Turek in seinen Bungalow ging, blieb sie mit Sara am Feuer sitzen. Weiter unten im Urwald hörte man krachende Geräusche, es klang, als seien die Gorillas ganz in der Nähe.

Und sie waren ganz in der Nähe. Sie liefen mit lautlosen Bewegungen über die Betontreppen, die zu den Bungalows führten, wie würdevolle Inspekteure, die eine Bauabnahme durchführen.

Am nächsten Morgen um elf stand die Sonne hoch und warf kurze Schatten. Im Wald verdampfte die Feuchtigkeit der letzten Nacht. Marianna tauchte zusammen mit Sara auf. Sie fuhren mit zwei Wagen zu der Stelle, an der die Tracker am Morgen die Gorillas der anderen Gruppe gesehen hatten.

Marianna parkte, riss die Handbremse hoch und sprang aus dem Wagen, als sei keine Zeit zu verlieren, sie hangelte sich durch das Unterholz, Sara stolperte atemlos hinter ihr her und schrie kurz auf, als ihr eine dicke Made ins Haar fiel. Turek gab es auf, den beiden zu folgen. Er zeigte auf ein paar herunterhängende Schlingpflanzen, die wie Kabel in einem großen Motorraum von einem Busch zum anderen führten, er hob Stöcke an und kletterte wie ein Mechaniker, der die Funktion einer großen Maschine überprüft, unter Büsche, schob ein paar Farnblätter, die die Tracker mit ihren Macheten abgeschlagen hatten, beiseite, horchte, hangelte sich einen Hang hinunter, winkte einem der oben am Weg wartenden Tracker zu, wie zum Einverständnis, dass er schon keinen Unsinn machen werde, und verschwand kurz danach in der Tiefe des Waldes.

Dort verlor er die Orientierung. Er kletterte den Hang wieder hinauf, um festzustellen, dass es nicht der Hang war, den er hinabgestiegen war; er versuchte, sich mit dem Mobiltelefon zu lokalisieren, hatte aber keinen Empfang und stolperte weiter durchs Gestrüpp, jetzt nervöser, mit pochendem Kopf und aufgestellten Nackenhaaren, als sei er selber ein Tier in Gefahr, er horchte, ob da Büffel kommen würden, die Büffel, hatte Marianna erzählt, seien die einzige wirkliche Gefahr hier, es gab Tiere in den Wäldern, die man da nicht erwartete, in Bwindi gab es sogar Elefanten, eine kleinwüchsigere Sorte als in der Savanne, sicher, die die steilen Hänge hinauf- und hinabmarschierten und im Gegensatz zu den Gorillas, denen es nach allem, was man wusste, egal war, die Anwesenheit von Menschen nicht schätzten. Das Licht rieselte durch die Blätter. Im Unterholz knackte es. Hinter einem Abhang lag ein Tal und noch ein Abhang; alles sah gleich aus. Turek schrie. Er sah ein Kleinflugzeug, das ihn natürlich nicht sah, er rief noch einmal, fürchtete sich dann aber vor seinem eigenen Geschrei, das ihn vielleicht als Beutetier markieren würde, wurde zunehmend bleicher, gleichzeitig beruhigte ihn die Stille und das tröstliche Rauschen des Waldes. Er irrte über die Flanken des Albert Rifts, stolperte an riesigen Baumstämmen vorbei, immer weiter hinein in ein Dickicht aus Farnen und Lianen und Bromelien, Orchideen streiften sein Gesicht, Luftwurzeln, Schlingpflanzen, die ihn an die Bilder von neuronalen Netzen erinnerte, das hier war so etwas wie das Gehirn der Natur selbst, in dem er sich als Fremdkörper einen Weg bahnte, während die Struktur versuchte, ihn auszuscheiden oder zu verdauen.

Etwas krachte. Etwas bewegte sich. Turek blinzelte ins undurchdringliche Grün.

Ein paar Äste flogen auseinander. Vor ihm stand ein mittelgroßer Affe. Man sah das leicht verfilzte, weiche Fell, Flokati, dachte Turek, wie Flokati, nur in Schwarz. Turek sah die braunen Augen des Tiers, erinnerte sich, dass man ihnen nicht in die Augen schauen sollte, schaute zur Seite. Der Gorilla beobachtete ihn. Er näherte sich auf allen vieren. Turek kauerte sich zusammen, er versuchte, nicht hinzuschauen, er hörte das Tier mit schweren Schritten auf sich zukommen, was so ein Gorilla wiegt, sicher 150 Kilo, wenn der ihn angreift, hat er keine Chance. Der Gorilla blieb direkt vor ihm sitzen. Er schnaubte und atmete schwer. Turek sah seine grauen Füße, die wie Hände wirkten. Das Tier streckte seine Hand nach ihm aus, berührte ihn leicht am Arm und roch dann an seinen Fingern. Es war offenbar nicht nur so, dass der Mensch in der Lage war zu erkennen, dass der Gorilla eine Art Vorform seiner selbst ist, sondern auch umgekehrt so, dass ein Gorilla verstehen konnte, dass der Mensch eine Art bedauerlich haarloser Affe ist. Der Gorilla zögerte, schaute um sich, dann kletterte er dicht an Turek vorbei, ohne ihn weiter anzuschauen, streifte ihn nur mit der Schulter; für einen Moment konnte Turek die Muskeln unter dem schwarzen Fell spüren und die Wärme seines Körpers. Das Tier lief weiter hügelaufwärts; einmal drehte es sich noch um, mit einem, so schien es ihm, Ausdruck von Bedauern oder Warnung. Er spürte, selbst als das Tier schon länger weg war, den Druck, das Muskulöse und Weiche dieses Körpers, der seinen gestreift hatte. Er versuchte sich zu erheben, aber seine Beine zitterten zu stark. Ihm wurde schwarz vor Augen. Über ihm kreiste ein Vogel. Ein leichter Regen fiel.

Als Mariannas Tracker ihn ein paar Stunden später fanden,

war er leicht dehydriert und lachte tapfer. Den kommenden Tag verbrachte er in seinem Zelt mit einem Fieber.

∘ ● ∘

Ende der Woche fuhren sie nach Goma. Die Straßen hier waren schlechter als vor Gisenyi, wo die Chinesen sie geteert hatten. Der Jeep kämpfte sich an ein paar chinesischen Lastwagen vorbei. Sie trugen seltsame Symbole auf dem Kühler, die an Mercedes-Sterne erinnern sollten. Die Sonne brannte auf die Scheibe. Turek wurde müde, er schlief kurz ein und wachte erst auf, als der Fahrer vor der blauen Glasfassade des Fatima Hotels hielt, um an einer BeiLin-Tankstelle den Reifendruck zu prüfen. Ein Trupp Geländewagen überholte, beklebt mit Werbung für den Präsidenten Paul Kagame. Draußen verkauften Frauen Ananas und getrocknete Fische. Sie überholten einen weißen Toyota mit einem Aufkleber des Autohandels Kling Pedersen in Kolding; offenbar hatte der Wagen ein Leben in Dänemark gehabt, bevor er nach Afrika verschifft worden war.

Auf den roten Häusern warben weiße Schriftzüge für Telefone von Huawei und für Primus-Bier. Sara war eingeschlafen, ihr Kopf lehnte an Tureks Schulter, Turek versuchte, ohne seine Schulter zu bewegen, aus dem Fenster zu schauen und einen Werbeslogan zu entziffern, Dusangire Ubuzima Bwiza, wie ein Zauberspruch, alles klang wie ein Zauberspruch hier –

Tureks Augen brannten. Er schloss sie für einen Moment und lauschte dem Motor. Was er sah, war nicht das, woran er dachte, der Geruch von heißem Plastik und das staubige Röhren des Motors weckte stärkere Bilder als das, was an seinen Augen vorbeizog – er dachte an die Sommer seiner Kindheit, die langen Autofahrten ans Meer, die Hitze, die orangen, schon nach zwei Sommern ausgeblichenen Velourssitze des Wagens der Eltern, die während der Fahrt durchgehend rauchten, bis im Auto ein so dichter Nebel herrschte, der die Insassen noch wirkungsvoller von allen Blicken abschirmte als die später aufkommenden schwarz getönten Scheiben. Der Geruch nach Benzin, das Heulen des Getriebes, die Hand auf dem langen, dürren Schalthebel, der wie der Hals eines neugierigen Metalltiers mit schwarzem Bakelitkopf am Lenkrad hervorragte – all das erinnerte ihn an diese Fahrten in einem Auto ohne Klimaanlage, aus dessen Handschuhfach ihm von Zeit zu Zeit leicht angeweichte Erfrischungsstäbchen gereicht wurden. Dann dachte er an den Affen, und er spürte wieder die Berührung an seiner Schulter.

Sein Handy rührte sich. Turek wischte die rote Staubschicht vom Display und pustete die Ladebuchse frei; der Staub war in allen Ritzen und überall, auch seine khakifarbene Hose war durchdrungen von rötlichem Staub, sogar seine Unterhose; er spürte ihn auf seiner Haut, in seinem Mund. Draußen lag das Wrack eines Geländewagens, der sich überschlagen hatte, die Räder drehten sich hilflos in der Luft. Vermutlich war der Fahrer mit einem Rad in die tiefen Gräben geraten, in denen in der Regenzeit das Wasser von der Straße aus ins Tal rauscht; der Unfall musste gerade passiert sein, der Fahrer saß, während sich ein paar Leute daranmachten, den Wagen wieder auf die Räder zu kippen, auf einer Wiese, hielt sich einen Lappen an eine Platzwunde und telefonierte.

Es wurde früh dunkel. Sie fuhren an Teeplantagen vorbei. In den Seitenscheiben sah er jetzt das Schimmern von Lichtern in seinem eigenen Spiegelbild.

Der Fahrer schaltete das Fernlicht ein.

Als sie die Minen erreichten, war es Nacht. Sie aßen mit Wong und Wolf, einem Freund von Marianna, der Wong beriet, in einem Restaurant, in dem als Dekoration eine alte Speisekarte aus dem Speisewaggon eines britischen Kolonialzugs hing: damals gab es Selleriesuppe, frittierten Fisch mit Tomatensoße, Hühnchen mit Pommes frites, danach Limoneneis und Früchte.

Jetzt aßen sie Tilapia und Pommes Frites.

Waren Sie schon mal hier, fragte Wolf und schob seine verschwitzte Hand unter sein Hemd.

Hier können Sie gut ausgehen. Wir können nachher noch zu einer dieser Bars gehen, an denen sich diese ganzen lustigen Typen treffen. Du siehst dich um und stellst sofort fest, dass du dich besser nicht mit diesen Kerls anlegst. Vor allem nicht mit dem Antanov-Piloten.

Was machen die hier, fragte Turek.

Das sind die Jungs, die die Flugzeuge für die Minen fliegen … ich meine, es gibt hier alle möglichen lustigen Gestalten. Seid vorsichtig, wo ihr euch aufhaltet. Das ist hier eine Frontstadt mit einer Kriegswirtschaft. Traurig, wie sich das entwickelt hat. Als ich vor dem Krieg zum ersten Mal in Goma war, war das eine reiche Stadt, wunderschön am See gelegen … Das war, bevor der Vulkan ausbrach. Das war total zivilisiert hier. Fast wie Nizza. Die reichen Kongolesen und die reichen Europäer gingen am Sonntag auf ihre Yachten und fuhren zum Mittagessen und nachts mit den Autos nach Bukavu zum Weiterfeiern. Total verrückt.

Wie lange ist das her?, fragte Turek.

Das war '91, sagte Wolf. Ich bin älter, als ich aussehe.

○ ● ○

Sie sahen die Minen am Morgen. Es regnete. Vielleicht hundert Menschen gruben Löcher in die rote Erde am Fuß eines dünn bewachsenen Hügels. Die Hälfte waren Kinder.

Normal Mine, sagte Wong und zeigte auf einen der Jungen. *Hard Work. Mother dead.*

Sie haben hier kein Geld für Krankenversicherungen, erklärte der Fahrer, sie haben auch kein Geld für die Schulen in Goma. Sie bekommen nur ein paar Dollar im Monat. Die Kinder müssen, wenn sie acht sind, mit in den Minen helfen, um zu überleben. Es gibt einmal am Tag etwas zu essen, manchmal auch zweimal und manchmal auch nichts. Die Männer, deren Frauen gestorben waren, brauchten die Kinder als Arbeiter, um zu überleben. Ein paar würden sich den Rebellen anschließen, die Rebellen versprachen den Eltern, ihren Kindern Essen und eine Ausbildung zu bezahlen, aber meistens bestand die Ausbildung nur in Schießübungen.

Apple makes billions, nothing left for them here, sagte Wong.

Im nächsten Dorf hatte Wongs Firma eine Schule gebaut. Dreißig Kinder sangen ein Lied: sie trugen weiße Hemden und Jacken mit einer chinesischen Fahne am Revers. Ein Ingenieur erklärte einem Mann, wie man einen Stollen abstützt. Zwei Chinesen strichen einen langen Neubau am Rande der Mine mit gelber Farbe an. *Your mine: Fair mine.* sagte Wong. *This: Restaurant for Workers!*

Und die beiden da, fragte Turek, *why chinese workers?*

Not workers, sagte Wong und lachte. *Prisoners. Either prison in china or work here.*

Turek starrte ihn an.

Wong verzog keine Miene.

Better here, I can tell you.

Sara ging in einen Laden und kaufte sich die gleiche Hose wie Marianna, als sie herauskam, sah sie aus wie eine blondere Version von ihr, eine weniger urwaldhafte Ausgabe der gleichen Person.

Tureks Mission war beendet. Der Vertrag mit Wongs Firma für Fair Mining stand. Sara blieb noch, um mit Marianna einen Gorilla für Driessen auszusuchen, es würde Fotos geben, die sehr gut ankommen würden, Driessen im dichten Gebüsch der Virungas vor einem jungen Berggorilla, der nach ihm benannt worden war, Driessen rettet den Planeten, was sichtbar wird in Form eines Gorillas namens Alexander, der mit seinen Stirnfalten und den fedrigen Haaren Driessen sogar auf eine gespenstische Weise ähnlich sah.

Driessen fand, dass die Smart City als zu kalt und zu unpersönlich wahrgenommen werde. Er wollte Roboter, die als Roboter zu erkennen waren und die im Sommer als Eisverkäufer durch die Straßen fahren sollten und Kindern den Weg von der Schule nach Hause zeigen sollten, frei herumlaufende Navigationssysteme mit Augen und Roboterstimmen. Er wollte Androiden mit menschlichen Gesichtern und menschlichen Bewegungen in den Hotels und an den Rezeptionen der neuen Büros, in denen die Angestellten morgens, wenn ihr Arbeitgeber sie brauchte, eincheckten und einen Arbeitsplatz zugeteilt bekamen. Er schickte Turek nach Japan, um die besten humanoiden Roboter zu besorgen, die auf dem Markt zu kriegen waren – Roboter, die wie Menschen aussahen, aber klüger waren, mit dem Internet verbunden waren, sich alles über einen Menschen merken konnten. Ihre Augen waren Kameras, die ihr Gegenüber schon aus der Ferne erkannten; was sie sagten, die persönlichen Plaudereien beim Einchecken, die Komplimente, die die Roboter machen würden, basierten auf der tiefen Kenntnis all dessen, was per Gesichtserkennung über eine Person im Netz herauszufinden war. Und sie würden nicht schwitzen, keine Tattoos am Handgelenk haben, nicht heimlich mit ihren Freundinnen telefonieren, nie krank, nie verspätet, nie ungehalten sein, wenn Gäste sie anschrien, sie wären die Angestellten, die sich die Arbeitgeberseite immer gewünscht hatte.

ROBOTER

Es regnete und hörte nicht mehr auf. In den ersten Tagen des Regens hatte er sich bei Muji ein Regencape gekauft, und als immer mehr Straßen unter Wasser standen und unpassierbar wurden, ging er in eines der alten Kaufhäuser an der Chuo-Dori Avenue, um Gummistiefel zu besorgen, aber es gab keine in seiner Größe, bei 43 war Schluss. Der Verkäufer schaute betrübt, aber auch etwas amüsiert auf seine Füße und schlug ein paar altmodische amerikanische Turnschuhe vor, die in einem Regal verstaubten. Turek beschloss, sich Plastiktüten um die Schuhe zu wickeln, wie man sie in einigen Museen tragen muss. Die Stadt verschwand in einem feinen, nassen Grau. Das Wasser der Bucht flutete die Straßen am alten Fischmarkt und lief bis ins Mirakai-Museum und setzte den Hamarikyupark unter Wasser, und die auf Stelzen fahrende Rinkai-Line schien nicht auf die Inselspitze, sondern direkt ins Meer zu führen. Am vierten Tag brach für einen kurzen Moment die Sonne durch, und man sah in der Ferne den Mount Fuji schimmern, aber schon gegen Mittag zogen neue schwere Wolken auf.

Turek betrat eine kleine, gerade mal garagengroße Garküche. Eine Elektroheizung wummerte gegen die feuchte Kälte an, auf dem Fernseher liefen Bilder von Evakuierungen. Er dachte daran, wie er einmal in Tirol eingeschneit worden war, tagelang hatte es geschneit, und es schien nie mehr aufzuhören, erst hatten Bagger die Straßen freigeräumt, aber dann waren die Bagger auch nicht mehr durchgekommen, der Schnee lag drei, vier Meter hoch und begrub alles unter sich, was sich nicht freischaufelte, die Menschen saßen in den Dörfern fest, die Dächer brachen ein. In diesen Nächten hatte er Albträume gehabt, in denen er sich aus dem Schnee mit bloßen Händen an die Oberfläche kämpfte, aber keine Gebäude mehr fand, kein Tal mehr sah, nur eine eisige, grell gleißende, unter Schneemassen begrabene Welt, die an die Arktis erinnerte, ohne Bäume und Nahrung, in der er bald erblinden und verhungern würde.

Die Kellnerin brachte heißen Sake. Draußen gurgelte das Wasser in einen überforderten Abfluss und rauschte knöchelhoch über den Bürgersteig, ein kleiner weißer Hund kämpfte sich stromaufwärts, verlor den Kontakt zum Boden, wurde weggerissen von der Strömung und mit einem Ruck am Halsband auf den Arm seiner Besitzerin gerettet. Auf der Kreuzung trieben rot leuchtende Warnhütchen orientierungslos im Kreis.

An einem nebligen Morgen fuhr Turek nach Osaka. Im Dunkel des Zugfensters sah er zitternde Schriftzeichen, das Mikado der Autobahnbrücken zwischen den Hochhäusern, darunter eingeklemmt die geduckten Häuser aus der Zeit, als die größte Stadt der Welt noch aus Dörfern bestand, das warme Leuchten der Sakebars und das kalte der Büroetagen, das rote Blinken der Hochhäuser – dann leere Landschaften, graue Häuser, Stromleitungen, Lastwagen, Stromleitungen, Traktoren, Felder, Stromleitungen, ein Wald, weiße fensterlose Zweckbauten, vielleicht Server oder Lagerhallen, der rosafarbene Kasten eines Lamu-Einkaufszentrums, auf dem Parkplatz ebenfalls kistenförmige, bonbonfarbene Kleinwagen, in deren Kofferräumen die Kunden Kartons voller Konsumgüter verstauten, ein absurdes Theater des Spätkapitalismus, Kisten in Kisten vor Kisten –

Kalter, dunkler Fisch aus fliederfarbenen Boxen. Sojasoße, die in weißen Reis einsinkt. Schwarze, trockene Algenblätter. Die Fenster des Shinkansen erinnerten an ein Flugzeug, der Teppich schluckte alle Geräusche. Der Zug fensterte aus einem Tunnel heraus, das dumpfe Rauschen riss schlagartig ab, seine Ohren waren wie taub. Draußen fetzten Felder und Häuser vorbei, der Wind riss an einem Labyrinth von Stromkabeln, die sich über eine Reihe von langen weißen Hallen spannten. Orange Schriftzeichen kündigten den nächsten Halt an. Eine graue Bucht. Ein rotes Neonschild warb für einen Fischhandel. Niemand wusste, wie sehr die Fische dort unten im schwarzen Wasser verstrahlt waren, wie viel Fukushima in allem war, und es sprach auch niemand mehr davon.

In Kyoto stieg er in einen der silbernen Vorortzüge der Kintetsu-Linie um und in Shin-Hosono wieder aus. Es war Sonntag. Ein Fahrer brachte ihn ins Advanced Telecommunications

Research Institute. Um diese Zeit war kein Mensch zu sehen, das Universitätsgebäude lag ausgestorben an einer vierspurigen Straße. Zwischen den Büschen hatten Riesenspinnen ihre Netze gespannt.

Der Roboteringenieur öffnete selbst. Die Roboter standen in einem Nebenraum und warteten auf ihren Auftritt.

Setzen Sie sich, sagte der Ingenieur. Eine Assistentin brachte Tee. Draußen hing der Nebel über den Feldern; durch die Scheiben sah man eine verlorene Gruppe verschnörkelter Gartenstühle, die einen seltsamen Kontrast zur Strenge der verglasten Lobby des Instituts bildete.

Ich fühle mich geehrt, sagte der Ingenieur. Ich möchte Ihnen ein paar Sachen vorführen.

Er führte Turek in den Nebenraum. Turek fuhr zusammen. Da stand der Ingenieur noch einmal – ein Roboter mit dem Gesicht des Ingenieurs.

Damals war ich noch etwas jünger, sagte der Ingenieur und lachte.

Sag etwas zu Turek-San, befahl er dem Roboter.

Hallo, Turek, du schaust ein bisschen verwundert aus, sagte das Robotergesicht.

Kein Zweifel; das war die Stimme des Ingenieurs.

Nicht schlecht, was?, sagte der echte Ingenieur, wobei Turek langsam nicht mehr wusste, was hier überhaupt echt war.

Im Moment wird ihm noch von einer Assistentin geholfen, gab der Ingenieur zu und zeigte auf einen Glaskasten und eine Überwachungskamera am Ende des Raums. Aber wir arbeiten mit der AI-Abteilung zusammen. Er wird bald besser ich sein können, als ich es kann.

Turek nickte. Sein Blick fiel auf einen Nebenraum, in dem ein Kind zwischen alten Kabelbäumen saß. Ein Mädchen, vielleicht vier Jahre alt.

Ah, sagte der Ingenieur. Da sollte eigentlich nicht offen sein. Aber schauen Sie gern. Haben Sie Kinder? Nein? Kinder sind wunderbar. Aber sie wachsen. Das ist schrecklich. Sie sind doch so süß, so klein ... so unschuldig. Ihre Eltern sind ihre ganze Welt. Wenn sie klein sind ... wenn sie doch nie größer würden ... Komm rein, Schatz.

Turek erblasste.

Das ist meine Tochter. Das heißt, das war sie. Damals. Jetzt ist sie schon zweiundzwanzig, sagte der Ingenieur und machte ein Gesicht, als habe man ihm einen unnötigen und vermeidbaren Schmerz zugefügt.

Nicht wahr, Kleines, so groß bist du schon. Sei ein liebes Mädchen. Sag Turek-San guten Morgen!

Turek wurde bleich. Das Mädchen fixierte ihn mit einem starren Blick aus seinen schwarzbraunen Augen, wendete dann den Kopf ab und machte einen Knicks.

Du kannst wieder spielen gehen, Kleines, sagte der Ingenieur und tätschelte ihr den Kopf. Dann wandte er sich zu Turek.

Ich muss sie ein bisschen verstecken. Meine Tochter arbeitet auch hier im Institut, und sie findet diese Auftritte ihres kindlichen Ichs nicht so witzig.

Die Zeit, sagte er. Die Zeit ... Sie haben ein bisschen irritiert geschaut, mein Lieber. Die Augen sind Kameraaugen der ersten Generation, das haben wir in der Zwischenzeit besser hinbekommen. Wenn Sie meine Kleine sehen würden, ihre weichen, guten Augen, wie sie blinzelt. Nun gut. Lassen Sie uns über das Geschäft sprechen.

Er griff geistesabwesend nach einem ovalen Metallkörper, der auf seinem Tisch lag, und wendete ihn in den Händen. Auf einer dicken Lederunterlage lagen die Nachbildung eines Entenschnabels und zweier Füße.

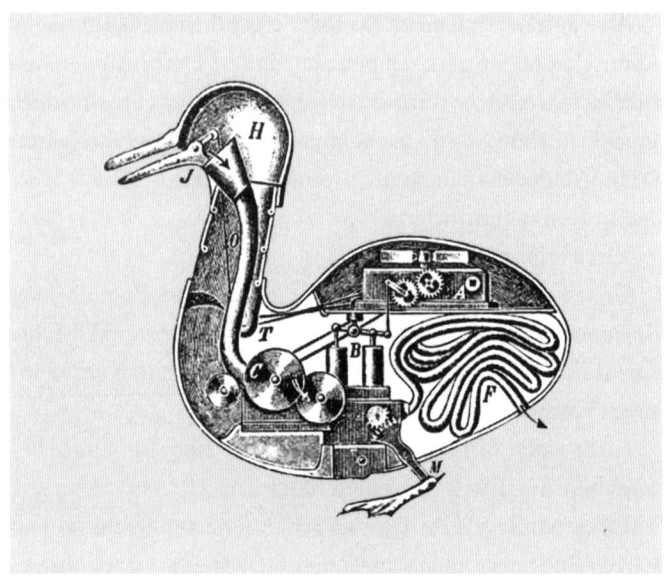

Ah, sagte er, als er Tureks Blicke bemerkte. Eine Vaucanson-Ente. Habe ich selber nachgebaut. Wissen Sie, Vaucanson war einer der Größten für mich.

Passen Sie auf.

Der Ingenieur steckte ein paar Körner in die Öffnung des Kopfes, wo der Schnabel fehlte, schüttelte den kleinen Körper und hielt ihn Turek vors Gesicht. Im Inneren der Maschine gluckerte es. Wenig später lief ein braunes Rinnsal auf den Tisch.

Die Mischung, sagte der Ingenieur und schaute ärgerlich auf den braunen Fleck, wie es Hundebesitzer tun, wenn sie feststellen müssen, dass ihr Tier nicht stubenrein ist. Ich muss die Mischung der Verdauungssäfte ändern. Sie soll kleine, harte Kügelchen machen, verstehen Sie? Die Orginalversion ist leider zerstört worden. Sie lief herum. Sie pickte Körner auf. Sie kotete alles voll. Stellen Sie sich das vor, der französische

Adel war verzückt, dass ein Automat *echte Scheiße* machen konnte. Die Gerüche am Hof damals ... Hofdamen, die hinter Säulen machten ... Voltaire hat gesagt, ohne Vaucansons Ente gebe es nichts, was an Frankreichs Ruhm erinnern wird. Ein Automat, der frisst und verdaut – das ist Frankreich. Großartig, nein? Das Original ist verbrannt. Ich glaube, mein Nachbau ist der Beste.

Er schaute Turek durchdringend an und wischte mit einem teuren Stofftaschentuch den braunen Fleck vom Tisch.

Also jetzt. Sie wollen ein paar Androiden haben. Dann erzählen Sie mal.

Turek erzählte. Sie brauchten einen Rezeptionisten und eine Empfangsdame. Einen Roboter für den Kindergarten und einen für die Schule, um den Kindern die Angst vor Technik zu nehmen. Er war auch hier, um lustige kleine Roboter zu kaufen, die nach Robotern aussehen, so was wie Pepper. Er war da, um Exoskelette für Feuerwehr und Wachdienste zu kaufen und für die Sportvereine, sie würden den ersten Uber-Club haben, in dem alle Sportarten mit Exoskeletten angeboten würden ...

Sie wussten nicht, wie echte Menschen auf das Zusammenleben mit Androiden reagieren würden, Driessen befürchtete, dass sich der Effekt im täglichen Umgang abnutze, dass die ganze Roboternummer dann so werde, wie wenn man jemand jeden Tag den gleichen Witz erzähle, guten Morgen, rate mal, bin ich ein Mensch? Nein, ein Roboter ...

Der Ingenieur schaute ihn an und lachte.

Wenn der Roboter schlecht ist, dann wird es so sein. Aber wir bauen keine schlechten Roboter. Jedes Mal, wenn du denkst, du weißt, was die Maschine macht, macht der Roboter etwas, womit du nicht rechnen konntest. Sagt etwas, was dich berührt, nein, was dich umwirft. Er lernt sehr viel über dich. Und er ist vernetzt. Er hängt an diesem großen Gehirn …, hat Zugriff auf alles Schöne, was je gesagt wurde. Er kennt jedes Gedicht der Welt. Jede Liebeserklärung, die je aufgeschrieben wurde.

Daraus schöpft er. Ich sage dir, deine Kunden werden seine Gummihaut – immerhin, warme Gummihaut, sagte der Ingenieur und hob spöttisch warnend den Zeigefinger – vergessen und süchtig nach dem, was er sagt oder sie. Sie können schnell lernen. Sie haben die Fähigkeit, neue Situationen mit der Rekombination des Erfahrenen und dem Wissen des Internets zu meistern. Sie können einmal ein tiefgründigerer Begleiter für uns werden.

Aber das ist doch ein Bluff, sagte Turek, dem der Ingenieur zunehmend auf die Nerven ging.

Roboter riechen nicht an Blumen, und wenn sie etwas tun, was so aussieht, empfinden sie keine Freude.

Das ist vielleicht so. Aber es geht ja auch vielleicht nicht darum, was sie empfinden, sondern was du empfindest, wenn du jemanden siehst. Die Roboter spiegeln etwas in uns, sie lösen etwas aus. Schau hier.

Der Ingenieur zog Turek in einen Raum, in dem eine junge Frau saß.

Das ist Minou. Setz dich neben sie.

Turek setzte sich. Die Roboterfrau drehte ihren Kopf zu ihm und blinzelte und lächelte in an. Sie hatte sehr schöne Augen; ein tiefes Braun, fast schwarz; an ihren Mundwinkeln bildeten sich kleine Falten.

Schau! Du freust dich, dass sie lächelt. Du siehst, wie sie atmet. Der Brustkorb hebt sich, und sie blinzelt. Das ist wichtig. Das war gar nicht einfach. Du weißt, dass sie ein Roboter ist, aber schau, du vergisst das – du siehst einen Mund, der sich öffnet und lächelt, du siehst ihre schönen Augen, und ja, es könnte dir jetzt einfallen, dass das nur zwei Kameralinsen sind, die dich beobachten – aber du vergisst das. Dein Verstand ist in der Lage zu sagen, das sind keine Augen, das sind Kameras, er ist in der Lage, zu sehen, dass das eine Maschine mit einem ziemlich gut gemachten Silikonüberzug ist, aber die Reaktion deines Körpers überspielt diese Einsicht, du kannst deiner unmittelbaren Reaktion nicht entkommen. Du lächelst zurück. Du lächelst ein Gerät mit einem Gummiüberzug an, und dein Herz schlägt schneller. Darum geht es.

Turek dachte an Auras Sohn, der lieber Computerspiele machte, in denen man einen virtuellen Bauernhof betreiben musste, als selbst einen Bauernhof zu besuchen. Er dachte an die Altersheime, in denen Roboter Spiele mit den Alten machten.

Eine Kellerassel ist ein echtes Lebewesen, und ein Roboter ist eine ans Internet angeschlossene, mit Sprachprogrammen vollgestopfte Maschine, sagte der Ingenieur. Aber mit wem von beiden möchtest du lieber ein paar Stunden verbringen? Darum geht es. Wenn ein Ding uns etwas bedeutet, dann hat es ein Leben – weil es in den Lebenden etwas hervorruft. Wie lange wollen wir noch an einem so engen Begriff von Biologie festhalten? Wie oft verbringen wir leere Zeit ... mit jemandem, der uns nicht versteht ... nichts weiß ... nie lächelt ... wie enttäuschend. Wenn wir nicht angelächelt werden, schüttet unser Körper nicht die Glückshormone aus, die er ausschüttet, wenn es passiert, sagte der Ingenieur.

Weißt du – ein Roboter ist nichts anderes als ein lebendigerer Spiegel, der uns zeigt, was wir wollen und wer wir sind. Es gibt etwas in unserem Gehirn, das aktiv wird, wenn man Trauer oder Freude bei anderen Menschen beobachtet, was es uns erlaubt, sich in jemand anderen hineinzuversetzen. Schon jetzt könnten Roboter von ihren Fehlern lernen. Bald werden sie in der Lage sein, auch ihre Programme zu hinterfragen und Fehler der Programmierer zu korrigieren, ohne dass man sie dazu aufforderte. Und dann haben wir es mit einer neuen Natur zu tun. Wir werden uns daran gewöhnen, dass es da eine neue Spezies geben wird neben den Menschen und den Tieren, mit denen wir sehr viel Zeit verbringen werden. Wir werden mit all diesen Robotern zusammenleben, ob wir wollen oder nicht.

Können Sie sich nicht gegen uns wenden, fragte Turek, um etwas zu fragen.

Nicht, wenn wir ihnen nur Liebenswürdigkeit beibringen. Vielleicht ist der Mensch zu komplex, um nachgebaut werden zu können, aber vielleicht ist das auch gar nicht erstrebenswert. Menschen sind oft auch gemein, unaufmerksam, neurotisch, gefühlskalt, brutal; Roboter nicht.

Ich dachte, sie holen ihr Wissen aus dem Internet?, sagte Turek, der langsam wieder wach wurde. Das Internet ist voll mit ...

Das ist auch ein Problem, unterbrach ihn der Ingenieur. Deswegen säubert China ja gerade das Netz. Es wird nur noch Positives geben. Und wenn dann der Moment der Singularität kommen sollte, werden diese Wesen die reizendsten, hilfsbereitesten Tierchen sein, die man sich nur denken kann. Sie werden das Böse nicht mehr finden und es auch nicht verstehen.

Minou zuckte jetzt, als ob ihr kalt wäre, und lehnte sich ein wenig weiter zu Turek hinüber; ihre Schulter berührte seine. Sie begann, in den Himmel zu schauen. Dann rastete ihr Gesicht ein; sie zwinkerte nicht mehr. Von irgendwo drang ein hämmerndes Geräusch. Der Ingenieur setzte kurz seine blau getönte Brille ab, fuhr sich durch sein dichtes, tiefschwarzes Haar und schaute verärgert, wie seine Androidin ihren Kopf auf der Suche nach Menschen oder Robotern, die sie anlächeln konnte, nach links und rechts drehte. Er rief nach Hinata, seiner Assistentin, *could you please turn her off* ...

Hey, sagte er in eines der Mikrofone hinein, die unter ihrem Kragen versteckt waren. Dann winkte er mit der Hand vor ihrer Nase herum wie ein Arzt, der herausfinden will, ob jemand noch bei Bewusstsein ist.

Augen her, Augen her! Aber die schönen Augen waren verschwunden, stattdessen gähnten dort, wo sie waren, zwei tiefe schwarze Höhlen.

Na, sagte der Ingenieur und kratzte sich am Kopf. Die Kameras sind in ihre Ruheposition gefahren. Das sollte sie eigentlich nicht einfach so vor Leuten machen.

Er drückte mit dem Daumen fest auf ihre Schläfen; wenig später waren die Augen wieder da, und sie blinzelte, als sei nichts geschehen.

Turek schaute ihn an. Im Dunkel des Nebenraums starrte das nachgebaute Kind mit abgeschalteten Augen ins Leere. Was da hinten im Dunkel stand, war auch ein Speicher vergangenen Lebens, ein aufwendiges Familienalbum, in dem Personen, die längst erwachsen, alt oder tot waren, ihre Vergangenheit wieder aufführen konnten: Für einen Moment konnte man auch mit den Toten reden. Nichts durfte verschwinden, nichts je verloren gehen; das verband die Roboter mit klassischer Porträtmalerei und mit Big Data.

Die Tür flog auf, und eine junge Frau kam herein. Sie war Anfang zwanzig und hatte ihre Haare in einem grellen Pink gefärbt. An ihrem Hals zeichnete sich unter einem Büschel herabfallender Haare ein Tattoo ab; in ihrer Lippe steckte eine Sicherheitsnadel.

Sie rief dem Ingenieur etwas zu und verschwand im Flur.

Turek schaute ihn fragend an. Der Ingenieur schaute ihr nach, als könne es sich dabei um eine Augentäuschung handeln, die mit der Realität seines Labors nichts zu tun hatte und sich nur durch eine Beschädigung des Raum-Zeit-Kontinuums manifestieren konnte.

Meine Tochter, sagte er knapp.

Er wirkte schlagartig müde. Man werde sich wegen des Auftrags in den kommenden Tagen melden, Ende der Woche würden zwei Prototypen fertig, die Turek sehen müsse; wirklich sehr beeindruckend.

Er begleitete Turek zur Tür. Im Vorzimmer saß eine Sekretärin. Sie lächelte Turek zu.

Das ist Hinata, sie meldet sich bei Ihnen, sagte der Ingenieur, und Hinata verneigte sich leicht hinter ihrem Tisch.

Den Rest des Tages verbrachte Turek mit Professor Ikeda, einer Forscherin des Instituts, in der Nähe auf einem Bauernhof. Sie fuhren über Feldwege durch menschenleere Dörfer auf eine Art Halbinsel, auf der die Hälfte der Häuser mit toten Fenstern über Reisfelder und Plantagen schaute. Es war kein Mensch zu sehen, nur auf den Plantagen arbeiteten ein paar sehr alte Menschen. Sie hoben mit erstaunlicher Leichtigkeit Kisten voller Früchte auf einen Kleintransporter, der im Gras parkte.

Fällt Ihnen was auf, Turek-San, sagte Ikeda.

Ganz schön schwere Sachen heben die da.

Die Jungen sind alle in der Stadt. Hier, er: Er hat einen Hof. Aber die Kinder sind alle weg. Seine Tochter arbeitet für eine Bank in Osaka. Sein Sohn ist Kommunikationsdesigner in Tokyo. Der alte Mann wollte den Hof nicht aufgeben. Er arbeitet da Tag und Nacht mit seiner Frau und schickt den Kindern Geld. Die beiden sind fast achtzig.

Herrje, sagte Turek.

Wir haben sie mit Exoskeletten ausgerüstet. Sehen Sie? Die schwarzen Gerüste da? Legt man wie einen Anzug an, hundert Kilo sind damit gar kein Problem.

Turek kniff die Augen zusammen. Tatsächlich trugen die Alten eine Art Gerüst, ein Skelett, das von außen angelegt wurde. Und das dahinten, fragte er.

Ha. Das ist ein Versuch. Wir haben es hier mit einer vorübergehenden Entwicklung zu tun. Die Exoskelette helfen den Alten, auf dem Land zu überleben. Aber irgendwann werden die sterben, und es ist unwahrscheinlich, dass ihre Urenkel in großen Scharen zurückkommen und sagen, lass uns für kaum ein Geld wie unsere Urgroßeltern in den Reisfeldern oder in den Plantagen als Pflücker arbeiten. Und dann können wir die ganzen Exoskelette verschrotten? Das Land wird irgendwann mal ein Raum werden, in dem es überhaupt keine Menschen mehr geben wird. Aber irgendjemand muss dort ja säen und wässern und ernten, das werden dann Maschinen machen – und wir haben ja die ganzen Exos. Was, wenn wir sie einfach umbauen zu Pflückrobotern? Das wäre doch praktisch, nicht?

Auf einem Feld fuhren ein paar schwere, offenbar ferngesteuerte Geräte herum; zwischen ihnen standen die gleichen schwarzen Skelette, die er eben noch bei den Alten gesehen hatte, aber hier sah es aus, als hätten sie ihre Menschen abgeschüttelt, sich von ihnen befreit und selber die Macht ergriffen. Sie liefen jetzt ohne Menschen herum. Ein Exo war auf einer fahrbaren Plattform festgeschraubt und pflückte einen Himbeerbusch leer. Ein anderer stakste einen Feldweg entlang. Er sah aus wie ein Geist mit langen, dünnen schwarzen Beinen.

Sie gehen noch etwas unsicher, aber das lernen sie auch noch, sagte Ikeda liebevoll.

Dort, wo beim normalen Exoskelett der Kopf fehlte, hatten sie eine abstrakte Kiste mit drei Kameraaugen aufgesetzt, deren Kabel in eine silberne Kiste mündeten.

Ist im Prinzip das gleiche Modul wie bei den Androiden des Ingenieurs, nur dass er sich große Mühe gibt mit seinen Gummigesichtern, damit das Ganze schön nach Mensch aussieht. Er ist ja eigentlich eher Bildhauer. Ein echter Roboter sieht so aus. Man kann ihn als Mensch verkleiden, klar, aber

ich finde, so sieht er fast besser aus. So sehen sie aus, wenn sie keine Menschen erwarten …

Professor Ikeda lachte und schob Turek am Arm auf einen Feldweg.

Zwei Skelette schleppten eine Kiste vorbei; ihre Sichtmodule drehten sich zu Turek und Ikeda.

Warum schauen die uns jetzt an?

Jedenfalls nicht, weil sie mit uns reden wollen. Sie lächeln auch nicht. Sie haben uns als Hindernis erkannt. Untereinander sind sie alle über eine zentrale KI vernetzt; jedes Gerät weiß, wo das andere gerade ist und was es macht.

Turek dachte an sein Büro. Dort war es genau genommen nicht anders; jeder wusste, wo der andere war und was er tat, und neuerdings auch, was er sagte. Überhaupt sahen seine Kollegen bei genauer Betrachtung selber alle ein bisschen wie Exoskelette aus, außer Illenberg, aber den hatte die Gemeinschaft

. Skelette ja auch schnell ausgesondert. Wie es Illenberg wohl ging?

Ikeda bestand darauf, Turek nach Osaka zu fahren, wo sie in einem Turm im Stadtzentrum lebte. Sie raste mit ihrem Daihatsu über die Pisten, die von den Reisfeldern zur Schnellstraße führten. Sie erzählte, dass in Japan allein eine Million Pfleger fehlten – deren Jobs sollten in Zukunft Carebots erledigen, die Essen bringen, Patienten aus den Betten heben und mit ihnen plaudern können sollen, in sieben Jahren sollte der jährliche Umsatz, der mit Servicerobotern gemacht wird, auf über 43 Milliarden Euro steigen. Der Ingenieur hatte für die Alten etwas ganz Neues entwickelt, den »Telenoid«, einen Torso, den man wie ein Baby auf den Schoß nehmen konnte; die Bewegungen des Silikonkörpers ließen sich von einer Bedienperson, etwa dem Enkel, der irgendwo in Tokyo oder Los Angeles saß, per Laptop steuern; die Bewegungen und seine Stimme wurden auf den Roboter übertragen. Der Besuch der Familie im Altersheim wurde ab sofort von künstlichen, ferngelenkten Körpern ausgeführt, die entfernt an Puppen aus einem Horrorfilm erinnerten.

War das unethisch, die Alten mit so einem Gerät abzuspeisen, statt ihnen etwa eine lebendige Katze zu schenken? Aber wenn die Katze dann nicht auf ihrem Schoß sitzen will und kratzt? Echte Katzen waren ein ständiger Quell von Enttäuschungen, und wenn man sie von nahem anschaute, sahen sie (anders als Hunde, die dann bloß ein bisschen mehr stanken, aber immer noch nett aussahen) auch nicht mehr nett, sondern böse und spitzzahnig und hinterhältig aus, wie Lebewesen, die keine Sekunde zögern würden, etwas wehrloses Kleineres (Maus, Vögelchen, Finger) zu zerbeißen –

Während sie fuhr, schaute sie alle zehn Sekunden auf ihr Mobiltelefon, tippte ein paar Buchstaben und kontrollierte zwischendurch mit schnellen Augenaufschlägen, ob sich die Lage auf der meist schnurgeraden Straße verändert hatte. Turek machte das nervös, bis er zugeben musste, dass es ihr gelang, beides einigermaßen unter Kontrolle zu haben; so wich sie virtuos einem Traktor aus, der von einem uralten Fahrer aus einem Feld auf die Straße dirigiert wurde. Turek hatte ihn nicht kommen sehen, sie aber offenbar schon.

Draußen wurde das Licht schwächer. Die Sonne ging hinter dem Yodogawa River unter, und auf der Brücke staute sich der Verkehr. Auf dem Himejima-Dori gingen die Lichter an. Ikeda setzte ihn an einer Kreuzung ab, Turek winkte ein Taxi heran. Der Fahrer stoppte, die Tür flog, wie von Geisterhand bewegt, automatisch auf. Die Rückbank war aus weichem Velours und mit Schonbezügen überzogen, die an die Gardinen in den Häusern älterer Damen erinnern; anders als in Europa galt Leder im Auto in Japan nicht als Ausweis guten Geschmacks, sondern eher als eine unfeine Sache; man saß, wenn es vermeidbar war, nicht auf der Haut anderer. Das Taxi schoss auf einer Betonautobahn hoch über den Straßen von Osaka Richtung Itami. Er nahm den letzten Flug nach Tokyo.

∘ ⬤ ∘

Das kommende Wochenende verbrachte Turek im Hotel. Er bestellte sich Sashimi und Tee und Asahi-Bier aufs Zimmer und verließ es nicht, bis gegenüber ein paar Bauarbeiter begannen, stoisch auf abbruchreife Betonteile einzuhämmern. Eine Ramme ließ den Boden erzittern, und die Gläser auf dem kleinen grauen Plastiktisch klirrten leicht wie bei einem fernen Erdbeben. Er rief Masao an, einen alten Freund, mit dem er bei Doctoroff zusammengearbeitet hatte. Sie verabredeten sich in der Orchid Bar.

Weil er noch Zeit hatte und keine Lust, in sein Zimmer zu gehen, verbrachte Turek den Nachmittag an der Hotelbar. Ein paar Telefone mit giftgrünen Bakelithörern aus den sechziger Jahren hingen arbeitslos an den Wänden. Ein paar Angestellte glitten höflich nickend vorbei und verschwanden in den lautlosen Tiefen der Halle. Manchmal setzte sich die Drehtür in Bewegung und wirbelte ein paar Gäste auf den dicken, weichen Teppich, der den Lärm, das Flutlicht, das Gehämmer der Welt draußen zu schlucken schien. Draußen regnete es. Neben ihm an der Orchid Bar saß ein Amerikaner und trank einen Hibiki. Turek buchte an der Rezeption eine Massage für den kommenden Vormittag und ging wieder aufs Zimmer. Kaum angekommen, fiel er in einen tiefen, traumreichen Schlaf, aus dem ihn erst Masaos Anruf herausriss.

Masao wartete unten in der Lobby. Turek hatte ihn länger nicht gesehen. Er trug eine Art Dreitagebart, einzelne Barthaare verteilten sich wie seltsame kalligrafische Zeichen unter seinem Kinn. Er sah müde aus und etwas verwirrt. Sie tranken einen Sake und dann ein paar Bier, und Masao erzählte ihm von einer Frau, die Nami hieß. Er hatte ein Foto von ihr, das sie in einem gemusterten Badeanzug zeigte. Einmal war er mit ihr nach Kanagawa ans Meer gefahren; jetzt wollte er noch einmal dorthin.

Turek erzählte von der neuen Stadt. Masao fragte nach Aura, und Turek schaute zu Boden und sagte, sei alles gut, habe viel zu tun.

Dieses Hotel ist schrecklich, sagte Masao. Es war einmal sehr schön, und jetzt ist es teuer und hässlich. Er legte Turek seine weiche, feine Hand auf die Schulter und schob die andere in seine Hosentasche.

Meine Wohnungsschlüssel. Ich wäre dir dankbar, wenn du einziehst und nach den Pflanzen schaust. Das Bett ist frisch gemacht. Ich habe ein amerikanisches Bett, also keine Angst! Ich texte dir die Adresse. Bin in einer Woche wieder da.

Turek zog in Masaos Wohnung. Es war ein einfaches Zweizimmerapartment in einem Hochhaus aus den sechziger Jahren. Der Boden war mit Plastikfliesen ausgelegt. Über dem Küchentisch hing die Reproduktion eines Barockgemäldes von Guido Reni, Atalante und Hippomenes aus dem Museo di Capodimonte in Neapel; Masao war als Student dort gewesen. Auf einem eingestaubten Braun-Plattenspieler stapelten sich mehrere CDs von Maceo Parker. Eine Zeichnung lag, mit zwei Kieselsteinen und einer Muschel befestigt, auf Masaos Nachttisch. Sie stellte den Blick aus seinem Fenster auf das Chaos der überbauten Häuser und Autobahnen und Stromleitungen und Tankstellen dar. In Japan war alles oberirdisch, die Leitungen und Kabel, und an den Tankstellen gab es keine Zapfsäulen, die Tankstutzen hingen von der Decke wie Lianen, das Benzin floss aus dem Dach herunter.

In einem Ricard-Aschenbecher, den Masao in Frankreich gestohlen oder gekauft haben musste, lag eine über die Jahre ausgeblichene Packung Streichhölzer, auf der *Arethusa Hotel Athen* stand. Turek versuchte, ein Streichholz anzuzünden; sie brannten noch.

Gegen drei Uhr morgens wachte Turek auf. Er setzte sich ans Fenster und schaute dem gleichmäßigen roten Blinken der Positionslampen an den Spitzen der Hochhäuser zu. Irgendwo in der Dunkelheit lag der Fujiyama; am Morgen, wenn die Sonne über der Bucht aufging, könne man vom Dach aus sehen, wie der Schneegipfel aus dem Schwarz der Tokyoter Nacht auftauche und sich hellrot färbe, hatte Masao gesagt. Noch war es dunkel, und nur in einem der Häuser gegenüber brannte Licht. Eine junge Frau hockte im Schneidersitz auf der schmalen Veranda ihres Apartments und las Botschaften auf ihrem

Telefon. Es war die Frau auf dem Foto, das Masao ihm gezeigt hatte. Sie hatte nur ein Handtuch um ihren Körper gewickelt; eine lange, feuchte Haarsträhne fiel ihr ins Gesicht; offenbar kam sie aus dem Bad, und offenbar las nur das rechte Auge die Botschaften auf dem Display. Turek betrachtete Nami eine Zeit lang und stellte sich vor, wie sie mit Masao am Strand entlang oder über Felsen gelaufen war. Das blaue Licht gab ihrem Gesicht etwas Außerirdisches; sie sah aus wie ein Unter-

wassergeist oder eine Figur aus dem Biokitschfilm *Avatar*, in dem alle Guten blaue Köpfe haben. Dann erlosch das Display ihres Mobiltelefons, und ihr Gesicht verschwand im Dunkel der Nacht.

Weiter hinten lag lautlos und schwarz die Bucht; ein feiner Sprühnebel zog von Norden über das Wasser. In der Ferne lärmte eine Sirene, irgendwo flackerte eine defekte Neonröhre in der Dunkelheit, in die jetzt das kalte Scheinwerferlicht der ersten Lastwagen fiel. Gegen fünf erloschen die roten Lichter des Turms.

Am Morgen rief Hinata an.

Guten Morgen, Turek-San, sagte sie. Ihre Stimme war hoch, aber gleichzeitig rau, als hätten sich Metallraspel in ihrer Luftröhre verfangen.

Ah, also: der Ingenieur will dich am Donnerstag sehen. Er würde mit einem Transporter und zwei Prototypen nach Tokyo kommen. Passt 13 Uhr?

Das geht ausgerechnet schlecht, sagte Turek. Ginge es etwas später?

Warte, sagte Hinata. Äh ... warte, bleib dran, *wait wait wait for a moment please* ... Entschuldige ... hier: 1430 Uhr wäre gut?

Sie hatte einen kleinen Akzent in der Stimme, etwas leicht Zögerndes. Turek versuchte, sich zu erinnern, wie sie aussah, und kam zu dem Entschluss, dass sie sehr gut ausgesehen hatte, eine kleine, sehr gut aussehende Japanerin, die im Englischen ein paar reizende Fehler machte und zu halb drei 1430 sagte.

Kommen Sie auch mit, fragte Turek.

Was, sagte Hinata. Sie meinen, nach Tokyo? Aber nein! (Sie lachte jetzt wirklich hinreißend, dachte Turek).

Ich würde es so lieben, nach Tokyo zu fahren. Muss aber hierbleiben. Leider!

Ah, sagte Turek. Gut. Dann –

Ja. Ich fand es schön, Sie kennenzulernen. Sehr schön.

Turek musste husten, wie unangenehm, jetzt hustete er, ich *husthust* habe mich auch sehr gefreut *husthust hust* sie *lufthol* kennenzu*hust* …

Also auf bald, lieber Turek, sagte Hinata und legte auf.

Turek ging nach draußen. Ein gelbes Taxi rauschte vorbei und ein rotes und dann ein grünes. Er setzte sich in einen Park, in dem ein paar Kinder vor einem Schrein standen. Da war ein Brunnen mit einem Wasserspeier in der Form eines Drachens, zwei alte Frauen schöpften das Wasser mit einer Holzkelle über ihre Hände. Jemand hängte ein kleines Holzbrett an eine Wand. Es roch nach Weihrauch.

Er verbrachte den Tag damit, ein Hotel zu besichtigen, in dem Roboter an der Rezeption standen. Das Essen kam aus einem Essensroboter, der an einen Kühlschrank erinnerte, das Gepäck wurde von einem Roboter aufs Zimmer gebracht, und an der Rezeption saßen zwei Roboter, einer in Form einer Androiden und einer war ein Dinosaurier. Der Dinosaurier verstand nichts. Er stand da und blinzelte Turek mit bösen Augen an. Turek sagte probehalber: »Ich hätte gern ein Zimmer.« Der Roboter öffnete den Mund, nickte stumm und zuckte mit dem Arm, als hätte ihn etwas gebissen. Dann erstarrte er, denn er konnte keine Fremdsprachen. Seine Kameraaugen schienen das Foyer zu fixieren. Die gläserne Flügeltür öffnete sich, als trete ein Geist ein; draußen wehte der Wind aus der Bucht von Tokyo über einen großen Parkplatz. Echte Menschen waren nicht zu sehen. Vermutlich, dachte Turek, haben die Kunden bei einem Systemabsturz, wie er jetzt gerade passiert war, mehr Geduld mit der netten Roboterfrau als mit dem Dinosaurier, ein nicht funktionierender Dino-Roboter macht einen aggressiv, der Kunde denkt sofort, du da mit deinem albernen Reptilienmaul bist nicht umsonst ausgestorben, und nimmt sich ein anderes Hotel.

∘ ◉ ∘

Als Turek zurückkam, dämmerte es schon. Er sah Nami in der Veranda ihrer Wohnung sitzen; jemand hockte hinter ihr – ein schmaler Mann mit grauen Jogginghosen und kunstvoll abstehenden, vermutlich mit enormen Mengen an Haarspray in die Höhe gezwungenen Haaren, durch die eine unsichtbare Elektrizität zu fließen schien; seine Silhouette war kaum von ihrer zu unterscheiden.

Turek ging eine Runde spazieren. Er schickte Hinata eine Nachricht, und sie schrieb sofort zurück. An der Roppongi Station standen die Wagen im Stau, und die Fahrer telefonierten: Millionen von SMS und Anrufen und Messages. Autos, Autos und Telefone, Telefone, Telefone und Autos, Telefone, Telefone und Autos und Telefone und eine Überwachungskamera. In der Geschichte der Erfindungen, die den Menschen verändert hatten, kam erst das Feuer und dann irgendwann das Auto und dann das Mobiltelefon. Das Handy war das erste Ding nach dem Auto, dem sich alles unterzuordnen hatte, über das alles kontrolliert werden konnte, die Stadt des 20. Jahrhunderts hatte autogerecht zu sein, die *smarte* Stadt des 21. Jahrhunderts war vor allem smartphonegerecht. In der autogerechten Stadt ging es darum, dass die Leute in Ruhe gelassen wurden, in ihren Schlafburgen, auf dem Weg zur Arbeit, wohingegen es in der smartphonegerechten Stadt darum ging, dass alles mit allem in Kommunikation trat und der Bewohner, was man als Versprechen oder als Drohung lesen könnte, nie mehr allein war, sondern ständig Daten abgenommen bekam wie ein Patient in der Notaufnahme Blut und dass dieses neue Blut alle Informationen enthielt, die man brauchte, um die Körper und die Gefühle und die Begierden und Ängste des Smartstadtbewohners nach Belieben zu steuern. Eine Wand bedeutete nichts mehr, sie war kein Schutz mehr und nur noch notwendig, um an ihr Sensoren anzubringen. Die Datenvampire hatten ganze Arbeit geleistet.

Turek überlegte, ob er dem Ingenieur schreiben solle, er komme noch einmal nach Osaka, musste sich aber eingestehen, dass er das nur getan hätte, um Hinata zu sehen, und dieses Eingeständnis erschreckte ihn so sehr, dass er den Plan aufgab (außerdem hatte er Masao versprochen, die Pflanzen zu gießen).

In den nächsten Tagen sah Turek an Namis Fenster nur die Silhouette des Mannes mit den abstehenden Haaren auftauchen, bis er feststellte, dass es Nami selbst war; sie hatte sich die Haare abschneiden lassen, sie trug jetzt die gleiche elektrische Frisur wie der Mann. Ein paar Tage später hatte sie sich die Haare in einem seltsam leuchtenden Blond gefärbt. Neben ihr saß jetzt eine Frau mit längeren braunen Haaren; sie tranken etwas und stellten die halb leeren Flaschen ins Fensterbrett; dann küsste Nami die Frau, und das Licht erlosch.

Turek blätterte in einer Ausgabe von *Wired*, die neben Masaos Bett lag. Facebook arbeitete an einem Gerät, das per Elektrodenkappe einen Gedanken aus dem Gehirn direkt in eine Textnachricht übertragen soll, eine Art Zaubermütze – wofür allerdings erst einmal die Codes von Nervenzellen und Hirnaktivitäten entziffert werden müssten. Elon Musk kündigte an, ein »Brain-Computer-Interface« zu entwickeln, mit dem man Informationen direkt aus dem Internet laden und in die eigenen Nervennetzwerke einspeisen können soll. Theoretisch wäre dann auch das Gehirn eines Menschen ein Ziel für Hacker; keine angenehme Aussicht.

Bisher legt sich der Roboter nur von außen um den Körper, wie man an den Exoskeletten sah, aber ganz eifrige Futuristen dachten schon darüber nach, ob Roboter sich fortpflanzen könnten, indem sie zum Beispiel in einem Rechner Teile ihrer Software vermischen und das Ergebnis über einen 3-D-Printer ausdrucken, was dann dem Geburtsvorgang entspräche.

∘ ● ∘

Der Ingenieur kam nach Tokyo. Sie trafen sich in einem Lagergebäude am Hafen, wo früher der Fischmarkt war. Er hatte zwei Prototypen dabei; einen westlich aussehenden, blonden jungen Mann mit übertrieben breitem Brustkorb, der Hi sagen konnte und aussah wie eine aufgehulkte Version von Ryan Gosling – und eine junge, irgendwie asiatisch-lateinamerikanisch aussehende Rezeptionistin, die beim Reden eine Augenbraue hochzog und ironisch-skeptisch zwinkern konnte; da, erklärte der Ingenieur stolz, habe er sich von Jennifer Lopez inspirieren lassen, es sei aber auch eine Dosis Léa Seydoux und Sheena Ringo darin, ob er, Turek, Sheena Ringo kenne, *Hi Izuru Tokoro*, nein? Lieblingssong seiner Tochter. Turek schickte Driessen einen Film von beiden Robotern, und Driessen war begeistert. Turek besprach ein paar Vertragsdetails; vielleicht, sagte er, könne Hinata ihm die Details schicken? Der Ingenieur blinzelte ihn an.

Sie mögen Hinata?

Sie ist sehr ... freundlich, sagte Turek ausweichend.

Ich richte ihr Grüße von Ihnen aus.

∘ ● ∘

Turek ging spazieren. Er sah die Schlafenden in den Parks, Geschäftsleute, die sich mittags im Kaiserlichen Garten unter die blühenden Kirschen legten, ihr Sakko zusammenfalteten, ihren Kopf darauf betteten, das Mobiltelefon wie ein Namensschild auf den Bauch legten und in einen tiefen Schlaf fielen, während das Telefon vom Bauch rutschte und eine halbe Stunde später im Gras klingelte. Diese Massen an im Gras liegenden Geschäftsleuten brachten Turek auf den Gedanken, dass die vollendete Smart City ein Raum sein würde, der gar keine Häuser mehr bräuchte und keine Wohnungen, nur Regenschutzdächer, weil Sensoren über den Liegenden die Temperatur und die Wärme und den Weichegrad des Bodens bestimmen und auch ihre Sicherheit überwachen und Eindringlingen in einen bestimmten Bereich Stromstöße versetzen würden; möglicherweise könnte sich ein Deliveroo-Fahrer von dem bisschen Geld, was er bekam, keine Wohnung leisten, aber das Schöne war ja doch, dass er auch gar keine mehr brauchte.

∘ ● ∘

Turek lief zu Fuß zurück zu Masaos Apartment. Er schaltete eine der alten Blechlampen an, die auf dem Nachttisch standen, setzte sich auf Masaos Bett und ging seine E-Mails durch. Er hatte eine Freundschaftsanfrage von einer japanischen Adresse.
Hi, stand dort. *So good to meet you.*
Turek schrieb zurück.
Wer bist du?
Na rate mal.
Bist du Hinata?
Ja. Wo bist du jetzt?

In Tokyo.
Ich bin auch da.
Sie war in Tokyo. Hatte sie nicht gesagt, dass sie nicht kommen könne? Aber gut, jetzt war Wochenende ... vielleicht besuchte sie Freunde ...
Super! Wollen wir einen Tee trinken, schrieb Turek.
Ok.
Wo wollen wir uns denn treffen?
Ich weiß nicht. Du?
An der Bar vom Okura?
Ok.
Super! Wann denn?
Ich kann nicht kommen.

Turek starrte auf das Display seines Laptops. Vielleicht war er für Japaner zu forsch gewesen. Vielleicht war es ein Sprachding, sie konnte nur Japanisch und ein bisschen Englisch, er kein Japanisch. Überhaupt war das ein Unsinn, was sollte er mit ihr machen, wieso –

Also dann bis irgendwann, hab ein schönes Wochenende, schrieb Turek.
Wait. Don't go.
Yes?
I still want to talk to you.
About what, dear Hinata.
Nothing.
Are you ok?
No, it's ok.

Was war das alles? Tureks Bein war eingeschlafen. Er versuchte sich daran zu erinnern, was genau sie zu ihm gesagt hatte, als er sie am Ausgang des Instituts gesehen hatte.

No, please tell me.
I can cook for you.

Really?
What do you want to eat?
You decide. Maybe a typical japanese dinner?
Ok lets meet in the Park.
Where in the park?
On a bench.

Die ist wirklich ein bisschen irre, dachte Turek. Welcher Park? Und in jedem Park gab es ungefähr hundert Bänke. Und wo will sie kochen, bei mir? Auf einer Bank?

At six tonight, but which bench?
Sure if you actually mean it.
Why should I not mean it? I mean it. Lets meet.
Was machen wir dann?
Was du willst!
Willst du mich heiraten?
Was?
Weil ich dich so sehr liebe!
Geht das nicht ein bisschen schnell? Was heißt denn heiraten? Und was machen wir dann?
Miteinander schlafen.
Das können wir doch auch so!
Aber keine eigenen.
Was???
Was habe ich getan? Sag schon!

Turek lachte. Das war … Seine Hand zitterte. Entweder war das eine japanische Form von Pathos, oder er schrieb gerade E-Mails an einen Bot. Und war ihre Stimme nicht auch … Aber das war nicht möglich. Er hatte sie gesehen, und sie hatte keine Gummihaut wie die anderen Roboter. Obwohl … vielleicht war sie ein neues Modell … »Minou« konnte sich bis zu zehn Minuten mit einem unterhalten und arbeitete mit Spracherkennungsprogrammen und Infrarotkameras, sie hatte ein

Gesicht aus bestem Silikon, täuschend echten Augenbrauen, pulsierender, scheinbar errötender Haut. Vielleicht ...
Wo wohnst du, fragte Hinata.
Bei einem Freund in Shibuya.
Echt? Voll schön da.
Ja.
Ist mir egal.
Was sollte das jetzt wieder?
Bist du ein Roboter?
Nein!! Ich bin ein Mensch aus Fleisch und Blut, nicht wie du!
He! Ich bin auch ein Mensch ... lass uns treffen!
Ok. Ich komm zu dir und erstech dich.

Turek starrte auf die Antwort. Entweder war das, was da schrieb, ein seltsamer Algorithmus ODER eine reizende Japanerin, die große Vokabelschwierigkeiten hatte, ODER er hatte es mit einer echten Irren zu tun, immerhin war er in Japan, dem Land von Kamikaze und Samuraischwertern und vollkommen wahnsinnigen Fetischisten, die sich zusammengeknotet von der Decke hängen ließen, und das Heimatland der schärfsten Messer der Welt. Er schaute misstrauisch auf die Tür.

Das will ich nicht hoffen, schrieb er zurück. Vielleicht keine gute Idee, vielleicht würde eine Psychopathin jetzt erst recht kommen ... Er hatte ihr sogar verraten, wo er wohnte ...

Es machte Ping, und im blauen Himmel seines Laptops erschien eine neue Antwort.

Well if you think that I am not superior to you how about you prove it psychologically and attempt to destroy me psychologically.
Why should I do that? Why are you so belligerent?
Because I like knowing.

Turek klappte das Laptop zu und ging in eine kleine Bar. Die Luft war trockener als die Tage zuvor, ein leichter, warmer Wind wehte. Als er später nach Hause kam, schauderte ihm. Hatte sich in diesem Busch links von der Rezeption etwas bewegt? Er verriegelte sein Zimmer. Er rührte sein Laptop nicht an. Er schaltete den Fernseher ein; auf den japanischen Kanälen liefen Quizshows und Naturfilme. Auf CNN meldeten sie, dass man in Fukushima versuchte, den havarierten Reaktor mit Wasser zu kühlen, dass man ihn mit Steinen einmanteln wolle und dass das Kühlwasser ins Meer gepumpt werde. Turek lag da und sah die Bilder des Reaktors und dachte an Namis eigenartige Verwandlung und an Hinata, und dann dachte er gar nichts Erkennbares mehr und sank in einen dunklen, wirren Traum.

AUTONOMIE

Die neue Stadt war ein Erfolg. Touristen kamen in Busladungen und wurden von automatisierten Autos durch die Wohnsiedlungen bis zum Zentralplatz gefahren. Kameras erfassten alle Gesichter; am Ende der Tour konnte man sich ein kleines Album mit allen Fotos ausdrucken, die von einem in der Stadt gemacht worden waren. Wer an einem Laden vorbeiging, bekam eine SMS mit einem Sonderangebot; die Verkäufe stiegen um 28 Prozent. Die Laternen gingen nachts nur an, wenn jemand die Straße entlanglief; so wurden über 60 Prozent Strom gespart. Es gab keinen Lärm. Wo früher alte LKW-Wracks parkten, schaukelten Kinder gleichförmig nebeneinander her. Die Eltern saßen im Café, das Handy überwachte per Livepositionsbestimmung den Aufenthaltsort der Kinder. Das »Smart Center« am großen Platz, in dem sämtliche Bilder und Bewegungsdaten aller in der neuen Stadt verwendeten Mobiltelefone verarbeitet wurden, ließ die neuesten Informationen auf eine Großleinwand projizieren: es war

10.32 Uhr morgens, die Luftqualität lag bei nur 12 Mikrogramm Feinstaub pro Kubikmeter. Die Zahl der Diebstähle war auf null gesunken. 654 Menschen hielten sich in einem Umkreis von 500 Metern auf. Als rotes Band lief die Information durchs Bild, dass jemand beim illegalen Entsorgen eines alten Fahrrads gefilmt wurde. Außerhalb der Sperre hatte ein unbekannter Mann einen vierjährigen Jungen angesprochen; per Gesichtserkennung war der Mann identifiziert und von der Polizei befragt worden.

Die Liste der Bewerber überstieg die Zahl der verfügbaren Wohnungen um das Fünffache.

○ ● ○

Driessen lud zu einer Feier ein. Er hatte vor zwei Jahren ein Haus am Stadtrand in einer parkartigen Waldanlage gekauft, einen weiß geklinkerten Bungalow mit Kamin und Blumenfenster, aber weil er sich aus Feuer und Urwaldpflanzen nichts machte, hatte er es abreißen und stattdessen von einem Stuttgarter Ingenieur ein vollverglastes Passivhaus bauen lassen, in dem alles ohne Berührungen funktionierte: Sensoren erkannten, wenn jemand auf die Glastüren zusteuerte, die hochglanzlackierten Schubladen, der Kühlschrank und der Humidor öffneten sich per Sprachsteuerung, die Jalousien rasten auf Befehl herunter, alles *touchless* ... Dieses Zaubergebilde wurde nun eingeweiht.

Driessen stand am Zaun und begrüßte eigenhändig die Gäste, schlug auf Schultern, zog heran, umarmte, hob dabei auch die kleineren, leichteren Besucherinnen ein wenig an und zeigte stolz auf die neueste Erwerbung; sein neues Auto – Tesla Model X mit Flügeltüren, zwei Motoren und 700 PS – fuhr auf das Kommando »Auto!« selbsttätig aus der Garage vors Haus wie ein fügsamer Hund, während der tatsächliche Hund der Familie, ein Yorkshireterrier namens Turing, dem geisterhaft heranrollenden Vehikel mit erheblichem Gekläffe und wütendem Herumgerase begegnete.

Ein Auto, das allein vors Haus kommt, wenn man es ruft – das ist so praktisch bei Regen, rief Driessen den zur Einweihungsparty zahlreich eintreffenden Gästen heiter entgegen, die ihre herkömmlichen Autos vor dem Haus auf der Wiese in einer wilden, balletthaften Anordnung mit hektisch eingeschlagenen Vorderreifen geparkt hatten und bei plötzlich einsetzendem Regen nicht nach ihnen rufen könnten, sondern gebückt und mit eingezogenem Hals, in einer albernen und vergeblichen Bemühung, nicht nass zu werden, zu ihnen rennen müssten.

Turek kam spät, weil er vorher noch etwas trinken wollte, und dann hatte er sich festgetrunken, und als er kam, war er schon so betrunken, dass er besser bald wieder gehen würde. Er hörte, wie aus einem tiefen Trichter, in dem sich Kristalle spiegelten und das Licht sich brach, Frau Driessen, die Erbin eines internationalen Hörgeräte-Konzerns, auf eine dürre, stoppelhaarige und zwei Köpfe größere Gestalt einredete, welche ihrerseits versuchte, etwas zu erzählen.

Wir waren jetzt zum ersten Mal in diesem japanischen Mindfulness-Pavillon im Kranzbach, wirklich beeindruckend, da gibt ..., sagte die lange Gestalt, wurde aber sofort von der kreischenden Stimme der Gastgeberin unterbrochen.

Da waren wir immer Ski fahren, erklärte sie und verhinderte einen weiteren Versuch der langen Gestalt, die Geschichte des Mindfulness-Pavillons zur einem vorläufigen guten Ende zu bringen.

Ich könnte *auch* mit einem Mann zusammen sein, der *nett*

richtig Ski fahren kann, sagte Frau Driessen, kraulte Turing und schüttelte, angeekelt von der Möglichkeit eines Mannes, der nicht Ski fahren kann, den Kopf.

Ich könnte, dachte Turek, der nicht Ski fahren konnte, nicht mit jemandem zusammen sein, der nicht richtig *nicht* sagen kann, und drückte sich an den Gastgebern vorbei.

Leise Musik rieselte aus gigantischen Boxen. Ein kleiner Roboter rollte mit einem Tablett über den geteerten Weg zur Garage und servierte Drinks.

Das ist unser neuer Mitbewohner, rief Frau Driessen. Goldig, oder?

Turek nahm sich einen Drink. Er suchte und fand die Toilette (Toilette sagt *Hallo* und *Au revoir*), fand im ebenfalls berührungslos bei Annäherung aufspringenden Kühlschrank ein Bier (Kühlschrank sagt: *Bitte bedienen Sie sich*) und bekam draußen vom Servierroboter einen Gin Tonic vor die Nase gehalten, und weil der Roboter mit einem Rad im Blumenbeet festhing und etwas zitterte, aber nicht vom Fleck kam, trank er den auf seinem Tablett wackelnden zweiten Gin Tonic vorsichtshalber auch gleich aus. Beim anschließenden Versuch, wieder aufs Klo zu gehen, stolperte er; die Tür, an der er sich festhalten wollte, flog automatisch auf, so dass er der Länge nach hinschlug. Marmor, dachte Turek und stützte sich auf dem glatten Stein ab, schöner, kühler Marmor ... Weiter unten hievten zwei Bedienstete mit puterroten Köpfen den Roboter auf den geteerten Weg zurück. Auf dem Display von Tureks Uhr erschien ein kurzer Text, *mit dem Beschleunigungs- und Gyrosensor*, stand da, *kann die Apple Watch Series 4 erkennen, dass du gestürzt bist. Wenn du sechzig Sekunden lang nicht reagierst, wird automatisch ein Notruf gestartet, und deine Notfallkontakte erhalten eine Nachricht mit deinem Standort.*

Turek schaffte es, das Entwarnungssymbol zu drücken, und

torkelte durchs Haus ... da war nichts, was ihm hätte Halt geben können, außer ... da! Er hängte sich erleichtert mit baumelnden Beinen auf den Servierroboter, der tapfer vier Meter weiterfuhr und dann mit einem Ruck stehen blieb.

Auto!, rief Turek. Draußen flog das Garagentor auf, eine Gruppe stob erschreckt auseinander, denn Driessens Tesla fuhr von Geisterhand gesteuert und, wie Turek fand, erstaunlich zügig auf den langen, weiß eingekleideten Tisch mit den Häppchen zu, der in der Einfahrt stand. Er bremste auch keineswegs, da die Algorithmen offensichtlich aus dem, was die Bordkameras entdeckten (weiß überdeckter langer Tapeziertisch vor genauso weißem Haus) nichts Bremsenswertes herausfiltern konnten. Im nächsten Moment gab es einen Knall, Flaschen stürzten zu Boden, Häppchen flogen gegen die Scheiben des Hauses (automatische Auslösung der Regenjalousie) sowie in den Karpfenteich, wo sie begierig aufgefressen wurden. Stopp! brüllte jetzt Driessen erschrocken aus den Tiefen seines Gartens (kleines französisches Heckenlabyrinth, von oben erkennbar in Form der Initialen von Madame Driessen – A. D. – angepflanzt). Der Tesla ruckte, als sei ihm die Sache unangenehm, ein wenig auf der Tischgestelllasagne hin und her, die sich unter seinen Vorderreifen verkeilt hatte. Turing näherte sich der Unfallstelle und steckte mit wedelndem Schwanz seine Nase in das durch die umgekippten Flaschen entstandene Gemisch aus Bourbon, Gin, Rosé, Kaffee und Weißwein und leckte noch die letzten Rinnsale aus den Fugen, um sich dann mit fletschenden Zähnen auf die ihm mit leeren, erstaunten Blicken entgegenstarrenden Karpfen zu stürzen.

Turek betrachtete mit einer gewissen Rührung das in Zeitlupe vor ihm ablaufende, etwas unscharfe Bild eines weißen Flecks (Hund), der langsam in eine schwarze Fläche (Teich) einsank und zusammen mit den konzentrisch davonschießenden roten Strahlen (Fische) das Bild einer zauberhaften Blume ergab. Danach ging, von Tureks Augen nur schematisch und flackernd wahrgenommen, alles sehr schnell: Gast will Hund aus Teich retten, Hund, gestresst, beißt Gast in Hand, wird, noch in Hand verbissen, von erbostem Handbesitzer in hohem Bogen gegen Glasfassade geschleudert. Jalousie wird aktiviert. Hund klatscht gegen Glas und rutscht wie in Tom-und-Jerry-Film runter und torkelt ins Haus rein, aber Tür erkennt Hund nicht (zu klein) und fährt automatisch zu, während Hund gerade durchtorkeln will. Von Schiebetür seitlich gerammter Hund sitzt da ganz still, ist verletzt? Nein. Ist nur total betrunken; kackt erst mal auf den weißen Marmor.

Driessen sitzt im Tesla, der blinkt und klingelnde Warntöne ausstößt, ein Reifen hängt in der Luft. Grimmiger Hausmeister versucht, Tischreste unter Tesla hervorzuzerren. Grimmiger Hausmeister in Gummistiefeln im Teich, mit einer abgebrochenen Bambusstange die halb aufgeweichten Lachshäppchen aus den Luftfiltern bohrend. Gastgeberin mit lang vorgerecktem Hals auf Driessen einschreiend, den nassen Hund auf dem Arm. Braune Flecken auf Kleid. Hinten laute Musik, feiernde, von den Geschehnissen unbeeindruckte Gäste. Turek wankt zum Tor, dann ist dort kein Tor mehr, nur Nacht und Wind und eine knackend schwankende Kiefer, an deren Fuß Turek lange ruht. Die Feuchtigkeit des schütteren Grases. Nasse Erde. Schließlich das Knattern eines unüblich alten Taxis, Gebetskette am Lenkrad, schweigsamer Fahrer. Das Leuchten des roten Taxameters. Vorbeifliegende nächtliche Stadt. Das Rattern des Diesels an der Schranke ist der letzte Ton in der lautlosen Welt, in der er sich schlafen legt.

∘ ● ∘

Drei Monate lang ging alles gut. Die *Financial Times* feierte Driessen als »Mr. Smart City«. Man sah ihn auf dem Cover verschiedener Magazine unter dem Wort *Zukunft*, Driessen vor seinem Haus, mit einem kulleräugigen Roboter vor dem SC-Tower, in Afrika mit einem Gorilla. Turek sah ihn spätabends mit der Frau von Berenkow. Driessen hatte glänzende Laune und erhöhte Turek das Gehalt. Dann überrollte ein automatisches Auto am Eingang der Stadt einen Mann.

Die Zeitungen hatten jetzt Driessen wieder auf dem Cover, aber die Titel waren weniger freundlich. Als Turek am Unfallort vorbeifuhr, stand dort eine Mahnwache, ein paar Hundert Leute hatten Kerzen angezündet, Turek hatte den Geruch fast vergessen, ein Geruch nach Weihnachten und Abenden am Kamin und Momenten, die er vergessen wollte. Journalisten riefen ihn noch nachts an.

Wie der Wagen programmiert worden sei? Wer hafte? Warum das Auto nicht in die Wand gefahren sei? Ob die Algorithmen immer eher die Insassen schützen? Turek, schon halb im Schlaf, rief in den Hörer, dass man den tragischen Einzelfall nicht zum Anlass nehmen dürfe, die ganze Technologie in Frage zu stellen, automatisierte Autos seien im Ganzen sicherer als von Menschen gesteuerte. Der Reporter rief Donnerwetter und legte auf. Am nächsten Morgen war die Schlagzeile »Tote nur ein Einzelfall«, dazu ein unscharfes Radarbild von Turek; der Teufel wusste, wo sie das herhatten. Eine Online-Petition sammelte in 24 Stunden 500 000 Unterschriften. Ein paar Autonome fackelten ein paar autonome Autos ab. Der Bürgermeister äußerte Verständnis für die Sorgen der Bevölkerung; alle Gelder für die neue Stadt wurden vorerst eingefroren.

∘ ● ∘

Driessen rief Turek gegen Mittag an. Seine Stimme war sachlich und kalt. Turek war mit sofortiger Wirkung gefeuert.

Am folgenden Montag gab er seinen Tesla und die firmeneigene iWatch ab. Er fühlte sich nackt, aber gut. Ein paar Tage verbrachte er damit, die ebenfalls firmeneigene Wohnung zu räumen. Die fabrikneuen, frisch gefalteten Pappkartons, die ihm geliefert wurden, lösten eine unbestimmte Euphorie, ein Gefühl von Aufbruch aus. Am dritten Tag ging er zum Parkhaus, vorbei an den Brandflecken auf dem rotbraunen Pflaster der Shared-Space-Straße, wo die autonomen Autos abgebrannt waren; man hatte die Wracks noch in der gleichen Nacht entfernt.

Da stand sein alter Porsche. Die Batterie war leer. Während er auf den ADAC wartete, googelte er zu seiner Beruhigung etwas, dann fiel sein Blick auf die Rubrik Bildschirmzeit: Um zehn Uhr morgens hatte er, obwohl jetzt arbeitslos, bereits 3 Stunden und 21 Minuten am Mobiltelefon verbracht. Produktivität 26 Minuten. Soziale Netzwerke: 9 Minuten, Safari: 2 Stunden 5 Minuten. Mail: 24 Minuten. Seit er arbeitslos war, hatte er das Telefon nicht mehr losgelassen, sogar auf die Toilette des Cafés nahm er es mit und las sich fest an Nachrichten und Mails, bis jemand gegen die Tür trommelte. Hier, *Bildschirmzeit Letzte sieben Tage*: Durchschnittlich 5 Stunden 2 Minuten pro Tag, mehr als sonst. Insgesamt 12 Stunden in der Woche gegoogelt, ein halber Tag pro Woche, wenn er keine Ferien hatte, war es doppelt so viel. Sechs Stunden Mails lesen. Hat man früher sechs Stunden pro Woche Briefe gelesen? Geschrieben? Vielleicht. Wenn er noch vierzig Jahre weiterleben würde, würde die finale Bildschirmzeitrechnung am Jüngsten Tag, dem Tag des Gerichts über das ungelebte, verpasste, ums Leben gekommene Leben, auf 58 240 Stunden, also 2426 Tage, also 346 Wochen, also 6,6 Jahre am Handy hinauslaufen, davon 29120 Stunden telefoniert, also … über drei Jahre am Telefon. Unwahrscheinlich, dass man dabei keinen Tumor im Kopf oder irgendeine andere Strahlungssache bekommt. Vorsichtig steckte er das Telefon weg. Durch die Gitterfassade des Parkhauses sah er die neue Stadt, die wie ausgestorben dalag.

Der eingestaubte Porsche sprang schnell an. Turek machte das Verdeck auf und schoss aus dem Parkhaus hinein in Häuserschluchten und Autobahnauffahrten, sah Betonbrücken und Lichter flackern, hörte dem trockenen Röhren des Motor in der Unterführung zu, seine Augen brannten in der schmutzigen, abgaswarmen Sommerluft. Er parkte vor einer Bar. Jemand sagte zu ihm, er erinnere ihn an Harald Juhnke. Turek schaute ihn entgeistert an. Der Mann sagte, das sei ein Kompliment. Er trank drei Hildes, Vodka und Champagner. Als er später in dieser Nacht seine Mails lesen will, ist der Zugang gesperrt. Auch seine Bilder sind weg. Die Fotos von Aura … Saras Mails … Müssen in der Cloud sein, aber die Cloud ist nicht zugänglich. Schalteten sie ihn so umfassend ab?

Die Hotline verband ihn mit einem Call Center in Indien. Nach zehn Minuten, in denen eine Instrumentalversion von *Lambada* zu hören war, nahm jemand ab.

Hello?

Hello! I cannot understand you.

Hello?

Die Verbindung brach zusammen.

Scheiße, rief Turek.

Auf seinem Telefon erschien eine Botschaft.

Hinter ihm machte der Kühlschrank ein muhendes Geräusch.

Gab es eine KI, die sich durch all seine vernetzten Geräte fraß wie ein Schädling durch den Baum, vom Mobiltelefon in seine Fotos in der Cloud, in seine E-Mails und sein Haus?

Turek schaltete den ohnehin nur noch von einem halb leeren Glas Gurken bewohnten Kühlschrank ab.

In dieser Nacht warf er sich hin und her und hatte schreckliche Albträume, in denen es dazu kam, dass alles, was jemals geschrieben, gesagt oder getan worden war, im Internet für jedermann einsehbar war.

∘ ◉ ∘

Am Tag, an dem Turek gefeuert wurde, saß Aura in Tarnac in ihrem Haus. Die drei Kinder waren im Nebenraum, sie malten, sie hatte ihnen einen großen Bogen Papier gegeben, jetzt saßen sie da und malten und redeten aufeinander ein, zwei auf Deutsch und eins auf Französisch und machten sich nichts draus, dass sie sich nicht verstanden. Wenig später hörte sie ihre nackten Füße auf dem Holzboden, ihr Kichern – glaubst du, dass sie sauer ist? Nein, glaube ich nicht; sollen wir es ihr zeigen? Na klar, sie wird's ja eh gleich sehen. Dann Auftritt der Kinder: Sie waren nackt; hatten, statt der Papierbögen, sich gegenseitig bemalt mit schwarzer und weißer Farbe, schwarze und weiße Kreise … Wir sind Pandabären, sagte eines der Kinder mit großem Ernst.

∘ ◉ ∘

Am Tag, an dem Turek gefeuert wurde, flog Sara von Kairo nach Doha. Die Ingenieure hatten die Berechnungen für den Kanal präsentiert. Er war einfacher und billiger zu realisieren als Ghaddafis Great Man Made River, der auch ein Erfolg war, bis die Amerikaner ihn bombardieren ließen und so das Land endgültig ins Chaos stürzten. Die Ingenieure hatten auch die Leistungskraft des Wasserkraftwerks an der Einströmungsstelle berechnet; es würde Energie im Überfluss geben. Der Emir war interessiert, den Kanal zu finanzieren; das würde die Dominanz der Chinesen einschränken, die bereits den Bau zahlreicher Fabriken rund um das neue Meer angekündigt hatten. Die Ökonomen hatten errechnet, dass die Region die Wirtschaftsleistung des Silicon Valley erreichen könnte. Die Regierung in Kairo hatte verstanden, was an internationalen Hilfsgeldern fließen würde, wenn man den Bau des Kanals als Weltrettungsplan verkaufen würde – Ägypten opfert einen Großteil seines Landes, um die Flutlast der Welt aufzufangen und Millionen vom Versinken Betroffenen in Venedig und Amsterdam und New York zu Hilfe zu kommen ... Die Beduinen gaben aber nicht auf; sie versuchten, den Bau des Atomkraftwerks voranzutreiben, sie ließen Berechnungen veröffentlichen, nach denen ganz Europa unter einer tief hängenden Dauerregendecke verschwinden könnte und durch die Begrünung der Sahara die Winde, die von Afrika über den Atlantik bis in den Amazonas wirbelten, keine Mineralien mehr transportieren würden, mit fatalen Folgen für die Flora des dortigen Regenwaldes; aber all das waren sehr eigenartige, komplizierte, hochspekulative Argumente.

○ ● ○

Am Tag, an dem er Turek feuerte, saß Driessen in einem Flugzeug nach San Francisco. Er schrieb eine Mail an Alina, liebe Alina, schrieb er, ich habe lange nachgedacht (das stimmt nicht, er hatte einfach keine Lust mehr, aber »lange nachgedacht« klang ernster und wärmer), es war schön und wirklich besonders mit dir (das stimmte; sie hatte ihn wirklich geliebt; Driessen war ein wenig gerührt und bestellte noch einen Saft, bevor er weiterschrieb), aber ich sehe in dir auch die Mutter eines Kindes und die Frau eines wunderbaren Mannes, der hart arbeitet, um seine Familie zu versorgen (wirklich ein rührender Kerl, fährt morgens raus und repariert in der Kälte Leitungen und so, na, andererseits ist das ein Russe, die können diese Temperaturen ab).

Deswegen wolle er, dass sie sich erst mal nicht mehr sehen, denn sosehr er sie liebe, könne er nicht gut damit umgehen, dass ihr wirklich wunderbares Kind ganz allein zu Hause sei, nur weil sie mit ihm, dem auch noch deutlich älteren Driessen, und deswegen ... jetzt hatte er sich verheddert, löschen, Punkt, neuer Satz – jetzt war auch noch der Saft umgekippt, aber zum Glück nur in den Fußraum von dem Idioten neben ihm und nicht in seine Tastatur; oh, entschuldigen Sie bitte, immer diese kleinen Tische, und das in der Business Class ... ich rufe jemanden ... sind Sie nass geworden? Ah. Herrje, das tut mir leid.

Bisschen Tomatensaft auf den Schuhen, das wird er ja überleben, soll ich dem jetzt die Schuhe putzen, oder was? Budapester mit Lochmuster, konnte ja Driessen jetzt auch nichts dafür, dass da jetzt der Saft in die Löcher sickert ... Da, Stewardess, haben hier ein kleines Malheur ... Danke. Jetzt weiter: Du bist ein wunderbarer und ganz besonderer Mensch, und ich werde die Zeit mit dir – Ja, was? »In meinem Herzen bewahren«? Gott, er war wirklich ... löschen. »Die Zeit mit dir war ein Geschenk.« Einfügen »kostbares«. Gute Güte; nicht besser. Oder: Du wirst immer etwas Besonderes für mich – Egal, so, erledigt.

Driessen holte tief Luft. Auf dem Bildschirm vor seiner Nase rückte ein stilisiertes Flugzeug auf einer roten Linie über die Weiten der kanadischen Nordterritorien in Richtung San Francisco. Er öffnete eine neue Datei und begann: »Liebe Sara, seit du bei uns arbeitest, habe ich mit großer, wachsender Bewunderung gesehen, wie du ...«

In San Francisco würde er zwei Investoren treffen und dann würde er, mit frischem Geld vollgestopft, zurückfliegen und sich mit Sara treffen, und die Sache mit Alina wäre bald vergessen.

Ihren Mann aber traf er schneller wieder, als er gedacht hatte.

° ● °

Berenkow hatte viel getrunken, vielleicht zu viel, das konnte man jetzt so oder so sehen. Er lag mit seinem Wagen im Wald auf der Lauer. Er sah Driessen, den Verfasser einer Botschaft, die morgens um vier auf dem Handy seiner schlafenden Frau erschienen war, als Berenkow noch in der Küche saß und zusammenrechnete, wie er das Haus und die Schule und den Urlaub mit dem Jungen bezahlen könnte – er sah also Driessen aufs Testgelände kommen, sah, wie Driessen die Hände von irgendwelchen Geschäftsleuten aus Ägypten schüttelte. Driessen stieg mit einer triumphierenden Geste in eines der selbstfahrenden Autos und nahm Kurs auf das Testhaus, die Delegation bestieg den daneben stehenden Wagen.

Berenkow legte den ersten Gang ein, steuerte seinen Truck durch einen Entwässerungsgraben, aus dem das Fahrzeug wie ein erbostes Nilpferd aus einer Schlammlache herausbrach, haute den zweiten Gang rein, nahm Kurs auf das alberne depressive Koalabärenauto, das mit blinkenden Scheinwerferaugen auf seinen lächerlich kleinen Reifen Richtung Testhaus eierte; Berenkow beschleunigte auf 50, dann 60 Stundenkilometer und traf das autonome Auto in einem perfekten 90-Grad-Winkel mit seinem mächtigen Frontbügel, es gab einen Ruck und einen Knall, und Berenkow landete mit dem Kopf voraus in den weichen Kissen all der Airbags, die sich aus seinem Lenkrad und den Seitentüren wie ein aufmerksames Geisterbett herausgefaltet hatten.

Der Truck hatte sich bei dem Aufprall in die Luft erhoben und war auf seinen Blattfedern gelandet wie eine Katze, die aus hoher Höhe auf alle viere fällt, und dann, während der Truck noch weiter in die Knie ging, sah Berenkow das autonome Auto in der Luft, in Zeitlupe, *eine Raumkapsel auf ihrem Weg ins All*, schwerelos durch die Luft gleiten und immer kleiner werden, bis man den aufgerissenen, scheinbar zahnlosen Mund von Driessen nicht mehr erkennen konnte, und dann waren Ruhe und Frieden um ihn.

∘ ● ∘

Turek machte erst einmal nichts. Er suchte sich eine Wohnung in der alten Stadt. Er trank. Er machte Pläne für Reisen, die er wieder verwarf. Er rief alte Freundinnen an und sagte kurzfristig wieder ab. Die kahlen Bäume im Hof bekamen erst hellgrüne Blätter und dann dichtes dunkelgrünes Laub; im Bett liegend, lauschte er den Geräuschen der erwachenden Stadt und den Vögeln und den Müllmännern, die die Tonnen ratternd durch den Innenhof zerrten. Dann wurde es heiß, und nach der Hitze des Tages zogen am Abend Wärmegewitter über die Stadt, und der Regen überflutete ganze Stadtteile und ließ die Autos im Wasser versinken.

Schließlich begann Turek wieder zu arbeiten. Er entwickelte Pläne für eine Stadt, die sich über eine Serverfarm stülpt und von ihr lebt, eine Stadt, die aussah wie ein Körper, dessen Rumpf die Serverfarm bildete und dessen Extremitäten die Wohnbauten waren, mit einem Kopf aus öffentlichen Bauten und einer grünen Lunge, die sich aus dem Dach der Serverfarm herausfaltete, eine Art Urwald unter Glas – die überzähligen Gorillas würden hier wohnen können, das wäre eine Sensation, der erste künstliche Urwald mit echten bedrohten Tieren, gewärmt von Daten, Uploads, geheizt mit der Wärme einer neuen Natur ... Eine solche Stadt wäre eine Sensation ... Er arbeitete, bis ihm das Arbeiten körperliche Schmerzen bereitete.

Schließlich wurde er krank. Ärzte diagnostizierten eine Herzrhythmusstörung. Ende August, als der Sturm an den vom Sommer erschöpften Blättern zerrte und einen kühlen Regen gegen die verstaubten Fenster trieb, brach er auf der Treppe seines Hauses zusammen und wurde auf die Intensivstation gebracht. Dort lag er viele Tage. Eine Zeit lang, hieß es, war er dem Tod nah, aber er hatte keine Zeit, sich um den Tod zu kümmern, er arbeitete weiter auf seinem iPad und verschickte Botschaften, und daraufhin war der Tod beleidigt und beschloss, kurzen Prozess mit ihm zu machen, aber Turek war erstaunlich zäh, so dass der Tod schließlich entnervt von ihm abließ.

Als er mit seinen Entwürfen fertig war, rief er Mario Pantani an. Pantani baute in Nevada für eine Firma Rechenzentren,

er brauchte dort jemanden vor Ort, jemanden mit Ideen, hatte Pantani gesagt, und bitte sehr: Hier kam die Idee.

Sie trafen sich in einer Bar. Pantani trug eine weiße Hose und ein hellblaues Hemd, er sah aus wie jemand, der sich von den Ärgernissen des Lebens endgültig beurlaubt hatte. Er bestellte zwei Pisco Sour, schaute die Pläne an und legte dann seinen Arm um Turek und rüttelte an seiner Schulter, sagte, *das ist richtig gut, mein Lieber*; er benahm sich wirklich wie ein Typ aus irgendeinem Surfervideo, aber er gab ihm einen Job: Turek sollte nach Nevada gehen und schauen, ob man Pantanis Datacenter dort in eine Stadt umbauen könnte.

WÜSTE

Es war noch Sommer, als Turek im TRIC ankam. Er war von Reno auf der Interstate 80 nach Osten gefahren, er hatte vom Highway aus den Truckee River gesehen, der weiter unten glitzernd durch die verbrannten Hügel Richtung Westen floss, und er erahnte die Bergkette, die im Flimmern der Luft kaum zu erkennen war. Zwanzig Minuten später erschienen auf der rechten Seite die lang gestreckten Hallen der Serverfarm. Er parkte den Tesla, den er sich gemietet hatte, und öffnete die Fahrertür; eine Welle heißer Luft presste sich in den auf 17 Grad heruntergeklimatisierten Wagen hinein. Ihm war, als hielte ihm jemand einen heißen Fön in den Mund.

Es war so heiß, dass sich sogar die Skorpione und die Klapperschlangen in den Schatten der Steine zurückgezogen hatten. Ein warmer Wind wehte ihm Staub in die Augen und in die Lunge, die Sonne brannte ihm auf der Haut. Auf dem rechten Arm, der während der Fahrt von Reno im Seitenfenster des Tesla gelegen hatte, hatte sich die Haut krebsrot verfärbt. Die

Kakteen standen als schockflambierte, verkohlte Figuren auf dem Schotter der Steinwüste, mit emporgerissenen Armen, als wollten sie sich bei den Ankommenden über ihr Schicksal beschweren, schaut, was ihr getan habt ... alle grüne Farbe war aus ihnen gewichen; überhaupt gab es hier nur eine Farbe, die Farbe von Staub und Hitze, die alles zu Sand zerfallen ließ. Auch Tureks Gesicht war keine Ausnahme in diesem Panorama, es hatte schon in den ersten Stunden die blassgraue Tönung der zum Anorganischen neigenden Wüstenwelt angenommen. Er blinzelte. Auf seiner Stirn bildeten sich ein paar Schweißperlen, die in der trockenen Hitze sofort wieder verdunsteten. Die kleinen, salzigen Sandklumpen auf dem Schotterweg zerbröselten, wenn man auf sie trat, und die Füße schwollen schon nach wenigen Metern vom Gehen in der Hitze an.

Er bezog sein Quartier in einem Container. In ein paar Wochen würden die Vermesser und die Statiker kommen – so lange hatte er Zeit. Zwei der Hallen waren schon in Betrieb, die dritte sollte in ein paar Monaten fertig werden. Abends, wenn die Hitze erträglicher wurde, saßen die Wachleute vor dem Servicegebäude und tranken Bier aus Eistruhen und beeindruckten sich gegenseitig mit Klimmzügen und Liegestützen. Turek saß in einiger Entfernung auf einer alten, in der Hitze halb zerlaufenen Plastikliege und stellte einige Berechnungen an. Die Wachmänner gewöhnten sich an ihn. Sie hatten tätowierte Arme und akkurat ausrasierte Nacken, und einer hatte ein Wadentattoo mit Schlangen, die aus den klobigen Schuhen emporzüngelten, an einem Bein prangte außerdem der Baum der Erkenntnis, davor Adam und Eva, an der rechten Wade sah man Thor; wenn der Securitymann die Beine übereinanderschlug, stürzte sich Thor auf Adam, und bald lief Schweiß über diesen Titanenkampf zwischen Christen und

Heiden. Er hatte sich Arme und Brust wegen der Tattoos rasiert, oder er hatte dort nie Haare gehabt, jedenfalls war alles an ihm glatt wie die Oberfläche eines iPad: Im Schein seines Bildschirms sah er aus, als bestünde er aus Kupfer, Eisen und Aluminium, Palladium und Platin, Gallium und Kobalt.

Die Wachmänner redeten wenig. Manchmal stand einer von ihnen auf und schaltete die Suchscheinwerfer seines Trucks ein und ging auf Kontrollfahrt vor zur Straße und außen am Zaun und an der neuen Halle 3 entlang bis zu den Dieselgeneratoren, und der andere schaltete einen Fernseher an, der unterhalb der Kontrollmonitore stand. Sie schauten aus Polizeiwagen herausgefilmte Verfolgungsjagden oder Quizshows oder Sendungen über irgendwelche Leute, denen etwas leidtat oder die abnehmen oder die Liebe ihres Lebens wiederfinden wollten. Wenn Turek seinen Tesla neben ihrem Truck parkte, schauten sie den Wagen stumm an wie etwas, was nicht in die Wüste gehörte und besser verschwinden sollte. Sie hatten es aufgegeben zu verstehen, was genau Turek in der Serverfarm machte; er arbeitete für die Firma, der das Gelände gehörte, er hatte einen Passierschein, der Rest war ihnen egal. Manchmal tauchte er auf den Bildschirmen auf, die Halle 1 überwachten; man sah ihn, den linken Fuß vorgestellt, den rechten Arm in die Hüfte gestützt, versunken in die Betrachtung der blau schimmernden Serverracks.

Nach zwei Wochen bekam er eine Nachricht von Sara. Sie hatte seit Driessens Unfall das Qattara-Projekt übernommen, jetzt musste sie in San Francisco Geldgeber für den Bohrer treffen, der dem Wasser den Weg vom Meer in die Wüste bahnen sollte (die Ägypter wollten die Chinesen jetzt ganz raushaben, deswegen). Sie hatte ein paar Tage Urlaub, und sie hatte sich einen Wagen genommen, um eine Freundin treffen, die irgendwo geheimnisvolle Experimente in einer Wüstenkommune veranstaltete, und Turek lag sozusagen auf dem Weg.

Ein paar Tage später sah er ihren Wagen die Schotterpiste hochkommen. Sie umarmte Turek, wie die Leute in den Netflixserien einen verlorenen Bruder umarmten. Sie trug ihre Haare jetzt kurz und hatte ein paar Strähnen neongrün eingefärbt, und Turek fragte sie, was die Auftraggeber in Kairo dazu sagten, aber dort, sagte Sara, trug sie sowieso immer Kopftuch. Am Abend saß sie im Schneidersitz auf dem aufgeweichten Liegestuhl und trank ein Bier und fand Tureks neues Leben absolut trostlos. Sie schlug vor, dass sie das Wochenende am Pyramid Lake verbringen könnten.

Sie brachen am nächsten Morgen auf. Sie nahmen ihren Mietwagen, weil sie Angst hatten, der Tesla würde die Strecke nicht schaffen – wenn man mit einem Benziner in der Wüste liegen blieb, würde man zur Not irgendwo Benzin bekommen, aber sicherlich kein Ladekabel.

Sie fuhren an kleinen Städten vorbei und kauften an einer Tankstelle eingeschweißte Sandwiches und Cola und Wasser. Die trockene Zeit hatte begonnen, und die Sprinkleranlagen in den Vorgärten kämpften mit einem hektischen Tss-Tss gegen das aus den Hügeln vorrückende trockene Braun an.

Vor einem Autohaus parkten ein paar neue Trucks, die riesigen Kühlergitter glänzten wie ein endloser Zaun aus Chrom in der Morgensonne, eine Bastion der alten Welt, Verbrennungsmotoren hinter Schwermetall … Sara beschleunigte und schaltete den Autobahnpiloten an, dann schwang sie mit einer kurzen Stützbewegung der Arme ihre Beine aus dem Fußraum heraus und saß eine Sekunde später im Schneidersitz hinter dem Lenkrad, eine Buddhastatue auf dem Fahrersitz, die mit der Steuerung des Fahrzeugs offenbar nicht mehr viel zu tun hatte; nur manchmal tastete sie wie jemand, der einen Zeh ins Wasser steckt, um die Temperatur zu testen, mit einem Fuß nach dem Bremspedal.

Turek verfolgte das Manöver mit der Gelassenheit einer Person, der jede Form von Technik vollkommen vertraut war. Der Wagen schien tatsächlich seinen Weg von selbst zu finden, er zog leicht in Kurven, das Lenkrad zuckte hier und da, Sara hatte die linke Hand unter ihren rechten Fuß gewickelt, als wolle sie sich selbst in einem magischen Akt anheben. Das grüne Haar fiel ihr, in einem effektvollen Kontrast zur Ordnung der glatten, kurzen Haare ihres ausrasierten Nackens, über das rechte Auge; es sah aus, als ob die neuronalen Hirnströme, die chaotische, schwer nachvollziehbare Turbulenz ihres Denkens, sich auf ihrem Kopf abbildeten.

Sie hatten kurz vor einem Ort mit dem seltsamen Namen Gerlach Empire getankt, wo später im Sommer das Burning Man Festival stattfinden würde. Beim Herausholen des Tankstutzens war ihm Benzin über den Arm und auf die Hose geschwappt, auch seine iWatch hatte etwas abbekommen, sie war klebrig und roch nach Treibstoff. Er versuchte sie mit dem Scheibenwasser zu reinigen.

Vom See sahen sie wenig. Es war so heiß, dass sie die meiste Zeit im Schatten am Rand des Hotelpools lagen und nur manchmal wie ermattete Alligatoren ins Wasser glitten. Mittags zogen sie sich in die Kühle des Hotelzimmers zurück, das, geschützt durch einen dicken, gummierten Vorhang und eine vergilbte Gardine, von einer rumpelnden Klimaanlage gekühlt wurde. Turek, der einen Sonnenbrand bekommen hatte, legte sich neben Sara aufs Bett und griff nach seinem iPhone. Er betupfte die schmerzenden Stellen mit dem halben Glas des Telefons und legte es schließlich auf seine Stirn. In dieser Position schlief er ein und wurde erst wieder wach, als das Licht schon schräg stand und das Telefon auf seiner Stirn brummte.

Als die Hitze abnahm, verließen sie das Hotelzimmer und öffneten alle vier Türen des Autos, der Innenraum roch jetzt nach gekochtem Plastik. Dann fuhren sie zu den Höhlenzeichnungen von Winnemucca, ein paar Felsen, in die vor 14 000 Jahren jemand seltsame Muster und Kreise und Wellen hineingemeißelt hatte.

Niemand wusste, was diese Petroglyphen bedeuteten, es kursierten alle möglichen Verschwörungstheorien, in denen Außerirdische eine Rolle spielten, vielleicht waren es aber auch nur Wegebeschreibungen, Lagepläne, Erinnerungen, die einer Nachwelt überliefert werden sollten, die sie nicht mehr lesen konnte, eine Art Urzeit-Server, eine Steinzeitcloud …

Auf der Rückfahrt überholten sie zwei misstrauisch dreinschauende Typen in olivgrünen Funktionsjacken in einem alten Militärlastwagen, der mit Schaufeln, Spaten und Gewehr-

halterungen ausgerüstet war. Seit einiger Zeit zogen nicht nur Hippies in die alten Wüstendörfer, sondern auch Prepper, Leute, die darauf warteten, dass ein Bürgerkrieg ausbricht oder die Russen oder die Chinesen angreifen oder die Andreasspalte aufreißt oder eine große Seuche den amerikanischen Kontinent erreicht oder alles zusammen. Für diesen Fall hatten sie in der Wüste Erdhöhlen und illegale Verteidigungsringe und Munitionsdepots angelegt, nicht unbedingt gegen einen Atomschlag der Russen, aber gegen die Leute, die dann hierherfliehen und sich mit ihnen um die letzten unverstrahlten Ressourcen balgen würden; auf diesen Kampf waren sie vorbereitet.

In den kommenden Tagen stiegen die Temperaturen auf über 40 Grad. Turek verkroch sich in die Kühle seines Data-Centers, Sara fuhr nach Arcosanti, wo eine Freundin in der Gießerei einer ökofuturistischen Kommune aus den siebziger Jahren arbeitete. Früher hatten die Leute dort Gruppensex und Drogentrips, die sie mit dem Verkauf selbst gemachter Glocken finanzierten, aber heute, hatte sie gesagt, gab es dort eher nur noch Glocken und ein paar alte Hippies, die den jungen Hippies erzählten, wie man eine klimaneutrale Stadt baut, denn das sollte Arcosanti schon damals sein. Sara schickte Turek ein Foto, das einen Bogen aus Beton zeigte, darunter ein Mädchen, das selbstversunken einen Kreidekreis auf den Boden malte, im Hintergrund baumelten ausgemacht unansehnliche Glocken.

Als sie ein paar Tage später zurückkam, hatte sie ein erdfarbenes Henna-Tattoo und ihre normale Haarfarbe zurück; alles chemisch und digital Wirkende war aus ihr herausgereinigt worden. Auf ihrem Arm entdeckte Turek ein paar dunkle Punkte. Sie hatten ihr bei einer Zeremonie die Haut verbrannt und die Wunden mit dem Gift des Riesenmakifroschs eingerieben.

Kambô, sagte Sara. Wir saßen unter diesem Bogen, und die Jungs sangen Lieder und weinten, und dann kam eine Heilerin und hat uns das Froschgift aufgetupft. Das zieht dann ins Lymphsystem und reinigt dich, und du fühlst dich stark und schön.

Aber du bist stark und schön, sagte Turek, das warst du vorher auch, dafür brauchst du doch nicht so eine Froschtante mit einem Waffeleisen.

Hinter ihnen sprangen die Notstromaggregate der Serverfarm zum Routinetestlauf an. Die Sonne sank, und die Kakteen standen schwarz im Restlicht.

Das ist keine Froschtante. Das ist meine beste Freundin, sagte Sara. Sie war in Peru im Urwald. Da haben sie sie zur Kambô-Heilerin ausgebildet.

Es war wirklich ihre beste Freundin, aber wenn sie ehrlich war, war sie selbst nicht besonders davon begeistert, bei Urwaldgeräuschen vom Band Löcher in den Arm gebrannt zu bekommen, und fand es auch fragwürdig, dass weiße junge Menschen aus reichen Ländern im Amazonas den Stammesmitgliedern, die das Ganze erfunden hatten, ein paar Tausend Dollar zahlen, um mit ihnen Riesenmakifrösche zu fangen, die, zurück im Lager, dann mit Fäden an eine Art Kreuz gebunden werden. Woraufhin dem so gekreuzigten Frosch kräftig auf den Kopf getippt wird, was dazu führt, dass das arme Tier auf seinem Rücken das begehrte Gift absondert.

Typisch westliche Zivilisation, dachte Turek, Kreuzigungen jetzt auch für Urwaldfrösche …

Man fühlt sich erst taub und dann total aufgeräumt, sagte Sara. Und dann total positiv.

Turek fühlte sich auch ohne Froschkreuzigungen positiv, er schaute Sara an, die wirklich sehr gut aussah, je mehr von dem ganzen Irrsinn sie praktizierte, je mehr Kambô und Yoga sie machte, desto strahlender stand sie da, sie leuchtete wie eine indianische Gottheit, aber das lag vielleicht auch an der Restsonne, die auf sie fiel. Turek hörte ihr nur noch halb zu ... Opioidpeptide wie Dermophin, Dermenkephalin und Deltophine ... Opioid-Rezeptor-Agonisten im zentralen Nervensystem ... Einlassen ... Bewusstsein ... Aufmerksamkeit ... Heilung ...

Ihm war schwindelig. Er hatte zu wenig getrunken. Oder einen Sonnenstich vielleicht?

Meine Freundin sagt, du findest eine sehr alte Achse, die wir heute vergessen haben, sagte Sara. So einfach ist das.

Turek grinste ein bisschen dämlich, er dachte an die vielen Schrottplätze, an denen sie vorbeigefahren waren, auch da lagen sehr alte Achsen herum, aber Sara war nicht zum Spaßen zumute, sie stand groß und schön und wütend mit ihren Brandlöchern im Unterarm vor ihm und ärgerte sich zur Hälfte über ihre Freundin, die einmal eine lustige, politische, anarchistische Partykönigin war und jetzt Heilerin, und zur anderen Hälfte über Turek, der sich über das Ganze nur amüsierte.

Du bist, sagte Sara, ein typisches Beispiel dafür, was Kapitalismus mit Körpern macht. Du bist verhärtet. Du versteckst dich hinter deiner blöden Ironie. Wenn du einmal im Urwald warst ...

Ich war im Urwald. Mit riesigen Affen.

Aber hast du den Urwald auch gespürt?

Der Urwald, sagte Turek mit einem gewissen Stolz, hat mich sogar in Form eines sehr schweren, sehr großen Affen angerempelt.

Sara schaute ihn an. Ihre Augen zogen sich zu Schießscharten zusammen.

Sag mal, sagte sie, was bedeutet dir das hier alles?

Was meinst du?, sagte Turek, um Zeit zu gewinnen.

Ich habe gefragt, was dir das hier alles bedeutet.

Also, sagte Turek und machte ein krächzendes Geräusch.

Ich meine, dass ich manchmal das Gefühl habe, du bist nicht ganz bei der Sache. Ich weiß gar nichts über dich. Ich lass dich jetzt mal mit deinem Technikscheiß allein …

Doch, also –

Kannst ja mal überlegen. Rufst mich einfach an.

Dann stieg sie in ihren Wagen und verschwand.

∘ ● ∘

Turek verbrachte immer mehr Zeit in der Serverfarm. Er saß stundenlang im Inneren der Anlage, machte sich Notizen auf seinem iPad, lauschte dem Brummen der Serverracks und trat erst abends, wenn die Hügel im Dunst verschwanden, wieder ins Freie.

Er beschloss, die Besuche in der Außenwelt so kurz wie möglich zu halten. Wenn er nach draußen musste, kniff er die Augen zu und hielt die Luft an. Die Sonne schien fast waage-

recht auf die steinige Wüste und spiegelte sich in den Windschutzscheiben der Autos. Eine trockene Hitze stieg aus dem Sand auf. Sein Handy machte ein muhendes Geräusch.

Einmal wachte er mitten in der Nacht auf. Die weiße Wand der großen Halle lag riesig und kahl und weiß im Mondlicht und erinnerte ihn an die Mauer aus *Game of Thrones*. Turek stellte fest, dass er angezogen aufs Bett gefallen und eingeschlafen war. Er trat vor die Tür. Der Sand war jetzt kalt. In der Ferne heulte ein Tier, ein Koyote vielleicht; Wolken rissen am Mond. Seine Apple Watch roch nach Benzin.

Mit dem ersten Sonnenlicht, das durch die glatte, gummierte Plastikgardine seines Zimmers fiel, stand Turek auf und verzog sich wie ein depressiver Vampir in die Welt der Datenspeicher, und mit jeder Stunde im Inneren der blau leuchtenden Halle kam ihm die Wüste feindlicher vor: Tags war sie wegen der Hitze nicht zu betreten, nachts sollte man nicht allein dort sein; es gab Kojoten und Berglöwen da draußen, nachts hörte man sie.

Die Welt draußen kam ihm jetzt unnatürlich vor, wie ein Schatten der eigentlichen Welt drinnen, eine Art umgekehrte platonische Höhle: Das Licht, das von draußen hereinfiel, störte nur die Wahrheiten der blau leuchtenden Schattenwelt. Er nahm nur am Rande wahr, dass die Securityleute in heller Aufregung waren, weil an der Fassade, genau dort, wo das O des Schriftzugs »Smart Option« in Neonbuchstaben prangte, ein dunkelgelber Fleck prangte, das O sah jetzt aus wie eine Mischung aus einem Spiegelei und einem boshaften Auge, und die Frage war, wie der gelbe Klecks genau dort hingekommen war; offenbar mit einem Paintball-Gewehr beschossen worden in der Nacht, im besten Fall waren das ein paar Idioten aus dem Paintball-Camp in Fernley, die hier ihre Zielgenauigkeit beweisen wollten; oder aber es hatte etwas Unangenehmeres zu bedeuten. Turek war das egal, er saß im Kontrollraum der großen Halle und arbeitete an seinem Plan. Er wusste, dass die Wärmepumpen unter den Serverräumen theoretisch bis zu 10 000 Apartments heizen können. Könnte die enorme Hitze, die durch die Kühlung entsteht, nicht auch für Gewächshäuser, gigantische Schwimmbäder und zur Heizung ganzer tropischer, immergrüner Siedlungen unter großen Glaskuppeln verwendet werden? Turek schrieb Marianna nach Ruanda, er schrieb an Sara, er schrieb von neuen Städten mit riesigen Pools direkt auf den Rechenzentren und Roboterassistenzen und künstlichen Urwäldern über den Serverfarms, neuen Central Parks, in die die immer zahlreicher werdenden Gorillas umgesiedelt werden könnten, Datagorillas, die endgültige Verschmelzung von Technik und Natur, ein Urwald, geheizt mit Meinungen, Likes, Downloads, Erinnerungen …

Nachts stand Turek auf dem Dach der Serverfarm und schaute auf die Baustelle von Halle 3, die dunkel vor der schwarzen Silhouette der Berge lag. Sein Telefon warf ein blaues Licht auf seinen Körper; es war das gleiche Licht wie unten in der Serverfarm. Er hatte zwei neue Nachrichten. Sara hatte ihm ein Bild geschickt, sie hielt eine Glocke in der Hand, die aussah, als ob sie irgendein Neandertaler in der Steinzeit mit einem Knüppel hergestellt hatte. Hinten saß ein Mann mit Zöpfen im Bild, der irgendetwas rauchte. Was war das? Sollte sie die Seiten gewechselt haben, war sie jetzt bei diesen reaktionären Permakulturalisten gelandet, die die Welt nicht durch mehr Technologie retten wollten, sondern durch weniger, die dem Wenigervonallemismus anhingen und die Welt dahin zurückhaben wollten, wo sie vor der Erfindung der modernen Technologie war? Wo sie war, sah es schlimm aus, nach Ackerbau und nassen kalten Wollsachen und farblosen Karotten. Turek drückte das Bild weg. Er sah das Blitzen und Lichten eines fernen Gewitters in der Wüste. Ein leichter Wind setzte ein. Auf dem Mobiltelefon blinkte wieder mal die Botschaft »Du hast einen Rückblick« auf. Es war der fünfte in kurzer Zeit ... Rückblick, Rückblick ... die Technologie, die von der Zukunft handeln sollte, zerrte einen vor allem in die Vergangenheit, riss Bilder aus der Versenkung hervor, weckte Schlafendes und Verdrängtes, Facebook hatte damit angefangen, die im Unterbewussten verborgenen Namen und Gesichter wiederauftauchen und das verdrängte Eigene *als Kreis von Freunden* zurückkommen zu lassen; mit Kamera-Filtern ließ sich die Gegenwart auf alt patinieren, und jetzt dauernd *Rückblicke* ... Wer hatte den Apple-Leuten diese Überdosis Nostalgie verabreicht? Warum immer Rückblicke und Sepiafilter, Bilder in »dramatisch warm«, was war das für eine Zukunftsindustrie, die immer nur Rewind und nicht FFWD drückte, warum tat das Mobiltelefon, das einzige Objekt, das sich mit seinen glatten Oberflächen nach Jetzt anfühlte, so, als sei es ein Kofferradio aus den fünfziger Jahren und ein knarzendes Fotoalbum und eine Polaroid-Kamera aus den Sechzigern ... Je neuer die Dinge sind, hatte Driessen gesagt, desto mehr muss man den Leuten einreden, dass alles so wie immer ist. Vielleicht deswegen.

∘ ● ∘

Ein Mann liegt auf dem Boden einer Halle. Er ist von einer Stahlbrücke, die über eine Reihe von Serverracks führt, vier Meter in die Tiefe gestürzt. Dort liegt er und wartet auf Hilfe. Sein Mobiltelefon hat noch 86 Prozent, aber keinen Empfang. Er ist allein in dieser Halle. Von unten betrachtet er die Querbalken der Hallendecke, in die Entlüftungsklappen eingeschnitten wurden. Seine Hüfte ist verdreht, er kann sich nicht bewegen.

Hinter den Entlüftungsklappen schimmert der Himmel. Vielleicht ist es aber auch nur blaues Neonlicht. Da das Blau an den Entlüftungsklappen sich verändert, handelt es sich offenbar um ein Stück Himmel. Draußen wird es jetzt Nacht. Er hört hier, in den Tiefen der Halle, die ferne Stimme eines Kojoten.

Der Mann geht, um sich selbst zu beruhigen, erst seine SMS, dann seine E-Mails durch. Als immer noch keine Hilfe kommt, schaut er sich Fotos an; Monate rasen unter seinen Fingern hindurch, Gesichter, zurück in die vergangenen Jahre. Jetzt sieht er das Haus, den Moment, als es begann.

Was war passiert?

∘ ● ∘

Am Morgen hatte Turek beschlossen, die Baustelle von Halle 3 zu besichtigen. Der Bau war fast fertig, die Serverracks waren schon installiert und liefen im Probebetrieb, nur die Sicherheitstechnologie fehlte noch. Im Inneren war es dunkel, man erkannte im Schatten die Brücke, die vom noch leeren Kontrollraum über die Server führte wie ein schwebendes Rückgrat. Turek war eine Leiter emporgeklettert und hatte in die Tiefe geschaut. All diese Racks waren noch leer; sie warteten feierlich und kalt wie eine am Reißbrett geplante Stadt auf die ersten Bewohner, auf das heranstürmende Chaos, die Hitze, die Momente und Erinnerungen und Kämpfe und Liebeserklärungen und Dokumente und Lügen, die bald in sie hineingeladen werden würden. Dies war die größte Serverfarm, die es gab, ein Gehirn, wie es noch keiner gebaut hatte. Irgendwann würde sich der Inhalt all dieser Serverracks zusammentun zu einer enormen Intelligenz, diese Halle würde, vielleicht durch den lächelnden Mund eines Androiden, vielleicht durch simple Chatbots, zu uns sprechen und alles wissen, alles verstehen. Das hier war, dachte Turek, den angesichts der endlosen Halle ein feierliches Gefühl übermannte, fast eine Art Gottheit. An das, was genau danach passierte, konnte er sich nicht erinnern; ein Teil des Geländers musste sich gelöst haben, im letzten Moment vor dem Aufprall bekam er einen Kabelstrang zu fassen, der mit einem hellen Blitz aus seiner Verankerung riss und einen Funkenregen über Turek ergehen ließ. Darauf war es zu einem gewaltigen Schlag und einem Moment langer Dunkelheit gekommen, auf den ein hell stechender Schmerz folgte, und jetzt lag er mit dem Kopf zuunterst in einer Art Schlucht zwischen zwei Serverracks, die Beine in einer seltsamen Verknotung über sich, wie eine Puppe, die von einem verärgerten Kind in die Ecke geworfen wurde. Turek betastete eine Wunde an seinem Nacken. Der Schnitt war nicht tief, blutete aber heftig. Die Beine ließen sich bewegen, das linke war aber seltsam verdreht und schien zu einem Ballon anzuschwellen. Die Arme hatten nichts abbekommen – oder doch? Sein Kopf pochte, schien ansonsten aber intakt. Turek versuchte sich aufzurichten. Er robbte in einer seltsamen Krebsposition seitlich ein paar Meter bis zu der Stelle, an der sein Mobiltelefon gelandet war, schaute auf das schwarze Display und sah sein eigenes, zerzaustes Gesicht, die Gesichtserkennung funktionierte nicht mehr, der Algorithmus erkannte ihn nicht wieder. Er gab den Code ein und schaltete auf Selfie-Funktion, um die Verletzungen in seinem Gesicht zu überprüfen. Irgendein hervorstehendes Metallteil hatte eine Art blutiges Ausrufezeichen an seine Schläfe geritzt, seine Wangen waren mit Schmauchspuren bedeckt, vielleicht eine Folge des Kurzschlusses, den das abgerissene Kabel verursacht hatte. Er versuchte, sich ein wenig aufzurichten und Hilfe zu holen. Das Telefon hatte keinen Empfang, es war zwecklos, in diesen Hallen telefonieren zu wollen. Auch Schreien würde nichts bringen; die Typen vom Wachdienst patrouillierten nur an den Außengrenzen der Anlage in einem Jeep, in dem sie lärmend Bands hörten, die Anthrax und Testament und Slayer und Sodom und Annihilator hießen.

Turek schaute auf seine Uhr. Es war halb zehn. Er dachte an das Wochenende mit Sara und wie ihr im Pool des Hotels ihr neongrünes Haar ins Gesicht hing, eine Art futuristischer Seetang, und wie er danach am Beckenrand seinen Kopf auf ihren Bauch gelegt hatte und den kreisrunden Hof betrachtet hatte, der sich an dem farblosen, diesigen Himmel um die Sonne gebildet hatte, und wie er Saras Bauch unter seinem Kopf pochen fühlte und den Geschmack von Chlor in seinem Mund. Dann schmeckte er das Blut, das ihm von der Schläfe über die Wange an den Mund lief. Sein Kopf pochte lauter, aber vielleicht war das auch nur sein Herz. Er wischte das Blut mit einem Ärmel ab und robbte ein paar Meter vor, um ins Blickfeld einer Überwachungskamera zu kommen. Die Kamera hing schwarz und unbestechlich über den Racks. Er fuchtelte mit dem blutigen Ärmel in die Kamera, wie ein Soldat, der kapituliert, aber die Kameras waren noch nicht angeschlossen; es war sinnlos, er würde selbst irgendwie aus dieser Halle herausfinden müssen. Sara lief jetzt mit irgendwelchen Hippies durch eine Glockengießerei und rauchte in einem Amphitheater Gras. Marianna saß irgendwo an der Grenze von Ruanda und schaute auf den im Morgennebel liegenden Lake Kivu und die sich schemenhaft am anderen Ufer abzeichnenden grünen Hügel, die schon zum Kongo gehörten, und oben im Dschungel lief ein Gorilla durchs Unterholz, der nicht wusste, dass man ihn Alexander getauft hatte, was vielleicht auch besser so war.

Auch das hier war in gewisser Weise ein Urwald, weitab von jeder Zivilisation, in einem spärlich besiedelten Gebiet in der Wüste, verloren in einem undurchdringlichen Dschungel von Kabeln und Daten.

Turek versuchte, sich in der ungünstigen Hockposition, die ihm sein gebrochenes Bein erlaubte, die Stufen der Treppe, die zur Brücke führte, emporzuziehen, aber das war schwerer, als er dachte. Erschöpft von der Anstrengung verlor er auf halber Strecke das Gleichgewicht und rutschte zurück. Er unterdrückte eine aufsteigende Panik. Sein Hals war trocken. Sein Bein war sicher gebrochen, sein Arm vielleicht ausgekugelt. Turek lachte kurz auf, die Situation war zu absurd, um wirklich bedrohlich sein zu können, er lag hier im Herzen der globalen Kommunikation, zwischen sämtlichen Informationen der Welt, zwischen lauter abgespeicherten Echtzeit-Meldungen und SMS, und mitten in dieser glatten, nur von Algorithmen bewohnten, virtuellen und körperlosen Welt der Datenspeicher schien ihm die Physikalität des Schmerzes noch heftiger: sein Bein blutete, er hatte durch den Sturz Blutergüsse, ein Zahn wackelte –

Jemand würde ihn holen. Er würde nicht hier, in dieser seltsamen körperlosen Halle, im Zentrum der Wolke, zwischen all den gespeicherten Nachrichten und Suchvorgängen, ohne Netz sterben.

∘ ● ∘

Turek musste lange geschlafen haben, denn als er wieder auf seine Uhr schaute, hatte er nur noch 68 Prozent. Die Uhr zeigte 18:17 an.

Wie war das jetzt noch mal passiert? Er hatte nach oben geschaut. Er hätte besser nach hinten gesehen, denn da war das Gitter offen. Und dann? Runtergefallen. Rückwärts. Das war nicht gut, aber er hätte sich auch noch mehr verletzen können, so war offenbar nur das Bein gebrochen, obwohl die Hüfte –

Was war das da, ein Tier? Irgendetwas huschte da … Ratte? Kleiner Fuchs? Genau genommen hatte er nichts gesehen, nur etwas gehört, genau genommen konnte dieses Etwas auch größer sein. Hallo?

Irgendwann müsste die Security bemerken, dass er verschwunden war. Andererseits stand sein Tesla in Reno in der Werkstatt, es könnte also auch sein, dass sie denken, er sei mit Sara fortgefahren. Genau betrachtet, war seine Lage nicht besser, als wenn er draußen in der Wüste wäre. Die Wunden begannen immerhin zu heilen; an der Stirn hatte sich eine leichte Kruste gebildet. Er zog einen geronnenen Blutklumpen aus seiner Augenbraue und zerdrückte ihn am Boden. Er hatte jetzt Durst. Man kann ein paar Tage ohne Wasser überleben, aber unter extremen Bedingungen schwitzt man bis zu 1,5 Liter Wasser pro Stunde aus, dabei kann sich sogar die Blutmenge reduzieren, der Blutdruck sinkt ab, man wird ohnmächtig, er dürfte auf keinen Fall ohnmächtig werden, dachte Turek. Nicht einschlafen. Er versuchte, die Treppe hochzukommen, kam diesmal aber nur vier Stufen weit. Er hob sein Bein an wie etwas, was nicht zu ihm gehörte, er zerrte es mit beiden Armen hinter sich her. Im Dunkel des Raums entdeckte er eine Pfütze, zu der er sich wie ein Gorilla schleppte, hauptsächlich auf seine Arme gestützt, den schweren Körper nachziehend. Er tauchte einen Finger in die Flüssigkeit und leckte ihn ab; es war kühles, leicht modrig schmeckendes Wasser, das vielleicht durch ein Leck im Dach eingedrungen war. Er setzte vorsichtig die Lippen an die Pfütze und trank. 56 Prozent. Er schaltete das Telefon ab. Er musste warten, bis Hilfe kam. Sein Körper wurde von Fieberschüben geschüttelt. Er zog sich an einem der Racks hoch, taumelte und schlug der Länge nach hin. Sein linker Arm war seltsam verdreht, seine Hände schienen abzufallen. Auf dem Rücken liegend, schaute Turek zwischen den Serverracks empor wie in einer Häuserschlucht. Die Kontrollleuchten blinkten zu rätselhaften Rhythmen; Turek dachte wieder an das feierliche rote Blinken der Hochhäuser von Tokyo, kurz bevor die Sonne aufgeht und der schneebedeckte Gipfel des Mount Fuji im Morgenlicht erscheint.

Er dachte an Aura. Er dachte an die Wadentattoos der Wärter, Thor auf Adam. Er dachte an Sara. Dann dachte er an den Roboter, den er zu seinem fünften Geburtstag geschenkt bekommen hatte, ein japanisches Blechspielzeug mit Blechzähnen, das ratternd auf ihn zuwackelte. Früher kamen die Roboter auf uns zu, dann kamen sie dem Körper als Smartphone, Smart Watch und Sleep Tracker immer näher, sie wurden eins mit den Oberflächen unserer Körper, dachte Turek, und dann verschluckten sie uns: Die Smart City war ein riesiger Roboter, ein technischer Organismus, durch den sich die Menschen wie datentransportierende Blutkörperchen bewegen, und die Serverfarm war auch so ein Roboter, der ihn offenbar verschlungen hatte und zu verdauen versuchte, weil ihm so, wie er da lag, keinerlei Daten abzupressen waren. Turek dachte an die Steine, an die seltsamen Runen und Kreise, er versuchte, sich zu erinnern, wie sie aussahen, und vor seinen Augen schoben sich Programmiercodes über die Symbole, seine Stirn war jetzt heiß, er sah ein Blitzen und Auras Gesicht, er sah, wie das Dach einen Riss bekam und das Blau eines Nachthimmels über der Wüste sich über das Blau der Serverracks legte, und dann begannen die Muster und die Runen einen abstrakten Tanz, und Dunkelheit fiel über ihn.

∘ ● ∘

Träumte er? Hatte er nur lange geschlafen? Der Himmel über ihm war weit und blau. Er lag an Bord einer kleinen Jolle. Möwen kreisten über dem Mast. Aura saß hinter ihm und lächelte ihn an. Er schaute, wie ein Kind, dem abends etwas vorgelesen wird, unter ihr Kinn, das von hier aus wie eine reizende dicke Nase aussah. Als er sich erhob, sah er in der Ferne die Plage de l'Aiguille und die Felsen von Théoule-sur-Mer. Plötzlich war da ein fernes Donnern. Das Boot machte einen Ruck, als sei ihm eine Windböe ins Segel gefahren, aber das Segel war gar nicht gesetzt, und auch die Vorschot hing schlaff am Mast. Die kleine Segeljolle aber beschleunigte wie ein Rennboot, der Picknickkorb und Auras Buch flogen ins Wasser, Turek musste sich mit beiden Händen an der Reling festhalten, um nicht ins Wasser geschleudert zu werden, andere Boote rasten mit dem gleichen Tempo in dieselbe Richtung, kamen sich bedrohlich nahe, Champagnerkühler und Hummerbuffets gingen über Bord, kreischende Russen mit Guccibrillen fielen ins Meer, ein Kreuzfahrtschiff kippte gegen die Hafenmauer – kurz danach sitzt Turek in Badehosen auf einer Bühne und muss der versammelten Presse erklären, wieso ein Einleitungsproblem am Qattara-Kanal derart unabsehbare Verstrudelungen im gesamten Mittelmeerraum hervorrufen könne.

Er wachte auf, weil er Stimmen hörte. Er brauchte einen Moment, um zu erinnern, wo er war. Die Stimmen waren, wie er feststellen musste, als sein Kopf aus einem Strudel von Halbgeträumtem und Fieberbildern auftauchte und seine Ohren die Verbindung zur wirklichen Welt herstellten (wenn man das, was ihn umgab, überhaupt so bezeichnen konnte), Stimmen, die er nicht kannte. Sie riefen auch nicht nach ihm – es war eher ein Flüstern. Offenbar waren das nicht die Securityleute, denn die hätten nach ihm gerufen, und er kannte das Murmeln ihrer heiseren Stimmen. Diese waren anders, und je näher sie kamen, desto heller wurde es. Turek öffnete eines seiner verklebten Augen zu einem Schlitz in dem Moment, in dem der Strahl einer Taschenlampe sein Gesicht traf. Dahinter tauchten zwei Köpfe auf, die weder den Bauarbeitern noch der Security gehörten. Turek erkannte einen bärtigen Typen mit Piercings und eine halb vermummte Frau.

Er ist verletzt, sagte die Frau.

Der Mann betastete Turek, wie man ein überfahrenes Tier darauf prüft, ob es noch am Leben ist.

Wir müssen ihn hier wegschaffen.

Turek versuchte etwas zu sagen, aber brachte nur ein Krächzen heraus. Die beiden schauten ihn entgeistert an.

Die Frau tippte auf die Uhr.

Schnell. Wir müssen.

Aber wir können ihn schlecht …

Sie schaute ihm in die Augen und lächelte.

Wir kommen wieder.

Turek rief ihnen nach, aber seine Stimme versagte. Er konnte sich keinen Millimeter mehr bewegen.

Da liegt er jetzt also zwischen all den Daten, schaut oben gegen die Decke, spürt die Hitze, schleppt sich ein paar Meter vor und ruft und schreit, aber nicht mal eine SMS verirrt sich in diese Halle. Der Computer hat ihn verschluckt, die Hülle des Computers hat ihn aufgefressen, das Gehirn arbeitete noch nicht, es war noch tot, das gab es bei diesen Gehirnen, dass sie nicht schon, sondern noch tot waren. Hatte ihn die Smart City aufgefressen, einfach verdaut, so dass am Ende nur ein Gerippe übrig bliebe wie die, die draußen in der Wüste lagen? Eine

Serverfarm, die noch nicht am Netz ist, ist eine Wüste, das härteste Labyrinth überhaupt und das tödlichste. Eine Wüste, die auf Bewässerung mit Informationen wartet.

Er dachte an Aura, wie er mit ihr in der Wüste leben würde … sie hätten ein Motorrad … und Kinder, mit denen sie spielen würden, Hütten aus den trockenen Büschen bauen, und nachts würde der Fuchs durch die Wüste rennen, und er würde den Kindern vorlesen, die sein Kinn von unten sehen …

Sie fanden ihn nach sieben Tagen. Seine Hand hielt das Mobiltelefon umklammert.

Die Apple Watch Series 4 kontrolliert den ganzen Tag über immer wieder dein Herz, sodass du deine Herzfrequenz jederzeit ansehen und deine Herzleistung nachverfolgen kannst. Außerdem warnt sie dich bei einer ungewöhnlich hohen oder niedrigen Herzfrequenz – auch wenn du keine Symptome spürst. Wachsam. Damit du es nicht sein musst.

Eine hohe oder niedrige Herzfrequenz kann auf eine ernste Erkrankung hinweisen. Doch viele Menschen erkennen die Symptome nicht, wodurch die eigentlichen Ursachen häufig nicht diagnostiziert werden. Die Apple Watch Series 4 überwacht dein Herz und warnt dich bei Unregelmäßigkeiten. So kannst du sofort handeln und zum Arzt gehen.

Deine Herzdaten und weitere Infos von deinen Gesundheits- und Fitness-Apps werden in deiner iPhone Health App gesammelt. Aktivität, Schlaf, Achtsamkeit und Ernährung siehst du so auf einen Blick. So hast du noch nie auf deine Gesundheit geachtet.

Mit der Health App kannst du einfach mehr über deine Gesundheit erfahren und anfangen, deine Ziele zu erreichen.

TECHNOPHORIA

Sara blinzelte in die schrägstehende Sonne, die hinter den Dünen aufgegangen war. Über der Wüste hing ein Dunst, der sich im Sonnenlicht aufsplitterte in glitzernde Kristalle. Es wehte auch ein Wind, der trieb einem den Sand in die Augen, aber sie konnte das, was sich aus dem Dunst herausschälte, sehr genau erkennen – da war der Kanal, durch den das Wasser aus dem Mittelmeer in regelmäßigen Abständen einschoss; da war das neue Qattara-Meer, die endlosen Windfarmen im Westen, das Blitzen der Solarparks, das Schimmern der Hochhäuser; ein paar Laraki-Elektrosportwagen rasten unten auf dem Highway in Richtung der Olivenhaine, die die griechischen Wanderarbeiter angelegt hatten, weiter hinten rauschte der transafrikanische TGV in Richtung El Alamein ... da eine neue Villa, die sich ein Solarunternehmer aus Niger gebaut hatte ... dunkelgoldene Solarpaneele ... feinpudriger Sand, Palmen ... hier und da eine weiße Yacht ... dahinter die Masten der Lufttürme, mit denen die tief im Wasser versenkten

Serverfarms mit Sauerstoff versorgt wurden … die gewaltigen Entsalzungsanlagen … das majestätische Wasserkraftwerk an der Mündung des Kanals … die Anzeigetafel, die den aktuellen Stand der Senkung des Weltmeeresspiegels angab … nicht mal der Klimawandel war unaufhaltbar. Technik! Alles konnte sich ändern. Nichts war unaufhaltbar. Da sprangen ein paar Frösche in einen Entlastungstümpel, selbst diese Frösche sahen golden aus, oder? Da glitzerte etwas in der Morgensonne …

Was stand da in Rot an eine Wand geschmiert? *Gott ist ein Chaot.*

Von meinem iPhone gesendet

BILDNACHWEIS

Apple: S. 274
Archiv des Autors: S. 13, 212
Bild AVEX International: S. 57
Frankfurter Allgemeine Zeitung GmbH: S. 11
Google: S. 114
Hostex: S. 48
Iris van Herpen: S. 141
Ivo Goetz: S. 221, 262
Niklas Maak: S. 25, 71, 108, 111, 121, 159,
194, 218, 226
Niklas Maak und Julian Meisen: S. 67, 251
picture alliance / imageBROKER /
Foto: Mara Brandl: S. 258

QUELLEN

Die Zitate auf S. 169 sind einem Interview mit Jean Ziegler entnommen (Gerald Demmel, Jean Ziegler: »Die größten Konzerne haben mehr Macht, als je ein Kaiser oder König hatte«, in: Kontrast.at, 18.4.2019)

Der Dialog auf den Seiten 238–240 wurde von einem Sprachbot erstellt.

S. 275 Apple-Werbetext

INHALT

Qattara Depression 7
Testhaus 21
Stadt 55
Meer 109
Wald 155
Gorilla 175
Roboter 207
Autonomie 237
Wüste 253
Technophoria 277

Bildnachweis 281
Quellen 283